BALTIMORE COUNTY MARYLAND Deed Records

VOLUME ONE: 1659–1737

John David Davis

HERITAGE BOOKS
2012

HERITAGE BOOKS
AN IMPRINT OF HERITAGE BOOKS, INC.

Books, CDs, and more—Worldwide

For our listing of thousands of titles see our website
at
www.HeritageBooks.com

Published 2012 by
HERITAGE BOOKS, INC.
Publishing Division
100 Railroad Ave. #104
Westminster, Maryland 21157

Copyright © 1996 John David Davis

All rights reserved. No part of this book may be reproduced or transmitted in any form or by any means, electronic or mechanical, including photocopying, recording or by any information storage and retrieval system without written permission from the author, except for the inclusion of brief quotations in a review.

International Standard Book Numbers
Paperbound: 978-0-7884-0485-6
Clothbound: 978-0-7884-3429-7

DEDICATED

to

my friend

DON PERKINS

TABLE OF CONTENTS

Preface		vii
Chapter 1	Liber R.R. No. H.S. 1659-1725	1
Chapter 2	Liber R.M. No. H.S. 1659-1725	22
Chapter 3	Liber I.R. No. P.P. 1663-1705	60
Chapter 4	Liber I.S. No. I.K. 1665-1737	93
Chapter 5	Liber G No. J. 1672-1675	120
Chapter 6	Liber T.R. No. R.A. 1672-1718	134
Chapter 7	Liber I.R. No. A.M. 1681-1706	166
Chapter 8	Liber H.W. No. 2 1700-1704	179
Chapter 9	Liber T.R. No. A 1709-1717	208
Chapter 10	Liber T.R. No. D.S. 1717-1721	254
Chapter 11	Liber I.S. No. G 1721-1724	274
Chapter 12	Liber I.S. No. H 1724-1726	310
Chapter 13	Liber I.S. No. I 1727-1729	342
Chapter 14	Liber I.S. No. K 1727-1731	376
Index		376

PREFACE

Settlement of Maryland began in 1634 when the first colonists disembarked at St. Clement's Island. These early planters concentrated on the settlement of southern Maryland throughout the 1630s and 1640s. By the 1650s, attention turned to the northern Chesapeake Bay, and the unfolding of Baltimore County's recorded history began. Baltimore County was moe a geographical approximation than a defined political entity when settlers started their migration. The county consisted of a vast stretch of unexplored territory, including present-day Baltimore City, Cecil and Harford Counties, as well as parts of Carroll, Anne Arundel, Howard and Kent Counties. The first mention of formal county boundaries did not take place until 1674, when Cecil County was formed out of Baltimore County.

Under the terms of the charter of Maryland as granted by King Charles I of England, Lord Baltimore and his heirs were given all the land in the colony "in free and common socage" with power to dispose of the land in any manner they deemed fit. With such broad powers, the Lords Baltimore used land grants to create a permanent revenue source from the colony through mandatory fees connected with the system. Although early land grants were made under Lord Baltimore's supervision, by the time of Baltimore County's settlement, an extensive land office administered them. In order to obtain a land grant, a settler paid the purchase price for the amount of land desired, and he then received a "common warrant" that directed a deputy surveyor to survey the desired ground. When the deputy surveyor had returned a description of the boundaries (known as a certificate survey) to the land office, a patent was issued. This patent constituted a title to the land for the settler. At each of the successive steps, fees had to be paid to the officials administering the land.

Although a hand written deed can run several pages in a deed book, the bulk of the information is largely repetitive and can be reduced to just a few lines of interest to genealogists. The format followed in the abstraction of the deeds of Baltimore County, Maryland, is:

[Date of transaction], [Name of grantor(s) {the "&" between a male and female given name means husband and wife}], [Place of residence of grantor(s)], [Name of grantee(s)], [Place of residence of grantee(s)], [Sales price], [Area of land involved], [Location of land], [Neighbors], [Chain of deed], [Other landmarks], [Signature of grantor(s){an (X) between the given name and the surname, means that person could not write}], [Signature of witnesses],[Signature of others]

If it is not in the abstract, it can be assumed that it was not in the deed. Genealogists can draw their own conclusions from the information available. For example, a large amount of land sold for a very low price to a grantee with a surname different than that of the grantor, may be an in-law, however, if this was not stated in the deed, then the genealogist must confirm this possibility with other available sources.

The deeds were recorded by the county clerk, a man of learning, but in many cases, they did not deal well with the spelling of some of the names of that era. In many cases, they make a very creative phonetic attempt to spell the names of people and places. In addition, they vary the spelling of long standing residents of the area from transaction to transaction, (and many times, within the same deed). In all cases, each name of a person, place or thing is presented as it has been deciphered, with no attempt to change spelling to conform with today's accepted interpretation. The genealogist is invited to check all possible spellings of a name of interest and may even want to personally review the deed record.

Chapter 1

Baltimore Co., Maryland
Liber R.R. No. H.S.
1659-1725

20 Jul 1661, at home of Capt. Thomas **Howell**, in the presents of Capt. Thomas **Stockett**, Thomas **Powell**, Henry **Stockett** and John **Taylor**, the following transactions recorded:

22 Jun 1661, Godfrey **Bayley** to Nathaniel **Stiles**, merchant, 300 acres. Wit: John **Hatton**, Godfrey **Harman**.

10 Nov 1660, Marrus **Severson** to Abraham **Coston**, 100 acres. Wit: Thomas **Howell** and Godfrey **Bayley**.

6 Nov 1660, Peter **Jacobson** to Marrus **Severson** who sold to Abraham **Coston**, 50 acres. Wit: Capt. Thomas **Howell**.

Peter **Jacobson** to Marrus **Severson**,, 5 acres. Wit: Thomas **Howell** and Godfrey **Bayley**.

Thomas **Gouldsmith** to Col. Edward **Carter**, of Rancemum, Virginia, 5 acres. Wit: George **Gouldsmith**, Francis **Stockett** and James **Frisby**.

22 Jun 1661, Godfrey **Bayley** to Nathaniel **Stilles**, merchant, 300 acres. Wit: John **Hutton** and Godfrey **Harman**.

10 Nov 1660, Marrus **Severson** to Abraham **Coston**, 100 acres. Wit: Thomas **Howell** and Godfrey **Bayley**.

1 Nov 1660, Peter **Jacobson** to Marrus **Severson**, who sold to Abraham **Coston**, 50 acres. Wit: Capt. Thomas **Howell**.

Peter **Jacobson** to Marrus **Severson**, 75 acres. Wit: Thomas **Howell** and Godfrey **Bayley**.

Thomas **Gouldsmith** to Edward **Carter**, of Rancemum, Virginia. Wit: George **Gouldsmith**, Francis **Stockett** and James **Frisby**.

20 Oct 1661, Walter **Dickenson** to Abraham **Clarke**, 450 acres. Signed Walter **Dickenson**. Wit: Howell **Powell** and Thomas (x) **Powell**.

2 Mar 1662, John **Colleld** to Abraham **Clarke**, 200 acres. Signed John **Colleld**. Wit: Samuel **Colleld** and Thomas (x) **Muntross**.

18 Mar 1661, Oliver **Sprye** to John **Collier**. Signed Oliver **Sprye**. Wit: William (x) **Hollis** and Mary **Harman**.

17 Jun 1663, Walter **Dickenson** to Richard **Ball**. Signed Walter **Dickenson**. Wit: Howell **Powell** and William **Ball**.

20 Jun 1662, Oliver **Sprye** to his daughter Mary **Harman**, for love and affection. Signed Oliver **Sprye**. Wit: John Collett **Clarke**.

Walter **Dickenson** to Thomas **Powell**, 575 acres... purchased of William **Batten**, merchant.

28 Jun 1659, Walter **Dickenson** to Thomas **Powell**, of Cosotosnon, Lancaster County, 287.5 acres. Signed Walter **Dickenson**. Wit: Howell **Powell** and Richard **Gorsuch**.

14 Jan 1661, Richard **Gorsuch**, of Baltimore Co., Maryland to Thomas **Powell**, 300 acres...surveyed 1659 by Robert **Clarke**. Signed Richard **Gorsuch**. Wit: Howell **Powell** and Richard **Cardings**.

12 Jun 1663, John **Collier** to John **Brues**. Signed John **Collier**. Wit: Nathaniel **Stiles** and William (x) **Hollis**.

10 Mar 1663, William **Orchard** to James **Browne**, 150 acres. Signed William **Orchard**. Wit: Thomas **Stockett**.

20 Jun 1659, Walter **Dickenson** to Thomas **Powell**, 287.5 acres...part of 575 acres purchased of William **Batten**. Signed Walter **Dickenson**. Wit: Howell **Powell** and Richard **Gorsuch**.

10 Dec 1663, Thomas **Powell** to Philip **Jones**. Signed Thomas **Powell**. Wit: John **Colleld** and John **Dickenson**.

30 Oct 1663, Walter **Dickenson** to Daniel **Jones**, 420 acres. Signed Walter **Dickenson**. Wit: Richard **Thurrell** and John **Preston**.

6 Nov 1663, Howell **Powell** to Philip **Stevens**, 100 acres. Signed Howell **Powell**. Wit: Thomas **Powell** and Daniel (x) **Jones**.

Mary **Humphryes** to her daughter Mary **Humphryes**, 300 acres...now occupied by Richard **Ball**, husband of Mary **Humphryes**. Signed Mary **Humphryes**. Wit: Walter **Dickenson** and Paul **Hensey**.

2 Mar 1662, John **Collett** to Abraham **Clarke**, 200 acres. Signed John **Collett**. Wit: Samuel **Collett** and Thomas (x) **Muntross**.

7 Mar 1662, Abraham **Clarke** to Thomas **Muntross**, 200 acres. Signed Abraham **Clarke**. Wit: Edward **Forster** and Joseph (x) **Forster**.

13 Mar 1664, Thomas **Muntross** to John **Robinson**, 200 acres. Signed Thomas (x) **Muntross**. Wit: Abraham **Clarke** and Joseph **Chiefsell**.

23 Apr 1664, John **Robinson** to Nicholas **Rackstan**, of Mockjack Bay, Virginia. Signed John (x) **Robinson**. Wit: Philip **Stevens**, James **Hensey** and Robert **Baddle**.

10 Aug 1662, Thomas **Powell**, of Baltimore Co., Maryland to Gerrit **Wayts**, of Gloucster Co., Virginia, £12,400...said Gerrit **Wayts** signs note for land. Signed Gerrit **Wayts**. Wit: William (x) **Lewis** and Howell **Powell**.

8 Nov 1662, Gerrit **Wayts** to pay Thomas **Powell**, of Baltimore Co., Maryland, £5000. Signed Gerrit **Wayts**. Wit: Lawrance (x) **Porter**, Philip (x) **Jones** and Howell **Powell**.

8 Nov 1662, Gerrit **Wayts** to pay Thomas **Powell**, cattle. Signed Gerrit **Wayts**. Wit: Howell **Powell**, Lawrance (x) **Porter** and Philip (x) **Jones**.

10 Aug 1662, Gerrit **Weyts** to pay Thomas **Powell**, of Baltimore Co., Maryland, one servant between 14 and 20 years of age. Signed Gerrit **Weyts**. Wit: Howell **Powell** and William (x) **Lewis**.

Howell **Powell** to William **Lewis**, 50 acres. Signed Howell **Powell**. Wit: Richard **Gorsuch** and Gerrit **Weyts**.

24 Nov 1662, William **Lewis** to Richard **Castor**. Signed William (x) **Lewis**. Wit: George **Seatoune** and Anthony (x) **Webb**

24 Mar 1662, William **Lewis** to his friend John **Guynous**, power of attorney to cause Howell **Powell** to acknowledge 300 acres said **Lewis** sold to Richard **Carter**. Signed William (x) **Lewis**. Wit: George **Seatoune** and Samuel **Luke**.

20 Jul 1664, Philip **Stevenson** to Richard **Stevenson**. Signed Philip **Stevenson**. Wit: Thomas **Powell** and Charles **Gorsuch**.

6 Feb 1663, Paule & Katharine **Hinsey** to William **Guynous**. Signed Paule **Hinsey** and Katharine (x) **Hinsey**. Wit: Richard **Thurrell** and Joseph **Joisers**.

7 Nov 1664, John **Collett**, of Baltimore Co., Maryland to Henderick **Enloes** and John **Alkimore**, of same, 3500 pounds of tobacco, 300 acres. Signed John **Collett**. Wit: Nathaniel **Stiles** and John (x) **Taylor**.

8 Aug 1665, At a court held in Baltimore Co., Maryland...present Capt. Thomas **Stockett**, Henry **Stockett**, George **Utie**, John **Taylor** and John **Dickenson**...acknowledgment of:

Daniel **Jones** to John **Dickenson**.

John **Collett** to Thomas **Shellton**

Richard **Collett** to his brother John **Collett**

Richard **Collett** and John **Collett** to John **Hawkins**.

13 Sep 1665, At a court held in Baltimore Co., Maryland...present Capt. Thomas **Stockett**, Capt. Thomas **Howell**, George **Utie**, George **Gouldsmith**, John **Taylor**, Godfrey **Bayley**, Agusteen **Harman**, John **Collier** and Richard **Ball**...acknowledgment of:

Mathias **Decash** to Thomas **Treton**, 700 acres.

8 Nov 1682, John & Sarah **Ardine**, of Baltimore Co., Maryland to Richard **Samson**, of same, £2000, 100 acres. Signed John **Ardine** and Sarah (x) **Ardine**. Wit: Thomas **Durbine**, William **Pearles** and John **Boreing**.

John & Sarah **Ardine**, of Baltimore Co., Maryland to James **Phillips**, of same, power of attorney. Signed John **Ardine** and Sarah (x) **Ardine**. Wit: Thomas **Durbine** and William **Pearles**.

1 Aug 1682, Samuel & Ann **Hedge**, of Salem, Phenwick Colony, West New Jersey, through their attorney Thomas **Hedge** to Henry **Johnson**, of Baltimore Co., Maryland, 640 acres. Signed Thomas **Hedge**. Wit: James **Thompson**, James **Collyer**, George **Wellsox** and Thomas **Long**. Signed Samuel **Hedge** and Anna **Hedge**. Wit: James **Ives**, William **Wilkinson** and William **Crookawe**.

28 Aug 1682, Hendrick **Inloes**, of Middle River, Baltimore Co., Maryland to John **Fuller**, of same, 4000 pounds of tobacco, 100 acres. Signed Hendrick **Inloes**. Wit: Thomas **Scudamore** and Stephen (x) **Askey**.

17 Nov 1682, George **Davis**, carpenter, of Anne Arundel Co., Maryland, through his attorney George **Holland**, of Baltimore Co., Maryland to Robert **Procter**, of Anne Arundel Co., Maryland, 210 acres...line of Robert **Jones** and Capt. Thomas **Stockett**. Signed George **Holland**. Wit: Thomas **James**, John **Cooke** and Peter **Ellis**. Signed George **Davis**. Wit: James **Phillips** and Thomas **Hedge**.

29 Dec 1682, Thomas **Taylor**, of Anne Arundel Co., Maryland to Anthony **Demondidier**, of Baltimore Co., Maryland, 12,000 pounds of tobacco, 300 acres...line of Lewis **Bryen**...formerly owned by Richard **Ball**. Signed Thomas **Taylor**. Wit: Nathaniel **Smith**, of

Anne Arundel Co., Maryland, attorney for Thomas Taylor, Thomas Hedge. Signed Thomas Taylor. Wit: Travis Winterton and James Flphingtone.

6 Mar 1682, James Mills, merchant, of Baltimore Co., Maryland and executor of Capt Samuel Boston, late of same to James Phillips, innholder, of same, 200 acres...Cow creek...power of attorney to John Hathaway, of Baltimore Co., Maryland. Signed John Hathaway. Wit: Miles Gibson and Thomas Hedge.

6 Mar 1682, Thomas Hedge, gentleman, of Baltimore Co., Maryland to Roger Mathews, of same, 100 acres...Rumby creek...purchased of Miles Gibson. Signed Thomas Hedge. Wit: Humphrey (x) Jones and Christopher (x) Johnson.

6 Mar 1682, Robert & Katharine Benger, shoemaker, of Baltimore Co., Maryland to Daniel Scott, planter, of Anne Arundel Co., Maryland, 150 acres...Gunpowder River...and 30 acres adjoining. Signed Robert Benger and Katharine (x) Benger. Wit: George Wells.

6 Feb 1682, George & Mary Yate, gentleman, of Anne Arundel Co., Maryland to George Stope, planter, of same, 3,500 pounds of tobacco, 250 acres... Curtis creek...line of Quinton Barker. Signed Thomas Bland and Henry Hanslop. Examination of Mary Yate, by Thomas Taylor and William Burges.

10 Jan 1681, Robert Lockwood, planter, of Anne Arundel Co., Maryland to Ralph Cooper, mariner, of Stepbunheath Parish, Middlesex Co., England, 400 acres...Galloway branch...line of Anthony Hokahd...patented 8 May 1679. Signed Robert Lockwood. Wit: Nicholas Gassaway, Thomas Grasson, Henry Hanslay. Thomas Besson George Wells and Thomas Taylor.

27 Apr 1683, John & Elizabeth Bird, of Bush River, Baltimore Co., Maryland to Benjamin Bennett, of Gunpowder River, Baltimore Co., Maryland, 50 acres...Gunpowder River...line of Thomas Preston, Edward Reeves and John Collett. Signed John (x) Bird and Elizabeth (x) Bird. Wit: Thomas Long and John Boring.

6 Jun 1683, Henry & Elizabeth **Lawrance**, planter, of Baltimore Co., Maryland to Cornelius **Boyce**, planter, of same, 65 acres...line of John **Collett** and John **Vanghan**. Signed Henry (x) **Lawrance** and Elizabeth (x) **Lawrance**. Wit: Thomas **Jones** and John **Tilliard**.

4 Apr 1683, Robert **Jones**, planter, of Baltimore Co., Maryland power of attorney to Edward **Beadle**, of same, to sell two tracts. Signed Robert **Jones**. Wit: Simon **Dawkins**, James **Cozens** and John **Yeo**.

7 Nov 1682, Richard **Sims**, planter, of Gunpowder River, Baltimore Co., Maryland to Lawrance **Richardson**, planter, of same, 100 acres...Gunpowder River...patented 20 Jul 1673. Signed Richard **Sims**. Wit: Mark **Richardson** and Thomas **Richardson**.

4 Apr 1683, Robert **Jones**, planter, of Baltimore Co., Maryland to John **Yeo**, gentleman, of same, 5,000 pounds of tobacco, 200 acres...Gunpowder River. Signed Robert **Jones**. Wit: Edward **Beadle**, James **Cozens** and Simon **Dawkins**.

5 Jun 1683, Abraham **Hollman**, planter, of Bush River, Baltimore Co., Maryland to James **Collier**, of Baltimore Co., Maryland, 150 acres...Bush River...line of Thomas **Sampson**...patented 15 Feb 1659. Signed Abraham (x) **Hollman**. Wit: John **Hall**, John **Lowe**, Edward (x) **Reeves** and Thomas **Hedge**.

6 Aug 1683, Richard & Catherine **Adams**, planter, of Cecil Co., Maryland to Edward **Reeves**, planter, of Baltimore Co., Maryland, 100 acres
...Bush River. Signed Richard (x) **Adams** and Catherine (x) **Adams**. Wit: James **Thompson** and Michael **Skidmore**.

10 Oct 1683, George & Elizabeth **Shipwith**, of Anne Arundel Co., Maryland to Thomas **Thurstone**, of Baltimore Co., Maryland, land that said **Thurstone** gave to his daughter the said Elizabeth **Shipwith** 27 Oct 1679. Signed George **Shipwith** and Elizabeth **Shipwith**. Wit: Christopher **Higges**, Robert (x) **Brassington**, Nicholas (x) **Northouer**, William Berry, John **Edmonston**, Ephraim (x) **Lee** and Charles **Gorsuch**.

14 Jan 1680, Michael **Judd** to James **Thompson**, 164 pounds of cotton for rent on 100 acres and 180 acres. Signed James **Thompson**.

15 Dec 1680, Thomas **Lightfoot** to Richard **Perkins**, cooper, of Baltimore Co., Maryland, a survey for 100 acres...Musketa creek. Signed Thomas **Lightfoot**.

29 Dec 1683, John **Yeo**, gentleman, of Baltimore Co., Maryland to his son-in-law, Garrett Fitz **Garrett**, for love and affection, 150 acres. Signed John **Yeo**. Wit: John **Mould**, Jane (x) **Mound** and Andrew **Mattson**.

3 Nov 1683, Jacob **Jennifer**, of Baltimore Co., Maryland to Otho **Holland**, of Anne Arundel Co., Maryland, for love and affection, 97 acres... Middle River...patented 20 Jul 1680. Signed Jacob **Jennifer**. Wit: Griffith **Jones** and Thomas **Vaughan**.

20 Arp 1683, James **Gendell**, of Bright Helmston, England power of attorney to Miles **Gibson**, of Baltimore Co., Maryland to receive 600 acres of Thomas **Thurstone**. Signed James **Gendell**. Wit: George **Holland** and Thomas **Hedge**.

13 Dec 1683, Thomas **Thurstone**, of Baltimore Co., Maryland to James **Gendell**, mariner, of Bright Helmston, Sussex Co., England, 600 acres... Rumley marsh...line of Maj. Samuel **Gouldsmith** and John **Halton**... purchased of Francis **Stockett**. Signed Thomas **Thurstone**. Wit: George **Wells**, Edward **Bedell** and Ephraim (x) **Lee**.

13 Dec 1683, Thomas **Thurstone**, of Baltimore Co., Maryland to Miles **Gibson**, of same, 8,000 pounds tobacco, 115 acres...Rumley creek...patented 10 Jan 1670...purchased of Francis **Stockett**. Signed Thomas **Thurstone**. Wit: George **Wells** and Edward **Bedell**.

3 Mar 1683, Arthur & Frances **Taylor**, planter, of Baltimore Co., Maryland to James **Smithers**, son of the said Frances **Taylor**, the new wife of the said Arthur **Taylor**, 150 acres...branch of Gunpowder River...part of 300 acres, purchased of Thomas **Lightfoot**, who purchased of Nicholas **Painter**, who purchased of Maj. Thomas **Trueman**, of Calvert Co., Maryland. Signed Arthur (x)

Taylor. Wit: Thomas Hedge and John Yeo.

2 Aug 1682, Michael & Jane Judd, shipwright, of Gunpowder, Baltimore Co., Maryland to John Nichols, planter, of Bush River, Baltimore Co., Maryland, 200 acres...Bush River. Signed Michael Judd and Jane (x) Judd. Wit: John Lowe, Marcus Lynch, George Wells and Thomas Hedge.

11 Feb 1683, Thomas & Hannah Everest, (Hannah the daughter of Richard Ball, cordwinder, deceased, of Baltimore Co., Maryland), of planter, of Clifts, Calvert Co., Maryland to John Bennett, merchant, of Anne Arundel Co., Maryland, 2,500 pounds of tobacco, 60 acres... line of Mary Humphry. Signed Thomas Everest and Hannah (x) Everest. Wit: James Ellis, George Parker and William Holland.

11 Jan 1683, Thomas Everest, planter, of Clifts, Calvert Co., Maryland to John Bennett, merchant, of Anne Arundel Co., Maryland, 1,500 pounds of tobacco, 50 acres...Clapers creek. Signed Thomas Everest. Wit: James Ellis, George Parker and William Holland.

21 May 1684, Jacob Jennifer, of Baltimore Co., Maryland to Thomas Long, of same, 7,000 pounds of tobacco, 733 acres...Bush River. Signed Jacob (x) Jennifer. Wit: Samuel Adams and John (x) Rouse.

20 Jan 1680, George Yate, gentleman, of Anne Arundel Co., Maryland to Robert Hooper, cooper, of same, 480 acres...line of Benjamin Choyes... patented 18 Jul 1679. Signed George Yate. Wit: Henry Hanslap, Mathias Prossor and Mark Richardson.

10 Jun 1683, Robert Hooper, cooper, of Anne Arundel Co., Maryland to Col. William Burgess, merchant, of same, 6,000 pounds of tobacco, 480 acres...purchased of George Yate. Signed Robert (x) Hooper. Wit: Thomas Taylor, Thomas Francis and Nicholas Gassaway.

5 Mar 1683, Elias Robertson, planter, of Cecil Co., Maryland to Andrew Mattson, carpenter, of Baltimore Co., Maryland, 200

acres...Swan creek. Signed Elias (x) Robertson. Wit: George **Wells** and Edward **Bedell**.

15 Jun 1684, Maj. Thomas **Long**, (attorney for Jacob **Jennifer**), of Bush River, Baltimore Co., Maryland to Thomas **Finch**, merchant, 2,500 pounds tobacco, 250 acres...Swan creek. Signed Thomas **Long**. Wit: Thomas **Scudamore** and John **Boring**. Signed Jacob (x) **Jennifer**. Wit: Samuel **Adams** and John (x) **Rouses**.

5 Jul 1684, Miles **Gibson**, of Baltimore Co., Maryland to Thomas **Thurstone**, of same, 500 acres...Susquehanna River. Signed Miles **Gibson**. Wit: Thomas **Long** and Edward **Bedell**.

5 Aug 1683, George & Johanna **Ogleby**, taylor, of Gunpowder River, Baltimore Co., Maryland to Thomas **James**, planter, of same, 64 acres...line of Thomas **Richardson**...purchased 1681, of William **Horne**, cooper, of Baltimore Co., Maryland. Signed George **Ogleby** and Johanna (x) **Ogleby**.

6 Aug 1683, Thomas & Jane **Long**, of Bush River, Baltimore Co., Maryland to Francis **Freeman**, planter, of same, 1,600 pounds of tobacco, 111 acres... Middle River. Signed Thomas **Long** and Jane (x) **Long**. Wit: John **Boring** and Joseph **Smith**.

Aug 1684, Joseph & Sarah **Gallion**, planter, of Baltimore Co., Maryland to Phillip **Greenslade**, of Barnstable, England, 200 acres...Bush River. Signed Joseph (x) **Gallion** and Sarah (x) **Gallion**. Wit: Thomas **Richardson**, Peter **Ellis** and John **Yeo**.

2 May 1684, Phillip **Greenslade**, mariner, of Barnstable, England power of attorney to James **Phillips**, of Baltimore Co., Maryland, to purchase land. Signed Phillip **Greenslade**. Wit: Robert **Peach** and Thomas **Hedge**.

2 Jun 1683, John **Larkin**, innholder, of Anne Arundel Co., Maryland, (with power of attorney to Thomas **Hedge**) to James **Phillips**, innholder, of Baltimore Co., Maryland, 400 acres...west side of Susquehanna River...line of Henry **Ward** and Thomas **Griffith**. Signed Thomas **Hedge**. Wit: George **Wells** and John **Boring**. Signed

John **Larkin**. Wit: George **Holland** and Otho **Holland**.

5 Nov 1683, William & Mary **Horne**, planter, of Baltimore Co., Maryland to John **Hall**, of same, 50 acres...east side of Gunpowder River. Signed William **Horne** and Mary (x) **Horne**. Wit: George **Wells** and John **Boring**.

12 Aug 1683, John **Hawkins**, planter, of Anne Arundel Co., Maryland to Henry **Constable**, merchant, of same, 5,000 pounds of tobacco, formerly in Anne Arundel Co., now in Baltimore Co., Maryland. Signed John (x) **Hawkins**. Wit: George **Casket**, John **Peasly** and William **Holland**.

11 March 1682, Edward **Filkes**, planter, of Anne Arundel Co., Maryland to Thomas **Pattisson**, of same, 4,000 pounds of tobacco, 170 acres...purchased 1 Mar 1673, of John **Jacobs**, who purchased 1 Jan 1673 of, Francis **Waters**, who purchased 1 Mar 1668 of George **Yates**, who patented 1668. Signed Edward **Filkes**. Wit: Richard **Robertson** and William **Holland**.

3 Feb 1684, Edward **Reeves**, planter, of Rumley Creek,, Baltimore Co., Maryland to Elizabeth **Sergant**, wife of John **Sergant**, for love and affection, life estate. Signed Edward (x) **Reeves**. Wit: Thomas **Preston**, John **Hathaway** and Harry **Fitzherbert**.

10 Feb 1684, Elizabeth **Bolten**, (widow of Richard **Bennett**), of Anne Arundel Co., Maryland to Theophilus **Hackett**, cordwinder, of same, 300 acres. Signed Elizabeth **Bolten**. Wit: Thomas **Taylor** and William **Burge**.

26 Feb 1684, Thomas **Scudamore**, (attorney for John **Shudall**, of Talbot Co., Maryland), of Bush River, Baltimore Co., Maryland to Robert **Burman**, merchant, 3,000 pounds of tobacco, 100 acres. Signed Thomas **Scudamore**. Wit: James **Phillips** and John **Boring**. Signed John (x) **Shudall**. Wit: John **Thomas** and David **Jones**.

9 Dec 1684, John **Martin**, of Talbot Co., Maryland power of attorney to Thomas **Scudamore**, of Baltimore Co., Maryland. Signed John **Martin**. Wit: Robert **Burman** and John **Peper**.

9 Dec 1684, John **Martin**, of Talbot Co., Maryland to John **Boring**, of Maryland, 100 acres...south side of Bush River. Signed John **Martin**. Wit: Robert **Burman** and John **Peper**.

5 Mar 1683, Lancelot & Sarah **Todd**, (Sarah is the daughter and heir of Thomas **Phelps**), planter, of Anne Arundel Co., Maryland to Edward **Filkes**, of same, 150 acres...Gunpowder River...Swan creek. Signed Lancelot (x) **Todd**. Wit: Thomas **Bland** and John **Howard**.

3 Dec 1683, Thomas **Lightfoot**, gentleman, of Baltimore Co., Maryland to George **Yates**, gentleman, of Anne Arundel Co., Maryland, 760 acres...west side of Susquehanna River. Signed Thomas **Lightfoot**. Wit: Henry **Bonner**.

9 Feb 1684, Thomas **Thurstone**, planter, of Baltimore Co., Maryland to James **Phillips**, innholder, of same, 100 acres...Bush River. Signed Thomas **Thurstone**. Wit: James **Collier** and Thomas **Scudamore**.

9 Apr 1685, Thomas & Rebecca **Lightfoot**, surveyor, of Baltimore Co., Maryland to James **Sanders**, planter, of Anne Arundel Co., Maryland, 500 acres...part of patent of two tracts, 1000 acres and 500 acres...head of Gunpowder River. Signed Thomas **Lightfoot** and Rebecca **Lightfoot**. Wit: Otho **Holland** and Joseph **Williams**.

29 Apr 1685, Thomas & Rebecca **Lightfoot**, surveyor, of Baltimore Co., Maryland to John **Bolt**, planter, of Anne Arundel Co., Maryland, 300 acres...part of patent of two tracts, 1000 acres and 500 acres...head of Gunpowder River. Signed Thomas **Lightfoot** and Rebecca **Lightfoot**. Wit: Otho **Holland** and Joseph **Williams**.

29 Apr 1685, Thomas & Rebecca **Lightfoot**, surveyor, of Baltimore Co., Maryland to Richard **Walsh**, planter, of Anne Arundel Co., Maryland, 200 acres...part of patent of two tracts, 1000 acres and 500 acres...head of Gunpowder River. Signed Thomas **Lightfoot** and Rebecca **Lightfoot**. Wit: Otho **Holland** and Joseph **Williams**.

29 Apr 1685, Thomas & Rebecca **Lightfoot**, surveyor, of Baltimore Co., Maryland to Edward **Carter**, planter, of Anne Arundel Co.,

Maryland, 500 acres...part of patent of two tracts, 1000 acres and 500 acres...head of Gunpowder River. Signed Thomas **Lightfoot** and Rebecca **Lightfoot**. Wit: Otho **Holland** and Joseph **Williams**.

11 Mar 1684, John & Providence **Reynolds**, (said Providence is the widow of Robert **Davids**) planter, of Anne Arundel Co., Maryland to John **Bennett**, merchant, of same, 2,400 pounds of tobacco, 200 acres...willed to John **Howewood** and Robert **Davids**, 1 Mar 1680, by William **Davids**, who patented, 10 Jan 1667. Signed John (x) **Reynolds** and Providence **Reynolds**. Wit: George **Parker** and William **Holland**.

9 Apr 1685, Michael & Jane **Judd**, of Baltimore Co., Maryland to Miles **Gibson**, of same, 150 acres. Signed Michael **Judd** and Jane (x) **Judd**. Wit: William (x) **Standford**, Francis **Todd** and George **Coingham**.

9 Feb 1684, Samuel & Mary **Brand**, blacksmith, of Baltimore Co., Maryland to Henry **Johnson**, of same, 100 acres. Signed Samuel (x) **Brand** and Mary (x) **Brand**. Wit: Jacob **Lowe** and Thomas **Williams**.

11 Dec 1684, George **Holland**, of Talbot Co., Maryland to James **Phillips**, of Baltimore Co., Maryland, 200 acres and 650 acres. Signed George **Holland**. Wit: James **Mills** and James **Themiser**.

2 Jun 1684, Charles & Sarah **Gorsuch**, planter, of Baltimore Co., Maryland to Robert **Burman**, merchant, of same, 20,000 pounds of tobacco, 120 acres...Road creek... part of 1100 acres patented by William **Bolten** and Thomas **Thomas**. Signed Charles **Gorsuch**. Wit: Peter **Ellis** and Thomas **James**.

16 May 1685, Jane **Clarridge**, widow, of Baltimore Co., Maryland to John **Wright**, planter, of same. Signed Jane (x) **Clarridge**. Wit: John (x) **Sellington** and William (x) **Coleman**.

9 Feb 1684, Michael & Jane **Judd**, shipwright, of Gunpowder River, Baltimore Co., Maryland to John **Hathway**, gentleman, of same, 200 acres...Bush River. Signed Michael **Judd** and Jane (x) **Judd**. Wit:

Thomas **Thurstone** and Thomas **Richardson**.

3 Sep 1685, George & Mary **Yates**, gentleman, of Anne Arundel Co., Maryland to Thomas **Lightfoot**, gentleman, of Baltimore Co., Maryland, 100 acres ...line of Thomas **Stockett**. Signed George **Yates**. Wit: Henry **Bonner**, Thomas **Taylor** and Thomas **Frances**.

25 May 1685, William **Harris**, planter, of Baltimore Co., Maryland to Thomas **Hedge**, clerk, of same, 300 acres. Signed William **Harris**. Wit: Humphrey **Jones** and John **Hathway**.

25 Jun 1685, Charles & Sarah **Gorsuch**, planter, of Baltimore Co., Maryland to Thomas **Lightfoot**, gentleman, of same. Signed Charles **Gorsuch** and Sarah **Gorsuch**. Wit: John **Downey** and Thomas (x) **Moore**.

Dec 1684, Thomas **Lightfoot**, of Baltimore Co., Maryland to Anthony **Pauly**, of Anne Arundel Co., Maryland, 100 acres. Signed Thomas **Lightfoot**. Wit: Henry (x) **Ridgely** and James **Ellis**.

13 Jun 1685, Francis **Leafs**, bricklayer, of Calvert Co., Maryland to Joseph **Owen**, taylor, of same, 200 acres...line of Anthony **Holland**... patented 1679. Signed Francis **Leafs**. Wit: Henry **Hanslap** and William **Ramsey**.

13 Jun 1685, Francis **Leafs**, bricklayer, of Calvert Co., Maryland to William **Ramsey**, planter, of Anne Arundel Co., Maryland, 75 acres ...Gunpowder River...patented 1679. Signed Francis **Leafs**. Wit: Henry **Hanslap** and Joseph **Owen**.

13 Jan 1684, Otho **Holland**, of Anne Arundel Co., Maryland to John **Skinner** planter, of same, 2,000 pounds of tobacco, 97 acres...Middle River. Signed Otho **Holland**. Wit: Henry **Hanslap** and Thomas **Bland**.

10 Jun 1684, James **Kyle**, cooper, alias planter, of Anne Arundel Co., Maryland to Paul **Hensey**, planter, of Maryland, 20 acres... patented 29 Jun 1663. Signed James **Kyle**. Wit: Edward **Ja???**, Thomas **Taylor**, Thomas **Francis**, William **Burge**. and William **Holland**.

112 Sep 1685, Thomas **Lightfoot**, gentleman, of Baltimore Co., Maryland to Benjamin **Williams**, planter, of Anne Arundel Co., Maryland, 300 acres ...head of Gunpowder River...line of Richard **Welsh**. Signed Thomas Lighfoot. Wit: Nathaniel **Smith** and Henry **Tish**.

27 Jul 1685, Charles & Sarah **Gorsuch**, of Baltimore Co., Maryland to Robert **Wilmot**, of same, 100 acres...line of Phillip **Thomas**. Signed Charles **Gorsuch** and Sarah Gorsuch. Wit: Thomas (x) **Sack** and Susannah **Harris**.

3 Nov 1684, John **Ardin**, of Baltimore Co., Maryland to Mark **Child**, planter, of same, 150 acres...Bush River...Base Creek. Signed John (x) **Ardin**. Wit: Samuel Sicklemore, John **Hathway** and Francis **Robinson**.

3 Nov 1685, Edward **Reeves**, planter, of Baltimore Co., Maryland to George **Conningam**, of same, 50 acres...Rumley creek. Signed Edward (x) **Reeves**. Wit: Marcus **Lynch**,, John **Hathway** and John (x) **Robinson**.

2 Oct 1685, George **Thompson**, gentleman, of Saint Marys Co., Maryland to Richard **Tidings**, of Anne Arundel Co., Maryland, 375 acres...head of Gunpowder River. Signed George **Thompson**. Wit: Thomas **Lightfoot** and John **Hallis**.

11 Jun 1685, Richard **Ellingsworth**, of Baltimore Co., Maryland to Thomas **Richardson**, of same, 300 acres...south side of Gunpowder River...line of John **Taylor**. Signed Richard (x) **Ellingsworth**. Wit: John **Hathway**, James **Collier** and William **Hollis**.

2 Mar 1685, Edward **Mumford**, planter, of Baltimore Co., Maryland to Thomas **Stone** and Dennis **Garrett**, 100 acres...northwest branch of Patuxent River. Signed Edward **Mumford**. Wit: Olliva **Hails** and Thomas **Hedge**.

10 Mar 1685, William **Gaine**, of Baltimore Co., Maryland to Charles **Gorsuch**, of same, 156 acres ...Welshman Hadaways creek. Signed William (x) **Gaine**. Wit: John (x) **Mariner** and John (x) **Ambusen**.

3 Apr 1685, John **Martin**, Anne Arundel Co., Maryland to Joseph **Sadler**, of Kent Co., Maryland, 100 acres...Martin creek. Signed John **Martin**. John (x) **Ardin** and Susannah (x) **Harris**.

5 Mar 1685, Joseph **Sadler** power of attorney to Charles **Gorsuch**. Signed Joseph (x) **Sadler**. Wit: James **Ellingstone** and John (x) **Ardin**.

George **Conigan**, cooper, of Baltimore Co., Maryland to William **Ozbourne**, planter, of same, 50 acres...mortgaged with Edward **Reeves**. Signed George **Coningan**. Wit: Edward ???, Wan **Bree**??? and Thomas **Hedge**.

3 Feb 1685, Richard & Elizabeth **Johns**, of Calvert Co., Maryland to Thomas **Lightfoot**, gentleman, of Baltimore Co., Maryland, 300 acres ...south side of Patuxent River.

2 Jul 1685, George **Gunnell**, of Chyrusgson, Cellemack Co., Carolina to James **Miles**, of Baltimore Co., Maryland, said **Miles** to pay Vincent **Lowe**, of Maryland, 5,000 pounds tobacco, a certain debt due from Edward **Gunnell**, deceased, brother to the said George **Gunnell**... also 510 pounds of tobacco to Daniel **Clocker** and 773 pounds of tobacco to John **Bloomfield**, 100 acres...Bush River...line of John **Collier**... Edward **Gunnell**, purchased of Joseph **Gallion**. Signed George **Gunnell**. Wit: John **Taylor** and John **Hathaway**.

Thomas **Lightfoot**, gentleman, of Baltimore Co., Maryland to John **Mariner**, of same, 100 acres ...Middle River. Signed Thomas **Lighfoot**. Wit: Thomas **Bland** and Welfran **Hunt**.

11 Apr 1686, Anthony & Johanna **Ruly**, curryor, of Anne Arundel Co., Maryland to John **Mercer**, planter, of same, 2,600 pounds of tobacco, 100 acres...Middle River. Signed Anthony **Ruly** and Johanna **Ruly**. Wit: Richard **Hall**, Lawrance **Draper** and Thomas (x) **Mercer**.

David **Adams** power of attorney to Thomas **Scudamore**, to receive of Charles **Gorsuch** acknowledgment of 100 acres specified in deed

26 May. Signed David **Adams**. Wit: Alice (x) **Robinson** and Thomas (x) **Luck**.

26 May 1686, Charles **Gorsuch**, of Baltimore Co., Maryland to David **Adams**, of same, 100 acres... Bush River. Signed Charles **Gorsuch**. Wit: James **Collier** and John **Hathway**.

Thomas **Richardson**, of Gunpowder River, Baltimore Co., Maryland bound to John **Bird**, of same, for 4,000 pounds of tobacco, for deed. Signed Thomas **Richardson**.

1 Jun 1686, Thomas **Richardson**, planter, of Gunpowder River, Baltimore Co., Maryland to John **Bird**, planter, of same, 100 acres...line of John **Owen**. Signed Thomas **Richardson**. Wit: Thomas **Hedge**, Thomas **Long** and Francis **Watkins**.

22 Mar 1686, Samuel & Ann **Wheeler**, gentleman, of Cecil Co., Maryland to David **Jones**, gentleman, of Baltimore Co., Maryland, 200 acres...north side of Patuxent River. Signed Samuel **Wheeler** and Ann (x) **Wheeler**. Wit: Thomas **Lightfoot**, Edward **Bats** and William **Baull**.

3 May 1686, Robert **Burman**, merchant, of Maryland power of attorney to Mathew **Hudson**, of Baltimore Co., Maryland. Signed Robert **Burman**. Wit: John **Harris**, Edward **Mumford** and Robert **Yaig**.

3 May 1686, Edward **Mumford**, of Baltimore Co., Maryland to Charles **Gorsuch**. Signed Charles **Gorsuch**. Wit: Thomas **Scudamore** and James **Collier**.

1 Jan 1686, Edward **Mumford**, of Baltimore Co., Maryland to Charles **Gorsuch**, 15 acres...line of Solomon **Sparrow**. Signed Edward **Mumford**. Wit: Thomas **Scudamore** and James **Collier**.

20 Oct 1685, Daniel **Lawrance**, taylor, of Baltimore Co., Maryland to Thomas **Lightfoot**, gentleman, of same, 100 acres. Signed Daniel **Lawrance**. Wit: John **Hall** and Robert **Benger**.

28 May 1686, Thomas & Rachel **Richardson**, of Gunpowder River, Baltimore Co., Maryland to Richard **Ellingsworth**, of same, 214 acres... Gunpowder River...patented 10 Aug 1684. Signed Thomas **Richardson** and Rachel **Richardson**. Wit: James **Collier** and Robert **Benger**.

William & Margaret **Osborn**, planter, of Baltimore Co., Maryland to James **Phillips**, innholder, of same, for love and affection. Signed William **Osborn** and Margaret (x) **Osborn**. Wit: Robert (x) **Oloss**, John **Hathway** and Thomas **Hedge**.

5 May 1686, James **Fugett**, planter, of Baltimore Co., Maryland to Miles **Gibson**, gentleman, of same, 12.760 pounds tobacco, 200 acres and a man servant named Thomas **Wallingford**...head of Swan creek...marks of James **Toes**, deceased...formerly belonging to Robert **Langley**. Signed James **Fugett**. Wit: Thomas (x) **Wallingford** and William **Job**.

27 Jul 1686, Thomas & Jane **Thurcall**, planter, of Baltimore Co., Maryland to William **Wasbusy**, of same, 50 acres. Signed Thomas **Thurcall** and Jane **Thurcall**. Wit: George **Wells** and Edward **Bedell**.

9 Feb 1686, John **Moriton**, gentleman, Anne Arundel Co., Maryland to John **Saltman**, of same, 500 acres...Bush River. Signed John **Moriton**. Wit: Richard **Bland** and Marcus **Devall**.

7 Aug 1686, Samuel **Sicklemore**, planter, of Baltimore Co., Maryland to Arthur **Taylor**, of same, 150 acres...north branch of the Gunpowder River...purchased from Thomas **Lightfoot**. Signed Samuel **Sicklemore**. Wit: James **Tay** and James **Grayer**.

5 Oct 1686, John **Hall**, of Baltimore Co., Maryland to William **Lonoe**, of same, 55 acres...Gunpowder River... line of Godfrey **Harmon**. Signed John **Hall**. William **Osborne** and John **Hathway**.

3 Nov 1686, Thomas **Hedge**, gentleman, of Baltimore Co., Maryland to William **Osborne**, of Rumley creek, Baltimore Co., Maryland, 100 acres...Rumley creek...purchased of Miles **Gibson**. Signed Thomas **Hedge**. Wit: Thomas **Long**, sheriff.

2 Jul 1686, Thomas & Rachel **Richardson**, of Gunpowder River, Baltimore Co., Maryland to Robert **Love**, of same, 200 acres ...Gunpowder River. Signed Thomas Richardson and Rachel **Richardson**. Wit: John **Borch** and Thomas **Scudamore**.

20 Jul 1685, Thomas **Richardson**, of Gunpowder River, Baltimore Co., Maryland to Robert **Gates**, of same, 30 acres ...head of Gunpowder River. Signed Thomas Richardson. Wit: John **Boreing** and Thomas **Scudamore**.

9 Sep 1686, Thomas **Richardson**, of Gunpowder River, Baltimore Co., Maryland to John **Hais**, carpenter, of same, 100 acres...branch of Gunpowder River. Signed Thomas **Richardson**. Wit: John **Boreing** and Thomas **Scudamore**.

21 Jul 1686, Thomas **Richardson**, of Gunpowder River, Baltimore Co., Maryland to William **Caine**, of Black River,, Baltimore Co., Maryland, 100 acres...south side of branch of Gunpowder River. Signed Thomas **Richardson**. Wit: John **Boreing** and Thomas **Scudamore**.

2 Nov 1686, David **Jones**, of Baltimore Co., Maryland to James **Phillips**, of same, 500 acres ...Middle Branch of Bush River. Signed David **Jones**. Wit: Thomas **Hedge** and John **Hathway**.

17 Nov 1686, John **Hall**, planter, of Baltimore Co., Maryland to William **Westbusy**, of same, 50 acres...Daniel's Nesty...Gunpowder River. Signed John **Hall**. Wit: Thomas **Thurstone** and John **Hathway**.

16 Oct 1686, Peter **Fuealt**, planter, of Baltimore Co., Maryland to John **Walstone**, carpenter, of same, 100 acres. Signed Peter (x) **Fuealt**. Wit: Henry **Johnson** and John (x) **Thomas**.

20 Aug 1686, Thomas **Lightfoot**, gentleman, of Baltimore Co., Maryland to Amos **Nichols**, of the colony of Ponsilog, 400 acres...line of Col. Thomas **Stockett** and Henry **Darnell**. Signed Thomas **Lightfoot**. Wit: Henry **Johnson** and John **Langley**.

2 Nov 1686, Miles **Gibson**, of Baltimore Co., Maryland to John **Rawlings**, planter, of same, 9,000 pounds tobacco, 75 acres...part of 150 acres...formerly owned by George **Holland**... lived on by Michael **Judd**. Signed Miles Gibson. Wit: Mark **Richardson** and Miles **Gibson**.

6 Jun 1685, Christopher & Elizabeth **Shaw**, of Baltimore Co., Maryland to John **Ashes**, planter, of same, 30 acres. Signed Christopher (x) **Shaw**. Wit: Nick **Rogier**.

4 Jan 1686, George & Martha **Gouldsmith**, gentleman, of Baltimore Co., Maryland to John **Walstone**, gentleman, of same, 10,354 pounds of tobacco, 200 acres...Swan creek...2nd tract... 200 acres...Swan creek. Signed George **Gouldsmith** and Martha (x) **Gouldsmith**. Wit: John **Hall**, sheriff, George **Walls** and Edward **Bedell**.

4 May 1685, Thomas & Rachel **Richardson**, (said Rachel is widow of John **Towers**), planter, of Baltimore Co., Maryland to Michael **Judd**, 3,000 pounds of tobacco, 150 acres...Bush River... taken up by Nathaniel **Stiles**, who sold to Lodwick **Williams**, who sold to John **Towers**. Signed Thomas **Richardson** and Rachel **Richardson**. Wit: Anthony **Drew** and Edmond **Stansley**.

26 Oct 1686, Anthony **Demondidier**, planter, of Baltimore Co., Maryland to Thomas **Morris**, planter, of same, 2,000 pounds of tobacco, 50 acres...part of 300 acres, formerly owned by Richard **Ball**, deceased 14 Jun 1678...surveyed by Thomas **Lightfoot**. Signed Anthony **Demondidier**. Wit: John (x) **Robinson**, Francis **Potest**, Rendall (x) **Jones**, Capt. Henry **Johnson** and George **Gouldsmith**.

3 Feb 1686, Charles & Sarah **Gorsuch**, of Baltimore Co., Maryland to Roger **Newman**, merchant, of England, 14,000 pounds of tobacco, 260 acres...Denton creek. Signed Charles **Gorsuch** and Sarah **Gorsuch**. Wit: Thomas **Scudamore** and Susanna (x) **Osten**.

24 Dec 1686, Jenkin **Smith**, planter, of Calvert Co., Maryland to Richard **Robeson**, of Baltimore Co., Maryland, 5,400 pounds of tobacco, 100 acres...patented 9 Sep 1679, by Francis & Sarah **Leafs**,

who sold 29 Dec 1684 to said **Smith**. Signed Jenkin **Smith**. Wit: Francis **Downs**, John **Mariton** and Joseph **Tilly**.

8 Jun 1687, Thomas **Thurstone**, of Bush River, Baltimore Co., Maryland to Stephen **Gill**, son of Stephen **Gill**, late of Seavern River, Anne Arundel Co., Maryland, 182 acres. Signed Thomas **Thurstone**. Wit: John **Hathway** and George **Gouldsmith**.

1 Jun 1687, James **Mills**, of Baltimore Co., Maryland to James **Phillips**, of same, 100 acres ...Bush River...line of John **Collier**...formerly owned by Joseph **Gallion**, who sold to George **Gunill**. Signed James **Mills**. Wit: Robert **Benger** and Francis **Robinson**.

6 Apr 1687, Thomas & Rebecca **Lightfoot**, gentleman, of Baltimore Co., Maryland to James **Greenily**, planter, of Anne Arundel Co., Maryland, £65, 350 acres. Signed Thomas **Lightfoot** and Rebecca **Lightfoot**. Wit: Francis **Watkins** and John **Boreing**.

7 Jun 1687, Edward & Elizabeth **Douse** and Emanuel & Sarah **Ceely**, all of Baltimore Co., Maryland to William **Deand**, of Kent Co., Maryland, 200 acres ...head of Salt Peter creek. Signed Emanuel (x) **Ceely** and Edward **Douse**. Wit: John **Hathway**, Edmond **Hansly** and John **Purnall**.

2 Jun 1687, James & Susannah **Phillips**, innholder, of Baltimore Co., Maryland to Thomas **Tenck**, gentleman, of Anne Arundel Co., Maryland, 1000 acres...Susquehanna River. Signed James **Phillips** and Susannah **Phillips**. Wit: John **Hathway** and Thomas **Hedge**.

Chapter 2

Baltimore Co., Maryland
Liber R.M. No. H.S.
Vol. II, 1659-1725

19 Jul 1687, John **Fuller**, of Middle River, Baltimore Co., Maryland to Henry **Enloes** Jr., of same, 6,000 pounds of tobacco, 100 acres... Senigas creek. Signed John (x) **Fuller**. Wit: Hendrick **Enloes** and Andrew **Anderson**.

25 Jul 1687, Thomas **Scudamore**, gentleman, of Back River, Baltimore Co., Maryland to Joseph **Strawbridge**, of same, 3,000 pounds of tobacco,
200 acres...Back River. Signed Thomas **Scudamore**. Wit: John **Hall** and Charles **Greens**.

6 Sep 1687, John **Walstone**, gentleman, of Baltimore Co., Maryland to George **Wells**, of same, 1 acre...patented 1679. Signed John **Walstone**. Wit: George **Gouldsmith** and Edward **Bedell**.

31 Oct 1687,, George & Johanna **Ogilsby**, taylor, of Baltimore Co., Maryland to Edward **Dawes**, planter, of same, 6,000 pounds of tobacco, 200 acres...head of main branch of Middle River. Signed George (x) **Ogilsby** and Johanna (x) **Ogilsby**. Wit: Archibald **Burnet** and Michael **Judd**.

20 Oct 1687, Robert **Lockwood**, planter, of Anne Arundel Co., Maryland to John **Willson**, planter, of same, 1000 acres...Bush River. Signed Robert **Lockwood**. Wit: Thomas **Knighton** and Leonard **Coles**.

1 Mar 1687, Richard & Elizabeth **Johns**, (said Elizabeth is sister and heir of Paul **Kinsley**), of Calvert Co., Maryland to Richard **Gusyor**, planter, 4,000 pounds of tobacco, 250 acres... Deep creek...patented by Paul **Kinsley** 16 Aug 1663. Signed Richard **Johns** and Elizabeth (x) **Johns**. Wit: John (x) **Oadsby** and William (x) **Timis**.

21 Feb 1687, John **Wright**, of Baltimore Co., Maryland to James **Phillips**, innholder, of same, 100 acres...Pepson creek. Signed William **Osborne**. Wit: Nicholas **Rogier**. Signed John (x) **Wright**. Wit: John **Hathway**, George (x) **English** and Robert **Homble**.

4 Feb 1687, John **Skinner**, of Anne Arundel Co., Maryland to John **Sillman**, of same, 97 acres... Middle River. Signed John **Skinner**. Wit: Robert **Hasp** and Henry **Holland**.

20 Apr 1688, Miles **Gibson**, of Baltimore Co., Maryland to James **Fondall**, of same, 1,600 pounds of tobacco, 120 acres ...Dolph creek. Signed Miles **Gibson**.

John **Langley**, late of Baltimore Co., Maryland to Robert **Tromball**, of Cecil Co., Maryland, 22,500 pounds of tobacco, 300 acres...Spesutia creek... Calthole creek. Signed John **Langley**. Wit: George **Gouldsmith** and George **Oldfield**.

5 Jun 1688, Edward **Lunn**, of Seavern River, Anne Arundel Co., Maryland to George **Eager**, of same, 5,000 pounds of tobacco, 200 acres. Signed Edward (x) **Lunn**. Wit: Edward **Bedell** and John **Boreing**.

1688, John **Thomas**, planter, of Baltimore Co., Maryland to John **Bennett**, merchant, of Anne Arundel Co., Maryland, 100 acres...Clapper creek. Signed John **Thomas**. Wit: Richard **Givin** and George **Lushman**.

29 May 1688, Michael & Jane **Judd**, of Baltimore Co., Maryland to John **Fuller**, 1,600 pounds of tobacco, 16 acres. Signed Michael **Judd** and Jane (x) **Judd**. Wit: Richard **Haske** and John (x) **Winley**.

10 Jun 1688, Michael & Jane **Judd**, of Baltimore Co., Maryland to Edmond **Hansley**, of same, 100 acres...Pepson creek. Signed Michael **Judd** and Jane (x) **Judd**. Wit: Edward (x) **Goofe** and George (x) **Inglish**.

6 Jun 1687, Arthur **Taylor**, of Gunpowder River, Baltimore Co., Maryland to James & Ann **Grear**, for natural affection, 5

acres...Birds River. Signed Arthur (x) **Taylor.** Wit: Samuel **Sicklemore** and Ann (x) **Thompson.**

6 Jun 1687, Arthur **Taylor,** of Gunpowder River, Baltimore Co., Maryland to Richard **Smithers,** for natural affection, 300 acres...Bird River. Signed Arthur (x) **Taylor.** Wit: Samuel **Sicklemore** and Ann (x) **Thompson.**

13 Feb 1688, Edward **Collyer,** folt marker, of Philadelphia, Pennsylvania to Samuel **Browne,** planter, of Baltimore Co., Maryland, 150 acres ...Bush River...patented by Abraham **Hollman.** Signed Samuel **Collyer.** Wit: James **Jacob** and Nicholas **Rogier.**

21 Feb 1688, Emanuel **Ceely,** of Baltimore Co., Maryland to Edward **Dowes,** of same, 3,000 pounds of tobacco, 100 acres...Middle River. Signed Emanuel (x) **Ceely.**

12 May 1688, Andrew & Jane **Mattson,** of Baltimore Co., Maryland to Samuel **Underwood,** of same. Signed Andrew **Mattson** and Jane (x) **Mattson.** Wit: Francis **Robinson.**

James **Phillips,** innholder, of Bush River, Baltimore Co., Maryland to Thomas **Dalby,** of Baltimore Co., Maryland, 100 acres...Susquehanna River. Signed James **Phillips.** Wit: George **Burgess** and Edward **Crigtely.**

1687, Robert & Ann **Burman,** of Baltimore Co., Maryland to Mathew **Hudson,** planter, of Maryland, 350 acres. Signed Robert **Burman** and Ann **Burman.** Wit: Richard (x) ??.

6 Jun 1688, John & Julian **Bevans,** of Gunpowder River, Baltimore Co., Maryland to Richard **Harwood,** of Anne Arundel Co., Maryland, 3,500 pounds of tobacco, 36 acres. Signed John **Bevans** and Julian (x) **Bevans.** Wit: Thomas (x) **Bell** and Thomas **Castewin.**

12 Dec 1688, Thomas **Todd,** (son of Capt. Thomas **Todd,** deceased, of Baltimore Co., Maryland), of Gloster, Virginia agreement with Charles **Gorsuch,** £100, 1100 acres...Denton creek... whereas Capt. Thomas **Todd,** purchased of Thomas **Rewoll,** of Talbot Co.,

Maryland, 275 acres, part of 1100 acres, formerly taken up by William **Batten** and Thomas **Thomas**, of said providence and Charles **Gorsuch** purchased of Solomon **Thomas**, son and heir of Thomas **Thomas** 550 acres and of Walter **Dickenson**. Signed Thomas **Todd** and Charles **Gorsuch**. Wit: James **Cowdell** and William **Plummer**.

20 May 1688, John & Easter **Fuller**, planter, of Baltimore Co., Maryland to Robert **Benger**, of same, 2,300 pounds of tobacco, 100 acres... Middle River. Signed John (x) **Fuller** and Easter (x) **Fuller**. Wit: Francis **Robinson** and Marcus **Davorin**.

14 May 1688, Thomas **James**, power of attorney to William **Osborne**. Signed Thomas **James**. Wit: Robert **Benger** and Lewis **Barton**.

25 Jul 1687, Thomas & Sarah **James**, planter, of Gunpowder River, Baltimore Co., Maryland to Richard **Sampson**, of Back River, Baltimore Co., Maryland, 2,200 pounds of tobacco, 100 acres...Back River. Signed Thomas **James** and Sarah (x) **James**. Wit: Lewis **Barton** and Robuck **Lynch**.

7 Aug 1688, Rebecca **Lightfoot**, (widow of Thomas **Lightfoot**), of Baltimore Co., Maryland to Christopher **Gersh**, planter, of same, 8,000 pounds of tobacco, 320 acres... Robert **Willson**, deceased, of Baltimore Co., Maryland patented 10 Jan 1670, died without heirs...said Thomas **Lightfoot** purchased for 4,500 pounds of tobacco 1685. Signed Rebecca **Lightfoot**. Wit: Charles **Gorsuch** and Francis **Robinson**.

7 Aug 1688, Rebecca **Lightfoot**, (widow of Thomas **Lightfoot**), of Baltimore Co., Maryland to John **Willson** Sr., of Anne Arundel Co., Maryland, 8,000 pounds of tobacco, 200 acres...line of George **Burgess**. Signed Rebecca **Lightfoot**. Wit: John **Meriton** and Francis **Robinson**.

10 Jun 1687, Rebecca **Lightfoot**, (widow of Thomas **Lightfoot**), of Baltimore Co., Maryland to George **Ashman**, 106 acres...line formerly belonging to Paul **Hinsey**. Signed Rebecca **Lightfoot**. Wit:

Charles **Gorsuch** and Francis **Robinson**.

6 Jul 1688, James & Susanna **Phillips**, innholder, of Bush River, Baltimore Co., Maryland to William **Osborne**, of same, 2,500 pounds of tobacco, 100 acres. Signed James **Phillips** and Susanna (x) **Phillips**. Wit: Edward **Bedell** and George Ashman.

8 Jul 1688, Michael & Jane **Judd** and William **Ebden**, all of Baltimore Co., Maryland to Edward **Lunn**, of Anne Arundel Co., Maryland, 3,000 pounds of tobacco, 100 acres. Signed Michael **Judd**, Jane (x) **Judd** and William (x) **Ebden**. Wit: George **Smith** and Thomas (x) **Heath**.

5 Mar 1683, Elias **Robinson**, planter, of Cecil Co., Maryland to Andrew **Mattson**, carpenter, of Baltimore Co., Maryland, 4,600 pounds of tobacco, 200 acres...Swan creek...to James **Robinson**, of Cecil Co., Maryland by said Andrew **Mattson**, 14,000 pounds of tobacco, paid by Mark **Richardson**, 210 acres. Signed Andrew **Mattson** and Jane (x) **Mattson**. Wit: Edward **Bedell** and John **Walstone**.

Andrew **Mattson** bound to Mark **Robinson** for 28,000 pounds of tobacco for sale of 210 acres. Signed Andrew **Mattson**.

John **Winley**, planter, of Baltimore Co., Maryland bound to Thomas **Richardson**, surveyor, of same, for 10,000 pounds of tobacco for sale dated 6 Nov 1688. Signed John (x) **Winley**. Wit: Francis **Robinson** and Edward **Morris**.

1688, John **Winley**, planter, of Baltimore Co., Maryland to Thomas **Richardson**, surveyor, of same. Signed John (x) **Winley**. Wit: Francis **Robinson** and Edward **Morris**.

Thomas **Stockett**, son and heir apparent of Thomas **Stockett**, late of Anne Arundel Co., Maryland to Jacob **Loten**, of Cecil Co., Maryland, 200 acres ...Susquehanna River. Signed Thomas **Stockett**. Wit: Henry **Hansley** and Henry **Bonner**.

1 Mar 1688, John & Susannah **Ardin**, planter, of Baltimore Co.,

Maryland to John **Watts**, of same, 3,000 pounds of tobacco, 50 acres...Narrow creek. Signed John (x) **Ardin** and Susannah (x) **Ardin**. Wit: Joseph **Strawbridge**, Tobyas (x) **Stoodorouk** and Thomas **Durbin**.

18 Feb 1685, William **Osborne**, planter, of Rumley creek, Baltimore Co., Maryland to Thomas **Hedge**, 100 acres. Signed William (x) **Osborne**. Wit: Robert **Garquane** and George **Utie**.

20 May 1689, John & Abigail **Hais**, planter, of Back River, Baltimore Co., Maryland to Thomas **Long**, gentleman, of same, 420 acres. Signed John (x) **Hais** and Abigail **Hais**. Wit: John **Love**, Richard **Avack** and Francis **Robinson**.

6 Aug 1689, John **Hathway**, planter, of Baltimore Co., Maryland to Humphrey **Jones**, planter of same, 3,000 pounds of tobacco, 200 acres. Signed John **Hathway**. Wit: Edward **Bedell** and George **Ashman**.

4 Jul 1689, Charles & Sarah **Gorsuch**, of Baltimore Co., Maryland to Roger **Neuman**, merchant, of London, England, 238 acres... line of Robert **Wilmot**. Signed Charles **Gorsuch** and Sarah **Gorsuch**. Wit: Thomas **Durbin** and Christopher **Vernon**.

5 Jul 1689, Robert & Joane **Wilmot**, of Baltimore Co., Maryland to Charles **Gorsuch**, gentleman, of same, land said **Gorsuch** sold said **Wilmot** 2 Jul 1689. Signed Robert **Wilmot** and Joane (x) **Wilmot**. Wit: Thomas **Durbin** and Christopher **Vernon**.

2 Jul 1689, Charles & Sarah **Gorsuch**, of Baltimore Co., Maryland to Robert **Wilmot**, planter, of same, 100 acres... Bare creek. Signed Charles **Gorsuch** and Sarah **Gorsuch**. Wit: Thomas **Durbin** and Christopher **Vernon**.

3 Aug 1689, Francis **Freman**, planter, of Baltimore Co., Maryland to Christopher **Brimbridge**, of same, 111 acres... Back River. Signed Francis **Freman**. Wit: John **Boreing** and Francis **Watkins**.

George **Yate**, gentleman, of Anne Arundel Co., Maryland to

Thomas **Hooker**, planter, of same, £65, 230 acres... line of the Orphan **Kinsey**. Signed George **Yate**. Wit: Richard **Hanslap**, James **Ellis** and John **Elsey**.

7 May 1689, Samuel **Underwood**, planter, of Baltimore Co., Maryland to Nicholas **Rogier**, of same, 10,000 pounds of tobacco., 300 acres...Swan creek...10,000 pounds of tobacco due from, Andrew **Mattson**, carpenter, of Baltimore Co., Maryland. Signed Samuel **Underwood**. Wit: Emanuel (x) **Ceely** and Sarah (x) **Ceely**.

Jun 1689, Samuel & Mary **Underwood**, planter, of Baltimore Co., Maryland to Nicholas **Rogier**, of same, ? thousand pounds of tobacco, 300 acres...Swan creek. Signed Samuel **Underwood**, Mary (x) **Underwood** and Edward **Boothby**, by his attorney Samuel **Underwood**. Wit: Emanuel (x) **Ceely** and Sarah (x) **Ceely**.

10 Mar 1689, Andrew & Jane **Mattson**, carpenter, of Baltimore Co., Maryland to Gidson **Gamball**, plaster, of same, 120 perches...Swan creek. Signed Andrew **Mattson** and Jane **Mattson**. Wit: George **Gouldsmith** and Henry **Johnson**.

8 Jun 1689, Andrew & Jane **Mattson**, carpenter, of Baltimore Co., Maryland to Mark **Richardson**, gentleman, of same, 14,000 pounds of tobacco, 200 acres...Swan creek. Signed Andrew **Mattson** and Jane (x) **Mattson**. Wit: Edward **Bedell** and George **Gouldsmith**.

7 Mar 1687, Thomas **Heath** sued John **Vaughan**, for 14,000 pounds of tobacco, paid with 100 acres. Juries were: James **Phillips**, Richard **Adams**, Robert **Kemble**, John **Durham**, Charles **Pines**, Daniel **Peverik**, John **Has**, Lawrance **Taylor**, Thomas **Preston**, Anthony **Draw**, George **Smith** and Edmond **Shipley**.

12 Dec 1688, Edward **Mumford**, planter, of Baltimore Co., Maryland to James **Greenwood**, of same, 50 acres...Swan creek. Signed Edward **Mumford**. Wit: Anthony **Demondidier** and Martha (x) **Demondidier**.

25 Aug 1690, Amos **Nichols**, gentleman, of Cecil Co., Maryland to Thomas & Margaret **Brown**, of Baltimore Co., Maryland, 9,000

pounds of tobacco and £5, 400 acres... Susquehanna River. Signed Amos **Nichols**. Wit: Thomas **Hedge** and Samuel (x) **Brown**.

1690, William & Mary **Hollis**, of Baltimore Co., Maryland to William **Pritchett**, planter, of same, 100 acres...Rumley creek. Signed William **Hollis** and Mary (x) **Hollis**. Wit: Thomas **Hedge**.

Will of James **Fendall**, to his wife Elizabeth **Fendall** and child in the county of Cork, Ireland all of his estate. To his mother Elizabeth **Fendall**, residing in Wright Helmstone, Ireland and his nephew, James **Fendall**, son of his elder brother, John **Fendall**, of same, in case mother deceased before will proved, to Mary **Pecok**, his sister's daughter...clothes to his father-in-law Richard **Brocklesby**...his friend Samuel **Fendall** to have a lively hood on his plantation...to Robert **Gibson**, son of Miles **Gibson** £5...Edward **Bedell** and John **Walstone** trustees. Signed James **Fendall**. Wit: Timothy **Heshar**, Jane (x) **Judd** and Miles **Gibson**.

2 May 1690, Will of John **Boreing**, to three sons, John, James and Thomas **Boreing** equally divided...son John to have his when he reaches 18 years...children of new wife Ann **Boreing**, to have share...wife to be executor Signed John (x) **Boreing**. Wit: Francis **Wathings** and Elinor (x) **Watts**.

16 May 1689, Will of Henry **Johnson**, son Thomas **Johnson** when 16 years to son Henry **Johnson**...to son Joseph **Johnson** ...to wife Elizabeth **Johnson**. Signed Henry **Johnson**. Wit: Abraham **Blang** and Thomas **Dalby**.

16 Jan 1690, Peter & Francis **Fuckett**, planter, of Bush River Baltimore Co., Maryland to Thomas **Cade**, planter, of same, 100 acres...patented 1675...2nd tract...200 acres...Swan creek...line of George **Gouldsmith**. Signed Peter (x) **Fuckett**. Wit: Thomas **Stayly** and Robert **Benger**.

17 Jan 1690, Will of Christopher **Guest**, wife to be executor and to his child...to John **Robinson**, a calf... to his brother Richard **Cromwell**, child a calf...to his mother **Guest** £5. Signed Christopher **Guest**. Wit: John **Brown**, John (x) **Robinson** and Richard

Cromwell.

20 Nov 1690, Will of William **Yorke**, wife Mary **Yorke**, his plantation at Bush River, Baltimore Co., Maryland. Signed William **Yorke**. Wit: John **Hall**, William (x) **Duson**, Phillip (x) **Collier** and Edward **Allely**.

22 Dec 1690, Will of Edward **Dowes**, to his son-in-law, Oliver **Harried**, 100 acres...Middle River, to daughter, Unity **Harried**, cattle, to Mary **Harrison**, 200 acres, to John **Anderson**, gun and tobacco...Richard **Adams** and Daniel **Scott** to be executors. Signed Edward (x) **Dowes**. Wit: James **Magwell** and Mary **Adams**.

15 Nov 1690, Will of Nicholas **Hamsted**, verbal will, all estate to wife..."Proceed in law with the daughter of Thomas **Thurstone**". Signed Robert (x) **Love**, William (x) **Gudgen**, John (x) **Love**, Robert (x) **Love** and Roger **Respink**.

6 Nov 1690, Roger & Debora **Benger** to William **Wright**, 100 acres...Middle River. Signed Robert **Benger**. Wit: Richard (x) **Adams** and John **Hathway**.

5 Nov 1690, Robert **Gates**, planter, of Baltimore Co., Maryland to John **Fuller**, planter, of same, 30 acres. Signed Robert **Gates**. Wit: George **Ashman** and Thomas **Stayly**.

12 Dec 1691, George **Gunnell**, of Baltimore Co., Maryland to Cornelius **Boyce**, 6,000 pounds of tobacco paid by Michael **Judd**, 100 acres...Bush River. Signed George **Gunnell**. Wit: John **Hathway** and Timothy **Harris**.

19 Mar 1691, Will of George **Gouldsmith**, to the child his wife carries, his plantation, to his daughter Mary **Gouldsmith**, 500 acres, to George **Oglesby**, 50 acres, to wife Martha **Gouldsmith**, 300 acres...to brother-in-law Edward **Bedell**, clothes...wife to be executor. Signed George **Gouldsmith**. Wit: James **Phillips** and Edward **Watts** and Andrew **Boothby**.

12 Mar 1690, Thomas & Mary **Thurstone**, of Bush River, Baltimore

Co., Maryland to his daughter, Elizabeth, widow of John **Wakey**, now the wife of Paules R???, for love and affection, 400 acres ...last branch of Bush River...patented 4 Apr 1686. Signed Thomas **Thurstone**. Wit: Thomas **Hedge** and Thomas **Smith**.

1 Mar 1691, Thomas **Stone**, late of Long Island Point to Barbara **Garrett**, widow of Dennis **Garrett**, for love and affection, land where said Dennis lived. Signed Thomas (x) **Stone**. Wit: Samuel **Sicklemore** and Thomas **Smith**.

29 Feb 1692, James & Ann **Thompson**, of Baltimore Co., Maryland to John **Taylor**, cooper, of same, 2,000 pounds of tobacco, 150 acres...Balten creek...line of John **Collett**. Signed James **Thompson** and Ann (x) **Thompson**. Wit: Thomas **Stayly**, Roger **Mathews** and James **Maxwell**.

1 Mar 1692, John & Hester **Fuller**, planter, of Baltimore Co., Maryland to Thomas **Heath**, of same, 6.25 acres...Gunpowder River. Signed John (x) **Fuller** and Hester (x) **Fuller**. Wit: Thomas **Stayly** and James **Maxwell**.

27 Dec 1688, Will of Mathew **Hudson**, to wife Jane **Hudson**, 100 acres...livestock to Joseph **Benege** ...Ebenezer **Blackstone** named executor. Signed Mathew **Hudson**. Wit: Gerrard ?? and Edward **Beck**.

4 May 1691, Will of John **Nichols**, wife Mary **Nichols**, executor...to children John, Thomas, Mary, Sarah **Nichols**, each 50 acres. Signed John (x) **Nichols**. Wit: John **Hathway** and Robert (x) **Oless**.

1 Mar 1692, John & Hester **Fuller**, planter, of Baltimore Co., Maryland to Thomas **Heath**, of same, 30 acres. Wit: Thomas **Smith** and Robert **Love**.

1691, Michael & Jane **Judd**, of Baltimore Co., Maryland to William **Ebden**, of same, 150 acres ...Lodowick creek...corner to land said **Judd** sold to John **Nichols**. Signed Michael **Judd** and Jane (x) **Judd**. Wit: Thomas **Stayly** and James **Maxwell**.

17 Dec 1691, Richard & Ann **Taylor**, planter, of Anne Arundel Co., Maryland to Lawrance **Richardson**, planter, of Baltimore Co., Maryland, 1,500 pounds of tobacco, 200 acres...Lightwood creek. Signed Richard **Taylor** and Anne (x) **Taylor**. Wit: Nicholas **Gassaway** and Nicholas **Gassaway** Jr.

22 Mar 1691, Will of Daniel **Pevesell**, to daughter Sarah, when she comes of age and wife Hannah **Pevesell**...wife and Samuel **Braene**, of Baltimore Co., Maryland, executors. Signed Daniel **Pevesell**. Wit: Thomas **Hedge**, George **Gunnell** and Bartholomew (x) **Hedge**.

8 Nov 1685, Will of Robert **Jones**, his estate to his friend George **Gouldsmith**. Signed Robert (x) **Jones**. Wit: John **Mould**, Thomas **Brown** and Richard **Weakfield**.

26 Mar 1692, Will of Robert **Love** Sr., to sons John and Robert **Love**, daughters mentioned, but not named. Signed Robert (x) **Love** Sr. Wit: Samuel **Sicklemore**, William (x) **Gudgoon** and Jane (x) **Judd**.

11 Dec 1691, Rebecca **Lightfoot**, widow, of Baltimore Co., Maryland to Peter **Bond**, planter, of Anne Arundel Co., Maryland, 2,200 pounds of tobacco, 150 acres...patented 1684. Signed Rebecca **Lightfoot**. Wit: George **Ashman** and John **Thomas**.

17 Mar 1691, Will of John **Hill**, to son John and William **Hill**, William to be executor...to Rebecca **Osben**. Signed John (x) **Hill**. Wit: William **Osborne**, Thomas (x) **Frenick** and Richard (x) **Lovett**.

9 May 1692, Edmond & Sarah **Hansley**, of Bush River, Baltimore Co., Maryland to Edward **Scott**, of same, 200 acres...Bush River...line of James **Phillips**. Signed Edmond **Hansley** and Sarah (x) **Hansley**. Wit: George **Ashman** and John **Ferry**. Bond signed Edmond **Hansley** Sr.

3 Aug 1692, Michael & Jane **Judd**, of Baltimore Co., Maryland to Robert **Oulesse**, of same, 5,000 pounds of tobacco, 200 acres...Lodowick creek.
Signed Michael **Judd** and Jane (x) **Judd**. Wit: James **Thompson** and

John **Ballings**.

17 Mar 1691, Will of John **Hathway**, George **Smith**, executor...to Thomas **James**, William **Ebden**, Thomas **Preston** and Charles **Ramsley**, land. Signed John **Hathway**. Wit: Mathias **Posser**, William **Osborne**, Thomas (x) **Toe** and Thomas **Hedge**... commissioners call papers between Michael **Judd** and John **Hathway**, George **Smith** purchased land.

18 Mar 1691, Bond for 2,000 pounds of tobacco to Humphrey **Jones**. Signed William **Hollis**.

2 Nov 1692, Charles & Elizabeth **Ramsey**, (said Elizabeth is the widow of John **Walley**, of Baltimore Co., Maryland) to Michael **Judd**, shipwright, of Baltimore Co., Maryland, 100 acres...received by said John **Walley** in the will of Nicholas **Hempstead**. Signed Charles **Ramsey** and Elizabeth (x) **Ramsey**. Wit: George **Ashman** and Thomas **Richardson**.

3 Nov 1692, Thomas **Richardson**, gentleman, of Baltimore Co., Maryland to Richard **Jones**, of South River, Anne Arundel Co., Maryland, 4,500 pounds of tobacco...226 acres...Sterling creek...part of patent of 500 acres dated 19 Oct 1686 by said **Richardson** and part of 34 acres that was part of 4,000 acres patented by Richard **Beard**. Signed Thomas **Richardson**. Wit: Francis **Robinson** and John **Baldwin**.

2 Nov 1692, John **Haies**, of Back River, Baltimore Co., Maryland to Arthur **Taylor**, of Gunpowder River, Baltimore Co., Maryland, 2,800 pounds of tobacco, 100 acres...Back River. Signed John **Haies**. Wit: Thomas **Smith** and William **Horne**.

3 Nov 1692, John & Sarah **Bevans**, of Gunpowder River, Baltimore Co., Maryland to William **Galloway**, of same, 7,200 pounds of tobacco, 50 acres...Elk creek...willed to said Sarah **Bevans**, by her late husband, Benjamin **Bennett**, who purchased 27 Apr 1683 from John & Elizabeth **Bird**. Signed John **Bevans** and Sarah (x) **Bevans**. Wit: James **Thompson** and Richard **Askew**.

1 Nov 1692, Thomas **Hedge**, gentleman, of Baltimore Co., Maryland to Peter & Alice **Bond**, planter, of Anne Arundel Co., Maryland, land exchange...140 acres for 200 acres, both on Bush River. Signed Thomas **Hedge**. Wit: Thomas **Smith** and Nathaniel **Rugstone**.

4 Jan 1693, James & Anne **Thompson**, of gentleman, of Baltimore Co., Maryland to Gabriel **Parrott**, gentleman, of Anne Arundel Co., Maryland, 5,000 pounds of tobacco, 200 acres...great falls of Gunpowder River. Signed James **Thompson** and Anne (x) **Thompson**. Wit: John **Hall** and James **Maxwell**.

7 Mar 1692, Edmond **Hansley**, of Baltimore Co., Maryland to Edward **Scott**, planter, of same, 200 acres...between Bush River and Gunpowder River. Signed Edmond **Hansley**. Wit: George **Ashman** and James **Maxwell**.

1 Apr 1693, John & Sarah **Hall**, gentleman, of Baltimore Co., Maryland to Richard **Adams**, of same, £50, 100 acres...patented by Abraham **Holland**, 17 Jan 1651. Signed John **Hall** and Sarah (x) **Hall**. Wit: James **Maxwell**, William **Hollis** and Aquila **Paca**.

8 Apr 1693, Richard & Mary **Adams**, planter, of Baltimore Co., Maryland to John **Hall**, gentleman, of same, 150 acres...land purchased of said John & Sarah **Hall**, (said Sarah **Hall**, deceased). Signed Richard (x) **Adams** and Mary **Adams**. Wit: Thomas **Smith** and James **Durham**.

17 Nov 1692, Edward & Elioner **Felks**, of Baltimore Co., Maryland to Henry **Francis**, of Anne Arundel Co., Maryland, 200 acres...Back River...patented 1683. Signed Edward **Felks** and Elioner **Felks**. Wit: Thomas (x) **Roberts** and Moses **Edwards**.

25 Apr 1693, John & Sarah **Bevans**, of Gunpowder River, Baltimore Co., Maryland to John **Fuller**, of same, 3,700 pounds of tobacco, 70 acres... Gunpowder River. Signed John **Bevans** and Sarah (x) **Bevans**. Wit: Samuel **Sicklemore** and Daniel **Palmer**

6 Jun 1693, Michael & Jane **Judd**, innholder, of Baltimore Co.,

Maryland to William **Hicks**, of same, 4,000 pounds of tobacco, 200 acres... Gunpowder River, Forsters branch. Signed Michael **Judd**. Wit: Francis **Smith** and Daniel **Palmer**.

6 Jun 1693, Thomas & Rachel **Richardson**, gentleman, of Baltimore Co., Maryland to Nicholas **Day**, of Anne Arundel Co., Maryland, 200 acres... Bush River. Signed Thomas **Richardson**. Wit: George **Ashman** and James **Maxwell**.

6 Jun 1692, Peter & Alice **Bond**, planter, of Anne Arundel Co., Maryland to Thomas **Hedge**, planter, of Baltimore Co., Maryland, land exchange, 200 acres for 140 acres...both on Bush River. Signed Michael **Judd**. Wit: Thomas **Durbin** and Edward **Felks**. Signed Peter **Bond**. Wit: George **Ashman** and Thomas **Smith**. Signed Alice **Bond**. Wit: Samuel **Dryer** and Richard **Owens**.

6 Jun 1693, Thomas & Isabella **Smith**, of Baltimore Co., Maryland to Robert **Benger**, of same, 3,000 pounds of tobacco, 100 acres... Roger Hills creek...formerly owned by John **Walley**. Signed Thomas **Smith** and Isabella (x) **Smith**. Wit: George **Ashman** and John **Thomas**.

6 Jun 1693, Samuel & Sarah **Sicklemore**, of Baltimore Co., Maryland to Thomas **Smith**, gentleman, of same, 6,000 pounds of tobacco, 100 acres...line of Francis **Watkins**...patented 1686. Signed Samuel **Sicklemore** and Sarah (x) **Sicklemore**. Wit: George **Ashman** and John **Thomas**.

10 Mar 1692, William **Hill**, planter, of Baltimore Co., Maryland to friend Mary **Love**, spinster, of same, for love and affection, plantation of his deceased father, John **Hill**. Signed William (x) **Hill**. Wit: Thomas **Smith** and Robert **Love**.

1 May 1689, patent for 100 acres to Charles **Gorsuch**, for 100 acres...Base creek. Signed Thomas **Richardson**, surveyor.

2 May 1689, patent for 100 acres to Charles **Gorsuch**, assigned to Nicholas **Hails**...Bull creek. Signed Thomas **Richardson**, surveyor.

16 Dec 1688, patent of 400 acres to Michael **Hastings**, assigned to Edward **Boothby**, who assigned to Thomas **Richardson**, who assigned 216 acres to Daniel **Scott**...Sinnecar creek...line of John **Fuller** and John **Rockhold**. Signed Thomas **Richardson**, surveyor.

13 Jun 1689, patent to Edward **Boothby**, for 300 acres, assigned to Thomas **Richardson**, who assigned 200 acres to John **Bevans**. Signed Thomas **Richardson**, surveyor.

10 May 1689, patent to Michael **Hastings**, for 400 acres, assigned to Edward **Boothby**, who assigned 200 acres to Thomas **Richardson**...line of John **Hathway**. Signed Thomas **Richardson**, surveyor.

9 Jan 1691, Nathaniel **Anderson**, planter, of Baltimore Co., Maryland to Edward **Boothby**, of same, land purchased of William & Jane **Long**, said Jane daughter and sole heir of Thomas **Overton**. Signed Nathaniel (x) **Anderson**. Wit: George **Gouldsmith** and Fredrick **Whitehead**.

7 Jun 1693, John **Taylor**, planter, of Baltimore Co., Maryland to Samuel **Sicklemore**, of same, 1,800 pounds of tobacco, 53 acres...Taylor's creek. Signed John (x) **Taylor**. Wit: Thomas **Richardson** and John **Ferry**.

5 Jun 1694, James & Elizabeth **Durham**, (said Elizabeth is the daughter of John **Lee**), planter, of Baltimore Co., Maryland to John **Durham**, of same, 225 acres...Winters Run...part of 250 acres, patented by John **Lee**. Signed James **Durham** and Elizabeth (x) **Durham**. Wit: John **Thomas** and James **Maxwell**.

8 Jun 1694, John **Taylor**, carpenter, of Baltimore Co., Maryland to John **Love**, planter, of same, 150 acres... purchased by Arthur **Taylor**, deceased, father of said John **Taylor**, 7 Aug 1686, from Samuel **Sicklemore**...said Arthur sold 75 acres to Robert **Love**, father of said John **Love**. Signed John **Taylor**. Wit: Thomas **Smith** and William **Horne**.

5 Jun 1694, John **Ramsey**, planter, of Baltimore Co., Maryland to

Thomas **Bevans**, planter, of same, 150 acres...Gunpowder River...part of 200 acres. Signed John **Ramsey**. Wit: Moses **Edwards** and Thomas **Browne**.

4 Aug 1694, James **Todd**, of Baltimore Co., Maryland to Stephen **Johnson**, shipwright, of Anne Arundel Co., Maryland, 200 acres...Old Road creek. Signed James **Todd**. Wit: John **Thomas** and John **Ferry**.

11 Jun 1694, William & Mary **Hollis**, planter, of Baltimore Co., Maryland to William **Wilkinson**, planter, of same, 400 acres...Board creek. Signed William **Hollis**. Wit: Thomas **Richardson**, John **Ferry** and John **Thomas**, sheriff.

5 Jun 1694, John **Taylor**, planter, of Baltimore Co., Maryland to John **Ewings**, boatwright, of same, 100 acres...Back River. Signed John **Taylor**. Wit: John **Hall** and Richard **Killburne**.

7 Aug 1694, George & Mary **Uty**, gentleman, of Baltimore Co., Maryland to George **Wells**, gentleman, of same, land exchange, 400 acres for 300 acres...the 300 acres part of 600 acres laid out for John **Hawkins** and Thomas **Gouldsmith**. Signed George **Uty** and Dan **Palmer**. Wit: Thomas **Hedge**. Signed Mary **Utie**. Wit: Simeon **Jackson** and Lawrance **Taylor**.

7 Aug 1694, George & Blanch **Wells**, gentleman, of Baltimore Co., Maryland to George **Utie**, gentleman, of same, land exchange, 300 acres for 400 acres...said 400 acres part of 1170 acres patented by George **Yates**, 8 Mar 1678...then granted to said George **Wells**. Signed George **Wells** and Thomas **Smith**. Wit: George **Ashman** and James **Maxwell**. Signed Blanch **Wells**. Wit: John **Hall** and Robert **Gasquoine**.

13 Mar 1693, George & Sarah **Haddaway**, planter, of Talbot Co., Maryland to Thomas **Jones**, carpenter, of same, 2,000 pounds of tobacco, 150 acres...Otter creek. Signed George (x) **Haddaway** and Sarah (x) **Haddaway**. Wit: Robert **Baules** and Andrew **Tonnard**.

7 Mar 1693, William **Wilkinson**, of Absolute, Baltimore Co.,

Maryland to John **Smith**, merchant, of Bitheford, County of Deven, England, lot and house. Signed William (x) **Wilkinson**. Wit: Daniel **Palmer**, George **Oldfield** and Joseph **Strawbridge**.

8 Aug 1694, Thomas & Ann **Hedge**, gentleman, of Baltimore Co., Maryland to John **Hall**, gentleman, of same, 140 acres...middle branch of Bush River. Signed Thomas **Hedge**. Wit: Edward **Boothby** and John **Thomas**.

21 Feb 1693, Thomas & Rebecca **Hammond**, (said Rebecca is the late widow of Thomas **Lightfoot**), gentleman, of Baltimore Co., Maryland to Richard **Gist**, (son and heir of Christopher **Gist**), gentleman, of same, 15,000 pounds of tobacco, 320 acres...line of John **Brown**...purchased by said Thomas **Lightfoot** from Charles Lord Baron of Baltimore. Signed Thomas **Hammond** and Rebecca **Hammond**. Wit: Robert **Mathews**.

4 Jul 1694, Peter & Frances **Fucatt** to Edward **Boothby**, 5,000 pounds of tobacco, 133.33 acres...Swan creek...part of 400 acres...John **Mould**, died intestate and left behind 400 acres on Swan creek and three daughters, the said Frances **Fucatt**, Ann **Mould** and Barbara **Mould**. Signed Peter (x) **Fucatt** and Frances (x) **Fucatt**. Wit: George **Lester**, Solomon (x) **Reeve** and Katharine (x) **Reeve**.

3 Aug 1694, Thomas & Sarah **Kerksick** to Edward **Boothby**, 3,000 pounds of tobacco, 133.33 acres ...Swan creek...part of 400 acres purchased of Barbara **Mould** 1690. Signed Thomas (x) **Kerksick** and Sarah **Kerksick**. Wit: Solomon (x) **Reeve**, William **Harpam**, George **Dester** and Fra **Whitehead**.

26 Mar 1694, John & Ann **Dunkin**, (said Ann is the daughter of John **Mould**, deceased) power of attorney to William **Galloway** to sell to Michael **Judd**, innholder, of Baltimore Co., Maryland, 133 acres...Swan creek. Signed John **Dunkin** and Ann (x) **Dunkin**. Wit: John **Beavan** and Margaret (x) **Galloway**.

18 Mar 1689, Thomas **Richardson**, of Baltimore Co., Maryland to Thomas **Smith**, of same, 100 acres...Roger Hills creek...part of 1000 acres patented 1680. Signed Thomas **Richardson**.

3 Aug 1693, Michael **Hastings**, of Baltimore Co., Maryland, patented 18 Dec 1688 400 acres, which he assigned to Edward **Boothby**, of same, who assigned to Thomas **Richardson**, who assigned 200 acres to Mathew **Hudson**. Edward **Boothby** patented 300 acres 20 Dec 1688. Thomas **Richardson** laid out for Mathew **Hudson**, 268 acres...Bacon creek. Signed Thomas **Richardson**. Wit: George **Ashman** and John **Thomas**.

3 Aug 1683, Michael **Hastings**, planter, of Baltimore Co., Maryland, patented 18 Dec 1688, 400 acres...Gunpowder River, which he assigned to Edward **Boothby**, of same, who assigned to Michael **Judd**. Signed Thomas **Richardson**. Wit: George **Ashman** and John **Thomas**.

26 Jul 1683, Michael **Judd**, of Baltimore Co., Maryland patented 200 acres 14 Oct 1685, which he assigned to Edward **Filkes**, planter, of same. Signed Thomas **Richardson**.

30 Jul 1693, Thomas **Richardson**, of Baltimore Co., Maryland, patented 1000 acres, 15 Mar 1688, which he assigned 92 acres on Fosters creek, to Samuel **Sicklemore**, planter, of same. Signed Thomas **Richardson**.

14 Jun 1699, Edward **Boothby**, of Baltimore Co., Maryland, patented 300 acres, 21 Dec 1688, which he assigned to Thomas **Richardson**, of same, who assigned 133 acres thereof to Francis **Leafs**, of Calvert Co., Maryland. Part of patent to Charles **Gorsuch**, 22 Apr 1689, was assigned to Thomas **Richardson**, who assigned back to said **Leafs**, 16 acres and 59 acres from another patent for 1000 acres. Signed Thomas **Richardson**.

22 Nov 1693, Robert **Proctor**, planter, of Anne Arundel Co., Maryland to George **Norman**, planter, of Baltimore Co., Maryland, 6,000 pounds of tobacco, 300 acres...Curtis creek. Signed Robert (x) **Proctor**. Wit: Edward **Batson** and Richard **Killburne**.

27 Feb 1693, Joseph & Ceciley **Sudler**, of Kent Co., Maryland to John **Arden**, of Baltimore Co., Maryland, 100 acres...Martins creek. Signed Joseph (x) **Sudler** and Cecilye (x) **Sudler**. Wit: John (x)

Wells, John Kenoden and Matt Erickson

5 Sep 1694, John & Elioner **Roberts**, planter, of Baltimore Co., Maryland to John **Gay**, of same, 12,000 pounds of tobacco, 250 acres...Swan creek. Signed John **Roberts** and Elioner (x) **Roberts**. Wit: Thomas **Smith** and Thomas **Smallwood**.

23 Nov 1693, John **Willson**, gentleman, of Anne Arundel Co., Maryland to Stephen **Freeland**, planter, of same, 3,600 pounds of tobacco, 100 acres...Bush River...line of Robert **Lockwood**. Signed John **Willson**. Wit: John **Elsey** and William **Colliar**.

4 Nov 1694, John **Love**, of Gunpowder, Baltimore Co., Maryland to Francis **Robinson**, of Baltimore Co., Maryland, 200 acres...head of Gunpowder River...patented by Thomas **Richardson**, 1685. Signed John **Love**. Wit: James **Maxwell** and Mark **Richardson**.

6 Nov 1694, Thomas **Hedge**, of Baltimore Co., Maryland to his son Henry **Hedge**, of same, 100 acres and 40 acres, adjoining...Rumley creek. Signed Thomas **Hedge**. Wit: Edward **Boothby**, Mark **Richardson**, Thomas **Richardson** and Thomas **Staly**.

1693, John & Sarah **Arden**, planter, of Baltimore Co., Maryland to Richard **Thompson**, planter, of same, 4,500 pounds of tobacco, 50 acres. Wit: Roger **Mathews**.

7 Nov 1694, John & Elizabeth **Deoeghe**, planter, Baltimore Co., Maryland to Abraham **Taylor**, blacksmith, of Kent Co., Maryland, 11,000 pounds of tobacco, 100 acres...Bush River...line of William **Orchard**...land purchased by Edward **Ayres**, who left to his daughter Elizabeth, wife of said John **Deoeghe** patented by Edward **Ayres**, 29 Apr 1668. Signed John **Deoeghe**. Wit: Thomas **Smith**, John **Rawling** and Roger (x) **Mathews**.

11 Dec 1694, John & Sarah **Bevans**, planter, of Gunpowder River, Baltimore Co., Maryland to Francis & Providence **Dallahide**, planter, of Anne Arundel Co., Maryland, 12,000 pounds of tobacco, 180 acres...Salt Peter creek and 201 acres... Salt Peter creek...surveyed

by Thomas Richardson. Signed John Bevans and Sarah (x) Bevans. Wit: George Gunnell and Thomas Hedge.

15 Oct 1694, Thomas Jones, of Talbot Co., Maryland to Jonas Bowen, of Baltimore Co., Maryland, 150 acres...Bear creek. Signed Thomas (x) Jones. Wit: Philip (x) Roper and William Cromwell.

22 Jan 1694, John Taylor, planter, of Baltimore Co., Maryland to John Ewings, boatwright, of same, 2,700 pounds of tobacco, 53 acres... Taylors creek...formerly owned by Samuel Sicklemore. Signed John Taylor. Wit: Thomas Richardson and Thomas Staly.

7 Jan 1694, Samuel & Sarah Sicklemore, planter, of Baltimore Co., Maryland to John Taylor, planter, of same, 53 acres...Taylors creek. Signed Samuel Sicklemore and Sarah (x) Sicklemore. Wit: Thomas Richardson and Thomas Staly.

8 Apr 1695, George & Hannah Smith, of Baltimore Co., Maryland to John Webster and William Howard, both carpenters, of Anne Arundel Co., Maryland, 4,500 pounds of tobacco, 194 acres...Bush River...patented 1687. Signed George Smith and Hannah Smith. Wit: Thomas Richardson and James Phillips.

15 Apr 1695, John Deveghe, planter, of Baltimore Co., Maryland to John Hurst, planter, of Anne Arundel Co., Maryland, 8,000 pounds of tobacco, 100 acres...line of Holeman and Ayres...part of 200 acres patented by William Orchard. Signed John Deveghe. Wit: Abraham Taylor and Robert Taylor.

6 Dec 1694, John Thomas, of Baltimore Co., Maryland to James Wells, of same, 150 acres. Signed John Thomas. Wit: John Sovell, Francis Robinson and Daniel Palmer.

5 Jun 1695, John Taylor, (son and heir of Arthur Taylor), of Baltimore Co., Maryland to John Fuller, planter, of same, 3,000 pounds of tobacco, 200 acres...Back River...Richard Windley, late of Baltimore Co., Maryland, married Mary Taylor, sister of the said Arthur Taylor, and had due 200 acres to him by assignment from George Holland, assignee of William Burgess for 350 acres, patented

27 Feb 1677. Signed John Taylor.

31 May 1695, John Hill, planter, of Baltimore Co., Maryland to James Cowdry, of same, 50 acres. Wit: James Maxwell and Thomas Staly.

4 Jun 1695, Margaret Oless, wife of Robert Oless, of Gunpowder River, Baltimore Co., Maryland to her daughter, Em Westbury, spinster, of same, land at Westbury Point. Wit: John Ewings and James Tricell.

8 Nov 1695, John & Hester Fuller, planter, of Baltimore Co., Maryland to Thomas Heath, of same, 200 acres...land purchased of John Taylor, 5 Jun 1695. Signed John (x) Fuller. Wit: Thomas Smith and Francis Smith.

John & Providence Reynolds, (said Providence widow of Davids) to John Bennett, 5,400 pounds of tobacco, said John Bennett to Joseph Connaway, 10,000 pounds of tobacco, 200 acres. Signed John Bennett. Wit: Charles Greenberry and Ballen Lambreist.

8 May 1695, Nicholas Smith, mariner, of London, England to John Hammond, planter, of Anne Arundel Co., Maryland, £35, 100 acres...and 200 acres. Signed Nicholas Smith. Wit: Leo Plukenett and J. Dawkins.

21 Nov 1694, James Connaway, mariner, of parish of Stepney, at Stobbunheath in county of Middlesex power of attorney to Nicholas Smith, of the good ship Haperbell, now bound for Maryland, to sell 100 acres and 200 acres. Signed James Connaway. Wit: Thomas Quiter, George Phillips and Samuel Phillips Jr.

10 Jun 1695, Robert & Ellinor Drisdale, taylor, of Baltimore Co., Maryland to William Geffes, carpenter, of Anne Arundel Co., Maryland, 3,000 pounds of tobacco, 123 acres...Swan creek. Signed Robert Drisdale and Ellinor Drisdale. Wit: Whitehead and Thomas (x) Kenington.

Tobias Sternborough, planter, of Baltimore Co., Maryland to

Richard **Thompson**, of same, 7,000 pounds of tobacco, 136 acres. Signed Tobias (x) **Sternbourough**. Wit: Francis **Watkins** and John **Ferry**.

9 Oct 1695, Thomas **Todd**, gentleman, of Joare parish, in Gloster Co. to Stephen **Johnson**, carpenter, of Anne Arundel Co., Maryland, 250 acres...from his brother James **Todd**. Signed Thomas **Todd**. Wit: Thomas **Todd** Jr. and George **Chancey**.

8 Jul 1695, Tobias & Sarah **Sternborough**, planter, of Baltimore Co., Maryland to Richard **Thompson**, of same, 3,500 pounds of tobacco, 200 acres...Jones Falls...patented 1688. Signed Tobias (x) **Sternborough** and Sarah (x) **Sternborough**. Wit: Francis **Watkins** and John **Ferry**.

7 Aug 1693, Hugh **Elbert**, carpenter, of Kent Co., Maryland to William **Loften**, planter, of Baltimore Co., Maryland, 99 acres...Rumley creek. Signed Hugh (x) **Elbert**. Wit: James **Phillips** and William **Hollis**.

28 May 1694, Thomas **Richardson**, of Baltimore Co., Maryland to Nicholas **Day**, planter, of Anne Arundel Co., Maryland, £11.25, 200 acres...Aha creek...part of 400 acres patented 1688 by Michael **Hastings**, who assigned to Edward **Boothby**, who assigned to the said **Richardson**. Signed Thomas **Richardson**. Wit: Edward **Boothby** and Thomas **Durbin**.

20 Oct 1695, John **Ewings**, boatwright, of Baltimore Co., Maryland to Patrick **Dunkeson**, planter, of Anne Arundel Co., Maryland, £29, 100 acres...Back River. Signed John **Ewings**. Wit: Andrew **Anderson** and Joseph **Strawbridge**.

8 Nov 1695, Thomas & Sarah **Heath**, planter, of Baltimore Co., Maryland to John **Fuller**, of same, 6.25 acres...part of 200 acres...purchased 3 Mar 1692 from Michael **Judd**, assignee of Thomas **Scudamore**...patented 1688. Signed Thomas (x) **Heath**. Wit: Thomas **Smith** and Francis **Smith**.

8 Nov 1695, Thomas & Sarah **Heath**, planter of Baltimore Co.,

Maryland to John **Fuller**, of same, 30 acres...Gunpowder River. Signed Thomas (x) **Heath**. Wit: Thomas **Smith** and Francis **Smith**.

11 May 1688, Thomas & Sarah **James**, planter, of Baltimore Co., Maryland to Lewis **Barton**, of same, 2,600 pounds of tobacco, 136 acres...Back River. Signed Thomas **James** and Sarah (x) **James**. Wit: Francis **Freeman**, Ambrose (x) **Hogg** and Francis **Watkins**.

20 Jul 1695. Selah & Jane **Dorman**, of Back river, Baltimore Co., Maryland to George **Chancey**, of Baltimore Co., Maryland, 50 acres...Back River ...patented 1670. Signed Selah **Dorman**.

20 Jul 1695. Selah & Jane **Dorman**, of Back river, Baltimore Co., Maryland to George **Chancey**, of Baltimore Co., Maryland, 80 acres...Back River. Signed Selah **Dorman** and Sarah (x) **Dorman**. Wit: Thomas **Hedge**.

1695, Michael **Judd**, gives bond to Thomas **Richardson** and James **Maxwell** to build court house.

23 May 1694, Will of Edith **Beacher**, of Baltimore Co., Maryland, her brother, Richard **Cromwell** and Thomas **Staly**, are to put her son Richard **Gest** in merchants school and look after her son until he is 21. Signed Edith **Beacher**. Wit: Anna **Oldton**, Daniel **Palmer** and Elinor (x) **Floyd**.

15 Oct 1697, Edward & Mary **Parrish**, cooper, of Anne Arundel Co., Maryland to John **Bedding**, carpenter, of same, £36, 300 acres. Signed Edward (x) **Parrish** and Mary (x) **Parrish**. Wit: Thomas **Richardson**, Edward **Carter** and Joseph **Filly**.

1 Apr 1696, Charles & Elizabeth **Ramsey**, planter, of Baltimore Co., Maryland to Edward **Jones**, carpenter, of same, 2,000 pounds of tobacco, 100 acres. Signed Charles **Ramsey** and Elizabeth (x) **Ramsey**. Wit: Francis **Dallahide** and Thomas **Hedge**.

23 Apr 1694, Hendrick & Elizabeth **Cornelius**, planter, of Baltimore Co., Maryland to Samuel **Smith**, merchant, of Bitheford, county of Dover, England, 3,200 pounds of tobacco, 53 acres... Middle River.

Signed William (x) **Wright**, attorney for Hendrick & Elizabeth **Cornelius**. Wit: George **Ashman** and John **Thomas**. Signed Hendrick (x) **Cornelius** and Elizabeth **Cornelius**.

2 Jun 1696, Edward & Sarah **Jones**, carpenter, of Baltimore Co., Maryland to John **Cambple**, of same, 2,000 pounds of tobacco, 375 acres...between the two falls of Gunpowder River. Signed Edward (x) **Jones** and Sarah (x) **Jones**. Wit: George **Ashman** and Thomas **Staley**.

2 Mar 1695, John & Katherine **Carrington**, planter, of Baltimore Co., Maryland to David **Macklefrisk**, mariner, of Anne Arundel Co., Maryland, 100 acres. Signed John **Carrington** and Katherine (x) **Carrington**. Wit: George **Ashman** and Hector (x) **Macklane**.

2 Jun 1696, Thomas & Mary **Preston**, planter, of Baltimore Co., Maryland to John **Mark**, planter, of same, 100 acres...Gunpowder River. Signed Thomas (x) **Preston** and Mary **Preston**. Wit: George **Ashman** and Thomas **Staley**.

18 Jun 1696, Thomas **James**, carpenter, of Concord, Chester Co., Pennsylvania power of attorney to his wife Mary **James**, of the hundred of Gunpowder, Baltimore Co., Maryland. Signed Thomas **James**. Wit: William **Hill** and George **Strode**.

1696, Thomas & Mary **James**, carpenter, of Baltimore Co., Maryland to Francis **Whitehead**, planter, of same, 200 acres...head of Middle River...Edward **Dowee**, in his will dated 13 Apr 1690 bequeath to Mary **Harrison**, now the wife of Thomas **James**. Signed Mary (x) **James**. Wit: Thomas **Hedge**, George **Ashman**, Thomas **Richardson** and Thomas **Staley**.

4 Jun 1696, Israel & Mary **Shelton**, planter, of Baltimore Co., Maryland to Edward **Boothby**, gentleman, of same, 6,500 pounds of tobacco, 204 acres...between Gunpowder River and Bush River ...patented 1687. Signed Israel **Shelton** and Mary (x) **Shelton**. Wit: Thomas **Hedge**, George **Ashman**, Thomas **Richardson** and Thomas **Staley**.

26 Jun 1696, Thomas & Mary **James,** carpenter, of Concord, Chester Co., Pennsylvania to his son-in-law, Giles **Stevens,** of Gunpowder Hundred, Baltimore Co., Maryland, for love and affection, 65 acres...Salt Peter creek...line of Thomas **Richardson.** Signed Mary (x) **James.** Wit: Thomas **Staly** and Thomas **Smith.**

26 Jun 1696, Thomas & Mary **James,** carpenter, of Concord, Chester Co., Pennsylvania to his son-in-law, Giles **Stevens,** of Gunpowder Hundred, Baltimore Co., Maryland, for love and affection, 50 acres...line of John **Rockhould**...patented 1687. Signed Mary (x) **James.** Wit: Thomas **Staly** and Thomas **Smith.**

25 Jun 1696, John & Frances **Gay,** cordwinder, of Baltimore Co., Maryland to Thomas **Weeks,** cordwinder, of same, 4,500 pounds of tobacco, 100 acres...purchased of John **Roberts.**

4 Jun 1707, Thomas **Read,** Newport malfter and Thomas **Ridge,** grocer, both of South Hampton Shire, England to Francis **Dallahide,** gentleman, of Baltimore Co., Maryland, 1,500 pounds of tobacco, west side of Gunpowder River. Signed John **Ewings.** Wit: Roger **Mathews** Jr. and Thomas **Cord.**

23 Feb 1706, Edward **Jackson,** farmer, of Baltimore Co., Maryland to John **Roberts,** of same, 40 acres...Bush River. Signed Edward **Jackson.** Wit: Thomas **Bale** and Richard Smythers.

10 Apr 1707, Abraham **Taylor,** blacksmith, of Baltimore Co., Maryland to Garn **Stevenson,** malfter, of Chester Co., Pennsylvania, £23.35 and 901 pounds of tobacco, 117.5 acres...Neck creek...formerly owned by John **Armstrong.** Signed Abraham **Taylor.** Wit: Edward **Gulland,** James **Law** and William **Peckett.**

5 Jun 1707, Samuel **Greening,** planter, of Baltimore Co., Maryland to Henry **Dukes,** planter, of same, 30 acres...Humphreys creek...line of William **Wilkinson** and Christopher **Durbin.** Signed Samuel (x) **Grinning.** Wit: John **Leggatt** and Thomas (x) **Bideson.**

3 Feb 1707, Miles **Hennis,** planter, of Baltimore Co., Maryland to Tobias **Eminson,** planter, of same, 2,100 pounds of tobacco, 50

acres...line of Thomas **Morris**. Signed Miles (x) **Hennis**. Wit: Roger **Mathews** and Roger (x) **Mathews** Jr.

28 Mar 1707, Simon **Pearson**, weaver, of Baltimore Co., Maryland to William **Noble**, of same, 3,000 pounds of tobacco, 300 acres...head of Bush River. Signed Simon **Pearson**. Wit: John **Roberts** and Spry Godfrey **Gundy**. Memo: 5 Jun 1707 says 100 acres.

5 Sep 1706, Thomas & Susannah **Long**, planter, of Baltimore Co., Maryland to James **Crooke**, planter, of same, 12,000 pounds of tobacco, 733 acres...head of Gunpowder River. Signed Thomas **Long** and Susannah **Long**. Wit: Richard **Colegate** and Samuel **Sicklemore**.

18 Mar 1707, John **Miles**, planter, of Baltimore Co., Maryland to Archibald **Yuckhamman**, taylor, of same, 200 acres...eastern branch of Bush River. Signed John (x) **Miles**. Wit: Joseph **Johnson** and Henry (x) **Boreing**.

20 Jun 1707, John **Martin**, boatwright, of Baltimore Co., Maryland to William **Crouch**, planter, of Anne Arundel Co., Maryland, 300 acres...line of Nicholas **Painter** and Thomas **Lightfoot**. Signed John **Martin**. Wit: Roger **Mathews** Jr. and James **Crouch**.

10 May 1706, John & Milca **Bowen**, of Baltimore Co., Maryland to Edward **Reynolds**, of Calvert Co., Maryland, 6,500 pounds of tobacco, 600 acres...line of Capt. Thomas **Francis**...Robert **Clarkson**, patented 600 acres and willed to his only heir and daughter, Milca **Clarkson**, the wife of John **Bowen**. Signed John (x) **Bowen** and Milder (x) **Bowen**. Wit: Thomas **Bale** and H. **Wriothesley**.

6 Aug 1707, Charles **Gorsuch** Sr., planter, of Baltimore Co., Maryland to John **Eaglestone**, carpenter, of same, 33 acres...Swarbare creek. Signed Charles **Gorsuch**. Wit: Henry **Dukes**, Thomas **Cromwell** and Enoch **Spinks**.

5 Jun 1707, John & Jane **Boone**, planter, of Baltimore Co., Maryland to John **Ewings**, of same, 11,000 pounds of tobacco, 200 acres...Taylors creek...patented 24 Feb 1661, by Mathew **Goldsmith** and Edward **Foster**, who sold to Richard **Winley** and James **Phillips**

to Francis **Tripolls** ...John & Jane **Boone** sued Samuel **Sicklemore**, said Jane the only daughter and heir of Francis **Tripolls**. Signed John **Boone** and Jane (x) **Boone**. Wit: Roger **Mathews** Jr. and William **James**.

27 Feb 1705, John **English**, (son and heir of Dennis **English**, late of Baltimore Co., Maryland), planter, of Baltimore Co., Maryland to Aquila **Paca**, gentleman, of same, 75 acres... line of George **Gouldsmith**. Signed John (x) **English**. Wit: James **Phillips** and Joseph **Johnson**.

3 Sep 1707, Thomas **Chalkly**, sawyer, of Philadelphia, Pennsylvania power of attorney to William **Peckett**, of Baltimore Co., Maryland, to take charge of two water mills, a saw mill and a corn mill and sell to Jonathan **Hanvor**, of Baltimore Co., Maryland. Signed Thomas **Chalkley**. Wit: Edward **Galland** and William **Collevon**.

28 Aug 1707, Francis **Watkins**, planter, of Baltimore Co., Maryland to James **Cooke**, yeoman, of same, 20,000 pounds of tobacco, 259 acres... Nort creek. Signed Francis **Watkins**. Wit: Edward **Horway**, Thomas (x) **Shaw** and Christopher (x) **Shaw**.

27 Oct 1706, Samuel **Sicklemore**, gentleman, of Baltimore Co., Maryland power of attorney to his wife, Sarah **Sicklemore**, to sell all of his lands. Signed Samuel **Sicklemore**. Wit: Robert **Cutchin** and John (x) **Cutchin**.

4 Nov 1707, William & Rebecca **Lowe**, planter, of Baltimore Co., Maryland to Garviss **Gilburt**, of same, 5,000 pounds of tobacco, 100 acres. Signed William **Lowe** and Rebecca (x) **Lowe**. Wit: James **Phillips** and Thomas **Bale**.

4 Nov 1707, John & Elinor **Cambple**, squire, of Baltimore Co., Maryland to Thomas **Burton**, planter, of same, 3,000 pounds of tobacco, 100 acres. Signed John **Cambple** and Ellinor (x) **Cambple**. Wit: Moses **Edwards** and Roger **Mathews**.

5 Nov 1707, Samuel & Sarah **Sicklemore**, gentleman, of Baltimore Co., Maryland to John **Ewings**, gentleman, of same, 500 pounds o

tobacco, 14 acres. Signed Sarah (x) **Sicklemore**. Wit: James **Phillips** and Aquila **Paca**.

10 Nov 1707, John & Milcha **Bowen**, of Baltimore Co., Maryland to Edward **Reynolds**, of Calvert Co., Maryland, 600 acres...Gunpowder River. Signed John (x) **Bowen** and Milcha (x) **Bowen**. Wit: William **Holland**, Richard **Haskins** and Richard **Purnell**.

11 Aug 1707, John & Ruth **Grinnits**, planter, of Baltimore Co., Maryland to Henry **Knowles**, planter, of same, £20 and 5,500 pounds of tobacco, 310 acres...line of Adam **Shipley** ...patented 1677 by Nicholas **Painter**. Signed John **Grinnits**. Wit: Richard **Colegate**, William **Talbot** and Thomas **Foster**.

5 Aug 1707, John **Dorsey**, gentleman, of Baltimore Co., Maryland to Richard & Rebecca **Colegate**, (said Rebecca is the daughter of Elioner **Herbert**), merchant, of same, 100 acres...part of 300 acres...Rapers creek...patented 1668, by Thomas **Roper**, planter, of Anne Arundel Co., Maryland...purchased, 14 Feb 1705, from Cornelius & Mary **Howard** and 246 acres...patented 12 May 1703...laid out by Dulton **Lane**. Signed John **Dorsey**. Wit: Nathaniel **Steinchcomb** and James (x) **Barns**.

20 Mar 1706, James **Dennis**, planter, of Baltimore Co., Maryland to Jeremiah **Hakes**, of same, 100 acres...part of 300 acres. Signed James (x) **Dennis**. Wit: Anthony **Drew** and Simon **Person**.

William **Crouch**, planter, of Anne Arundel Co., Maryland bound to John **Martin**, boatwright, of Baltimore Co., Maryland, for £100, for land sold to him. Signed William **Crouch**. Wit: John **Brice** and William **Hawkins** Jr.

6 Nov 1706, John **Israel**, planter, of Baltimore Co., Maryland to William **Foreman**, planter, of same, 160 acres...line of Col. Thomas **Taylor**. Signed John **Israel**. Wit: James (x) **Swiney** and Dennis (x) **Dreshill**.

3 Mar 1707, John **Hall**, gentleman, of Baltimore Co., Maryland to

Aquila **Paca**, planter, of same, 140 acres. Signed John **Hall**. Wit: H. **Wriothesley** and John Roberts.

10 Aug 1705, Daniel **Crowley** and Dennis **Crowley**, planters, of Baltimore Co., Maryland to Philip **Conner**, planter, of same, 100 acres...line of Robert **Parker**...patented 1 Jun 1700. Signed Daniel (x) **Crowley** and Dennis (x) **Crowley**. Wit: Thomas **Hammond** and Rebecca **Hammond**.

27 Dec 1707, John **Selby**, planter, of Anne Arundel Co., Maryland and George **Valentine**, innholder, of same to Jacob **Requier**, 10,000 pounds of tobacco, 400 acres...patented 3 May 1700. Signed John **Selby** and George **Valentine**. Wit: Isaac **Tripper**, William **Taylard** and Moses **Adney**.

11 Aug 1707, Thomas **Hooker**, planter, of Baltimore Co., Maryland to Nicholas **Fitzsimons**, cordwinder, of same, 2,000 pounds of tobacco, 230 acres...patented 1679. Signed Thomas **Hooker**. Wit: Enoch **Spinks**, Charles **Gorsuch** and Thomas **Cromwell**.

22 Dec 1707, Archibald & Mary **Buchanan**, taylor, of Baltimore Co., Maryland to Edward **Swan**, taylor, of same, 7,000 pounds of tobacco, 200 acres. Signed Archibald **Buchanan** and Mary (x) **Buchanan**. Wit: James **Phillips** and Thomas **Bale**.

27 May 1707, Thomas **Read**, of Newport sends a letter to John **Ewings**...2 to 3 years since he and his cousin Ridge gave him power of attorney to dispose of lands in Maryland...George, son of mother Chestles's brother coming with new letter of attorney...father Chestless died 7 months ago. Signed Thomas **Read**.

10 May 1708, Richard **Kemp**, planter, of Baltimore Co., Maryland and John & Mary **Boreing**, planter, of same to Nicholas **Rogers**, innholder, of same, £35, 100 acres...second tract...100 acres. Signed Richard (x) **Kemp**, John **Boreing** and Mary (x) **Boreing**.

1 Jun 1708, Richard **Owens**, carpenter, of Baltimore Co., Maryland to Richard **Action**, planter of Anne Arundel Co., Maryland, £25, 100 acres...patented 1702. Signed Richard **Owens**. Wit: William

Holland and John Ensor.

15 Dec 1707, Samuel **Brown**, planter, of Baltimore Co., Maryland to William **Norris**, carpenter, of same, 3,500 pounds of tobacco, 100 acres...line of **Phillips**. Signed Samuel (x) **Browne**. Wit: James **Phillips** and Aquila **Paca**.

11 Aug 1707, Mathew **Organ**, planter, of Baltimore Co., Maryland to Christopher **Randall**, planter, of same, £36, 350 acres. Signed Mathew (x) **Organ**. Wit: Richard **Colegate** and William **Talbot**.

13 Sep 1707, John **Mercer**, late of Anne Arundel Co., Maryland to Jabez **Pierpoint**, planter, of same, 100 acres...said **Mercer** gave power of attorney to Joseph **Hill**. Signed Joseph **Hill** and John (x) **Mercer**. Wit: Charles **Killburne** and Hezekiah **Lintehicum**.

10 Apr 1708, James **Phillips**, gentleman, of Baltimore Co., Maryland to John **Webster**, planter, of same, 200 acres...head of Bush River. Signed James **Phillips**. Wit: Aquila **Paca** and Anthony **Drew**.

10 Apr 1708, John **Roberts**, of Baltimore Co., Maryland to James **Phillips**, gentleman, of same, 40 acres. Signed John **Roberts**. Wit: Aquila **Paca** and William **Norris**.

29 Apr 1708, Christopher **Durbin**, planter, of Baltimore Co., Maryland to John **Bruce**, merchant, of Anne Arundel Co., Maryland, £20, 200 acres...Welchmans creek...and 18 acres... patented 1684 by Thomas **Durbin**, father of said Christopher **Durbin**. Signed Christopher **Durbin**. Wit: Thomas **Worthington**, Nicholas **Rogers** and John **Navarre**.

16 May 1706, William & Anne **Lenox**, planter, of Baltimore Co., Maryland to William **Robinson**, of same, 9,000 pounds of tobacco, 170 acres... line of Capt. Nicholas **Gassaway**. Signed William **Lenox** and Anne **Lenox**. Wit: Roger **Mathews** Jr. and John **Roberts**.

23 Aug 1707, Robert **Burgen**, planter, Baltimore Co., Maryland to Jacob **Morris**, cooper, of same, 2,000 pounds of tobacco, 140 acres...line of Nicholas **Ruxton** and **Thomas**. Signed Robert (x)

Burgen. Wit: Roger Mathews Jr. and John (x) Barrell.

17 Mar 1708, Christopher **Bembridge**, of Baltimore Co., Maryland to Francis **Watkins**, of same, 111 acres...Middle River...patented by Maj. Thomas **Long**. Signed Christopher (x) **Bembridge**. Wit: Michael **Gormmon** and Dorothy (x) **Gelford**.

10 May 1707, John **Boreing**, planter, of Baltimore Co., Maryland to John **Norton**, planter, of same, 74 acres...Bear creek. Signed John **Boreing**. Wit: Richard **Colegate** and William **Talbot**.

13 Aug 1708, William & Mary **Cromwell**, planter, of Baltimore Co., Maryland to Thomas **Foster**, schoolmaster, of same, 10,000 pounds of tobacco, 140 acres...Curtis creek. Signed William **Cromwell**. Wit: William **Talbot**, Nathaniel **Stinchcomb**, Richard **Colegate** and Charles **Carroll**.

26 Nov 1708, John & Elizabeth **Ewings**, gentleman, of Baltimore Co., Maryland to John **Roberts**, gentleman, of same, 13,200 pounds of tobacco, 200 acres...Fosters creek...patented, 4 Feb 1661, by Mathew **Goldsmith** and Edward **Foster**... sold by said **Goldsmith** to Richard **Winley** and James **Phillips**, who sold to Francis **Tripolis**, and sold by his daughter Jane, and her husband John **Boone**, to the said John **Ewings**, after winning a judgement against Samuel **Sicklemore**. Signed John Ewings and Elizabeth Ewings. Wit: James **Phillips** and Francis **Dallahide**.

2 Nov 1708, Robert & Sarah **West**, planter, of Baltimore Co., Maryland to John **Edwards**, gentleman, of same, £24.35 and 500 pounds of tobacco, 200 acres...between the branches of Swan creek and the branches of Deer creek. Signed Robert (x) **West** and Sarah (x) **West**. Wit: John **Webster**, Richard **Garrett** and John **Hurst**.

3 Nov 1708, John & Margaret **Christian**, planter of Baltimore Co., Maryland to William **Talbot**, gentleman, of same, 2,500 pounds of tobacco, 75 acres. Signed John (x) **Christian**. Wit: Dulton **Lane** and Roger **Mathews** Jr.

4 Nov 1708, John & Hannah **Beaver**, planter, of Baltimore Co.,

Maryland to Zachariah **Browne**, planter, of same, £25, 81 acres...head of Bush River. Signed John **Beaver** and Hannah **Beaver**. Wit: Aquila **Paca** and Henry **Wriothesley**.

4 Nov 1708, John & Elinor **Cambple**, turner, of Baltimore Co., Maryland to John **Ewings**, of same, 6,000 pounds of tobacco, 48 acres...Bush River ...line of **Bonner's** purchase...patented 1704 and surveyed by James **Crooke**. Signed John **Cambple** and Elinor (x) **Cambple**. Wit: Francis **Dallahide** and John **Hayes**.

3 Nov 1708, Thomas & Elizabeth **Morris**, planter, of Baltimore Co., Maryland to Rowland **Kimble**, planter, of same, 8,000 pounds of tobacco, 100 acres...Musketo creek...patented 16 Sep 1683. Signed Thomas (x) **Morris**. Wit: John **Browne**, Roger **Mathews** Jr. and H. **Wriothesley**

28 Dec 1708, Richard & Blanch **Smithers**, of Baltimore Co., Maryland to John **Hall**, of same, £50, 100 acres...Musketo creek...willed by Tamer **Ivesa**, late of Baltimore Co., Maryland, to the said Richard **Smithers**. Signed Richard **Smithers**. Wit: Henry **Wright** and John **Stokes**.

28 Dec 1708, John **Hall**, of Baltimore Co., Maryland to John **Stokes**, gentleman, of same, £40, 102.5 acres...part of 250 acres. Signed John **Hall**. Wit: Henry **Wright** and Roger **Mathews** Jr.

29 Dec 1708, John **Stokes**, of Baltimore Co., Maryland to his son, John **Stokes**, for love and affection, 125 acres...two tracks, 102.5 acres, purchased of John **Hall** and 22.5 acres. Signed John **Stokes**. Wit: Henry **Wright** and Roger **Mathews** Jr.

29 Jan 1708, Elizabeth **Ewings**, wife of John **Ewings**, gentleman, of Baltimore Co., Maryland power of attorney to Henry **Wriothesley**, gentleman, of same. Signed Elizabeth **Ewings**. Wit: Anne **Felks** and Philisana **Maxwell**.

15 Jan 1709, Dulton & Pasosha **Lane**, of Baltimore Co., Maryland to Thomas **Hooker** and Richard **Gist**, planters, of same, £25, 500 acres...north side of the south branch of Gunpowder River. Signed

Dulton **Lane** and Pasosha **Lane**. Wit: Thomas **Cromwell** and Anthony **Bale**.

3 Mar 1708, Charles **Gorsuch**, of Baltimore Co., Maryland to his son, John **Gorsuch**, for love and affection. Signed Charles **Gorsuch**. Wit: John **Willmott** Jr. and John **Ensor**.

26 Feb 1708, William & Johanna **Farfar**, of Back River, Baltimore Co., Maryland to his daughter, Christian **Keith** and her husband Alexander **Keith**, for love and affection. Signed William **Farfar** and Johanna **Farfar**. Wit: John **Gibbins** and Andrew **Anderson**.

1 Mar 1708, Abraham & Jane **Taylor**, blacksmith, of Baltimore Co., Maryland to William **Howard**, planter, of same, £24.75 and 3,900 pounds of tobacco, 76.5 acres...Elk creek...line of Michael **Judd** and 41 acres...line of John **Voans**. Signed Abraham **Taylor** and Jane (x) **Taylor**. wit: George **Wells** and H. **Wriothesley**.

1 Mar 1708, William & Mary **Hitchcocks**, planter, of Baltimore Co., Maryland to Archibald **Rollo**, planter, of same, 3,000 pounds of tobacco, 100 acres...little falls of Gunpowder River. Signed William (x) **Hitchcocks** and Mary (x) **Hitchcocks**. Wit: H. **Wriothesley** and Roger **Mathews** Jr.

1 Mar 1708, Richard **Smithers**, gentleman, of Baltimore Co., Maryland to Archibald **Buchanan**, taylor, of same, 1,500 pounds of tobacco, 100 acres...Cathole creek...patented 1672, by James **Ives**, planter, late of Baltimore Co., Maryland, who willed to his son James **Ives**, planter, late of Baltimore Co., Maryland, who willed to said Richard **Smithers**. Signed Richard **Smithers**. Wit: Aquila **Paca** and William **Talbot**.

2 Mar 1709, John **Ewings**, gentleman, of Baltimore Co., Maryland to George **Yorke**, of same, 50 acres ...Bush River. Signed John **Ewings**. Wit: John **Wallis** and Henry **Wright**.

2 Mar 1709, John & Elizabeth **Ewings**, gentleman, of Baltimore Co., Maryland to John **Wallis**, of same, 9,000 pounds of tobacco, 200 acres...Tract named James **Caske**...Middle River. Signed John

Ewings. Wit: H. Wriothesley and Dulton Lane.

2 Mar 1708, John Miles, carpenter, of Baltimore Co., Maryland to Gregory Farmer, planter, of same, 2,000 pounds of tobacco, 50 acres...Deer creek. Signed John Miles. Wit: Edward Galland and Nicholas Rogers.

2 Mar 1708, Tobias Eminson, planter, of Baltimore Co., Maryland to Miles Hannis, of same, 2,000 pounds of tobacco, 50 acres... line of Thomas Morris. Signed Tobias Eminson. Wit John Dorrumple and Edward Galland.

11 Mar 1708, Isaac Samson, planter, of Baltimore Co., Maryland to Richard Samson, planter, of same, 150 acres. Signed Isaac Samson. Wit: Richard Colegate, Nicholas Rogers and William Fowle.

11 Mar 1708, John Gorsuch, carpenter and Thomas Gorsuch, planter, both of Baltimore Co., Maryland to Thomas Cromwell, planter, of same, £95, 450 acres...Madens Choice Run. Signed John Gorsuch and Thomas (x) Gorsuch. Wit: Richard Colegate, William Towle, James Reid and Isaac Samson.

14 Aug 1708, Robert West, planter, of Baltimore Co., Maryland to John Hall, gentleman, of same, 78 acres...Deer creek. Signed Robert (x) West. Wit: John Deavor, Marke Whiteaker and Thomas Bucknell.

4 Jan 1705, John & Mary Roberts, gentleman, of Baltimore Co., Maryland to John Hall, of same, 50 acres...Musketo creek. Signed John Roberts and Mary (x) Roberts. Wit: Dulton Lane and Thomas Chamberlain.

5 Mar 1707, George & Ann Thompson, gentleman, of Saint Marys Co., Maryland to James Heath, gentleman, of Anne Arundel Co., Maryland, 8,672, pounds of tobacco, 400 acres...Bush River. Signed George Thompson and Ann Thompson. Wit: John Phipps, Joseph Vansiveringen, Gilbert Turbesville and Barnaby Anktill.

22 Apr 1708, James Richardson, gentleman, of Baltimore Co.,

Maryland to William **Adams**, planter, of same, 250 acres and 300 acres. Signed James **Richardson**. Wit: Moses **Groome** and Thomas **Phillipson**.

7 Feb 1709, Joseph & Margaret **Compton**, planter, of Baltimore Co., Maryland to Aquila **Paca**, gentleman, of same, 100 acres...Bush River... line of Gibson **Parke**...part of 800 acres. Signed Joseph **Compton**. Wit: James **Phillips** and Lawrance **Draper**.

6 Sep 1721, Jeremiah **Downs**, planter, of Baltimore Co., Maryland to Henry **Wetherall**, of same, 2,000 pounds of tobacco, 50 acres... Winter Run. Signed Jeremiah **Downs**. Wit: John **Risteau** and Benjamin **Hanson**.

2 Mar 1719, Simon **Pearson**, weaver, of Baltimore Co., Maryland to Henry **Witheralls**, of same, 2,200 pounds of tobacco and tract purchased 5 Nov 1719 from John **Walker**, 200 acres...little falls of Gunpowder River. Signed Simon **Pearson**. Wit: Samuel **Deere**, Thomas **Hatchman** and John **Weasly**.

13 Jun 1720, Jane **Thomas**, (sister to Elizabeth **Garison**, Mary **Tolley** and Driseilla **Freeborn**, all sisters of Richard **Freeborne**, deceased) power of attorney to Thomas **Tolley**, of Baltimore Co., Maryland, to sell her part of land her brother lived on. Signed Jane **Thomas**. Wit: John **Brooks** and Michael **Bryne**.

16 Aug 1701, William **Loften**, cooper, of Baltimore Co., Maryland bound to Daniel **Johnson**, planter, of same, 10,000 pounds of tobacco, 200 acres...Susquehanna River. Signed William (x) **Loften**. Wit: Thomas **Greenfield** and Rachel (x) **Greenfield**.

8 Nov 1721, Joseph **Ellidge**, planter, of Baltimore Co., Maryland to Herbert **Richards**, planter, of same, 50 acres...Bear Branch. Signed Joseph (x) **Ellidge**. Wit: **Macbride** and Joseph **Presbury**.

20 Jun 1722, Hill & Elinor **Savage**, planter, of Baltimore Co., Maryland to Thomas **Randall** and William **Parish**, planters, of same, £452.4, 150 acres, cattle, one negro boy and one negro girl. Signed Hill **Savage** and Elinor (x) **Savage**. Wit: John **Gardner**, Thomas

Gastelow and Robert Grasane.

Hill & Elinor **Savage**, planter, of Baltimore Co., Maryland to Thomas **Randall** and William **Parish**, planters, of same, £226.2 paid to the children of Peter **Bond**, deceased, cattle and slaves. Signed Hill **Savage** and Elinor (x) **Savage**. Wit: John **Gardner**, Thomas **Gastelow** and Robert **Grasane**.

3 Oct 1721, John **Trisell**, planter, of Baltimore Co., Maryland to William **Forrest**, taylor, of same, £8, 50 acres...Curtis creek. Signed John (x) **Trisell**. Wit: Samuel (x) **Maxwell** and John **Israel**.

20 Jun 1721, John & Hannah **Roberts**, turner, of Baltimore Co., Maryland to Hill **Savage**, of same, £20.5, 150 acres...line of Richard **Levell**. Signed John (x) **Roberts** and Hannah (x) **Roberts**. Wit: Robert **Grason** and Thomas **Gastelow**.

23 Jun 1721, Richard **Gist**, merchant, of Baltimore Co., Maryland to Herbert **Richards**, planter, of same, £10, 108 acres. Signed Richard **Gist**. Wit: Jonathan **Hanson** and Joseph **Lobb**.

1720, Benjamin **Martin**, carpenter, of Baltimore Co., Maryland to Richard **Wheeler**, carpenter, of same, £8, 100 acres. Signed Benjamin **Martin**. Wit: Edward **Wingfield** and Daniel **Scott** Jr.

20 Mar 1720, Ebenezer **Cook**, (attorney of Henry **Lowe**, of Kent Co., Maryland), gentleman, of Cecil Co., Maryland to John **Fuller**, planter, of Baltimore Co., Maryland, £2.4 and £0.6 per year rent. Signed Ebenezer **Cook**. Wit: Joseph **Presbury** and Thomas **White**.

23 Jan 1721, John **Gorsuch**, planter, of Baltimore Co., Maryland to Alexander **Grant**, of same, £25, 114 acres. Signed John **Gorsuch**. Wit: Richard **Lewis**, George **Walker**, Luke **Stansbury**, Luke **Raven** and John **Israel**.

23 Jan 1721, Thomas **Rooter**, planter, of Baltimore Co., Maryland to Jonathan **Hanson**, millwright, of same, 1,600 pounds of tobacco, 50 acres. Signed Thomas (x) **Rooter**. Wit: George **Walker**, Edward **Norwood**, Luke **Raven** and John **Israel**.

7 Oct 1721, Nathaniel Giles, innholder, of Baltimore Co., Maryland to Gerrard Hopkins. Signed Nathaniel Giles. Wit: William Lock and William Richardson.

7 Oct 1721, James Mouldin and William Mouldin to Gerrard Hopkins, of Anne Arundel Co., Maryland and Nathaniel Giles, of Baltimore Co., Maryland, 666 acres. Signed Gerrard Hopkins and Nathaniel Giles. Wit: William Lock and William Richardson.

15 Nov 1721, John Buck, of Baltimore Co., Maryland to Daniel Scott Sr., of same, £32.5, 148 acres. Signed John Buck. Wit: Daniel Scott Jr. and Elizabeth (x) Scott.

6 Mar 1721, William & Mary Bond, planter, of Baltimore Co., Maryland to Thomas Yates, of same, 5,000 pounds of tobacco, 100 acres. Signed William Bond and Mary (x) Bond. Wit: Luke Raven and Daniel Scott Jr.

6 Mar 1721, William & Mary Bond, planter, of Baltimore Co., Maryland to Joseph Johnson Jr., of same, 2,000 pounds of tobacco, 150 acres. Signed William Bond and Mary (x) Bond. Wit: Luke Raven and Daniel Scott Jr.

2 Mar 1720, Thomas Morris, planter, of Baltimore Co., Maryland to Edmond Parks, of same, 7,000 pounds of tobacco, 100 acres. Signed Thomas (x) Morris. Wit: Edward Hall and Roger Mathews.

13 May 1721, Oliver Huckingbottom, carpenter, of Kent Co., Maryland power of attorney to Edward Hall, gentleman, of Baltimore Co., Maryland, to sell to Thomas Morris. Signed Oliver (x) Huckingbottom. Wit: Roger Mathews and Robert Moore.

13 May 1721, Oliver Huckingbottom, carpenter, of Kent Co., Maryland to Thomas Morris, of Baltimore Co., Maryland, 2,000 pounds of tobacco, 100 acres. Signed Oliver (x) Huckingbottom. Wit: Edward Hall and John Carroll.

7 Mar 1720, John Cockin, planter, of Baltimore Co., Maryland to William & Elizabeth Noble, of same, 3,000 pounds of tobacco, 100

acres. Signed John (x) **Cockin**. Wit: Luke **Raven** and Daniel **Scott** Jr.

7 Jun 1722, John & Frances **Mickleroy**, of Baltimore Co., Maryland to Robert **Clark**, of same, 3,000 pounds of tobacco, 244 acres. Signed John (x) **Mickleroy**. Wit: Bennett **Garrett** and Thomas **White**.

21 May 1722, Simon & Sarah **Person**, weaver, of Baltimore Co., Maryland to Henry **Wetherall**, of same, 2,200 pounds of tobacco, 200 acres... purchased of John **Walker**. Signed Simon **Person**. Wit: Thomas **White**, John **Dorsey** and Edward **Hall**.

30 Apr 1722, Samuel & Jane **Hughs**, planter, of Baltimore Co., Maryland to Solomon **Armstrong**, planter, of same, 6,000 pounds of tobacco, 100 acres. Signed Solomon (x) **Armstrong** and Mary (x) **Armstrong**. Wit: John **Durbin**, Michael **Webster** and William **Perkins**.

1720, John & Lucy **Bell**, gentleman, of Anne Arundel Co., Maryland to Benjamin **Stevens**, carpenter, of same, £16, 400 acres. Signed John **Bell**. Wit: Elizabeth **Lamb**, Nicholas **Watkins** and Lance **Todd**.

7 Jun 1722, Robert & Silina **Clark**, of Baltimore Co., Maryland to John **Mickleroy**, of same, 3,000 pounds of tobacco, 122 acres...part of 244 acres patented 1720, surveyed by Capt. John **Dorsey**. Signed Robert **Clark**. Wit: Thomas **White**, Bennet **Garrett**, Daniel **Scott** and Edward **Hall**.

8 Jan 1695, William **Hill**, of Baltimore Co., Maryland to James **Cowdry**, of same, for love and affection, 50 acres...Durham creek. Signed William (x) **Hill**. Wit: Thomas **Staley** and Thomas **Smith**.

25 Jun 1696, John **Gay** to Thomas **Weeks**, 100 acres.

Chapter 3

Baltimore Co., Maryland
Liber I.R. No. P.P.
1663-1705

Brought from the Book of Conveyances Liber B
Nathaniel & Elizabeth **Utie** to Robert **Jones**. Signed Nathaniel **Utie** and Elizabeth **Utie**. Wit: George **Wells** and John **Waterton**.

9 May 1675, Col. Nathaniel & Elizabeth **Utie**, of Spetutie, Baltimore Co., Maryland to Ruthen **Garrett**, planter, of same, 180 acres...part of 400 acres...Musketto creek...adjoining 130 acres sold by said **Utie** to Edward **Bedle**...patented 1663, by Col. Edward **Carter**, who sold to said **Utie**. Signed Nathaniel **Utie** and Elizabeth **Utie**. Wit: George **Wells** and John **Waterton**.

6 Feb 1676, Joseph & Sarah **Gallion**, planter, of Baltimore Co., Maryland to Edward **Gunnell**, merchant, 4,500 pounds of tobacco, 100 acres... south side of Bush River. Signed Joseph (x) **Gallion** and Sarah (x) **Gallion**. Wit: William (x) **Yorke** and Thomas **Espry**.

9 Oct 1676, William **Ball**, of Anne Arundel Co., Maryland to William **Cocky**, of same, 100 acres ...patented 20 Jul 1674. Signed William **Ball**. Wit: George **Wells** and John **Stansby**.

3 Apr 1676, William & Jane **Ebden**, of Baltimore Co., Maryland to Jonas **Boyne**, planter, of same, 1,500 pounds of tobacco, 100 acres...Deep creek ...patented 1 Aug 1676. Signed William **Ebden** and Jane **Ebden**. Wit: John **Stansby** and Thomas **Hedge**.

18 Jan 1676, Henry & Elizabeth **Haslewood**, of Baltimore Co., Maryland to John **Ireland**, chyrurgeon, of same, 100 acres...Spesutia creek ...adjoining George **Goldsmith** and 8 acres... Colletts Back creek...line of John **Collett**. Signed Henry **Haslewood** and Elizabeth **Haslewood**. Wit: Henry **Johnson** and Thomas **Hedge**.

5 Jun 1676, James & Martha **Ives**, of Baltimore Co., Maryland to Arthur **Taylor**, planter, of same, 150 acres...Fosters creek. Signed James **Ives** and Martha (x) **Ives**. Wit: John **Ireland** and Peter **Ellis**.

4 Jun 1677, James & Martha **Ives**, of Baltimore Co., Maryland to Henry **Haslewood**, of same, 1,500 pounds of tobacco, 50 acres...Musketoe creek. Signed James **Ives** and Martha (x) **Ives**. Wit: John **Ireland** and Peter **Ellis**.

12 Nov 1677, Benjamin **Bennett**, planter, of Baltimore Co., Maryland to Edward **Jackson**, of same, 1,800 pounds of tobacco, 50 acres...Musketoe creek. Signed Benjamin (x) **Bennett**. Wit: John **Dunston** and Edward **Goodman**.

13 Oct 1676, Walter & Sarah **Dickenson**, planter, of Talbot Co., Maryland to Thomas **Durbin**, of Anne Arundel Co., Maryland, 2,500 pounds of tobacco, 200 acres...Welshmans creek. Signed Walter **Dickenson** and Sarah (x) **Dickenson**. Wit: Michael **Offley** and John **Rowland**.

7 Nov 1677, John **Boreing**, planter, of Baltimore Co., Maryland to William **Cromwell**, of same, 100 acres...patented 8 Aug 1670 by Richard **Marshall**, planter, who sold to said **Boreing**. Signed John **Boring**. Wit: William (x) **Webb** and James (x) **Durdin**.

7 Nov 1677, Edward & Anne **Reeves**, planter, of Baltimore Co., Maryland to Thomas **Preston**, of same, 2,000 pounds of tobacco, 43 acres. Signed Edward (x) **Reeves**. Wit: Miles **Gibson**.

4 Nov 1675, Rutgertson **Garrett**, planter, of Baltimore Co., Maryland to Dennis **Inglish**, of same, 75 acres...Woodpeckers Hall...line of George **Goldsmith**. Signed Rutgerston (x) **Garretts**. Wit: George **Wells** and John **Waterton**.

6 Oct 1677, John **Rogers**, merchant, of Bristoll, England to Miles **Gibson**, planter, of Baltimore Co., Maryland, 50 acres...Rumley creek...power of attorney Joseph **Sanders**, of Bristoll, England, for delivery. Signed John **Rogers**. Wit: Thomas (x) **Daniels** and George **Tyte**.

13 Apr 1678, Joseph **Sanders**, merchant (attorney for John **Rogers**, merchant, of Bristoll, England) of Bristoll, England to Miles **Gibson**, planter, of Baltimore Co., Maryland, 50 acres...Rumley creek...patented 1 May 1672 by John **Desjardines**, gentleman. Signed Joseph **Sanders**. Wit: George **Wells** and Henry **Haslewood**.

7 Aug 1677, William **Ball**, of Lancaster Co., Virginia to Thomas **Long**, gentleman, of Baltimore Co., Maryland, 420 acres...through power of attorney to Nicholas **Ruxton**, of Baltimore Co., Maryland. Signed William **Ball**. Wit: Nicholas **Corbin** and Rowland **Thornbrough**.

4 Jun 1678, Nicholas **Ruxton**, of Petapsco, Baltimore Co., Maryland and William **Ball**, of Lancaster Co., Virginia to Maj. Thomas **Long**, gentleman, of Baltimore Co., Maryland, 9,000 pounds of tobacco, 420 acres ...patented 20 Sep 1663 by said **Ball**. Signed Nicholas **Ruxton**. Wit: George **Wells** and Miles **Gibson**.

6 Aug 1678, George & Elizabeth **Smith**, of Baltimore Co., Maryland to James **Phillips**, innholder, of Baltimore Co., Maryland, 100 acres...north side of Bush River...patented 16 May 1678, by said **Smith**. Signed George **Smith** and Elizabeth **Smith**. Wit: Henry **Johnson** and Curia **Sedente**.

7 Jan 1678, Arthur & Francis **Taylor**, planter, of Baltimore Co., Maryland to Thomas **Cooke**, planter, of same, 315 acres...north side of Gunpowder River... patented by Robert **Taylor**. Signed Arthur (x) **Taylor** and Francis (x) **Taylor**. Wit: John **Dunston** and Thomas **Hedge**.

15 Apr 1679, Charles & Sarah **Gorsuch**, of Talbot Co., Maryland to Thomas **James**, of Baltimore Co., Maryland, 100 acres...west side of Back River. Signed Charles **Gorsuch** and Sarah **Gorsuch**. Wit: John (x) **Arden** and Rowland **Thornbrough**.

15 Apr 1679, Charles & Sarah **Gorsuch**, of Talbot Co., Maryland to John **Boring**, of Baltimore Co., Maryland, 80 acres...west side of Back River. Signed Charles **Gorsuch** and Sarah **Gorsuch**. Wit: Thomas **James** and Rowland **Thornbrough**.

15 Apr 1679, John & Sarah **Arthern** to Rowland **Thornbrough**, quit claim, 100 acres...Middle Branch...line of David **Poole**...patented by David **Williams**. Signed John (x) **Arthen**. Acknowledged by Sarah **Arden**. Wit: Thomas **James** and Hendrick **Enloes**.

11 Mar 1679, Samuel & Elizabeth **Hatton**, of Talbot Co., Maryland power of attorney to Charles **Gorsuch**, of same, to sell 400 acres...Rumley creek to Miles **Gibson**. Signed Samuel **Hatton** and Elizabeth (x) **Hatton**. Wit: Thomas **Delahay** and William (x) **Gane**.

11 Mar 1678, Samuel & Elizabeth **Hatton**, of Talbot Co., Maryland to Miles **Gilson**, gentleman, of Baltimore Co., Maryland, 7,500 pounds of tobacco, 400 acres...Rumley creek...patented 7 Jan 1659. Signed Samuel **Hatton** and Elizabeth (x) **Hatton**. Wit: Thomas **Delahay** and William (x) **Gane**.

9 Apr 1679, Nicholas **Gassaway**, of South River, Anne Arundel Co., Maryland power of attorney to Miles **Gibson**, of Bush River, Baltimore Co., Maryland, to sell 300 acres to Robert **Love**. Signed Nicholas **Gassaway**. Wit: Thomas **Lightfoot** and Thomas (x) **Watkings**.

3 Jun 1679, Nicholas **Gassaway**, gentleman, of Anne Arundel Co., Maryland to Robert **Love**, planter, of Baltimore Co., Maryland, 300 acres ...north side of Gunpowder River...patented 15 Feb 1676...part of a warrant for 450. Signed Miles **Gibson**. Wit: Michael **Judd** and Thomas **Hedge**.

1 Jul 1679, Christopher **Tapley**, boatwright, of Baltimore Co., Maryland to John **Durham**, planter, of same, 100 acres...south side of Bush River... patented 20 Jul 1673 by said Christopher **Tapley** and Leny **Wharfe**. Signed Christopher (x) **Tapley**. Wit: Thomas **Durbin** and Thomas **Hedge**.

4 Aug 1679, Edward & Ann **Reeves**, of Baltimore Co., Maryland to William **Burn**, of same, 350 acres...north side of Gunpowder River...patented 20 Jul 1677...175 acres from George **Yate**, part of warrant for 471 acres granted 26 May 1676 and 175 acres from Lodowick **Williams**, part of 200 acres granted 20 May 1676. Signed

Edward (x) **Reeves**. Wit: John **Cooke** and Thomas **Hedge**.

1 Aug 1679, William & Elizabeth **Hollis**, planter, of Baltimore Co., Maryland and Charles **Gorsuch**, planter, of Talbot Co., Maryland to Miles **Gibson**, planter, of Baltimore Co., Maryland, 350 acres...west side of Bush River...patented 1 Jul 1675 by Thomas **Cole** and William **Hollis**. Signed William (x) **Hollis**. Wit: Francis **Lovelace** and Peter **Ellis**.

2 Aug 1679, Peter & Elizabeth **Ellis**, planter, of Baltimore Co., Maryland to Simon **Dawkins**, cooper, of same, Muskuto creek...adjoining Capt. Henry **Haslewood**...late the property of Bernard **Utie** now in the possession of Edward **Jackson**. Signed Peter **Ellis** and Elizabeth (x) **Ellis**. Wit: Henry **Haslewood** and Edward **Bedell**.

2 Sep 1679, Richard **Sims**, planter, of Gunpowder River, Baltimore Co., Maryland to Nicholas **Hempstead**, planter, of same, 150 acres...south side of Gunpowder River...patented 28 Sep 1674. Signed Richard **Sims**. Wit: Jacob **Jenifer** and William **Osborne**.

5 Nov 1679, Henry & Christian **Enloes**, of Baltimore Co., Maryland to John **Boaring**, of same, 100 acres ...north side of Back River. Signed Hendrick **Enloes**. Wit: John **Hathway** and Robert **Benger**.

3 Nov 1679, John **Dickenson**, of Talbot Co., Maryland to John **Durbin**, of Baltimore Co., Maryland, at the request of his brother Walter **Dickenson**, of same. Signed John **Dickenson**. Wit: John **Stroud** and George **Watts**.

23 Nov 1679, John **Dickenson**, of Talbot Co., Maryland power of attorney to Michael **Gibson** of Baltimore Co., Maryland or James **Phillips**. Signed John **Dickenson**. Wit: John **Stroud** and George **Watt**.

8 Dec 1679, Charles & Sarah **Gorsuch**, of Talbot Co., Maryland to David **Jones**, of Baltimore Co., Maryland, 550 acres...head of northwest branch of Patapsco River...and 450 acres...on Middle Branch...and 200 acres...patented by George **Hixon**, of Baltimore

Co., Maryland or Anne Arundel Co., Maryland. Signed Charles **Gorsuch** and Sarah **Gorsuch**. Wit: Rowland **Thornbrough** and Thomas (x) **Stone**.

8 Dec 1679, David & Anna **Jones**, of Baltimore Co., Maryland to Charles **Gorsuch**, of Talbot Co., Maryland, 380 acres...line of Thomas **Thomas** and William **Battent**. Signed David **Jones** and Anna **Jones**. Wit: Rowland **Thornbrough** and Thomas (x) **Stone**.

31 Jan 1679, Solomon **Thomas**, (son and heir of Thomas **Thomas**), planter, of Calvert Co., Maryland to Charles **Gorsuch**, of Talbot Co., Maryland, 1100 acres...patented by Thomas **Thomas** and William **Battent**. Signed Solomon **Thomas**. Wit: John **Dempill** and Thomas **Camm**.

9 Feb 1679, Walter **Dickenson**, of Talbot Co., Maryland to Charles **Gorsuch**, of same, 150 acres ...Bear creek...adjoining land Edward **Loyd** sold to Abraham **Clark**...and a tract patented by Thomas **Thomas** and William **Battent**. Signed Walter **Dickenson**. Wit: John **Smith** and Thomas **Camm**.

9 Feb 1679, Walter **Dickenson**, of Talbot Co., Maryland power of attorney to Michael **Gibson** of Baltimore Co., Maryland or James **Phillips**. Signed John **Dickenson**. Wit: John **Dickenson** and Thomas **Camm**.

31 Jan 1679, Solomon **Thomas**, of Calvert Co., Maryland power of attorney to Michael **Gibson** of Baltimore Co., Maryland or James **Phillips**. Signed Solomon **Thomas**. Wit: William (x) **Gaire** and Thomas (x) **Biggs**.

6 Jul 1680, Miles & Ann **Gibson**, of Baltimore Co., Maryland to Daniel **Peverell**, of same, 7,000 pounds of tobacco, 300 acres...east side of Bush River...formerly belonging to Thomas **Cole** and William **Hollis**. Signed Miles **Gibson**. Wit: George **Wells** and John **Watterton**.

5 Jul 1680, Rowland & Ann **Thornbrough**, of Baltimore Co., Maryland to William **Cromwell**, 2,000 pounds of tobacco, 100

acres...north side of Middle Branch. Signed Rowland **Thornbrough**. Wit: Robert **Berrger** and Thomas **James**.

6 May 1680, Maj. Thomas & Jane **Long**, of Baltimore Co., Maryland to Thomas **Gibson**, of Charles co., Maryland, 4,500 pounds of tobacco, 200 acres...Middle River...part of a patent for 450 acres. Signed Thomas **Long** and Jane (x) **Long**. Wit: Jacob **Jenifer** and William **Cromwell**.

19 Apr 1680, George **Holland**, gentleman, of Anne Arundel Co., Maryland to Michael & Jane **Judd**, of Baltimore Co., Maryland, 300 acres...north side of Gunpowder River...patented by Edward **Reeves** and Lodowick **Williams**. Signed George **Holland**. Wit: John **Tillyard** and James Mills.

28 Oct 1680, Charles **Gorsuch**, of Baltimore Co., Maryland to Jonas **Boen**, of same, 160 acres... north side of Patapsco River...patented by Phillip **Thomas**, late of Anne Arundel Co., Maryland. Signed Charles **Gorsuch** and Sarah **Gorsuch**. Wit: Francis **Lovelace** and Lewis **Barton**.

14 Aug 1666, Lancelott **Sockwell**, of Rappahanock, Virginia to Richard **Ball**, of Patapsco, Baltimore Co., Maryland, 300 acres...At a court held by Abraham **Clark**, the attorney of Lancelott **Sockwell**, of Rappahanock, Virginia this Bill of Sale from **Sockwell** unto Mr. Richard **Ball**, of Patapsco, Baltimore Co., Maryland, whereas Thomas **Humpheryes**, late of Rappahanock, Virginia in his will in Lancaster, Virginia did devise to Lancelott **Sockwell** and John **Duke** a tract of 300 acres on Patapsco River, Baltimore Co., Maryland. Signed Lancelott (x) **Sockwell**. Wit: William **Ball** and Richard **Lawrence**.

14 Aug 1666, Richard **Ball**, planter, of Baltimore Co., Maryland to Rowland **Hathaway**, of same, 300 acres...south side of Patapsco River. Signed Richard **Ball**. Wit: John **Collett** and Simon **Wood**.

14 Aug 1666, Rowland **Hathaway**, planter, of Baltimore Co., Maryland to Henry **Goodericke**, now of Anne Arundel Co., Maryland, 300 acres...south side of Patapsco River. Signed Rowland

(x) **Hathaway**. Wit: W. **Halmon** and James (x) **Phillips**.

13 Aug 1666, John **Lee**, planter, of Baltimore Co., Maryland to Richard **Adams** and William **Tompson**, planters, of Gunpowder, Baltimore Co., Maryland, 20 acres of Thomas **O'Daniell**, his 50 acres. Signed John (x) **Lee**. Wit: John **Watterton**, James (x) **Denton** and Edward **Cantwell**.

14 Aug 1666, Nathaniel **Stiles**, gentleman, of Baltimore Co., Maryland to Joseph **Gundry**, merchant, 500 acres. Signed Nathaniel **Stiles**. Wit: Richard **Ball** and John **Dixon**.

9 May 1666, Matthew **Gouldsmith**, of Swan creek, Baltimore Co., Maryland to Richard **Windley** and James **Phillips**, 1,600 pounds of tobacco, 200 acres...Gunpowder River. Signed Matthew **Gouldsmith**. Wit: James (x) **Denton** and John **Barry**.

8 May 1666, Richard **Leake**, taylor, of Baltimore Co., Maryland to William **Orchard**, cooper, 100 acres...Rumley creek...patented by William **Osbourne**. Signed Richard (x) **Leake**. Wit: Wand **Collett** and Mathew **Gouldsmith**.

9 May 1666, John **Watterton**, of Bush River, Baltimore Co., Maryland to James **Phillips**, cooper, of same, one cow and calf and 1,600 pounds of tobacco, 150 acres...Lee Island... patented by John **Lee** and William **Boulton**. Signed John **Waterton**. Wit: John **Collier** and William **Orchard**.

19 Jun 1666, Briant **O'Melly** to James **Magiorgen**, planter, of Baltimore Co., Maryland, 200 acres. Signed Briant (x) **O'Melly**. Wit: Thomas **Hinson** Sr. and Alexander **Maxwell**.

29 Nov 1666, Nathaniel **Stiles**, gentleman, of Baltimore Co., Maryland to William **Standly**, planter, of same, 3,000 pounds of tobacco, 170 acres...Pools Island. Signed Nathaniel **Stiles**. Wit: John **Collett** and Henry **Ward**.

29 Nov 1666, William **Standly**, planter, of Talbot Co., Maryland to Richard **Foxum**, planter, of same, 4,000 pounds of tobacco, 175

acres... Pooles Island. Signed William (x) **Stanley**. Wit: John **Collett** and Henry **Ward**.

1 Sep 1666, William **Fisher**, Chyrurgeon to John **Brumfield**, 225 acres. Signed William **Fisher**. Wit: Francis **Fisher** and Richard **Chapman**.

31 Dec 1666, William & Susannah **Orchard**, planter, of Baltimore Co., Maryland to Edward **Hyres**, planter, of same, one cow and calf and 500 pounds of tobacco, 200 acres...line of Abraham **Hollman**. Signed William **Orchard** and Susannah **Orchard**. Wit: John **Watterton**, Joseph (x) **Gallen** and Fan **Devie**.

31 Dec 1666, William **Orchard**, cooper, of Baltimore Co., Maryland to John **Bradford**, cooper, of same, 800 pounds of tobacco, 50 acres ...Rumley creek...line of William **Hollis** and William **Osbourne**. Signed William **Orchard**. Wit: Sam **Collett** and John **Denton**.

5 Sep 1666, William **Osbourne**, planter, of Bush River, Baltimore Co., Maryland to John **Lee**, of same, 3,000 pounds of tobacco, 350 acres...east side of Bush River. Signed William **Osbourne**. Wit: Oliver **Sprye**, Roger (x) **Shacok** and John **Watterton**.

12 Jun 1663, Thomas **Edmonds** to Jasper **Gerin**, 300 acres...Gerings creek, (land exchange), 600 acres...Elk River. Signed Thomas (x) **Edmonds**. Wit: John **Bradford** and John **Collett**.

3 Nov 1663, Abraham & Ann **Morgan**, planter, of Baltimore Co., Maryland to Thomas **Browning**, 300 acres...line of George **Hark**. Signed Abraham (x) **Morgan** and Ann (x) **Morgan**. Wit: Thomas (x) **Bostock**, Briant (x) **Omely** and John **Gregory**.

5 May 1663, Ann **Morgan** acknowledged that her husband, Abraham **Morgan**, did receive of Thomas **Browning**, one servant and that after the death of said Abraham, she did receive one cow and calf for the 300 acres said **Browning** purchased of the **Morgans**. Signed Ann (x) **Morgan**. Wit: John **Reynolds** and Edmond (x) **Rowe**.

20 Oct 1665, James & Welhen **Sushard** to George **Strong**, 300 acres...head of Fishing creek...line of Mr. **Gundry**...surveyed by George **Gouldsmith**. Signed James (x) **Sushard** and Welhen (x) **Sushard**. Wit: William **Wisher** and Richard **Chapman**.

10 Apr 1667, William & Elizabeth **Saven**, planter, of Baltimore Co., Maryland to Rowland **Williams**, of same, 200 acres. Signed William (x) **Saven** and Elizabeth (x) **Saven**. Wit: John **Collett** and James **Ives**.

15 Feb 1666, William **Osborne**, planter, of Baltimore Co., Maryland to John **Bradford**, of same, 1,500 pounds of tobacco, 100 acres... Rumley creek. Signed William **Osborne**. Wit: Edward **Richards** and William **Orchard**.

4 Mar 1666, William & Francis **Fisher**, chyrurgeon, of Virginia to Henry **Ward**, of Baltimore Co., Maryland, 21,700 pounds of tobacco, 1400 acres...Elk creek. Signed William **Fisher** and Francis (x) **Fisher**. Wit: John **Collett** and W. **Palmer**.

8 Nov 1666, Richard **Windley** and James **Phillips**, of Baltimore Co., Maryland to Francis **Trippas**, of same, 200 acres...not far from John **Taylor**. Signed Richard **Windley** and James (x) **Phillips**. Wit: John **Waterton** and John **Collett**.

4 Mar 1667, Michael **Bellicon**, of Baltimore Co., Maryland to Richard **Bennett**, 100 acres...Sassafrax River...line of Richard **Turney**. Signed Michael (x) **Bellicon**. Wit: John **Cork** and William **Palmer**.

4 Mar 1667, John **Collett**, gentleman, of Baltimore Co., Maryland to **Taylard**, 100 acres... Muskeeto creek. Signed John **Collett**. Wit: John **Watterton** and Henry **Howard**.

3 Mar 1667, William **Pearce**, planter, of Baltimore Co., Maryland to Daniel **Sillvain**, 1,300 pounds of tobacco, 150 acres...Worton creek...part of 550 acres formerly patented by Joseph **Hopkins**. Signed William **Pearce**. Wit: Jerome **White**.

3 Jan 1667, Richard & Mary **Ball**, of Baltimore Co., Maryland to Francis, of same, 80 acres...line of William **Clapham**. Signed Richard **Bell**. Wit: James **Frysby** and Warnar **Sudall**.

6 Jan 1667, James **Browne**, merchant, of New England to William **Galloway**, planter, of Baltimore Co., Maryland, Fendalls creek. Signed James **Browne**. Wit: John **Scott** and John **Powell**.

21 XXX 1667, Howell & Elizabeth **Powell**, of Baltimore Co., Maryland to Warner **Shudall**, 70 acres...north side of Patapsco River...line of Robert **Gorsuch**. Signed Howell **Powell** and Elizabeth **Powell** Wit: Richard **Moss** and Jeremy **Clerke**.

16 Apr 1663, Nathaniel & Mary **Utie**, of Spesutia, Baltimore Co., Maryland to Richard **Bennett** Jr., of same, 4,000 pounds of tobacco, Sassafrax River. Signed Nathaniel **Utie** and Mary **Utie**. Wit: George **Utie** and Jon **Browne**.

4 Aug 1668, Robert & Elizabeth **Neife**, planter, of Baltimore Co., Maryland to William **Pearce**, 250 acres...Fendalls creek. Signed Robert **Neife** and Elizabeth (x) **Neife**. Wit: Thomas **Howell** and John **Collett**.

4 Aug 1668, Phillip & Mary **Holleger** to Timothy **Sendall** and William **Pearce**, 400 acres...Sassafrax River. Signed Phillip (x) **Holleger** and Mary (x) **Holleger**. Wit: Thomas **Howell** and John **Collett**.

5 Mar 1667, William **Orchard** to Walter **Tucker**, merchant, 250 acres...Hunting creek. Signed William **Orchard**. Wit: William **Palmer** and **Dunkerton**.

4 Aug 1668, William **Osbourne** and John **Lee**, of Baltimore Co., Maryland to Miles **Gibson**, of same, 240 acres...Rumley creek. Signed William **Osbourne** and John (x) **Lee**. Wit: Barnard **Utie** and Oliver **Spruce**.

4 Mar 1666, Abraham **Coffin**, planter, of Baltimore Co., Maryland to William **Toulson**, 100 acres...eastern side of Chesapeake Bay.

Signed Abraham (x) **Coffin**. Wit: John **Collett** and Samuel **Collett**.

4 Aug 1667, Peter **Mounson**, planter, of Baltimore Co., Maryland to Hendrick **Freeman**, 100 acres... Sassafrax River. Signed Peter (x) **Mounson**. Wit: John **Collett** and Samuel **Collett**.

3 Mar 1667, James **Phillips**, of Baltimore Co., Maryland to Thomas **Thurston**, of same, 100 acres...west side of Bush River. Signed James (x) **Phillips**. Wit: H. **Walmor** and Robert **Sanders**.

17 Aug 1664, Thomas **Todd**, of Gloucester Co., Virginia to his sons Robert **Todd** and John **Todd**, for love and affection, Patapsco River... purchased of Thomas **Powell**. Signed Thomas **Todd**. Wit: John **Dixon** and Phillip **Stevenson**.

6 Jul 1668, Thomas **Todd**, of Gloucester Co., Virginia power of attorney to Richard **Ball**, of Baltimore Co., Maryland. Signed Thomas **Todd**. Wit: Thomas **Deacon** and Charles **Gorsuch**.

12 Nov 1664, Richard & Elizabeth **Gorsuch**, planter, of Baltimore Co., Maryland to Thomas **Powell**, 300 acres...north side of Patapsco River...Welshmans creek. Signed Richard **Gorsuch** and Elizabeth (x) **Gorsuch**. Wit: Howell **Powell** and Richard (x) **Blanks**.

17 Aug 1664, Thomas **Powell**, of Baltimore Co., Maryland to Thomas **Todd**, of Gloucester Co., Virginia, 287.5 acres which is one half of 175 acres formerly purchased by Walter **Dickenson** of William **Batten**. Signed Thomas **Powell**. Wit: John **Dixon** and Phillip **Stevenson**.

17 Aug 1664, Thomas **Powell**, of Baltimore Co., Maryland to Thomas **Todd**, of Gloucester Co., Virginia, quit claim, 100 acres...north side of Patapsco River. Signed Thomas **Powell**. Wit: John **Dixon** and Phillip **Stevenson**.

17 Aug 1664, Thomas **Powell**, of Baltimore Co., Maryland to Thomas **Todd**, of Gloucester Co., Virginia, quit claim, 300 acres...purchased of Richard **Gorsuch**. Signed Thomas **Powell**. Wit: John **Dixon** and Phillip **Stevenson**.

12 Feb 1667, Thomas **Powell**, of Baltimore Co., Maryland power of attorney Samuel **Collett**, of Baltimore Co., Maryland. Signed Thomas **Powell**. Wit: Howell **Powell** and Charles **Gorsuch**.

4 Mar 1667, Oliver **Sprye** to William **Osbourne** and John **Lee**, east side of Bush River. Signed Oliver **Sprye**. Wit: John **Watterton** and Lancelott **Hallett**.

4 Mar 1667, William **Osbourne** and John **Lee**, planters, of Baltimore Co., Maryland to Oliver **Spry**, 100 acres...east side of Bush River. Signed William **Osbourne** and John (x) **Lee**. Wit: John **Watterton** and Lancelott **Hallett**.

4 Mar 1666, Frances **Child**, planter, of Baltimore Co., Maryland to Richard **Leake**, taylor, of same, 500 acres...Sassafrax River...Henn Island. Signed Frances (x) **Child**. Wit: Henry **Idesley** and John **Cock**.

5 Mar 1687, Warner & Ann **Shudall**, of Baltimore Co., Maryland to Nicholas **Ruxton**, of same, 70 acres...line of Robert **Gorsuch**. Signed Warner **Shudall** and Ann (x) **Shudall**. Wit: Even **Grvine** and Nicholas **Richardson**.

4 Mar 1667, Godfrey **Harman** t Phillip **Holleger**, 350 acres...Tersons creek. Signed Godfrey **Harman**. Wit: Sam **Collett** and Axa (x) **Stills**.

6 Apr 1668, Nathaniel & Elizabeth **Utie** to Edward **Bedwell**, 500 acres...Swan creek. Signed Nathaniel **Utie** and Elizabeth **Utie**. Wit: William **Palmer** and Hans **DeRingh**.

3 Aug 1668, John **James**, gentleman, of Baltimore Co., Maryland to Charles **James**, 200 acres... Charm creek. Signed John **James**. Wit: Richard (x) **Leake** and Thomas **Middlefield**.

3 Aug 1668, Charles **James**, of Baltimore Co., Maryland to John **James**, 200 acres...Steel Pone creek. Signed Charles **James**. Wit: Richard (x) **Leake** and Thomas **Middlefield**.

4 Aug 1668, Richard **Farendell**, of Baltimore Co., Maryland to Robert **Chapman**, Swan creek...patented by Capt. Thomas **Harwood**, mariner. Signed Richard (x) **Farendell**. Wit: William **Pearce** and Robert **Keane**.

3 Aug 1668, Hendrick & Juniber **Hendrickson**, planter, of Baltimore Co., Maryland to William **Howard**, planter, of same, 1,200 pounds of tobacco, two tracts, 150 acres...Elk River and 50 acres, adjoining. Signed Hendrick (x) **Hendrickson**. Wit: W. **Walmon** and Barnard **Utie**.

5 Sep 1668, John **Cocks**, of Baltimore Co., Maryland to Bartlett **Hendrickson**, of same, 200 acres...Back creek. Signed John **Cocks**. Wit: William **Sturdmant** and Daniel **Sillvane**.

3 Mar 1668, John **Cocks**, of Baltimore Co., Maryland to Edmund **Webb**, 200 acres...Back creek. Signed John **Cocks**. Wit: William **Palmer** and Barnard **Utie**.

14 Mar 1667, Mary **Gouldsmith**, (widow of George **Gouldsmith**), of Baltimore Co., Maryland to Ann **O'Mely**, (formerly wife of Abraham **Morgan**), 500 acres...Morgan creek. Signed Mary (x) **Gouldsmith**. Wit: Samuel **Collett** and William **Gouldsmith**.

2 Oct 1668, Oliver **Sprye**, of Baltimore Co., Maryland to John **Towers**, planter, of same, 800 pounds of tobacco, 200 acres...south side of Bush River. Signed Oliver **Sprye**. Wit: Henry **Howard** and Samuel **Collett**.

30 Oct 1668, John **Collett** and Mary **Gouldsmith** to Robert **Morgan**, 150 acres...Capt. Johns creek. Signed John **Collett** and Mary (x) **Gouldsmith**. Wit: Samuel **Gouldsmith** and James **Ives**.

4 Nov 1668, Thomas & Jane **Bastock** to James **Magreger**, southernmost branch of Bohemia River. Signed Thomas (x) **Bastock** and Jane (x) **Bastock**. Wit: Joseph **Hopkins** and F. **Salmon**.

3 Nov 1668, Richard & Mary **Windley**, of Baltimore Co., Maryland to Edward **Swanson**, 1,100 pounds of tobacco, 100 acres...south of

Gunpowder River. Signed Richard **Windley** and Mary (x) **Windley**. Wit: Augustine **Harman** and John **James**.

3 Mar 1668, William **Pearce**, planter, of Baltimore Co., Maryland to John **Willis**, planter, of same, 200 acres...Charm creek. Signed William **Pearce**. Wit: William **Osbourne** and Ralph **Massey**.

29 Apr 1669, Ralph **Williams**, merchant, of Bristol, England to Thomas **Todd**, merchant, 300 acres...Notch Point of Patapsco River. Signed Ralph **Williams**. Wit: Charles **Tye** and John **Bucknell**.

1 Jun 1669, Mary **Gouldsmith**, of Baltimore Co., Maryland to Capt. Thomas **Todd**, of same, 75 acres ...Hoopers Island. Signed Mary **Gouldsmith**. Wit: Samuel **Gouldsmith** and William **Gouldsmith**.

10 Mar 1666, Phillip **Holleger**, of Baltimore Co., Maryland to Hendrich **Freeman**, planter, of same, 50 acres...Sassafrax River. Signed Phillip (x) **Holleger**. Wit: Godfrey **Bayley** and John **Collett**.

4 Mar 1668, Bartlett **Hendrickson**, of Baltimore Co., Maryland to John **Cocks**, of same, 200 acres ...Bucks creek. Signed Bartlett (x) **Hendrickson**. Wit: William **Sturdmant** and Daniel **Sillvane**.

Peter **Jones**, shopman, of Baltimore Co., Maryland to John **Grover**, planter, of same, 250 acres... east side of Sassafrax River. Signed Peter **Jones**. Wit: William **Dunkerton** and Hendrick **Mason**.

1 Jun 1669, John **Collett**, of Baltimore Co., Maryland to Richard **Collens**, 100 acres...Spesutia Island. Signed John **Collett**. Wit: Samuel **Collett** and James **Ives**.

31 Jul 1669, William & Elizabeth **Yorke**, planter, of Gunpowder River, Baltimore Co., Maryland to Walter & Jane **Mackenell**, 4,500 pounds of tobacco, 200 acres...north side of Gunpowder River. Signed William (x) **Yorke** and Elizabeth (x) **Yorke**. Wit: John **Watterton** and William **Chapman**.

3 Aug 1669, Abraham **Strand**, planter, of Baltimore Co., Maryland

to Oulle **Mathiason**, planter, of same, north side of Sassafrax River. Signed Abraham **Strand**. Wit: John **Browning** and Robert **Sanders**.

7 Sep 1669, Henry **Jones**, carpenter, of Baltimore Co., Maryland to Thomas **Howe**, gentleman planter, of same, 275 acres...mouth of Sassafrax River... line of William **Fisher**. Signed Henry (x) **Jones**. Wit: John **Collett** and Gideon **Gundry**.

7 Sep 1669, George **Wilson**, planter, of Baltimore Co., Maryland to Thomas **Bostock**, planter, of same, Sassafrax River. Signed George (x) **Wilson**. Wit: W. **Walmon** and John **Cock**.

25 Jun 1669, Thomas **Todd**, gentleman, of Baltimore Co., Maryland to Richard **Thussell**, planter, of same, 400 pounds of tobacco, 50 acres...Back River. Signed Thomas **Todd**. Wit: Robert **Colles**, George **Yates** and Richard **Ellinsworth**.

1 Mar 1668, John & Jane **Dixon** to Richard **Ellinsworth**, 300 acres...south side of Gunpowder River...line of John **Taylor**. Signed John **Dixon** and Jane (x) **Dixon**. Wit: John **Roads** and James (x) **Coyell**.

9 Jul 1699, Francis **Stockett**, Catherine **Stockett** and Henry **Stockett**, of Anne Arundel Co., Maryland power of attorney to Nathaniel **Stiles**, of Baltimore Co., Maryland. Signed Francis **Stockett**, Henry **Stockett** and Catherine **Stockett**. Wit: Richard (x) **Leake** and Furgen **Lavison**.

20 Oct 1669, Francis **Stockett**, Catherine **Stockett** and Henry **Stockett**, of Anne Arundel Co., Maryland to Thomas **Thuston**, merchant, of Baltimore Co., Maryland, 115 acres...Rumley creek. Signed Francis **Stockett**, Henry **Stockett** and Catherine **Stockett**. Wit: Henry **White**, Francis **Chrismas**, Detmarus (x) **Sternburgs** and John (x) **West**.

20 Oct 1669, Francis **Stockett**, Catherine **Stockett** and Henry **Stockett**, of Anne Arundel Co., Maryland to Thomas **Thuston**, merchant, of Baltimore Co., Maryland, Dolph creek...line of John **Hatton**. Signed Francis **Stockett**, Henry **Stockett** and Catherine

Stockett. Wit: Henry White, Francis Chrismas, Detmarus (x) Sternburgs and John (x) West.

2 Nov 1669, James Phillips, cooper, of Baltimore Co., Maryland to Christopher Tapley, boatwright and Francis Elling, planter, both of same, 100 acres...south side of Bush River. Signed James Phillips. Wit: Thomas Long and Robert Sanders.

2 Nov 1669, Cornelius Petterson, planter, of Baltimore Co., Maryland to John Cock, of same, 150 acres...north side of Sassafrax River. Signed Cornelius (x) Petterson. Wit: Joseph Hopkins and Daniel Silvane.

7 Oct 1669, Lodowick Williams, planter, of Baltimore Co., Maryland to Walter Tucker, 400 acres...east side of Bush River. Signed Lodowick Williams. Wit: Gideon Gundry and William Dunkerton.

28 Feb 1669, John James, of Baltimore Co., Maryland to Charles James, merchant, of same, 100 acres...Steel Prone creek. Signed John James. Wit: Richard (x) Leake and William Perrie.

Richard Leake, of Baltimore Co., Maryland to John Larkin, planter, of Anne Arundel Co., Maryland, 600 acres...Herring creek. Signed Richard (x) Leake. Wit: Giles Worter and Francis (x) Robinson.

28 Feb 1669, Francis Johnson, of Anne Arundel Co., Maryland to John Larkin, planter of same, 200 acres...Patapsco River...patented by Robert Loyd, who assigned to said Johnson. Signed Francis (x) Johnson. Wit: John James and Ralph Massey.

28 Feb 1669, Francis Johnson, of Anne Arundel Co., Maryland power of attorney to John James, gentleman, of Baltimore Co., Maryland. Signed Francis (x) Johnson. Wit: John Massey and William (x) Pate.

1 Mar 1669, Gabriel Browne, planter, of Baltimore Co., Maryland to Humphry Nicolls, planter, of same, 2,000 pounds of tobacco, 150 acres...Elk River. Signed Gabriel (x) Browne. Wit: Samuel Collett

and John **Cock**.

1 Mar 1669, Phillip & Mary **Holleger**, of Baltimore Co., Maryland to William **Pearce**, planter, of same, 200 acres...Toutsons creek. Signed Phillip (x) **Holleger** and Mary (x) **Holleger**. Wit: Daniel **Silvain** and John **Brisco**.

20 Jul 1669, Thomas & Penelope **Cornwallis**, of Stanhow, Norfolk Co., England to George **Wilson**, planter, of Virginia, Baltimore Co., Maryland, 7,000 pounds of tobacco, 1000 acres. Signed Thomas **Cornwallis** and Penelope **Cornwallis**. Wit: Peregrine **Short**, Robert **Briggs** and William **Wright**.

1 May 1669, John **Vanheeke**, gentleman, of Baltimore Co., Maryland to Thomas **Hawker**, of same, 300 acres...Fendalls creek...line of Capt. Josias **Fendall**. Signed John **Vanheeke**. Wit: Augustine **Herman** and Henry **Ward**.

4 Jan 1669, Richard **Collins**, smith, of Baltimore Co., Maryland to Capt. George **Wells**, gentleman, of same, 75 acres...Muskeeto creek...patented by John **Collett**...purchased from Richard **Collett**. Signed Richard **Collins**. Wit: Samuel **Collett** and Mathew **Kneveton**.

1 Mar 1669, Thomas & Elizabeth **Howell**, gentleman, of Baltimore Co., Maryland to Henry **Eldesley**, planter, of same, 275 acres...mouth of Sassafrax River. Signed Thomas **Howell** and Elizabeth (x) **Howell**. Wit: John **Vanheecke** and Henry **Ward**.

10 Apr 1669, John **Walton** to Thomas **Greene** and John **Arthorne**, planters, of Baltimore Co., Maryland, 120 acres...Walton River...line of John **Martin**. Signed John (x) **Walton**. Wit: Phillip **Stevenson** and John **Hopkinson**.

28 Feb 1669, Samuel **Collett**, gentleman, of Baltimore Co., Maryland to John **Taskinton**, planter, of same, 250 acres...Musketto creek. Signed Samuel **Collett**. Wit: William **Wyberd**, George **Wells** and Henry **Haslewood**.

7 Sep 1669, Axell **Steele**, planter, of Baltimore Co., Maryland to John **Cock**, planter, of same, 100 acres...Axell creek. Signed Axell Still. Wit: John **Collett** and Gideon **Gundry**.

4 May 1670, Francis **Trippas**, planter, of Baltimore Co., Maryland power of attorney to Capt. John **Collier**. Signed Francis (x) **Trippas**. Wit: S. **Halmon** and William **Dunkerton**.

26 Mar 1670, Francis & Ann **Trippas**, planter, of Baltimore Co., Maryland to William **Yorke**, planter, of Gunpowder, Baltimore Co., Maryland, 5,500 pounds of tobacco, two tracts, 50 and 100 acres...Bush River...patented by said **Trippas**. Signed Francis (x) **Trippas** and Ann (x) **Trippas**. Wit: Robert **Skinner**, William **Vandeman**, Lucas **Abler** and John **Watterton**.

13 Nov 1669, Edmund **Webb**, (through his attorney Capt. Thomas **Howell**, of Baltimore Co., Maryland), planter, of Anne Arundel Co., Maryland to Thomas **King**, planter, of Baltimore Co., Maryland, 200 acres...Back creek. Signed Edmund **Webb**. Wit: John **Anderson** and George **Barbar**.

14 May 1669, John **Taylor**, gentleman, of Gunpowder River, Baltimore Co., Maryland and Arthur **Taylor**, planter, of Baltimore Co., Maryland to John **Scott**, merchant, of Sarans, 1,600 pounds of tobacco, 300 acres...Gunpowder River. Signed John (x) **Taylor** and Arthur (x) **Taylor**. Wit: John **Collier**, Robert **Skinner** and John **Waterton**.

13 May 1670, John **Collier**, of Bush River, Baltimore Co., Maryland to Richard **Adams** and William **Robinson**, planter, of same, 2,800 pounds of tobacco, west side of Bush River. Signed John **Collier**. Wit: William (x) **Hadell**, Robert (x) **Lorman** and John **Waterton**.

13 Apr 1670, Joseph **Langley**, planter, of Baltimore Co., Maryland to Joseph **Hopkins**, gentleman, of same, 250 acres...Turnus creek... patented by Richard **Bennett**, deceased. Signed Joseph **Langley**. Wit: Thomas **Long** and Thomas (x) **Allen**.

26 Jul 1670, John **Collett**, gentleman, of Baltimore Co., Maryland

to Joseph **Hopkins**, gentleman, of same, 200 acres...Churne creek. Signed John **Collett**. Wit: Thomas **Howell** and Thomas **Long**.

21 Aug, Arthur & Margaret **Taylor**, planter, of Gunpowder River, Baltimore Co., Maryland to Richard **Winley**, of same, 125 acres...purchased of Benjamin **Reid** and 100 acres...patented by said **Taylor**. Signed Arthur (x) **Taylor**. Wit: John **Waterton** and Edward (x) **Swanton**.

2 Aug 1670, Richard & Mary **Winley** to John **Owen**, of Baltimore Co., Maryland, 125 acres...line of John **Dixon**. Signed Richard (x) **Winley** and Mary (x) **Winley**. Wit: Robert **Gates**, Mathias **Stevenson** and John **Waterton**.

1 Aug 1670, Godfrey & Mary **Harmar**, merchant, of Gunpowder River, Baltimore Co., Maryland to John **Hallock**, 11,000 pounds of tobacco, 640 acres... head of Rumley creek. Signed Godfrey **Harmar** and Mary **Harmar**. Wit: Robert (x) **Arnold**, John (x) **Shadwell** and John **Watterton**.

1 Aug 1670, Godfrey & Mary **Harmar**, merchant, of Gunpowder River, Baltimore Co., Maryland to John **Shadwell**, of same, 1,300 pounds of tobacco, 100 acres...Seneker creek. Signed Godfrey **Harmar** and Mary **Harmar**. Wit: John **Fallocke** and John **Waterton**.

1 Aug 1670, Godfrey & Mary **Harmar**, merchant, of Gunpowder River, Baltimore Co., Maryland to John **Shadwell**, of same, 1,700 pounds of tobacco, 100 acres...Salt Peter creek. Signed Godfrey **Harmar** and Mary **Harmar**. Wit: John **Fallocke** and John **Waterton**.

11 May 1670, Richard **Loe**, gentleman, of Baltimore Co., Maryland to John **Gilbert** and Abraham **Wild**, merchants, 1000 acres...purchased of Phillip **Calvert**, chancellor of Maryland...also 600 acres...Elk River. Signed Richard **Loe**. Wit: Henry **Ward** and William **Dunkerton**.

1 Nov 1670, Richard & Gwitthin **Leake**, taylor, of Baltimore Co.,

Maryland to Thomas **Howell**, gentleman, of same, 150 acres...Harbor creek. Signed Richard (x) **Leake** and Gwitthin (x) **Leake**. Wit: John **Vanheeck** and Richard **Ball**.

1 Nov 1670, Richard & Gwitthin **Leake**, taylor, of Baltimore Co., Maryland to Thomas **Howell**, gentleman, of same, 24,000 pounds of tobacco, two tracts, 600 acres...Sassafrax River. Signed Richard (x) **Leake**. Wit: John **Vanheeck** and Richard **Ball**.

20 May 1669, Josias **Fendall**, gentleman, of Charles Co., Maryland power of attorney to Capt. Thomas **Howell**, of Baltimore Co., Maryland, to sell to John **Vanheeck**. Signed Josias **Fendall**. Wit: Charles **Russell** and Thomas **Turkorill**.

20 May 1669, Josias **Fendall**, gentleman, of Baltimore Co., Maryland to John **Vanheeck**, gentleman, of Baltimore Co., Maryland, 2,300 pounds of tobacco, 2000 acres...Bacon Bay. Signed Josias **Fendall**. Wit: Thomas **Howell** and William **Dunkerton**.

20 May 1669, Josias **Fendall**, gentleman, of Charles Co., Maryland bound to John **Vanheeck**, for 46,000 pounds of tobacco, for good deed. Signed Josias **Fendall**. Wit: Thomas **Howell** and William **Dunkerton**.

20 Oct 1670, Godfrey & Mary **Harmar**, merchant, of Gunpowder River, Baltimore Co., Maryland to John **Hall**, planter, of Baltimore Co., Maryland, 1,800 pounds of tobacco, 100 acres...north side of Bush River. Signed Godfrey **Harmer** and Mary **Harmer**. Wit: William **Chadborne** and Richard (x) **Adams**.

26 May 1670, William & Jane **Clapham**, of Lancaster Co., Virginia power of attorney to Thomas **Todd**, of Patapsco, Baltimore Co., Maryland. Signed William (x) **Clapham** and Jane (x) **Clapham**. Wit: William **Ball** and Richard (x) **Linsfield**.

26 May 1670, William **Clapham**, through his attorney, Thomas **Todd** states he is satisfied with land he sold to Richard **Ball** Walter **Dickenson**, 500 acres on 20 Oct 1668... did 22 Nov 1659 bind himself to take 500 acres in Patapsco River, erect two house and

deliver a patent for same to William **Clapham** Sr. before 1 Feb 1660. Signed William (x) **Clapham**. Wit: William **Ball** and Richard (x) **Linsfield**.

1 Nov 1670, Godfrey & Mary **Harmar**, merchant, of Gunpowder River, Baltimore Co., Maryland to Roger **Hill**, planter, of same, 1,100 pounds of tobacco, 100 acres...Cat creek. Signed Godfrey **Harmar** and Mary **Harmar**. Wit: Richard (x) **Adams** and Richard (x) **Morgan**.

1 Nov 1670, Robert & Elizabeth **Neve**, planter, of Baltimore Co., Maryland to Nathaniel **Stiles**, gentleman, of same, 150 acres...line of George **Sapher**. Signed Robert **Neve** and Elizabeth (x) **Neve**. Wit: Richard **Ball** and H. **Halmon**.

19 Oct 1670, Richard **Whitten**, planter, of Baltimore Co., Maryland to John **Masters**, of same, 50 acres...Gunpowder River...line of William **Wignall**. Signed Richard **Whitten**. Wit: Miles **Gibson** and William **Wibeard**.

1 Nov 1670, William & Isabell **Pearce**, planter, of Baltimore Co., Maryland to Thomas **Weymouth** and John **Powell**, of same, 150 acres...Fendalls creek. Signed William **Pearce** and Isabell (x) **Pearce**. Wit: Daniel **Silvaine**, Cusar **Pricne** and Roger **Holden**.

1 Nov 1670, William & Isabell **Pearce**, planter, of Baltimore Co., Maryland to John **Willis**, of same, 200 acres...Churne creek. Signed William **Pearce** and Isabell (x) **Pearce**. Wit: Daniel **Silvaine**, John **Vanheek** and Roger **Holden**.

1 Nov 1670, William & Isabell **Pearce**, planter, of Baltimore Co., Maryland to Phillip **Macanaday**, of same, 100 acres...Fendalls creek. Signed William **Pearce** and Isabell (x) **Pearce**. Wit: Daniel **Silvaine**, Cusar **Pricne** and Roger **Holden**.

3 Jan 1671, Oliver **Mathiason**, of Baltimore Co., Maryland to Hendrick **Matson**, 100 acres... purchased 4 Aug 1667 of Peter **Mounson**. Signed Oliver **Mathiason**. Wit: Henry **Ward** and H. **Halmon**.

4 Aug 1668, Augustine **Herrman** to Robert **Morgan**, cooper, St. Thomas creek. Signed Augustine **Herrman**. Wit: H. **Halmon** and Daniel **Silvaine**.

3 Jan 1670, Robert & Bennett **Morgan**, cooper, of Baltimore Co., Maryland to Richard **Chapman**, of same, St. Thomas creek...purchased of Augustine **Herrman**. Signed Robert **Morgan** and Bennett (x) **Morgan**. Wit: William **Dunkerton** and H. **Halmon**.

28 Jan 1670, John **Collett**, planter, of Baltimore Co., Maryland to Mathew **Knevington**, of same, 100 acres...Musketto creek. Signed John **Collett**. Wit: John **Mascord** and Barnard **Utie**.

28 Feb 1670. Richard & Sophia **Wells**, of Anne Arundel Co., Maryland to his brother George **Wells**, of Baltimore Co., Maryland, for love and affection, 300 acres...purchased from George **Gouldsmith**, 20 May 1661. Signed Richard **Wells** and Sophia **Wells**. Wit: John **Desiardins** and Edward **Jones**.

28 Feb 1670. Richard & Sophia **Wells**, of Anne Arundel Co., Maryland power of attorney to Thomas **Salmon** or John **Collett**. Signed Richard **Wells** and Sophia **Wells**. Wit: John **Desiardins** and Edward **Jones**.

12 May 1670, Adam **Claxton**, mariner, of Plymouth, England power of attorney William **Salsbury**, planter, of Baltimore Co., Maryland. Signed Adam (x) **Claxton**. Wit: Henry **Ward** and Thomas **Long**.

30 Jan 1670, Elizabeth **Booker**, widow and Richard **Booker**, gentleman to Rowland **Williams**, planter, 200 acres, (land exchange), 500 acres...Elk River...surveyed 1664 by George **Gouldsmith**. Signed Elizabeth **Booker** and Richard **Booker**. Wit: John (x) **Perkins** and Samuel **Holowaye**.

4 Jan 1670, Peter **Hldrick**, of New Castle, Delaware power of attorney Capt. Thomas **Howell**, of Baltimore Co., Maryland. Signed Peter **Hlrick**. Wit: John **Carr** and F. **Salmon**.

22 Feb 1670, Mary **Winley**, (wife of Richard **Winley**) power of

attorney to John **Waterton** to acknowledge the sale of 100 acres to Robert **Gates**. Signed Mary (x) **Winley**. Wit: John (x) **Owen** and Robert **Gates**.

20 Feb 1670, Richard & Mary **Winley**, of Gunpowder River, Baltimore Co., Maryland to Robert **Gates**, of same, 100 acres...near the great falls of Gunpowder River. Signed Richard (x) **Winley** and Mary (x) **Winley**. Wit: John **Watterton** and John **Scott**.

17 Dec 1670, Samuel **Tracey**, gentleman, and Hugh **Williams**, taylor, both of Peanketank, Gloucester Co., Virginia power of attorney to John **Watterton**, of Gunpowder River, Baltimore Co., Maryland for sale of land of Richard & Mary **Winley**. Signed Samuel **Tracey** and Hugh **Williams**. Wit: John **Scott** and Walter **Cary**.

22 Feb 1670, Mary **Winley**, (wife of Richard **Winley**) power of attorney to John **Waterton** to acknowledge the sale of land to Samuel **Tracey** and Hugh **Williams**. Signed Mary (x) **Winley**.Wit: John **Collier** and John (x) **Taylor**.

16 Dec 1670, Richard & Mary **Winley**, of Gunpowder River, Baltimore Co., Maryland to Samuel **Tracey**, gentleman, and Hugh **Williams**, taylor, both of Peanketank, Gloucester Co., Virginia, 6,000 pounds of tobacco, 250 acres...between the great falls and Back River. Signed Richard (x) **Winley** and Mary (x) **Winley**. Wit: John (x) **Taylor** and John **Waterton**.

3 May 1670, Sarah **Tillard**, of Baltimore Co., Maryland power of attorney James **Ives**, of same, to confirm sale of 100 acres on Muskeeto creek to John **Mascord**, of Baltimore Co., Maryland. Signed Sarah (x) **Tillard**. Wit: Miles **Gibson** and Eusebins **Beade**.

11 Nov 1670, John **Tilliard**, planter, of Baltimore Co., Maryland to John **Muscord**, of same, 200 acres...Musketto creek. Signed John **Tilliard**. Wit: John **Masters** and John (x) **Lee**.

3 Mar 1670, John **Lee**, planter, of Baltimore Co., Maryland to Richard **Collins**, of same, 125 acres ...north side of Bush River. Signed John (x) **Lee**. Wit: Miles **Gibson** and Barnard **Utie**.

John **Owen**, of Gunpowder River, Baltimore Co., Maryland to William **Chapman**, planter, of same, 1,700 pounds of tobacco, purchased of Richard **Winley**. Signed John (x) **Lee**. Wit: John **Scott** and John **Waterton**.

7 Mar 1670, Nathaniel **Stiles**, gentleman, of Baltimore Co., Maryland to Richard **Whitton**, of same, 300 acres...mouth of North East River. Signed Nathaniel **Stiles**. Wit: John **Vanheek** and George **Wells**.

7 Mar 1670, Henry & Parnell **Eldesley**, planter, of Baltimore Co., Maryland to James **Wrath**, of same, 100 acres...Sassafrax River...line of William **Fisher**. Signed Henry **Eldesley** and Parnell (x) **Eldesley**. Wit: H. **Halmon** and William **Dunkerton**.

7 Jun 1671, William **Palmer**, gentleman, of Baltimore Co., Maryland to Richard **Boyer** and Francis **Robinson**, planters, of same, south side of Sassafrax River. Signed William **Palmer**. Wit: John **Collier** and Henry **Ward**.

7 Jun 1671, William **Palmer**, gentleman, of Baltimore Co., Maryland to John **Ryley** and John **Webster**, planters, of same, Swan Creek...south side of Sassafrax River. Signed William **Palmer**. Wit: John **Collier** and Henry **Ward**.

2 Jun 1671, John **Collett**, of Baltimore Co., Maryland to William **Yorke**, of same, 100 acres ...west side of Bush River...line of William **Orchard**. Signed John **Collett**.

2 Jun 1671, William **Yorke**, planter, of Baltimore Co., Maryland to John **Collett**, gentleman, of same, 50 acres...Deep creek. Signed William (x) **Yorke**. Wit: G. **Halmon** and Henry **Haslewood**.

7 Apr 1671, Joseph **Heves**, planter, of Bush River, Baltimore Co., Maryland to Thomas **Heath**, planter, of same, 2,400 pounds of tobacco, 100 acres...south side of Bush River. Signed Joseph **Heves**. Wit: Peter **Evans** and William (x) **Robison**.

1 Feb 1669, Charles **Gorsuch**, planter, of Baltimore Co., Maryland

to Thomas **Roper**, planter, of South River, Anne Arundel Co., Maryland, 3,5000 pounds of tobacco, 50 acres...middle branch of Patapsco River... patented 24 Feb 1661 by Loveless **Gorsuch**, who sold to said Charles and 100 acres...patented 20 Jun 1668 by Charles **Gorsuch**. Signed Charles **Gorsuch** and Loveless **Gorsuch**. Wit: John **Mark** and Roger (x) **Bedwell**.

1 Aug 1671, Jane **Dixon** to John **Hawkins**, planter, of Baltimore Co., Maryland, quit claim, 450 acres...Middle creek. Signed Jane (x) **Dixon**. Wit: Abraham **Wild** and Gideon **Gundry**.

28 Oct 1669, John **Walkin**, of Kent Co., Maryland to Thomas **Todd**, merchant, of Baltimore Co., Maryland, 1,600 pounds of tobacco, 80 acres... Walkins Neck. Signed John (x) **Walkin**. Wit: Robert **Skinner** and David **Jones**.

1 Aug 1671, John **Hall**, planter, of Baltimore Co., Maryland to Richard **Morgan**, planter, of same, 50 acres...north side of Bush River. Signed John (x) **Hall**. Wit: Henry **Howard** and John **Waterton**.

15 Jun 1670, Abraham & Joyce **Coffen**, planter, of Baltimore Co., Maryland to John **Gilbert**, of same, 100 acres...Veale Quarter creek...patented by Clement **Michaellson**. Signed Abraham (x) **Coffen** and Joyce (x) **Coffen**. Wit: Will **Tone** and Daniel **Block**.

7 Nov 1671, John & Ann **Cock** and Andrew **Peterson**, of Baltimore Co., Maryland to William **Ward**, of same, 300 acres...Back creek. Signed John **Cock**, Ann (x) **Cock** and Andrew (x) **Peterson**. Wit: John **Richardson** and Henry **White**.

28 Mar 1671, Rowland **Williams**, planter, of Baltimore Co., Maryland to James **Ives**, of same, 100 acres...Harmans Branch of Bohemia River. Signed Rowland **Williams**. Wit: Richard **Collins**, John (x) **Taikinton** and John **Tillard**.

2 Mar 1670, Rowland **Williams**, planter, of Baltimore Co., Maryland power of attorney to John **Tillard**, of same, to confirm sale of 100 acres to James **Ives**. Wit: Edward (x) **Reeves** and Alexander **Corry**.

8 Nov 1671, John **James**, gentleman, of Baltimore Co., Maryland to Charles **Nicholetts**, minister, 150 acres...mouth of Jacobus creek...line of George **Gouldsmith**...patented 10 Feb 1663. Signed John **James**. Wit: John **Vanheek**, James **Frisbie**, Gideon **Gundry**, Ebenezer **Blackstone** and Benjamin **Gundry**.

26 Apr 1671, Evan **Gwin**, planter, of Maryland and John **Gwin**, planter, of Virginia to Charles **Gorsuch**, of Baltimore Co., Maryland, 2,000 pounds of tobacco, 100 acres...Patapsco River... patented by Paul **Kinsey**. Signed Evan **Gwin** and John **Gwin**. Wit: **Bening**, Hugh **Montgomery**, John **Parsons**, John (x) **Gray** and Robert **Burgen**.

1 Mar 1671, Thomas & Margaret **Prior**, planter, of Baltimore Co., Maryland to Mathew **Adams**, planter, of same, 200 acres...Herring creek ...patented 2 Oct 1667. Signed Thomas (x) **Pryor**. Wit: John **Vanheck** and Richard **Ball**.

13 Dec 1670, Henry **Stockett**, gentleman, of Anne Arundel Co., Maryland to Thomas **Ford**, planter, of Herring creek, Anne Arundel Co., Maryland, 300 acres...lower end of Palmer's Island... patented 24 Sep 1663. Signed Henry **Stockett**. Wit: Anthony **Sallaway** and Robert **Willson**.

1 Mar 1703, James & Bethiah **Phillips**, gentleman, of Baltimore Co., Maryland Thomas **Hanson**, planter, of same, £86, two tracts, each 100 acres...Rumley creek. Signed James **Phillips** and Bethiah **Phillips**. Wit: Robert **Gibson**, William **Reid** and Mark **Richardson**.

29 Jun 1704, Thomas & Christian **Stone**, planter, of Baltimore Co., Maryland to Richard **Owens**, merchant, of same, 4,000 pounds of tobacco, 50 acres... northwest branch of Patapsco River. Signed Thomas (x) **Stone** and Christian (x) **Stone**.
Wit: Thomas **Hedge**, Moses **Edwards**, John **Ensor**, Richard **Colegate** and William **Talbot**.

11 Jan 1670, Henry & Katherine **Stockett**, of Anne Arundel Co., Maryland power of attorney to Nathaniel **Stiles**, of Baltimore Co., Maryland to acknowledge sale of lane to Thomas **Foard**. Signed

Henry Stockett and Katherine **Stockett**. Wit: Gideon **Gundry**, Francis Stockett and Hugh (x) **Williams**.

12 Apr 1666, George **Goldsmith** to his brother-in-law John **Collett**, for love and affection, 100 acres for 20 years. Signed George Gouldsmith. Wit: Samuel **Gouldsmith** and Nathaniel **Gouldsmith**.

20 Sep 1671, William **Chapman**, of Gunpowder River, Baltimore Co., Maryland to John **Owings**, head of Gunpowder River...line of John **Marly**, Samuel **Tracey** and Hugh **Williams**. Signed William **Chapman**. Wit: John **Waterton** and Henry (x) **Kempe**.

20 May 1672, William **Chapman**, of Gunpowder River, Baltimore Co., Maryland power of attorney to John **Waterton**, gentleman, of same, to confirm sale to John **Owens**. Signed William **Chapman**. Wit: Richard (x) **Morgan** and Henry (x) **Kemp**.

7 Nov 1671, Nathaniel **Stiles**, gentleman, of Baltimore Co., Maryland to Thomas **Howell**, gentleman, of same, 500 acres...Steel Prone Bay ...patented 20 Feb 1664. Signed Nathaniel **Stiles**. Wit: John **Vanheek** and Augustine **Herman**.

7 Nov 1671, Nathaniel **Stiles**, gentleman, of Baltimore Co., Maryland to Thomas **Howell**, gentleman, of same, 100 acres...Steel Prone creek...patented 7 Jan 1664. Signed Nathaniel **Stiles**. Wit: John **Vanheek** and Augustine **Herman**.

10 Jun 1672, Thomas & Elizabeth **Howell**, gentleman, of Baltimore Co., Maryland to Nathaniel **Garrett**, of same, 150 acres...Harbor creek. Signed Thomas **Howell** and Elizabeth (x) **Howell**. Wit: Thomas **Carleton**, Mathew **Ward**, John **Owen** and William **Toulson**.

4 Mar 1704, John **Watts**, of Patapsco River, Baltimore Co., Maryland to Miles **Temple**, of same, 50 acres...Narrow Neck Cove of Bear creek. Signed John (x) **Watts**. Wit: Thomas **Beel** and Edward (x) **Tollby**.

24 Mar 1702, John **Ellis**, planter, of Baltimore Co., Maryland to

Cadwallader **Jones**, of same, 100 acres...Musketee creek. Signed John (x) **Ellis**. Wit: Thomas **Capelle** and Thomas (x) **Morris**.

13 Nov 1704, Thomas **Burchell**, planter, of Baltimore Co., Maryland to Cadwalleder **Jones**, of same, 100 acres...between head of Rumley creek and Dolph creek. Signed Thomas (x) **Burchell**. Wit: James **Phillips** and Aquila **Paca**.

1 May 1703, Thomas & Jane **Copus**, (said Thomas is son and heir of John **Copus**, deceased, late of Baltimore Co., Maryland), planter, of Baltimore Co., Maryland to Thomas **Hedge**, merchant, of same, 5,000 pounds of tobacco, 100 acres... branch of Patapsco River...line of William **Pultency**...patented 6 Sep 1683, by said John **Copus**. Signed Thomas (x) **Copus** and Jane (x) **Copus**. Wit: Richard **Colegate**, Moses **Edwards** and William **Talbot**.

10 May 1704, Thomas **Bale**, merchant, of Baltimore Co., Maryland to John **Whips** Jr., planter, of same, £50, 529 acres...north side of Patapsco River...line of John **Christian**. Signed Thomas **Bale**. Wit: Thomas **Hammond**, Nathaniel **Stinchcomb** and Edward **Dorsey**.

25 Sep 1704, George **Valentine**, merchant, of Annapolis, Anne Arundel Co., Maryland to John **Gell**, carpenter, of Anne Arundel Co., Maryland, 100 acres...north side of Patapsco River... patented 6 Aug 1664, by Hugh **Kinsey**, than became the inheritance of Thomas **Sparrow**, who sold 13 May 1701 to Thomas **Rider**, planter, of Anne Arundel Co., Maryland, who sold 1 Sep 1702 to said **Valentine**. Signed George **Valentine**. Wit: Evan **Jones** and Francis **Thomas**.

5 Dec 1704, John **Cook**, planter, of Baltimore Co., Maryland to Thomas **Cord**, planter, of same, 100 acres...head of Swan creek...line of Edward **Bedell** patented by John **Cook**, deceased, planter, late of Baltimore Co., Maryland. Signed John (x) **Cook**. Wit: John (x) **Miles** Sr. and John **Hall**.

2 Feb 1704, John & Mary **Armstrong**, planter, of Baltimore Co., Maryland to Abraham **Taylor**, blacksmith, of same, £30, 60.5 acres...Elk Neck creek. Signed John (x) **Armstrong** and Mary (x)

Armstrong. Wit: James **Maxwell** and Francis **Dallahide**.

10 Mar 1704, Thomas & Elizabeth **Morris**, of Baltimore Co., Maryland to William **Stevens**, of same, 4,000 pounds of tobacco, 100 acres... branch of Rumley creek. Signed Thomas (x) **Morris** and Elizabeth (x) **Morris**. Wit: Thomas **Ball**, Thomas **Edmonds**, Richard **Colegate**, Thomas **Bucknalle** and Thomas **Burrows**.

12 May 1705, John **Taylor**, of Baltimore Co., Maryland to Gideon **Skatts**, chyrurgeon, of same, 1,500 pounds of tobacco, 15 acres...fork of the north branch of Gunpowder River. Signed John **Taylor**. Wit: William **Broughton**, William **Colleson**, James **Maxwell** and Francis **Dallahide**.

12 May 1705, John **Taylor**, of Baltimore Co., Maryland to Gideon **Skats**, chyrurgeon, of same, 4,500 pounds of tobacco, 100 acres...head of Gunpowder River. Signed John **Taylor**. Wit: William **Broughton**, William **Colleson**, James **Maxwell** and Francis **Dallahide**.

13 Mar 1704, Richard **Owens**, merchant, of Baltimore Co., Maryland to John **Cotter**, doctor, of same, 100 acres...line of Charles **Ramsey**. Signed Richard **Owens**. Wit: Richard **Colegate** and William **Talbot**.

4 Jun 1705, John **Cotter**, chyrurgeon, of Baltimore Co., Maryland to Edward **Jones**, carpenter, of same, 100 acres...line of Charles **Ramsey**. Signed John **Cotter**. Wit: John **Campble** and John **Cromgs**.

14 Apr 1705, Mathew **Hawkins**, planter, of Baltimore Co., Maryland to John **Israel**, factor, of same, 160 acres...north side of Patapsco River. Signed Mathew (x) **Hawkins**. Wit: Joseph (x) **Hawkins**, Patrick (x) **Murphy** and Edward (x) **Feall**.

24 Jul 1704, John & Mary **Oldton**, gentleman, of Baltimore Co., Maryland to John **Harriman**, of same, 1 acre...north side of Back River. Signed John **Oldton** and Mary (x) **Oldton**. Wit: William **Tibbs** and Thomas **Hedge**.

24 Jul 1704, James **Todd**, planter, late of Baltimore Co., Maryland to John **Oldton**, gentleman, of same, 150 acres...north side of Back River. Signed John **Harryman**, attorney for James **Todd**. Wit: William **Tibbs** and Thomas **Hedge**.

24 Jul 1704, James **Todd**, planter, late of Baltimore Co., Maryland to John **Oldton**, gentleman, of same, two small tracts, 8 acres...north side of Patapsco River and 1 acre ...north side of Back River. Signed John **Harryman**, attorney for James **Todd**. Wit: William **Tibbs** and Thomas **Hedge**.

2 Feb 1704, Richard **Owens**, merchant, of Baltimore Co., Maryland to Thomas **Hedge**, merchant, of same, 50 acres...north side of Patapsco River...purchased of Thomas **Stone**, who purchased of Dennis **Garratt**, who purchased of Edward **Mumford**. Signed Richard **Owens**. Wit: James **Crooke** and Richard **Colegate**.

11 Feb 1704, Ann **Felks**, widow, of Baltimore Co., Maryland to kinsman Moses **Groom**, planter, of same, for love and affection, 100 acres...east side of eastern branch of Gunpowder River. Signed Ann **Felks**. Wit: Samuel **Sicklemore** and Francis **Dallahide**.

13 Jun 1705, Cadwaleder & Mary **Jones**, planter, of Baltimore Co., Maryland to William **Norris**, carpenter, of same, 100 acres...Musketto creek. Signed Cadwaleder (x) **Jones**. Wit: James **Philips** and Thomas **Bale**.

6 Apr 1705, Peter **Bond**, of Baltimore Co., Maryland to his brother Thomas **Bond**, of same, for love and affection, one third part or 100 acres...Peter **Bond** Sr., deceased, father of said Peter and Thomas **Bond**, willed that his four sons equally divide. Signed Peter **Bond**. Wit: Samuel **Sicklemore** and Richard **Colegate**.

6 Apr 1705, Peter **Bond**, of Baltimore Co., Maryland to his brother John **Bond**, of same, for love and affection, 100 acres...Peter **Bond** Sr., deceased, father of said Peter and John **Bond**, willed that his four sons equally divide. Signed Peter **Bond**. Wit: Samuel **Sicklemore** and Richard **Colegate**.

6 Apr 1705, Peter **Bond**, of Baltimore Co., Maryland to his brother William **Bond**, of same, for love and affection, 100 acres...Peter **Bond** Sr., deceased, father of said Peter and William **Bond**, willed that his four sons equally divide. Signed Peter **Bond**. Wit: Samuel **Sicklemore** and Richard **Colegate**.

8 Aug 1705, Thomas **Thurston**, planter, of Baltimore Co., Maryland to John **Rattenberry**, gentleman and John **Israel**, factor, both of same, 3024 pounds of tobacco, 450 acres...Bynhams Run. Signed Thomas (x) **Thurston**. Wit: John **Hurst** and Daniel (x) **Mackenton**.

22 May 1705, Christopher & Mary **Durbin**, of Baltimore Co., Maryland to John **Gardiner**, planter, of same, 6,000 pounds of tobacco, 150 acres...south side of Patapsco River...on second Run above George **Hixson**...bounded by John **Eggleston**. Signed Christopher **Durbin** and Mary (x) **Durbin**. Wit: John **Thomas** and William **Talbot**.

5 Sep 1705, John & Elizabeth **Hayes** to Richard **Longland**, of Baltimore Co., Maryland, 2,000 pounds of tobacco, 100 acres...north side of Back River. Signed Elizabeth **Hayes**. Wit: John **Roberts** and Roger **Mathews** Jr.

9 Mar 1704, Symon & Emmah **Pearson**, weaver, of Baltimore Co., Maryland to John **Roberts**, of same, 100 acres...north side of Bynams Run. Signed Symon **Pearson**. Wit: Mathew **Green** and Thomas **Hutchins**.

10 Sep 1705, Richard **Gist**, carpenter, of Baltimore Co., Maryland to Richard **Cromwell**, gentleman, of same, £80, two tracts, 125 acres and 225 acres...south side of Patapsco River ...Thomas & Rebecca **Hammond** sold 21 Feb 1693 to said Richard. Signed Richard **Geist**. Wit: Thomas **Bale** and John **Carpenter**.

16 Oct 1705, Thomas & Rebecca **Hammond**, of Baltimore Co., Maryland power of attorney to Francis **Dallahide**, of same, to sell to John **Webster**, of same. Signed Thomas **Hammond** and Rebeckah **Hammond**. Wit: John **Hall**, Aquila **Paca**, Robert **Sanders** and Sarah **Bale**.

16 Oct 1705, Thomas & Rebecca **Hammond**, gentleman, of Baltimore Co., Maryland to John **Webster**, of same, 100 acres...head of Bush River ...patented by Thomas **Lightfoot**. Signed Thomas **Hammond** and Rebaca **Hammond**. Wit: John **Hall**, Aquila **Paca**, Robert **Sanders** and Sarah **Bale**.

Chapter 4

Baltimore Co., Maryland
Liber I.S. No. I.K.
1665-1737

8 Aug 1668, At court held in Baltimore Co., Maryland, Capt. Thomas **Stockett**, Henry **Stockett**, George **Goldsmith**, George **Utie**, John **Taylor**, Nathaniel **Stiles** and John **Dixon**, commissioners: Acknowledged sale of land from Daniel **Jones** to John **Dixon**, 420 acres...north side of Northwest River. 19 Aug 1664, signed Daniel (x) **Jones**. Wit: George **Cowley** and Lewis **Boyer**.
 Acknowledged sale of land from John **Collett** to Thomas **Skelton**. 9 Nov 1664, signed John **Collett**. Wit: Godfrey **Bayley** and George **Gouldsmith**.   Acknowledged sale of land from Richard & Elizabeth **Collett** to his brother John **Collett**, 600 acres...Elk River. 10 Jan 1664, signed Richard **Collett** and Elizabeth **Collett**. Wit: Nathaniel **Stiles** and Raymond **Stapelford**.   Acknowledged the sale of land from John **Collett**, gentleman, of Baltimore Co., Maryland to John **Hawkins**, of same, land said John received from his brother Richard **Collett**. 8 Aug 1665, signed John **Collett**. Wit: Henry **Stockett** and George **Utie**.
 Acknowledge the sale of land from Mathias & Elizabeth **Decosta**, of Baltimore Co., Maryland to Thomas **Treton**, 7,000 pounds of tobacco, 700 acres...south branch of North East River. 8 Sep 1665, signed Mathias (x) **Decosta** and Elizabeth **Decosta**. Wit: Thomas **Howell** and Godfrey **Bayley**.

8 Nov 1665, Will of Augustine **Herman**: to be buried in his garden by his wife Johanna **Varletts** with engraving, "I am the first Seater & Beginner of Bohemia Manner 1660"; to his children named Ephram Georgius, (eldest son, when he is 18 years), Casparus, Anna Margaritta, Judeth and Francina **Herman** all of Bohemia Manner and other tracts; I name Nicholas **Varlett**, (my brother-in-law), his

son, his-in-law Nicholas **Bayard** and Judith **Varlett**, (my sister-in-law) to be executors until competent age or marriage of the aforesaid. Signed Augusteen **Herrman**. Wit: Godfrey **Bayley** and Thomas **Howell**.

14 Jan 1660, Augustine **Herrman**, merchant, late of Manhattan is granted permission to transport his family to Baltimore Co., Maryland. Signed John **Gittings**.

6 Mar 1665, John **Brown**, merchant, of Salem, New England to Thomas **Overton**, 100 acres...western side of Chesapeake Bay. Signed John **Brown**. Wit: John **Dixon** and Lawrence **Betty**.

13 Apr 1665, Walter **Machapellin** to William **Orchard**, 100 acres...Bush River. Signed Walter (x) **Machapellin**. Wit: Thomas **Howell** and George **Goldsmith**.

12 Jan 1663, William **Stanley** to Axell **Stills** 3,000 pounds of tobacco, 300 acres...Elk River...purchased of Axell **Stills**. Signed William (x) **Stanley**. Wit: William **Pyer**, William **Fisher** and Thomas (x) **Willson**.

12 Feb 1663, Axell **Stills** to William **Fisher**, 300 acres. Signed Axell **Stills**. Wit: Henry (x) **Jones**, John (x) **Reyland** and James **White**.

5 Nov 1660, Mathias **Cornelius** to Peter **Mounson**, 50 acres. Signed Mathias (x) **Cornelius**. Wit: Peter **Seal**, Sander **Torson** and Hendrick **Mason**.

John and William **Boulton**, of Bush River, Baltimore Co., Maryland to John **Watterton**, gentleman, of same, 2,000 pounds of tobacco, 150 acres...Lee Island in Gunpowder River. Signed John and William. Wit: John **Stokes**.

3 Mar 1665, John **Lee** to William **Boulton**...Lee Island in Gunpowder River. Signed John (x) **Lee**. Wit: Robert (x) **Cole**.

13 Feb 1664, Richard **Ball**, of Patapsco, Baltimore Co., Maryland to Rowland **Haddaway**, two tracts, 300 acres...Bear creek and

Humphrey's creek...and warrant from heirs of Thomas **Humphreys**, deceased. Signed Richard **Ball**. Wit: John **Gwyn** and Paul **Kinsey**.

Hendrick **Enloes**, sawyer, of Baltimore Co., Maryland...

29 Dec 1658, John **Bayspole**, merchant, late of London, England to Godfrey **Bayley**, gentleman, of same, for love and affection. Signed John **Bayspole**. Wit: John **Hornd** and Thomas **Pawlett**.

7 Oct 1667, Maj. Samuel **Goldsmith**, gentleman, of Baltimore Co., Maryland to George **Wells**, (third son of Richard **Wells**, late of Hering creek, Anne Arundel Co., Maryland and soon to be husband of the daughter of said Samuel, Blanch **Goldsmith**), for love and affection, £100 now and his estate later. Signed Samuel **Gouldsmith**. Wit: Godfrey **Bayley**, John **Masters** and Thomas **Middlefield**.

George **Wells**, late of Anne Arundel Co., Maryland is in debt to Maj. Samuel **Goldsmith**, of Baltimore Co., Maryland, for £400, to be paid to said Samuel or his attorney on the third day after his decease...marriage bond for George **Wells** to Blanch **Gouldsmith**. Signed George **Wells**. Wit: Godfrey **Bayley**, John **Masters** and Thomas **Middlefield**.

4 Aug 1668, Richard **Leake** to Welthen **Suthward**, former house keeper, her owe room and 100 acres...west side of Island creek. Signed Richard (x) **Leake**. Wit: John **James** and James **James**.

Godfrey **Bayley** to James **Harris**, 9,600 pounds of tobacco, 1000 acres...mouth of Sassafrax River ...between Capt. Thomas **Howell** and Mr. **Bennett**. Signed Godfrey **Bayley**. Wit: Robert **Landers** and Cornelius **Arenart**.

28 Feb 1667, Edward **Carter**, of Norfolk, Upper Co., Virginia to Joseph **Hopkins**, 200 acres. Signed Edward **Carter**. Wit: Anna **Place**, William **Salsbury** and David (x) **Southerlys**.

3 Mar 1667, Edward **Carter**, of Naunemum, Virginia power of attorney to William **Salsbury**, late of Naunemum, Virginia, now of Baltimore Co., Maryland, to sell 200 acres to John **Collett**. Signed

Edward Carter. Anna Place and David (x) Southerlys.

8 Jan 1668, Edward Webb, of Bares Neck, Baltimore Co., Maryland power of attorney to Capt. Thomas Howell, to sell land to Thomas King. Signed Edmund Webb. wit: Robert Harris, William Lewis and John Cock.

23 Mar 1669, John Scott, merchant, of Sarum power of attorney to John Waterton, of Gunpowder River, Baltimore Co., Maryland, to receive 100 pounds of tobacco of Giles Stephens, sawyer, of Baltimore Co., Maryland, 300 pounds of tobacco, of Charles Gorsuch, planter, of Patapsco, Baltimore Co., Maryland, and to John Taylor and his son Arthur, 300 acres. Signed John Scott. Wit: Richard Adams and James Coyle.

10 Apr 1666, naturalization of John Tarbo, of Dyan, France and Augustine Herrman, of Prague, Bohemia, his sons Ephraim Georgius and Casparus Herrman, his daughters Anna Margarita and Judith Francina Herrman, Anna Hack and her sons Georg and Peter Hack...the sons and daughters of said Augustine were born in New York City...Ann Hack was born in Amsterdam, Holland and her sons were born at Anamack, Virginia. Signed Robert Carvile.

8 Nov 1670, Loveless Gorsuch, of Talbot Co., Maryland power of attorney to brother Charles Gorsuch, of Baltimore Co., Maryland. Signed Loveless Gorsuch. Wit: John (x) Blower and Roger Rekedwell.

1 Feb 1669, Charles Gorsuch to Thomas Roper, land. Signed Charles Gorsuch. Wit: Henry Howard and Anthony Hendrick.

30 Sep 1670, Will of John Wheeler: to sons Samuel and John Wheeler, all land called Wheeler Point...250 acres, houses, livestock. Signed John Wheeler. Wit: John Cock, Ann Cock and Samuel Bowen.

26 Aug 1671, Will of William Bouldin: to Mary Thwarte and the two children now living named William and Thomas Thwaite, which were born in his house in Abington Parrish, Gloucester Co.,

Virginia...their mother Mary to be their guardian until 17 years old. Signed William (x) **Bouldin**. Wit: Roger (x) **Frethwell**, William **Brocas**, George (x) **Brocas** and John **Gardiner**.

13 Oct 1672, Sarah **Hawkins**, (widow of John **Hawkins**, late of New York City) power of attorney to Augustine **Herrman**, of Bohemia, Baltimore Co., Maryland. Signed Sarah (x) **Hawkins**. Wit: Mathias **Nicolls** Sr., T. **Lovelace** and Dudley **Lovelace**.

3 Jun 1673, Joseph **Hughes**, of Baltimore Co., Maryland binds himself to Thomas **Heath**, of same, for good deed on land purchased from Thomas **Both**. Signed Joseph (x) **Hughes**. Wit: John **Erickson** and Eocsibius **Boale**.

28 Jan 1672, Joseph **Hughes**, carpenter, of Baltimore Co., Maryland to Thomas **Heath**, planter, of same, 1,800 pounds of tobacco. Signed Joseph (x) **Hughes**. Wit: David **Thomas** and Thomas (x) **Taltersby**.

28 Feb 1672, Joseph **Hughes**, carpenter, of Baltimore Co., Maryland to Thomas **Heath**, planter, of same, 611 pounds of tobacco. Signed Joseph (x) **Hughes**. Wit: David **Thomas** and Thomas (x) **Taltersby**.

1 Mar 1672, Joseph **Hughes**, carpenter, of Baltimore Co., Maryland to Thomas **Heath**, planter, of Bush River, Baltimore Co., Maryland, 262 pounds of tobacco. Signed Joseph (x) **Hughes**. Wit: Cosobius **Brale** and Anthony **Brispoe**.

6 Oct 1672, That John **Bradford**, the sons of Thomas **Bradford**, deceased, was baptized, 9 Nov 1628, and that William **Bradford** oldest son of the said Thomas **Bradford** and brother to the said John **Bradford** was baptized 27 Jun 1619 and likewise that Thomas **Bradford** eldest son unto the said William **Bradford** was baptized 12 May 1644. Signed Thomas **Doundviuar**, Robert **Clapcotte** and Henry **Clapcotte** Church wardens.

18 Oct 1671, William **Bradford**, cork-worker, now of Somerton, Somerset Co. to his son, Thomas **Bradford**, shoemaker, of London, England, for love and affection, all his interest in the land of his brother John **Bradford**, deceased, brother of said William and also

brother to Nicholas **Bradford** and sister of Susanna **Bradford**. Signed William **Bradford**. Wit: Robert **Marsh** and Henry **Cavie**.

19 Oct 1674, Thomas & Mary **Bradford**, of London, England to Thomas **Thurston**, of Baltimore Co., Maryland, £19, 250 acres...line of William **Hollis**, William **Osbourne** and Miles **Gibson** ....formerly owned by John **Bradford**, deceased. Signed Thomas **Bradford** and Mary (x) **Bradford**. Wit: Andrew **Miller**, Nicholas **Nagle**, Bryan **Burton** and Mary **Crowne**.

20 Oct 1674, Thomas **Bradford**, of London, England power of attorney to Miles **Gibson**, of Baltimore Co., Maryland to sell land of John **Bradford**. deceased. Signed Thomas **Bradford**. Wit: Andrew **Miller**, Bryan **Burton**, Nichols **Nagle** and Mary **Crown**.

1 Jun 1675, Possession granted by John **Tillyard** to Miles **Gibson**, of a plantation belonging to Thomas **Bradford**, heir to John **Bradford**, deceased. Signed John **Tillyard**. Wit: Arthur **Taylor** and Thomas (x) **Troube**.

Memorandum, that Lodwick **Williams**, did before George **Utie**, John **Watterton** and Thomas **Hedge** bind over for the payment of several debts due to William **Palmer**, attorney for Robert **Jones** of Samuel **Hatton** of Arthur **Carleton**, administrator of Thomas **Carleton**, livestock at the plantation where Edward **Reeves** lived...also said **Reeves** owes for a calf at William **Yorks** plantation... also due to William **Palmer**, attorney of Robert **Langley**, of Edward **Bleake**, of John **Deviardins**, of Edward **Williams**, of Henry **Ward** and of William **Darnall**.

 The court having a receipt produced by Lodowick **Williams** given him by Kenelm **Cheseldyn** for 1,500 pounds of tobacco and it appearing to the court that is the same 1,500 pounds of tobacco William **Palmer** the attorney of Arthur **Carleton**, administrator of Thomas **Carleton**, obtained at the last court against the said Lodowick **Williams** have ordered the said rest to be recorded. Received 17 Dec 1674, of Lodowick **Williams**, 1,500 pounds of tobacco in full of all debts, dues and demands. Signed Kenelm **Cheseldyn**.

Christopher **Tapley**, petitioned the court for delivery of a patent which was in the hands of Thomas **Cord**...land taken up by said **Tapley** and Levy **Wharfe**. Court ordered delivery thereof.

18 Jan 1676, Anna **Todd**, of Baltimore Co., Maryland to her children, all her estate and appoint her brother Charles **Gorsuch** her attorney. Signed Anna **Todd**. Wit: Richard **Ball**, William **Long**, James **Mills** and John **McCam**. Acknowledged, signed Charles **Gorsuch**.

Lodwick **Williams**, planter, of Baltimore Co., Maryland to Samuel **Boston**, sheriff, of same, 1,439 pounds of tobacco, 200 acres. Bough creek. Signed Lodwick (x) **Williams**. Wit: Stykell **Kemp**, William **Osbourne**.

9 Dec 1679, Charles & Sarah **Gorsuch**, acknowledge in court that the sale 8 Dec 1679 to "our brother" David **Jones** of 1200 acres for 380 acres, (land exchange). Signed Charles **Gorsuch** and Sarah **Gorsuch**. Wit: Rowland **Thornbrough** and Thomas (x) **Stone**.

9 Dec 1679, Ann **Jones**, has her son Miles **Gibson** acknowledge in court the sale of 180 acres to her brother Charles **Gorsuch**. Signed Ann **Jones**. Wit: Rowland **Thornbrough** and Thomas (x) **Stone**.

Charles **Gorsuch**, of Talbot Co., Maryland is bound to David **Jones**, of Baltimore Co., Maryland, for 40,000 pounds of tobacco, for a good deed, bearing the date 8 Dec 1679. Signed Charles **Gorsuch**. Wit: Rowland **Thornbrough** and Thomas (x) **Stone**.

15 Nov 1696, Lodwick & Mary **Martin**, carpenter, of Baltimore Co., Maryland to Samuel **Jackson**, of same, 90 acres...out of 400 acres...Musketah creek...sold by Nathaniel **Utie** to Robert **Jones** ...adjoining another part of the 400 acres said **Utie** sold to Edward **Berdle**, of Baltimore Co., Maryland. Signed Lodwick **Martin** and Mary **Martin**. Wit: Marke **Richardson** and John **Hall**.

2 Mar 1696, Samuel & Sarah **Sicklemore**, planter, of Baltimore Co., Maryland to John **Anderson**, planter, of same, 3,800 pounds of tobacco, 100 acres...part of 324 acres...north side of Gunpowder

River...Taylors creek...line of Francis **Watkins**. Signed Samuel **Sicklemore** and Sarah (x) **Sicklemore**. Wit: Francis **Robinson**, John **Cordill**, Edward **Boothby**, Anthony **Drew**, John **Hall** and Thomas **Smith**.

24 Feb 1696, Michael & Jane **Judd**, innholder, of Baltimore Co., Maryland to William **Hinks**, planter, of same, 2,500 pounds of tobacco, 200 acres of 400 acres...between Bush River and Gunpowder River...Prestons creek. Signed Michael **Judd** and Jane (x) **Judd**. Wit: John **Thomas** and Thomas **Richardson**.

13 Dec 1696, John & Martha **Hall** and Mary **Utie**, (which said Martha and Mary were daughter of Edward **Bedell**, deceased, late of Baltimore Co., Maryland), of Baltimore Co., Maryland to Thomas **Browne**, of same, 500 acres...part of 800 acres ...Swan creek...line of Garret **Rutter** formerly sold by Nathaniel & Elizabeth **Utie** to Edward **Bedell**. Signed John **Hall**, Martha (x) **Hall** and Mary **Utie**. Wit: James **Phillips** and Anthony **Drew**.

23 Oct 1696, Boundry between Baltimore Co., Maryland and Anne Arundel Co., Maryland set by Capt. Richard **Hill**, Maj. John **Hammond** and Maj. Edward **Dorsey** for Anne Arundel Co., Maryland and George **Asham**, Richard **Cromwell** and Capt. Thomas **Hammond**...certified by Thomas **Richardson**...road to William **Hawkins**...John **Lockett's** path. Signed Thomas **Richardson**.

3 Nov 1696, Lieut. Col. Thomas & Mary **Richardson**, of Baltimore Co., Maryland to Walter **Morrow**, planter, of same, 3,000 pounds of tobacco, 100 acres...patented 29 Oct 1696. Signed Thomas **Richardson**. Wit: Thomas Smith, John **Thomas** and Richard (x) **Adams**.

29 Oct 1696, James **Smithers**, planter, of Baltimore Co., Maryland to Lawrance **Richardson**, planter, of same, 3,000 pounds of tobacco, 150 acres...part of 300 acres patented by Arthur **Taylor**. Signed James (x) **Smithers**. Wit: John **Thomas** and Thomas **Richardson**.

3 Nov 1696, Michael **Gamocon**, of Baltimore Co., Maryland to

Isaack **Marshall**, planter, of same, 2,000 pounds of tobacco, 100 acres...north side of Back River. Signed Michael **Gormtoccon**. Wit Thomas **Richardson** and John **Ewings**.

3 Nov 1696, Lawrance & Ann **Richardson**, planter, of Baltimore Co., Maryland to Walter **Bosley**, sawyer, of same, 150 acres...Birds River... formerly sold from Arthur **Taylor** unto James **Smithers**. Signed Lawrance (x) **Richardson** and Ann (x) **Richardson**. Wit: Thomas **Richardson** and John **Thomas**.

28 Jul 1696, John **Roberts**, of Anne Arundel Co., Maryland to Andrew **Anderson**, of Baltimore Co., Maryland, 1,000 pounds of tobacco, 100 acres. Signed John **Roberts**. Wit: Thomas **Durbin** and **Fitzsimons**.

5 Nov 1696, Thomas & Elizabeth **Bevans**, planter, of Baltimore Co., Maryland to Nicholas **Day**, planter, late of Anne Arundel Co., Maryland, 3,000 pounds of tobacco, 200 (150) acres...head of Gunpowder River. Signed Thomas **Bevans** and Elizabeth **Bevans**. Wit: Michael **Judd** and Daniel (x) **Scott**.

2 Sep 1696, Cornelius **Boyce**, (son and heir of Cornelius **Boyce**, late of Baltimore Co., Maryland) to Michael **Judd**, 100 acres...Earl creek...Cornelius **Boyce** Sr., purchased 12 Dec 1691 from George **Gunnell**, chyrurgeon, of Baltimore Co., Maryland. Signed Cornelius (x) **Boyce**. Wit: Richard **Isaack** and William (x) **Lanoe**.

16 Dec 1696, William **Johnson** and John & Anna **Richardson**, planters, of Anne Arundel Co., Maryland to Anthony **Johnson**, planter, of Baltimore Co., Maryland, 8,000 pounds of tobacco, 120 acres...south side of Patapsco River...patented by Paul **Kensey**. Signed William (x) **Johnson** and John (x) **Richardson**. Wit: John **Carterall** and Elizabeth **Ashman**.

4 May 1697, Lodowick & Mary **Martin**, planter, of Baltimore Co., Maryland to Edward **Boothby**, gentleman, of same, 7,500 pounds of tobacco, 196 acres...line of Capt. **Johnson**, late of Baltimore Co., Maryland...mouth of Susquehanna River. Signed Lodowick **Martin**. Wit: James **Phillips**, John **Hall** and Anthony **Drew**.

31 Jul 1697, Roger **Newman**, merchant, of Baltimore Co., Maryland to John Francis **Holland**, taylor, of Anne Arundel Co., Maryland, £60, 238 acres...line of Robert **Wilmott** and Charles **Gorsuch**. Signed Roger **Newman**. Wit: John **Thomas**, James **Todd** and Richard **Colegate**.

3 Aug 1697, Thomas & Sarah **Heath**, planter, of Baltimore Co., Maryland to Henry **Mathews**, planter, of same, 50 acres...south side of Bush River...line of Joseph **Hews**...and 50 acres... west side of Bush River...and 115 acres...head of Swan creek...line of James **Phillips** and John **Durham**. Signed Thomas (x) **Heath** and Sarah (x) **Heath**. Wit: Thomas **Staly** and John **Thomas**.

3 Aug 1697, Thomas **Richardson**, gentleman, of Baltimore Co., Maryland to his son James **Richardson**, for love and affection, 830 acres...south side of Gunpowder River. Signed Thomas **Richardson**. Wit: Thomas **Staly** and John **Thomas**.

3 Aug 1697, Thomas **Richardson**, gentleman, of Baltimore Co., Maryland to his son John **Richardson**, for love and affection, two tracts, south side of Gunpowder River. Signed Thomas **Richardson**. Wit: Thomas **Staly** and John **Thomas**.

16 Oct 1696, Charles & Elizabeth **Ramsey**, planter, of Baltimore Co., Maryland to William **Lenox**, of same, 3,500 pounds of tobacco, 170 acres...north side of Gunpowder River...line of Capt. Nicholas **Gassaway**. Signed Charles **Ramsey** and Elizabeth (x) **Ramsey**. Wit: John **Hall** and James **Phillips**.

13 Aug 1697, John & Ann **Johnson**, of Baltimore Co., Maryland to Thomas **Freeborne**, of Anne Arundel Co., Maryland, 8,000 pounds of tobacco, 208 acres...north side of Swan creek...line of William **Lofton**. Signed John **Johnson** and Anne **Johnson**. Wit: Thomas **Staly**, Daniel **Palmer** and William **Talbot**.

7 Dec 1697, Robert & Sarah **Love**, of Baltimore Co., Maryland to John **Whitacres**, of same, pounds of tobacco, 150 acres...line of John **James**...Bynams Run. Signed Robert **Love** and Sarah (x) **Love**. Wit: Thomas **Hedge**.

3 Jun 1696, James & Elizabeth **Todd**, gentleman, of Baltimore Co., Maryland to Henry **King**, of same, 187 acres...head of Back River...patented 2 Jul 1688. Signed James **Todd** and Elizabeth (x) **Todd**. Wit: Thomas **Smith** and John **Cales**.

20 Oct 1697, Richard & Elizabeth **Johns**, of Calvert Co., Maryland to William **Cole** Jr., planter, of Anne Arundel Co., Maryland, 350 acres...Duck Cove...patented by Paul **Kensey**. Signed Richard **Johns** and Elizabeth (x) **Johns**. wit: William **Johnson**, John **Scott** and William **Edmondson**. Wit: Chr. **Vernon**, clerk of Anne Arundel Co., Maryland, Nicholas **Greenbury** and Thomas **Finch**.

Andrew **Anderson**, of Baltimore Co., Maryland is bound to Michael **Cunnyworth** for 5,800 pounds of tobacco, for good deed. Signed Andrew **Anderson**. Wit: Thomas **Richardson** and John **Thomas**.

7 Sep 1697, Andrew & Mary **Anderson**, taylor of Baltimore Co., Maryland to Michael **Cunnyworth**, planter, of same, 2,900 pounds of tobacco, 100 acres...north side of Patapsco River. Signed Andrew **Anderson** and Mary (x) **Anderson**. Wit: Thomas **Hedge** and John **Thomas**.

8 Sep 1697, John & Elizabeth **Ewings**, boatwright, of Baltimore Co., Maryland to William **Lewis**, planter, of Anne Arundel Co., Maryland, 3,500 pounds of tobacco, 53 acres...north side of Gunpowder River. Signed John **Ewings**. Wit: Thomas **Staly** and James **Phillips**.

4 Feb 1697, William & Mary **Hollis**, of Baltimore Co., Maryland to John **Hall**, of same, 5,500 pounds of tobacco, 100 acres...Rumley creek... line of William **Hollis**, deceased. Signed William **Hollis** and Mary **Hollis**. Wit: Mark **Richardson** and Anthony **Drew**.

3 Mar 1697, Robert & Margaret **Oless**, copper, of Baltimore Co., Maryland to Abraham **DeLappe**, planter, of same, 6,000 pounds of tobacco, 200 acres...west side of Bush River. whereas Michael & Jane **Judd**, innholder, of Baltimore Co., Maryland had patented, 1687, 200 acres, and sold 3 Aug 1692 to said **Oless**. Signed Robert (x)

Oless and Margaret (x) Oless Wit: Thomas Staly and Henry Wriothesley.

14 May 1698, Philip Roper, of Baltimore Co., Maryland to Sarah Teale, of same, 150 acres... called Roper's Cut. Signed Philip (x) Roper. Wit: John (x) Brian and Jesse Gray.

1 May 1697, laid out for Sarah Teale, widow, of Baltimore Co., Maryland, 50 acres...part of 150 acres, called Roper's Cut. Signed James Murray.

15 Nov 1697, James Ives, planter, of Baltimore Co., Maryland to John Shields, planter, of same, 50 acres. Signed James (x) Ives. Wit: Francis Smith, Gilbert (x) Porrin and Francis Robinson, sheriff.

8 Jun 1698, Robert & Deborah Benger, cordwinder, of Baltimore Co., Maryland to Michael Rutledge, planter, of same, 2,000 pounds of tobacco, 61 acres...Sterling creek. Signed Robert Benger and Deborah (x) Benger. Wit: Daniel (x) Scott, Daniel (x) Sendell and William Barber.

30 Dec 1696, John & Martha Hall, (said Martha is one of the daughters and heirs of Edward Beedle, deceased, late of Baltimore Co., Maryland) to Mary Utie, (said Mary is another daughter of said Edward Beedle and the widow of George Utie, late of Baltimore Co., Maryland), for love and affection, 130 acres...formerly sold by Nathaniel Utie 29 May 1675...and 100 acres... head of Swan creek...surveyed 22 Aug 1683 and patented 10 Aug 1684 by said Edward Beedle. Signed John Hall and Martha (x) Hall. Wit: James Phillips and Anthony Drew.

17 Jun 1698, Edmund Hausley, of Bush River, Baltimore Co., Maryland to Michael Judd, of same, 2,000 pounds of tobacco, 100 acres...half of 200 acres...said Michael Judd assigned a patented made 1 Jun 1685 to said Edmund Hausley. Signed Edmund Hausley. Wit: Thomas Staly and Mary (x) Staly.

Ann Mountfield, spinster, of Baltimore Co., Maryland to her husband John Mountfield, of same, for love and affection, 50 acres...

Georges pond. Signed Ann (x) **Mountfield**. Wit: Charles (x) **Merryman**, Jonas (x) **Bowen** Sr. and George **Chancey**.

8 Apr 1698, James **Murry**, of Baltimore Co., Maryland to Hector **Mackland**, of same, 100 acres, land exchange), 100 acres...between the main and little falls of Patapsco River. Signed James **Murry** and Hector **Mackland**. Wit: Thomas **Cromwell**, George (x) **Hollingsworth** and George **Ashman**.

23 Mar 1699, James & Bethia **Phillips**, gentleman, of Baltimore Co., Maryland to Edward **Weildy**, planter, of same, 150 acres...east side of Bush River...line of James **Bannister**. Signed James **Phillips** and Bethia **Phillips**. Wit: John **Hall** and Anthony **Drew**.

25 Oct 1736, James **Rider**, planter, of Baltimore Co., Maryland to Henry **Oyeston**, planter, of same, 48 acres...Back River. Signed James **Rider**. Wit: Francis **Rider**.

27 Aug 1736, Samuel **Smith**, of Baltimore Co., Maryland to Michael **Gilbert**, for 698.5 pounds of tobacco paid to Thomas **White**, his plantation. Signed Samuel **Smith**. Wit: Thomas **White**, Aquila **Paca** and Wells **Stokes**.

23 Aug 1736, John & Elizabeth **Paca**, gentleman, of Baltimore Co., Maryland to Mary **Galloway**, widow, of Anne Arundel Co., Maryland, £37.5, 150 acres...said **Paca** assigns by the death of his sister Susannah **Galloway**, late of Anne Arundel Co., Maryland, died intestate and without heirs and by the will of their father Aquila **Paca**. Signed John **Paca**. Wit: Elizabeth (x) **Harrap** and William **Bradford**.

18 Aug 1736, Selah & Comfort **Barton**, planter, of Baltimore Co., Maryland to Thomas **Stansbury**, planter, of same, 17,200 pounds of tobacco, 100 acres...line of Robert **Dorman**...also 120 acres ...north side of Back River...patented 24 Oct 1670. Signed Selah **Barton**. Wit: John (x) **Miller** and Thomas **Sheredine**.

18 Aug 1736, Thomas & Jane **Stansbury**, planter, of Baltimore Co., Maryland to Thomas **Sligh**, of same, £18, 407 acres...patented 10

May 1709 by John **Hayes**, who willed 9 Jan 1726 to said Thomas **Stansbury**. Signed Thomas **Stansbury**. Wit: Walter **Dallas** and Stephen **Boddy**.

17 Aug 1736, Samuel & Jane **Hooker**, planter, of Baltimore Co., Maryland to Nicholas **Hale**, of same, £33, 100 acres and 60 acres. Signed Samuel **Hooker**. Wit: Richard **Gist** and Thomas **Sheredine**.

23 Sep 1736, Robert & Susannah **Mason**, of St. Marys Co., Maryland to Jonathan **Seale**, of same, £100, patented 15 Nov 1695 by Robert **Mason**, grandfather to said Robert **Mason**. Signed Robert **Mason**. Wit: John **Bond** and James **Wagnop**.

12 Apr 1736, Abraham & Ellinor **Simmons**, planter, of Anne Arundel Co., Maryland to James **Lee**, planter, of Baltimore Co., Maryland, £45, 100 acres...north side of Deer creek. Signed Abraham **Simmons**. Wit: Robert **Gover** and Samuel **Gover**.

14 Apr 1736, George & Elizabeth **Simmons**, (son of Isaac **Simmond**, deceased, late of Anne Arundel Co., Maryland) to Isaac **Webster**, of Baltimore Co., Maryland, 94 acres...north side of Deer creek. Signed George **Simon**. Wit: Stephen **Higgins** and George **Allen**.

James **Cagan**, tanner, of Baltimore Co., Maryland to Nathan **Bigbie**, for debt of £14.8, livestock. Signed James **Eagan**, (also written James **Orgen**). Wit: Stephen **Coale** and Pak. **Hall**.

3 Nov 1736, John Miles & Mary **Youngblood**, planter, of Baltimore Co., Maryland to Jacob **Giles**, merchant, of same, £54.25, 100 acres...north side of Deer creek...one negro man Caesar. Signed John Miles **Youngblood**. Wit: Thomas **Todd** and Thomas **Sheredine**.

4 Oct 1736, William **Simpson**, carpenter, of Baltimore Co., Maryland to Jacob **Giles**, of ame, £24.5, 100 acres...Swan creek. Signed William (x) **Simpson**. Wit: Pak. **Hall** and Aquila Paca.

20 Oct 1736, Joseph & Elizabeth **Ellidge**, planter, of Baltimore Co., Maryland to Joseph **Murray**, planter, of same, 3,000 pounds of tobacco, 50 acres...north side of western run of Gunpowder

River...patented 16 Oct 1731. Signed Joseph (x) **Ellidge** and Elizabeth (x) **Ellidge**. Wit: Richard **Gist**, Jemime **Murray**, John **Risteau** and Katherine **Risteau**.

13 Oct 1736, George & Mary **Ogg**, planter, of Baltimore Co., Maryland to John **Eaglestone**, carpenter, of same, £18, 150 acres...north side of Patapsco River. Signed George **Ogg**. Wit: **Walker** and John **Risteau**.

4 Oct 1736, Samuel & Sarah **Hooker**, planter, of Baltimore Co., Maryland to Benjamin **Bowen**, planter, of same, £70, 150 acres...Thomas & Elinor **Hooker** deed of gift to said Samuel **Hooker** 28 Feb 1718. Signed Samuel **Hooker**. Wit: Thomas **Todd**, Thomas **Sheredine** and Stephen **Boddy**.

2 Nov 1736, Richard **Treadway**, planter, of Baltimore Co., Maryland to Aquila **Paca**, of same, 677 pounds of tobacco and 6 barrels of Indian corn...use of his two negroes. Signed Richard (x) **Treadway**. Wit: Sarah **Whatcombe** and Edward **Summer**.

29 Oct 1736, Joseph **Cromwell**, oldest brother divides with the younger brother, Woolgist **Cromwell** William **Cromwell**, deceased, late of Anne Arundel Co., Maryland, devised 220 acres to be equally divided between them... division made by Thomas **Bond**, Lawrance **Hammond**, John **Hawkins** and Edward **Roberts**.

12 Nov 1736, Deposition of Charles **Symond**, aged about 67 years states that Thomas **Richardson**, son of Lawrance & Ann **Richardson**, deceased, was born Nov 1697. Signed Richard **Gist** and Thomas **Todd**.

21 Dec 1736, John **James**, planter, of Baltimore Co., Maryland to William **Bond** Jr., of same, £8, livestock. Signed John (x) **James**. Wit: Thomas **Sheredine** and Luke **Stansbury**.

27 Dec 1736, William **Vestall**, of Orange Co., Virginia to Joseph **Hall**, of Oxford Twp., Philadelphia Co., Pennsylvania, £100, 150 acres ...Swan creek...patented by Thomas **Greenfield** 10 Dec 1695, who willed to his daughters Mary, Jane and Sarah **Greenfield**, and

by the death of the said children, one half of the said land of 200 acres became William **Greenfield**'s, he being heir at law of Thomas & Sara **Greenfield** Jr., deceased ...and said William **Greenfield** sold to Patrick **Ruack** 29 Aug 1724, who sold to said **Vestall**. Signed William **Vestal**. Wit: John **James**, John **Maccarmack** and M. **Morgan**.

21 December, 1736, Richard & Elizabeth **Dorsey**, gentleman, of Anne Arundel Co., Maryland to Thomas **Bond**, gentleman, £130, 1000 acres...head of Bush River...patented 10 Sep 1684 by Mark **Richardson**, gentleman, late of Baltimore Co., Maryland, who sold 10 Nov 1703 to William **Nicholson**, merchant, of Anne Arundel Co., Maryland, who devised to his son William & Elizabeth **Nicholson**, who devised 28 Dec 1731 to his wife the said Elizabeth **Dorsey**. Signed Richard **Dorsey** and Elizabeth **Dorsey**. Wit: Achsah **Woodward**, William **Tole** and E. **Dorsey**.

22 Nov 1736, James **Rider**, of Baltimore Co., Maryland to his son Francis **Rider**, for love and affection, all his chattel goods. Signed James **Rider**. Wit: Thomas **Sheredine** and Joseph (x) **Crump**.

14 Aug 1736, John & Ann **Wooley**, planter, of Baltimore Co., Maryland to John **Jones**, planter, of same, £9, 100 acres...Garrieson Ridge. Signed John (x) **Wooley**. Wit: Richard **Gist** and John **Logsden**.

22 Jan 1736, Lewis **Demos**, of Orange Co., Opeccon to James **Poteet**, of Baltimore Co., Maryland, a gift of a horse. Signed Lewis (x) **Demows**. Wit: Thomas **Amos** and Henry **Thomas**.

11 Nov 1736, George & Susannah **Stokes**, gentleman, of Baltimore Co., Maryland to Humphry Wells **Stokes**, gentleman, of same, 150 acres, (land exchange) for 990 acres or two thirds of 1700 acres...John **Stokes**, father of said George **Stokes**, devised land purchased of Edward **Parrish**, except 100 acres...the two thirds of tract of 1700 acres purchased of Edward **Garrish** except for 150 sold acres to Aquila **Paca** and 50 acres to Porgrine **Frisby**. Signed George **Stokes**. Wit: John **Risteau** and Nathan **Rigbie**.

11 Nov 1736, Humphry Wells & Mary Stokes, gentleman, of Baltimore Co., Maryland to George Stokes, gentleman, of same, two thirds of 1700 acres, except for 150 acres sold to Aquila Paca and 50 acres sold to Poriquio Frisby...now 990 acres, (land exchange), for 150 acres. Signed Wells Stokes. Wit: Nat. Rigbie and John Risteau.

1 Dec 1736, Jacob Giles, of Baltimore Co., Maryland to John Higginson, of same, 20 acres. Signed Jacob Giles. Wit: Park Hall and Aquila Paca.

1 Dec 1736, Jacob Giles, of Baltimore Co., Maryland to John Higginson, of same, £5, yearly rent, 20 acres. Signed Jacob Giles. Wit: Park Hall and Aquila Paca.

17 Jan 1736, Peter Whitaker, of Baltimore Co., Maryland to Erick Erickson, of same, said Peter to be a servant for 4 years. Signed Peter (x) Whitaker and Erick Erickson. Wit: Samuel (x) Smith and Robert Carlile.

31 Dec 1736, Richard Gist, gentleman, of Baltimore Co., Maryland to Elizabeth Stone, of same, £2.1, 60 acres...where John Fleming now lives. Signed Richard Gist. Wit: Thomas Sheredine and John Risteau.

22 Feb 1736, Simon Pearson, of Baltimore Co., Maryland to Edward Hall, late high sheriff, of same, £0.25, three lots in Joppa, Baltimore Co., Maryland. Signed Simon (x) Pearson. Wit: Roger Mathews and James Phillips.

2 Mar 1736, Isaac Grace, of Baltimore Co., Maryland to John Leaque, of same, 1,800 pounds of tobacco, 100 acres. Signed John (x) Grace. Wit: Christopher Randall and Gilbert Mckerben Jr.

12 Feb 1736, George Hitchcock, miller, of Baltimore Co., Maryland to his daughter Tye Hitchcock, for love and affection, 100 acres ...north side of Patapsco River. Signed George Hitchcock. Wit: Richard Gist and Elenor Gouldsmith.

17 Feb 1736, Abraham & Mary Cord, planter, of Baltimore Co.,

Maryland to John **Athinson**, planter, of same, 50 acres...Rumley creek. Signed Abraham **Cord** and Mary (x) **Cord**. Wit: Joshua **Wood**, Thomas **Cord** and Absolam (x) **Brown**.

17 Feb 1736, John **Swineyard**, planter, of Baltimore Co., Maryland to Edmund **Hays**, planter, of same, 750 pounds of tobacco, yearly rent. Signed John (x) **Swineyard** and Edmund (x) **Hays**. Wit: Robert **Makilwain** and William **White**.

3 May 1736, John & Catharine **Risteau**, merchant, of Baltimore Co., Maryland to Rev. Joseph **Hooper**, £12, 35,120 square feet in town of Baltimore. Signed John **Risteau**. Wit: Thomas **Sheredine** and Charles **Wells**.

28 Jun 1736, George & Elenor **Buchanan**, surgeon, of Baltimore Co., Maryland to Rev. Joseph **Hooper**, of St. Pauls Parish, Baltimore Co., Maryland, 12,000 pounds of tobacco, 200 acres...patented by Robert **Parker**, of Baltimore Co., Maryland... north side of Patapsco River. Signed George **Buchanan**. Wit: Richard **Gist** and Thomas **Sheredine**.

14 Mar 1736, David & Ellinor **Robison**, blacksmith, of Baltimore Co., Maryland to Thomas **Stigh**, of same, 3,000 pounds of tobacco, chattel goods. Signed David **Robison** and Ellinor (x) **Robison**. Wit: William **Johnson** and Samuel (x) **Maxwell**.

1 Mar 1736, James & Mary **Lenox**, planter, of Baltimore Co., Maryland to Francis **Browne**, shipwright, of same, £5, 23 acres...Back River Neck. Signed James **Lenox**. Wit: Thomas **Sheredine** and Bennett **Garrett**.

25 Mar 1737, Isaac & Margaret **Webster**, of Baltimore Co., Maryland to George **Rigdon**, planter, of same, £30, 200 acres...north side of Deer creek. Signed Isaac **Webster**. Wit: Skip (x) **Coale** and Samuel **Wallis**.

25 Mar 1737, Isaac & Margaret **Webster**, and Jacob **Giles**, of Baltimore Co., Maryland to Alexander **Hill**, planter, of same, £77.5, 115 acres...north side of Deer creek. Signed Isaac **Webster** and Jacob

Giles. Wit: Edward Morgan and Samuel Wallis.

18 Mar 1736, Benjamin & Margaret Hammond, (said Margaret is the daughter of William & Catharine Talbot), of Baltimore Co., Maryland to John & Catharine Risteau, (said Catharine is the widow of William Talbot), of same, £50, 163 acres... purchased by William Talbot from James & Jamina Murray. Signed Benjamin Hammond. Wit: Thomas Todd and Thomas Sheredine.

25 Mar 1736, Gregory & Rachel Farmer, planter, of Baltimore Co., Maryland to Jacob Giles, merchant, of same, £73, 100 acres...west side of Susquehanna River. Signed Gregory Farmer Jr. and Rachel (x) Farmer. Wit: Isaac Webster and Samuel Wallis.

1 Apr 1737, John Hatherly, carpenter, of Anne Arundel Co., Maryland to Samuel Shipley, planter, of same, £10, 50 acres...westermost fork of the Patapsco River falls. Signed John Hatherly Jr. Wit: Lloyd Harris and Benjamin Hammond.

25 Mar 1737, Isaac & Margaret Webster, and Jacob Giles, of Baltimore Co., Maryland to William Jenkins, planter, of same, £25, 165 acres. Signed Isaac Webster and Jacob Giles. Wit: Edward Morgan and Samuel Wallis.

25 Mar 1737, Isaac & Margaret Webster, and Jacob Giles, of Baltimore Co., Maryland to Samuel Wallis, of same, £80, 417.5 acres...north side of Deer creek. Signed Isaac Webster and Jacob Giles. Wit: Edward Morgan and Samuel Wallis.

25 Mar 1737, Isaac & Margaret Webster, and Jacob Giles, of Baltimore Co., Maryland to Charles Worthington, gentleman, of same, £260, 352 acres...Susquehanna River. Signed Isaac Webster and Jacob Giles. Wit: Edward Morgan and Samuel Wallis.

22 Mar 1736, John & Rebecca Hawkins, planter, of Baltimore Co., Maryland to Joseph Hopkins, gentleman, of same, £50, 100 acres...Walnut Ridge. Signed John (x) Hawkins. Wit: Isaac Webster and Jacob Giles.

25 Mar 1737, Isaac & Margaret **Webster**, and Jacob **Giles**, of Baltimore Co., Maryland to Thomas **Johnson**, of Deer Creek, Baltimore Co., Maryland, 8,000 pounds of tobacco, 195 acres...north side of Deer creek. Signed Isaac **Webster** and Jacob **Giles**. Wit: Edward **Morgan** and Samuel **Wallis**.

2 Apr 1737, William & Sarah **Rogers**, of Baltimore Co., Maryland to Thomas **Gorsuch**, of same, £20, 120 acres...Beaver Dam Run. Signed William **Rogers**. Wit: Thomas **Sheredine** and Charles **Ridgely**.

21 Mar 1736, John & Elizabeth **Lowe**, of Baltimore Co., Maryland to Edward **Stapleton**, of same, £53, 150 acres...Rock Run. Signed John **Lowe**. Wit: Isaac **Webster** and Jacob **Giles**.

25 Mar 1737, Isaac & Margaret **Webster**, and Jacob **Giles**, of Baltimore Co., Maryland to Skipwith **Coale**, gentleman, of same, £250, 352 acres, part of 704 acres...Susquehanna River...patented by Charles **Carroll**. Signed Isaac **Webster** and Jacob **Giles**. Wit: Edward **Morgan** and Samuel **Wallis**.

25 Mar 1737, Isaac & Margaret **Webster**, and Jacob **Giles**, of Baltimore Co., Maryland to Thomas **Renshaw**, of same, £137, 919 acres...of 1119 acres...north side of Deer creek. Signed Isaac **Webster** and Jacob **Giles**. Wit: Samuel **Willis** and Ol. **Pinnard**.

25 Mar 1737, Isaac & Margaret **Webster**, and Jacob **Giles**, of Baltimore Co., Maryland to Thomas **Renshaw**, of same, £20, 134 acres. Signed Isaac **Webster** and Jacob **Giles**. Wit: Samuel **Willis** and Ol. **Pinnard**.

2 Apr 1737, Thomas **Gorsuch**, planter, of Baltimore Co., Maryland to William **Rogers**, of same, £20, 100 acres...line of John **Rushdge**. Signed Thomas (x) **Gorsuch**. Wit: Thomas **Sheredine** and Charles **Ridgly**.

5 Nov 1736, Nathaniel **Giles** and John **Giles**, planters, of Baltimore Co., Maryland to Thomas **Taylor**, of same, £105, 390 acres...line of

James Hopkins. Signed Nathaniel Giles and John Giles. Wit: Phillip Jones Jr.

15 Mar 1736, William & Elizabeth Benson, of Prince Georges Co., Maryland to Zachariah Wade, (said Zachariah is the eldest son of said Elizabeth), of same, for love and affection, 230 acres...line of Valinda Brown and Mary Dawson. Signed William Benson. Wit: John Addison and Thomas Jennings.

25 Apr 1737, Richard Horner, of Anne Arundel Co., Maryland to Luke Stansbury, gentleman, of Baltimore Co., Maryland, £9, 100 acres...north side of Back River. Signed Richard (x) Horner. Wit: Thomas Todd and Phillip Jones Jr.

16 May 1737, Nathaniel Giles, shipwright, of Baltimore Co., Maryland to Robert North, of same, £21.25, chattel goods. Signed Nathaniel Giles. Wit: Elizabeth Hooper and Christopher Randall.

25 May 1737, Phillip Smith, (son and heir of Phillip Smith, merchant, late of Anne Arundel Co., Maryland), merchant, of Anne Arundel Co., Maryland, follows up on his father's sale to Jacob Giles, planter, of Baltimore Co., Maryland, £400, two tracts...purchased 15 Oct 1731 from John Shipley, gentleman, of Baltimore Co., Maryland by said Phillip Smith Sr., merchant, of London, England, for £1102.5, three tracts, 400 acres, 200 acres and 200 acres. Signed Phillip Smith. Wit: Richard Parnell and Isaac Webster.

10 Dec 1736, Thomas Bleaden, of London, England, by Benjamin Tasker, of Anne Arundel Co., Maryland leases to William Gadd, 100 acres... north side of Gunpowder River branches. Signed Benjamin Tasker attorney for Thomas Bleaden. Wit: Thomas Franklin.

10 Dec 1736, Thomas Bleaden, of London, England, by Benjamin Tasker, of Anne Arundel Co., Maryland leases to James Boreing, planter, of Baltimore Co., Maryland, 50 acres...Gunpowder River. Signed Benjamin Tasker attorney for Thomas Bleaden. Wit: Thomas Franklin and Beddoe.

18 Feb 1836, Benjamin & Margaret **Hammond**, of Baltimore Co., Maryland bound to Cornelius **Howard**, planter, of same, for £100, for good deed on 100 acres. Signed Benjamin **Hammond** and Margaret **Hammond**. Wit: Edmond **Howard** and Joseph **Murray** Jr.

8 Jun 1737, Thomas **Stansbury**, planter, of Baltimore Co., Maryland to Luke **Stansbury** and Tobias **Stansbury** Jr., of same, £10, 50 acres ...Double Run. Signed Thomas **Stansbury**. Wit: Thomas **Sheredine** and Philip **Jones** Jr.

13 Jun 1736, Hannah **Worthington**, (widow of Capt. John **Cromwell**) to John **Moale**, merchant, of Baltimore Co., Maryland, £35, two tracts, north side of Patapsco River. Signed Hannah **Worthington**. Wit: Thomas **Brerewood** Jr. and Robert **Gordon**.

9 Jun 1737, Samuel **Maxwell**, planter, of Baltimore Co., Maryland to William **Macenbin**, planter of same, 30,100 pounds of tobacco, 240 acres. Signed Samuel (x) **Maxwell**. Wit: Thomas **Sheredine** and Philip **Jones** Jr.

4 May 1737, Lloyd **Harris**, of Baltimore Co., Maryland a mortgage to Richard **Bennett**, of Queen Anne Co., Maryland, £23.7, Lot # 50 & 51 on Long Street. Signed Lloyd **Harris**. Wit: William **Hammond** and Charles **Ridgely**.

11 Jun 1737, John **Carpenter**, of Baltimore Co., Maryland to John **Nelson**, of same, 2,000 pounds of tobacco, chattel goods. Signed John (x) **Carpenter**. Wit: John **Roberts** and Samuel (x) **Standford**.

19 Jun 1737, Ann **Anderson**, widow, of Baltimore Co., Maryland to Edward **Thomas**, of same, one half barrel of Indian corn and £0.75, livestock. Signed Ann (x) **Anderson**. Wit: **Hackubin** Jr. and Edward **Marshall**.

19 Jun 1737, Michael & Hannah **Rutlidge**, planter, of Baltimore Co., Maryland to Samuel **Macenbin** Jr., gentleman, of same, 2,531 pounds of tobacco and £8.15, 50 acres...Armstrong creek and livestock. Signed Michael (x) **Rutlidge**. Wit: Thomas **Sheredine** and Rachel **Caswell**.

8 Jun 1737, Samuel **Maxwell**, planter, of Baltimore Co., Maryland to Nicholas **Gortswick**, of same, £10, 50 acres. Signed Samuel (x) **Maxwell**. Wit: Thomas **Sheredine** and Philip **Jones** Jr.

18 Jun 1737, Nicholas & Avarilla **Gortswick**, planter, of Baltimore Co., Maryland to Samuel **Maxwell**, planter, of same, £10, 52 acres. Signed Nicholas (x) **Gortswick**. Wit: Thomas **Sheredine** and Philip **Jones** Jr.

15 Jun 1737, Thomas **Loftin** and Richard **Perkins**, (heirs at law of William **Loftin** and Richard **Perkins**, formerly of Baltimore Co., Maryland) to John **Poloke**, planter, of Baltimore Co., Maryland, 3,000 pounds of tobacco, 100 acres... called Brotherly Love...formerly purchased from John **Johnson** by said William **Loftin** and Richard **Perkins**. Signed Thomas (x) **Loftin** and Richard (x) **Perkins**. Wit: Blanch **Hall** and Zak **Hall**.

2 Jul 1737, Peter & Susannah **Bond**, planter, of Baltimore Co., Maryland to Richard **Bond**, planter, of same, £20, 50 acres. Signed Peter **Bond**. Wit: Thomas **Sheredine** and Joshua **Hall**.

2 Jul 1737, Richard & Mary **Bond**, planter, of Baltimore Co., Maryland to Peter **Bond**, planter, of same, £20, 50 acres. Signed Richard **Bond**. Wit: Thomas **Sheredine** and Joshua **Hall**.

5 Jul 1737, Lawrence **Hammond**, planter, of Baltimore Co., Maryland to John **Simpkins**, of same, £30, one servant woman Hannah **Herford** and one servant man Peter **Longsworth** and chattel goods. Signed Lawrence **Hammond**. Wit: Charles **Mothesby** and Charles **Shipey**.

8 Jul 1737, Lawrence **Hammond**, planter, of Baltimore Co., Maryland to William **Hammond**, merchant, of same, £11.75, one servant man Peter **Longsworth** and chattel goods. Signed Lawrence **Hammond**. Wit: Christopher **Randall** and Thomas (x) **Logedon**.

9 Jul 1737, John **Peddhole**, planter, of Baltimore Co., Maryland to Richard **Gist**, merchant, of same, £36.4, livestock. Signed John (x) **Pedderote**. Wit: Thomas **Sheredine**.

25 Jun 1737, John **Parker**, planter, of Baltimore Co., Maryland to Henry **Rhodes**, cooper, of same, 214 acres, (land exchange), for 180 acres, the 214 acres is part of two tracts...north side of Bush River patented 10 Nov 1695 214 acres, by John **Parker**, father of the said John **Parker** and 1698, 224 acres, to John **Parker**, the elder and his brother William **Parker**...the 180 acres is part of 230 acres purchased by the father of said **Rhodes** from Thomas **Bale**. Signed John **Parker**. Wit: Henry **Millen** and Michael **Webster**.

25 Jun 1737, Henry & Ann **Rhodes**, cooper, of Baltimore Co., Maryland to John **Parker**, planter, of same, 180 acres, (land exchange), for 214 acres...by John **Parker**, father of the said John **Parker** and 1698, 224 acres, to John **Parker**, the elder and his brother William **Parker**...the 180 acres is part of 230 acres purchased by the father of said **Rhodes** from Thomas **Bale**. Signed John **Parker**. Wit: Henry **Millen** and Michael **Webster**.

2 Sep 1737, Dutton **Lane**, planter, of Baltimore Co., Maryland to James **Boreing**, planter, of same, £40, 100 acres. Signed Sutton **Lane**. Wit Phillip **Jones** Jr. and Thomas **Sheredine**.

2 Jul 1737, James **Boreing**, planter, of Baltimore Co., Maryland to Dutton **Lane**, of same, £40, 100 acres...west side of Back River. Signed James (x) **Boreing**. Wit: Phillip **Jones** Jr. and Thomas **Sheredine**.

20 Jul 1737, Edward **Cowley**, of Baltimore Co., Maryland to William **Daltan**, of same, 2,200 pounds of tobacco, livestock. Signed Edward **Cowley**. Wit: Bak. **Hall**.

1 Aug 1737, William & Clara **Young**, gentleman, of Calvert Co., Maryland to Roger **Boyce**, gentleman, of same, £200, 1000 acres...forks of Gunpowder River. Signed William **Young** and Clara **Young**. Wit: Samuel **Young** and John **Smith** Jr.

1 Aug 1737, Roger **Boyce**, gentleman, of Calvert Co., Maryland to William **Young**, gentleman, of same, £200, 1000 acres...forks of Gunpowder River. Signed Roger **Boyce**. Wit: Samuel **Young** and John **Smith** Jr.

9 Jul 1737, Benjamin **Hammond**, of Baltimore Co., Maryland to Robert **North**, of same, £20, one negro girl called Bridgett. Signed Benjamin **Hammond**. Wit: Richard **Gist** and Joshua **Hall**.

30 Jul 1737, Edward **Cowley**, of Baltimore Co., Maryland to William **Daltan**, of same, 2,200 pounds of tobacco, livestock. Signed Edward **Cowley**. Wit: Bak. **Hall**.

30 Jul 1737, Thomas & Sophia **White**, of Baltimore Co., Maryland to William **Hughs**, of same, 4,000 pounds of tobacco, 50 acres...Rock Run. Signed Thomas **White**. Wit Bennett **Garrett** and William **Bradford**.

30 Jul 1737, Thomas & Sophia **White**, of Baltimore Co., Maryland to Thomas **Gash**, of same, 1,500 pounds of tobacco, 50 acres. Signed Thomas **White**. Wit Bennett **Garrett** and William **Bradford**.

30 Jul 1737, Thomas & Sophia **White**, of Baltimore Co., Maryland to Samuel **Howell**, of same, 1,500 pounds of tobacco, 50 acres...line of Thomas **Gash**. Signed Thomas **White**. Wit Bennett **Garrett** and William **Bradford**.

30 Jul 1737, Thomas & Sophia **White**, of Baltimore Co., Maryland to Richard **Minhall**, of same, 3,000 pounds of tobacco, 100 acres...contract made 16 Mar 1730 between the said **White** and Thomas **Minhall**, father of said Richard, where said **White** sold said **Minhall** 100 acres. Signed Thomas **White**. Wit Bennett **Garrett** and William **Bradford**.

1 Aug 1737, Thomas & Elenor **Todd**, gentleman, of Baltimore Co., Maryland to Robert **North**, of same, £110, 500 acres. Signed Thomas **Todd**. Wit: Phillip **Jones** Jr. and Thomas **Sheredine**.

25 Jun 1737, Mordecai **Hammond**, merchant, of Anne Arundel Co., Maryland to Peter **Bond**, planter, of Baltimore Co., Maryland, £15, 100 acres...north side of Patapsco River. Signed Mordecai **Hammond**. Wit: Benjamin **Hammond** and W. **Govane**.

28 Jul 1737, Benjamin & Margaret **Hammond**, of Baltimore Co., Maryland bound to Peter **Bond**, of same, for £100, good deed on 100 acres conveyed to Mordecai **Hammmond**. Signed Benjamin **Hammond** and Margaret **Hammond**. Wit: George **Browne** and Richard **Bond**.

25 Jun 1737, Mordecai & Frances **Hammond**, merchant, of Anne Arundel Co., Maryland to Richard **Bond**, planter, of Baltimore Co., Maryland, £15, 100 acres... north side of Patapsco River. Signed Mordecai **Hammond**. Wit: Benjamin **Hammond** and W. **Govane**.

28 Jul 1737, Benjamin & Margaret **Hammond**, of Baltimore Co., Maryland bound to Richard **Bond**, of same, for £100, good deed on 100 acres conveyed to Mordecai **Hammmond**. Signed Benjamin **Hammond** and Margaret **Hammond**. Wit: George **Browne** and Richard **Bond**.

22 Mar 1735, Simon **Warner**, John **Warner**, merchants, of Sussex Co., England and Richard **Partridge**, merchant, of London, England, power of attorney to Josias **Middlemore**, merchant, of Maryland, written by William **Tudman**, clerk to James **Clement**, of Birchin Lane, St. Edmond Parish, King & Martyr, London, England, Notary. Signed Simon **Warner**, John **Warner** and Richard **Partridge**. Wit: William **Tudman** and James **Clement**.

3 Aug 1737, James & Mary **Lenox**, of Baltimore Co., Maryland to Phillip **Jones** Jr., of same, 2,000 pounds of tobacco, 38 acres...Welshman creek. Signed James **Lenox** and Mary (x) **Lenox**. Wit: Thomas **Sheredine** and Richard **Gist**.

15 Jul 1737, John **Baker**, of Baltimore Co., Maryland to Rebecca **Puttee**, wife of Peter **Puttee**, of same, £50, 200 acres...head of Bush River...part of tract surveyed for Thomas **Preston**. Signed John **Baker**. Wit: J. **Browne**, Henry **Day** and Thomas **Day**.

13 Aug 1737, Isaac & Margaret **Webster** and Jacob **Giles**, of Baltimore Co., Maryland to John **Briarly**, of same, £59.25, 237 acres...north side of Deer creek. Signed Isaac **Webster** and Jacob **Giles**. Wit: Nathaniel **Bigbie** and Aquila **Paca**.

13 Aug 1737, Isaac & Margaret **Webster** and Jacob **Giles**, of Baltimore Co., Maryland to Walter **Ashmore**, yeoman, of same, £140, 400 acres...line of Joseph **Jones** and William **Coale**... north side of Deer creek. Signed Isaac **Webster** and Jacob **Giles**. Wit: Nathaniel **Bigbie** and Aquila **Paca**.

13 Aug 1737, Isaac & Margaret **Webster** and Jacob **Giles**, merchants, of Baltimore Co., Maryland to William **Coale**, £120, 400 acres... north side of Deer creek. Signed Isaac **Webster** and Jacob **Giles**. Wit: Nathaniel **Bigbie** and Aquila **Paca**.

31 Aug 1737, William **Warren**, coffee man, of London, England to John **Galloway**, gentleman, of Anne Arundel Co., Maryland, £50, 300 acres...mouth of Deer creek. Signed William **Warren**. Wit: Samuel **Chew** and Chris **Grundell**.

Joseph **Hooper**, of St. Pauls Parish, Baltimore Co., Maryland mortgage to Mordecai **Hammond**, gentleman, of Anne Arundel Co., Maryland, payments due Benjamin **Tasker** of £200. Signed Joseph **Hooper**. Wit: Benjamin **Tasker** and Charles **Armstrong**.

Chapter 5

Baltimore Co., Maryland
Liber G. No. J.
1672-1675

1672, John **Collett**, gentleman, of Baltimore Co., Maryland to George **Wells**, of same, 320 acres. Signed John **Collett**. Wit: James **Frisbie** and George **Botie**.

3 Sep 1672, Charles **James**, gentleman, of Baltimore Co., Maryland to Thomas **Middlefield**, carpenter, of same, two tracts, 100 acres...Cherne creek...line of John **James** and 200 acres, adjoining. Signed Charles **James**. Wit: John **James** and William **Palmer**.

6 Aug 1672, Richard **Shurrell**, planter, of Baltimore Co., Maryland, attorney of Joseph **Hawkins**, late of Baltimore Co., Maryland to Joseph **Summer** and Robert **Garrett**, planters, of Baltimore Co., Maryland, 450 acres...Middle creek. Signed Richard **Shurrell**. Sit: Jer. **Eaton** and S. **Salmon**.

23 Mar 1672, Joseph **Hawkins**, gentleman, of Baltimore Co., Maryland power of attorney to Richard **Shurrell**, planter, of same, to sell for 1,600 pounds of tobacco a tract of land. Signed Joseph **Hawkins**. Wit: Anna **Todd** and William (x) **Choyce**.

2 Nov 1672, John **Gilbert**, merchant, of Baltimore Co., Maryland to Abraham **Wild**, merchant, of same, 600 acres...Elk River...line of Mounse **Anderson**. Signed John **Gilbert**. Wit: S. **Salmon** and John **Banheck**.

1 Nov 1672, James **Magregory**, planter, of Baltimore Co., Maryland to Hugh **Houch**, planter, of same, 150 acres...Omelys creek. Signed James (x) **Magregory**. Wit: Augustine **Herman** and S. **Salmon**.

1 Nov 1672, James **Magregory**, planter, of Baltimore Co., Maryland to Hugh **Houch**, planter, of same, 200 acres...west side of Bohemia River...lately in the possession of Thomas **Bortwick**. Signed James (x) **Magregory**. Wit: George **Ward** and S. **Salmon**.

6 Nov 1672, John **Collett**, gentleman, of Baltimore Co., Maryland to Robert **Hawkins**, of same, 500 acres...Elk River...between George **Gouldsmith**, deceased and John **Collett** Sr. Signed John **Collett**. Wit: Henry **White** and Henry **Haslewood**.

1 Aug 1672, Samuel **Tracey**, gentleman, of Gunpowder River, Baltimore Co., Maryland to Richard **Winley**, planter, of same, 1,500 pounds of tobacco, 50 acres. Signed Samuel **Tracey**. Wit: Thomas **Marley** and Joseph **Pearse**.

22 Jul 1672, Edward **Swanson**, planter, of Baltimore Co., Maryland to Richard **Syms**, planter, of Gunpowder River, Baltimore Co., Maryland, 1,500 pounds of tobacco, between the two falls of Gunpowder River. Signed Edward (x) **Swanson**. Wit: John **Waberton** and Thomas (x) **Lewis**.

2 Sep 1671, John **Towers**, planter, of Baltimore Co., Maryland to Thomas **Jones**, of Bush River, Baltimore Co., Maryland, 3,000 pounds of tobacco, 200 acres...head of Bush River...line of John **Collier**, gentleman, of Baltimore Co., Maryland. Signed John **Towers**. Wit: S. **Salmon** and Henry **Howard**.

1 Mar 1672, Phillip & Dorothy **Macanaday**, planter, of Baltimore Co., Maryland to Richard **Adams**, planter, of same, 100 acres...Hendell creek. Signed Phillip (x) **Macanaday** and Dorothy (x) **Macanaday**. Wit: John **Waterton** and Samuel **Tracy**.

5 Sep 1671, Domic **Siluame**, planter, of Baltimore Co., Maryland to William **Pearce**, of same, 150 acres. Signed Dan. **Siluame**. Wit: Abraham **Wild** and Richard **Gundey**.

1 Mar 1671, Nathaniel **Stiles**, gentleman, of Baltimore Co., Maryland to Lodorick **Williams**, planter, of same, 150 acres...south

side of Bush River. Signed Nathaniel Stiles. Wit: T. Salmon and William Dunkerton.

3 Mar 1671, John Owen, planter, of Gunpowder River, Baltimore Co., Maryland to Thomas Morley, joiner, of same, line of John Taylor Sr. and John Dixon, deceased. Signed John Owen. Wit: Samuel Tracey and J. Deseardins.

2 Mar 1670, Rowland Williams, of Baltimore Co., Maryland power of attorney to James Ives. Signed Rowland Williams. Wit: Edward (x) Renes and Menander Cony.

20 Mar 1670, Rowland Williams, planter, of Baltimore Co., Maryland to John Cellar, of same, 200 acres...Augustine Branch of Bohemia River. Signed Rowland Williams. Wit: John (x) Tarkinton, James James and Richard Collens.

5 Mar 1671, Charles Nichols, minister, of Baltimore Co., Maryland to John James, gentleman, of same, 150 acres...Steel Pone creek...line of George Gouldsmith. Signed Charles Nichols. Wit: Richard Hall and John Camhead.

5 Aug 1671, John Powell, planter, of Baltimore Co., Maryland to Thomas Steymont, of same, 75 acres...out of 130 acres purchased by said Powell and Thomas Wayne of William Pearce, of Baltimore Co., Maryland. Signed John Powell. Wit: S
T. Salmon and William Chadborne.

2 Mar 1671, John Collett, gentleman, of Baltimore Co., Maryland to James Ives, of same, 150 acres...east side of Gunpowder River. Signed John Collett. Wit: Robert Benger and Peter Ellis.

7 Aug 1672, John James to William Bale, land in Jacobus creek. Signed John James. Wit: John Owen and John (x) Higer.

6 Aug 1672, John James, gentleman, of Baltimore Co., Maryland to William Bale, planter, of same, Jacobus creek...line of William Stanly. Signed John James. Wit: Charles James and James Hepbourne,

6 Aug 1672, Clement **Elliott**, boatwright, of Baltimore Co., Maryland to Jeremiah **Eaton**, gentleman, of Kent Co., Maryland, 260 pounds of tobacco, 150 acres...north side of Bush River. Signed Clement **Elliott**. Wit: Thomas **Long** and William **Palmer**.

5 Aug 1671, Richard & Gwillhen **Leake**, taylor, of Baltimore Co., Maryland to Henry **Pennington**, planter, of same, 400 acres...Duck creek...line of Oliver **Mathiason** and Jarius **Morgan**. Signed Richard (x) **Leake** and Gwillhen (x) **Leake**. Wit: William **Palmer** and Robert **Sanders**.

5 Nov 1672, James & Elizabeth **Wrath**, planter, of Baltimore Co., Maryland to Henry **Eldesly** of same, 100 acres...Sassafrax River...line of William **Fisher**. Signed James (x) **Wrath** and Elizabeth (x) **Wrath**. Wit: Denny **Ward** and James **Frisbie**.

1 Mar 1672, Thomas **Howell**, of Baltimore Co., Maryland to James **Hepbourne**, of same, 100 acres...Hicking creek...line of Joseph **Gundey**. Signed Thomas **Howell**. Wit: John **Hodgson** Sr. and John **Owen**.

2 Mar 1671, Nathaniel **Utie**, gentleman, of Baltimore Co., Maryland to Rutten **Garrett**, planter, of same, 3,000 pounds of tobacco, 300 acres...north side of Swan creek. Signed Nathaniel **Utie**. Wit: Thomas **Long** and Henry **Ward**.

1 Jan 1672, Henry & Parnell **Eldesly**, planter, of Baltimore Co., Maryland to Ebenezer **Blackstone**, planter, of same, 100 acres...Sassafrax River...part of tract formerly belonging to Capt. Thomas **Howell**. Signed Henry **Eldesley** and Parnell (x) **Eldesly**. Wit: John **Owen**, William (x) **Gines** and Miles **Gibson**.

5 Sep 1671, John & Sarah **Vanheck**, gentleman, of Baltimore Co., Maryland to Thomas **Hawkins**, of same, 100 acres...Hendall creek...line of Capt. Josias **Hendall**. Signed John **Vanheck** and Sarah (x) **Vanheck**. Wit: Richard **Ball** and T. **Salmon**.

20 Dec 1672, Robert **Taylor**, planter, of Gunpowder River, Baltimore Co., Maryland to Joseph **Piorey**, carpenter, of same, 100

acres...east side of Gunpowder River. Signed Robert (x) **Taylor**. Wit: John (x) **Taylor** and John **Waterton**.

6 Apr 1672, John & Elizabeth **Browning**, planter, of Baltimore Co., Maryland to Richard **Nash**, of Kent Co., Maryland, 8,000 pounds of tobacco, 300 acres...patented 21 Jul 1664 by Abraham **Morgan**, who sold to Thomas **Browning**, father of said John **Browning**... power of attorney to Henry **Ward** to handle sale. Signed John **Browning**. Wit: Augustine **Herrman**, Rowland **Williams** and Thomas (x) **Shelton**.

7 Mar 1672, Richard & Guilihm **Leake**, taylor, of Baltimore Co., Maryland to Hanse **Peterson** and James **Watson**, (**Jackson**), planters, of same, 7,000 pounds of tobacco, 300 acres...Back creek. Signed Richard (x) **Leake** and Guilihm (x) **Leake**. Wit: Richard **Ball** and T. **Salmon**.

3 Jun 1672, John **Desiardins**, gentleman, of Baltimore Co., Maryland to John **Rogers**, merchant, of Bristol, England, 50 acres ...Rumley creek. Signed John **Desiardins**. Wit: James **Frisbie** and John **Vanheck**.

3 Jun 1673, Mathew & Ann **Adams**, planter, of Baltimore Co., Maryland to Jonathan **Lincoln**, planter, of same, 2,700 pounds of tobacco, 50 acres...purchased of Thomas **Pryor**. Signed Mathew (x) **Adams** and Ann (x) **Adams**. Wit: John **Crankcock** and T. **Salmon**.

27 May 1673, Obadiah **Judkins**, of Talbot Co., Maryland to John **Hillen**, of Anne Arundel Co., Maryland, patent assigned over by Henry **Downs**. Signed Obadiah **Judkins**. Wit: William **Southbee** and Joshua **Shatter**.

27 May 1673, Obadiah **Judkins**, of Talbot Co., Maryland to John **Hillen**, 4,000 pounds of tobacco, deed signed and delivered by Henry & Bridgett **Downs**. Signed Obadiah **Judkins**. Wit: William **Southebee** and Joshua **Shatter**.

27 May 1673, Obadiah & Jane **Judkins**, of Talbot Co., Maryland power of attorney to Abraham **Strand**, of Baltimore Co., Maryland,

to sell 300 acres...Capt. Johns creek. Signed Obadiah **Judkins** and Jane (x) **Judkins**. Wit: Henry **Eldesley**.

7 Jan 1671, Henry & Bridgett **Downs** to Obadiah **Judkins**, of Miles River of Talbot Co., Maryland. Signed Henry **Downes** and Bridgett (x) **Downes**.

27 May 1673, Obadiah & Jane **Judkins**, of Talbot Co., Maryland to John **Hillen**, 4,000 pounds of tobacco, 300 acres...south side of Capt. Johns creek...patented 16 Sep 1665, by Henry **Downes**, who sold to said **Judkins**. Signed Obadiah **Judkins** and Jane (x) **Judkins**. Wit: William **Southebee** and Joshua **Shatter**.

3 Jun 1673, John **Ryley** and John **Webster**, planters, of Baltimore Co., Maryland, division of land...Swan creek...purchased in 1670 of William **Palmer**. Signed John (x) **Ryley** and John (x) **Webster**. Wit: William **Toulson** and T. **Salmon**.

4 Aug 1673, John **George**, planter, of Baltimore Co., Maryland to Thomas **Rumsey**, of same, 3,000 pounds of tobacco, 200 acres... Torsons creek. Signed John **George**. Wit: Thomas **Gilbert** and George (x) **Brocas**.

10 Mar 1673, John & Florence **Lee**, of Baltimore Co., Maryland to William **Osborne**, of same, east side of Bush River. Signed John (x) **Lee** and Florence (x) **Lee**. Wit: Eusebius **Beale** and Beniam **Blofield**.

2 Jun 1673, William **Osborne** power of attorney to Eusebius **Beale**. Signed William **Osborne**.

2 Jun 1673, William **Osborne** and John **Lee**, of Baltimore Co., Maryland to Anthony **Brispoe**, of same, 1,200 pounds of tobacco, 100 acres. Signed John (x) **Lee** and William **Osborne**. Wit: Eusebius **Beale** and Beniam **Blofield**.

2 Jun 1673, Samuel **Tracey**, gentleman, of Gunpowder River, Baltimore Co., Maryland to Thomas **Richardson**, planter, of Baltimore Co., Maryland, 6,000 pounds of tobacco, 150 acres...line of Richard **Wimley** and Thomas **Marley**. Signed Samuel **Tracey**.

Wit: Richard (x) **Wimley** and John **Waterton**.

19 Oct 1672, Robert **Chapman**, of Kent Co., Maryland to Thomas **Phillips**, of Anne Arundel Co., Maryland, Swan creek...line of Capt. Thomas **Harwood**. Signed Robert (x) **Chapman**. Wit: Jonathan **Neale** and Edmond **Booney**.

10 Nov 1672, James **Magregory**, planter, of Baltimore Co., Maryland to John **Poole**, planter, of same, 175 acres...Omelys creek. Signed James (x) **Magregory**. Wit: John **Vanheck** and James **Frisbie**.

2 Aug 1673, William & Sarah **Salsbury**, planter, of Baltimore Co., Maryland to William **Morgan** and William **Walsh**, planters, of same, 200 acres...Worton creek. Signed William **Salsbury** and Sarah (x) **Salsbury**. Wit: Henry (x) **David** and T. **Salmon**.

2 Feb 1673, John & Jane **Marscord** and Mathew **Kneneington**, planters, of Baltimore Co., Maryland to Barnard **Utie**, of same, 12,000 pounds of tobacco, 200 acres...Muskeete creek. Signed John **Marscord**, Jane (x) **Marscord** and Mathew **Kneneington**. Wit: Andrew (x) **Demos**, Henry **Haslewood** and Mense **Stiklekamp**.

4, Aug 1673, George **Harris**, planter, of Kent Co., Maryland to Henry **Eldesly**, of Baltimore Co., Maryland, 2,000 pounds of tobacco, south side of Sassafrax River. Signed George (x) **Harris**. Wit: James **Wrayeth** and Nicholas **Allens**.

William & Sarah **Salsbury**, planter, of Baltimore Co., Maryland to Thomas **Salmon**, of same, 4,300 pounds of tobacco, 200 acres...Weston creek...line of John **Bromfield**. Signed William **Salsbury** and Sarah (x) **Salsbury**. Wit: Thomas **Howell** and John **Vanheck**.

30 May 1683, Robert **Hawkins**, (heir of John **Hawkins**, late of Baltimore Co., Maryland), of Baltimore Co., Maryland to William **Dunkerton** and Thomas **Overton**, of same, 700 acres...line of Godfrey **Bayley**... patented 15 Feb 1650 by Richard **Collett**. Signed Robert (x) **Hawkins**. Wit: Thomas **Howell** and James **Frisbie**.

30 May 1673, Robert **Hawkins**, (heir of John **Hawkins**, late of

Baltimore Co., Maryland), of Baltimore Co., Maryland to William **Dunkerton** and Thomas **Overton**, of same, 150 acres...former line of Richard **Collett**...patented 30 Sep 1667 by said John **Hawkins**. Signed Robert (x) **Hawkins**. Wit: Thomas **Howell** and James **Frisbie**.

30 May 1673, Robert **Hawkins**, (heir of John **Hawkins**, late of Baltimore Co., Maryland), of Baltimore Co., Maryland to William **Dunkerton** and Thomas **Overton**, of same, 500 acres...patented by John **Collett** and George **Goldsmith**, deceased, late of Baltimore Co., Maryland. Signed Robert (x) **Hawkins**. Wit: Thomas **Howell** and James **Frisbie**.

30 May 1673, Robert **Hawkins**, (heir of John **Hawkins**, late of Baltimore Co., Maryland), of Baltimore Co., Maryland to William **Dunkerton** and Thomas **Overton**, of same, 600 acres...patented 20 Jul 1664 by John and Richard **Collett**, who sold to John **Hawkins**, deceased. Signed Robert (x) **Hawkins**. Wit: Thomas **Howell** and James **Frisbie**.

13 Jun 1673, Charles **Gorsuch** power of attorney to Thomas **Long**, of Baltimore Co., Maryland. Signed Charles **Gorsuch**. Wit: William (x) **Couborne** and John (x) **Kemp**.

10 Jun 1673, Charles **Gorsuch**, gentleman, of Baltimore Co., Maryland to Roger **Sedwell**, planter, of same, Bare creek. Signed Charles **Gorsuch**. Wit: John **Johnson** and John **Barres**.

5 Nov 1673, John **James**, planter, of Baltimore Co., Maryland to Thomas **Thurston**, of same, head of Bush River. Signed John (x) **James**. Wit: Miles **Gibson**, Edward **Mely** and Thomas **Trouk**.

4 Nov 1673, Edward **Horton**, planter, of Baltimore Co., Maryland to Thomas **Byworth**, of Patapsco River, Baltimore Co., Maryland, 2,000 pounds of tobacco, 100 acres...line of Robert **Gardiner** and John **Godfrey**. Signed Edward (x) **Horton**. Wit: George **Utie** and T. **Salmon**.

4 Nov 1673, Henry & Parnell **Eldesly**, planter, of Baltimore Co., Maryland to James **Wrath**, 14,000 pounds of tobacco, 175 acres...patented by Henry **Jones**, deceased, late of Baltimore Co., Maryland...second tract possession of George **Harris**, deceased, late of Kent Co., Maryland. Signed Henry **Eldesly** and Parnell (x) **Eldesly**. Wit: Gideon **Gundry** and Henry **Haslewood**.

6 Feb 1673 John & Jane **Hallock**, of Baltimore Co., Maryland to Miles **Gibson**, of same, 13,500 pounds of tobacco, 640 acres. Signed John **Hallock** and Jane (x) **Hallock**. Wit: George **Utie** and William (x) **Hollis**.

6 Feb 1673, Richard **Morgan**, of Baltimore Co., Maryland to Anthony **Brispoe**, of same, 100 acres. Signed Richard (x) **Morgan**. Wit: George **Utie** and William (x) **Hollis**.

16 Jan 1673, Richard **Collins**, blacksmith, of Baltimore Co., Maryland to Anthony **Brispoe**, of same, for love and affection, 124 acres...Bush River. Signed Richard **Collins**. Wit: George **Utie** and George **Bayley**.

2 Feb 1673, John **Masters**, of Gunpowder River, Baltimore Co., Maryland to John **Waterton**, of same, 2,000 pounds of tobacco, 50 acres...main branch of Bush River...line of William **Wignott**. Signed John **Masters**. Wit: Robert **Sanders**, John **Owen**, Robert **Gates**, John **Ridge**, Richard (x) **Cromly** and Thomas **Carleton**, sheriff.

2 Feb 1673, John **Masters**, planter, of Gunpowder River, Baltimore Co., Maryland power of attorney to John **Ridge**, of same, to represent in court sale to John **Waterton**. Signed John **Masters**. Wit: Robert **Sanders** and Richard **Syms**.

20 Dec 1671, Peter **Sterling**, of Gloucester Co., Virginia power of attorney to Thomas **Long**, to sell two tracts on Gunpowder River, Baltimore Co., Maryland, to Luke **Raven**, of Gloucester Co., Virginia. Signed Peter **Sterling**. Wit: Thomas **Mathews** and Giles **Stephens**.

26 Dec 1671, Peter **Sterling**, chyrurgeon, of Gloucester Co., Virginia to Luke **Raven**, blacksmith, of same, 5,500 pounds of tobacco, 300 acres and 100 acres...middle branch of Gunpowder River. Signed Peter **Sterling**. Wit: Thomas **Mathews** and Giles **Stephens**.

3 Feb 1673, Giles **Stevens**, of Baltimore Co., Maryland to Richard **Bennett**, of same, 4,000 pounds of tobacco, 300 acres...north side of Back River. Signed Giles **Stevens**. Wit: John **Keely** and Thomas **Long**.

3 Jan 1673, Giles **Stevens**, of Back River, Baltimore Co., Maryland to Barnett **Smith**, of same, 5,000 pounds of tobacco, 50 acres...north side of Back River. Signed Giles **Stevens**. Wit: John **Keely** and Thomas **Long**.

3 Jun 1674, Thomas **Ramsey**, of Baltimore Co., Maryland to John **West**, 3,000 pounds of tobacco and livestock, 200 acres. Signed Thomas (x) **Ramsey**. Wit: Augustine **Hammond** and Bruerton **Vangham**.

2 Jun 1674, Mary **Harmar**, (widow of Godfrey **Harmar**), of Baltimore Co., Maryland to John **Johnson** and Robert **Benger**, of same, 150 acres. Signed Mary **Harmar**. Wit: Thomas **Salmon**.

2 Jun 1674, John **Willis**, planter, Baltimore Co., Maryland to Joseph **Hopkins**, gentleman, of same, 200 acres...patented 20 Sep 1666, by William **Pearis**, who sold to said **Willis**. Signed John **Willis**. Wit: Nathaniel **Stiles** and Thomas **Long**.

9 Mar 1673, Rowland **Williams**, of Baltimore Co., Maryland through John **Walstone**, of same, to James **Ives**, of same, 300 acres. Signed Rowland **Williams**. Wit: Peter **Ellis** and John **Cook**.

4 Nov 1673, Rowland **Williams**, planter, of Baltimore Co., Maryland to James **Ives**, of same, 1,800 pounds of tobacco, 300 acres ...mouth of Spear creek. Signed Rowland **Williams**. Wit: Nathaniel **Utie** and Henry **Haslewood**.

6 May 1674, Richard & Gwenlean **Babs** ,planter, of Baltimore Co.,

Maryland to Thomas **Ward**, planter, of same, 3,000 pounds of tobacco, 200 acres...head of Fishing creek...line of John **Blomfield**. Signed Richard (x) **Babs** and Gwenlean (x) **Babs**.

26 May 1674, Augustine **Harmon**, gentleman, of Baltimore Co., Maryland to Henrich **Mathias**, carpenter, of same, 7,500 pounds of tobacco, 500 acres...Thomas creek...line of Rowland **Williams**. Signed Augustine **Harmon**. Wit: John **Gilbert** and Abraham **Wild**.

5 Jun 1674, George **Willson**, planter, of Baltimore Co., Maryland to Richard **Lee**, carpenter, of same, 3,000 pounds of tobacco, 125 acres... Sassafrax River. Signed George (x) **Willson**. Wit: Ann (x) **Gibson** and Thomas (x) **Linby**.

1 Jun 1674, George **Wilson**, planter, of Baltimore Co., Maryland to William **Southbee**, of same, 4,000 pounds of tobacco, 125 acres ...south side of Sassafrax River...line of Richard **Lee**. Signed George (x) **Willson**. Wit: Ann (x) **Gibson** and Thomas (x) **Linby**.

4 Aug 1674, William **Palmer**, gentleman, of Baltimore Co., Maryland to John **Taskenton**, planter, of same, 500 acres...Handly creek. Signed William **Palmer**.

3 Aug 1674, John & Prudence **Taskinton**, planter, of Baltimore Co., Maryland to William **Palmer**, of same, 250 acres. Signed John (x) **Tarkinton** and Prudence (x) **Tarkinton**.

1674, Alice **Rupton**, wife of Nicholas **Rapton**, of Baltimore Co., Maryland power of attorney to Richard **Ball**, of same. Signed Alice (x) **Rupton**. Wit: Samuel **Thomas**.

3 May 1674, Nicholas & Alice **Rupton**, planter, of Baltimore Co., Maryland to Thomas **Jones**, boatwright, of same, 4,500 pounds of tobacco, 200 acres...Bare creek. Signed Nicholas (x) **Rupton** and Alice (x) **Rupton**. Wit: Richard Ball and Thomas **Maryhill**.

3 Aug 1674, Stephen & Ann **White** planter, of Baltimore Co., Maryland to Joseph **Symons**, of same, 3,500 pounds of tobacco, 100 acres. Signed Stephen (x) **White** and Ann (x) **White**. Wit: Robert

Benger and James Ives.

2 Aug 1674, Capt. Thomas Long, attorney of Charles Gorsuch acknowledged sale to Henry Howard, attorney for William Wheatly.

28 Sep 1674, Charles Gorsuch, of Baltimore Co., Maryland to William Wheatly, mariner, of London, England, 8,000 pounds of tobacco, 100 acres...north side of Patapsco River and 200 acres, adjoining. Signed Charles Gorsuch. Wit: John Bollen and Ralph Dunratso.

3 Sep 1674, John & Florence Lee, planter, of Baltimore Co., Maryland to Joseph Baldwin, planter, of same, 7,000 pounds of tobacco, 200 acres...northeast branch of Bush River. Signed John (x) Lee. Richard Gibson and William Bysse.

4 Nov 1674, Charles Gorsuch, of Baltimore Co., Maryland to William Wheatly, mariner, of London, England, 300 acres. Signed Charles Gorsuch. Wit: John (x) Kemp and William Bysse.

5 Jun 1676, Thomas & Jane Overton, of Baltimore Co., Maryland to Perter Ellis, planter, of same, 75 acres...Muskeete creek. Signed Thomas (x) Overton and Jane (x) Overton. Wit: Thomas Long and Miles Gibson.

5 Jun 1676, John Owen, planter, of Gunpowder River, Baltimore Co., Maryland to Edward Phillips, planter, of same, 100 acres...west side of west branch of Gunpowder River. Signed John Owen. Wit: Thomas Richardson and Miles Gibson.

23 Jul 1674, Thomas & Jane Long, gentleman, of Back River, Baltimore Co., Maryland to John Leakins, planter, of Baltimore Co., Maryland, 3,100 pounds of tobacco, 74 acres...south side of Middle Branch. Signed Thomas Long. Wit: Nathaniel Hinchman and Robert Benger.

16 Jun 1674, Miles Gibson, of Baltimore Co., Maryland to Samuel

Hedge, gentleman, of same, 640 acres...Rumley creek. Signed Miles Gibson. Wit: William **Palmer** and Thomas (x) **Cooke**.

1 Nov 1675, Thomas & Mary **Roper**, planter, of Anne Arundel Co., Maryland to Anthony **Demondidier**, of same, 50 acres...Patapsco River...patented 25 Feb 1661 by Charles **Gorsuch**...and 100 acres purchased 1668 from said **Gorsuch**. Signed Thomas (x) **Roper**. Wit: Robert **Wilson** and William **Salsbury**.

9 Mar 1674, James & Martha **Ives**, merchant, of Baltimore Co., Maryland to William **Palmer**, gentleman, of same, 100 acres...Cathole creek...patented 1 May 1672. Signed James **Ives** and Martha (x) **Ives**. Wit: George **Wells** and Henry **Haslewood**.

19 May 1676, Thomas **Thurston**, of Baltimore Co., Maryland to his daughter Ann **Gibson**, wife of Miles **Gibson**, for love and affection, 600 acres in Talbot Co., Maryland. Signed Thomas **Thurston**. Wit: Elizabeth (x) **Hollis** and Thomas **Trout**.

27 Oct 1676, Thomas **Thurston**, of Baltimore Co., Maryland to his daughter Elizabeth **Skipwith**, wife of George Skipwith, for love and affection, chattel goods. Signed Thomas **Thurston**. Wit: Peter **Ellis** and **Taylor**.

3 Nov 1675, Henry & Elizabeth **Haslewood**, of Baltimore Co., Maryland to Rutgertson **Garrett**, planter, of same, 75 acres. Signed Henry **Haslewood** and Elizabeth **Haslewood**. Wit: George **Wells** and John **Waterton**.

29 May 1675, Col. Nathaniel & Elizabeth **Utie**, of Baltimore Co., Maryland to Edward **Beedle**, planter, of same, 4,000 pounds of tobacco, 130 acres of 400 acres...Musketto creek...patented 4 Mar 1661, by Col. Edward **Carter**, who sold to said **Utie**. Signed Nathaniel **Utie** and Elizabeth **Utie**. Wit: John **Waterton** and George **Wells**.

29 May 1675, Col. Nathaniel & Elizabeth **Utie**, of Baltimore Co., Maryland to Robert **Jones**, planter, of same, 3,000 pounds of tobacco, 90 acres of 400 acres...Musketto creek...patented 4 Mar

1661, by Col. Edward **Carter**, who sold to said **Utie**.

Chapter 6

Baltimore Co., Maryland
Liber T.R. No. R.A.
1672-1718

Thomas **Middlefield** to Charles **James**, 200 acres...Thomas creek...formerly taken by John **Collett**, George **Goldsmith** and John **James**.

4 Jun 1672, John **Collett**, of Baltimore Co., Maryland to George **Wells**, of same, 120 acres...line of George **Goldsmith** and John **Hawkins**. Signed John **Collett**. Wit: George **Utie** and James **Frisbie**.

3 Sep 1672, Charles **James**, gentleman, of Baltimore Co., Maryland to Thomas **Middlefield**, carpenter, of same, east side of Chesapeake Bay. Signed Charles **James**. Wit: William **Palmer** and John **James**.

6 Aug 1672, Richard **Thurrell**, planter, of Baltimore Co., Maryland (attorney for Joseph **Hawkins**, late of Baltimore Co., Maryland) to Joseph **Summer** and Robert **Garrett**, planters, of same, 450 acres ...Back River. Signed Richard **Thurrell**. Wit: T. **Salmon** and John **Eaton**.

23 Mar 1672, Joseph **Hawkins**, of Baltimore Co., Maryland power of attorney to Richard **Thurrell**, planter, of same. Signed Joseph **Hawkins**. Wit: Anna **Todd** and William **Choice**.

1 Nov 1670, John **Gilbert**, merchant, of Baltimore Co., Maryland to Abraham **Wild**, of same, 600 acres...south side of Elk River... line of Monrose **Anderson**. Signed John **Gilbert**. Wit: John **Vanheck** and T. **Salmon**.

1 Nov 1672, John **Magregory**, planter, of Baltimore Co., Maryland to Hugh **Fouch**, planter, of same, 250 acres...Omelys creek. Signed James (x) **Magregory**. Wit: T. **Salmon** and Augustine **Herman**.

5 Nov 1672, John **Magregory**, planter, of Baltimore Co., Maryland to Hugh **Fouch**, planter, of same, 200 acres...line of Bryan **Omely**. Signed James (x) **Magregory**. Wit: T. **Salmon** and Henry **Ward**.

5 Nov 1672, John **Collett**, gentleman, of Baltimore Co., Maryland to Robert **Hawkins**, of same, 500 acres...Elk River. Signed John **Collett**. Wit: Henry **White** and Henry **Haslewood**.

1 Aug 1672, Samuel **Tracy**, gentleman, of Gunpowder River, Baltimore Co., Maryland to Richard **Winley**, of same, 1,500 pounds of tobacco, 50 acres...head of Gunpowder River. Signed Samuel **Tracy**. Wit: Thomas **Marcy** and Joseph **Pearce**.

22 Jul 1672, Edward **Swanson**, planter, of Bush River, Baltimore Co., Maryland to Richard **Syms**, of Gunpowder River, Baltimore Co., Maryland, 3,500 pounds of tobacco, 100 acres...head of Gunpowder River. Signed Edward (x) **Swanson**. Wit: Thomas (x) **Lewis** and John **Waterton**.

2 Sep 1671, John **Towers**, of Baltimore Co., Maryland to Thomas **Jones**, planter, of Bush River, Baltimore Co., Maryland, 3,000 pounds of tobacco,200 acres...south side of Bush River. Signed John **Towers**. Wit: T. **Salmon** and Henry **Howard**.

5 Mar 1672, Philip & Dorothy **Macanaday**, planter, of Baltimore Co., Maryland to Richard **Adams**, planter, of same, 100 acres...Findall creek. Signed Philip (x) **Macanaday** and Dorothy (x) **Macanaday**. Wit: John **Waterton** and Samuel **Tracy**.

5 Sep 1672, Daniel **Siluane**, planter, of Baltimore Co., Maryland to William **Pearce**, 150 acres...Worten creek...line of Joseph **Hopkins** ...purchased of William **Beiras**. Signed Daniel **Siluane**. Wit: Abraham **Wild** and Gideon **Gundry**.

1 Mar 1671, Nathaniel **Stiles**, gentleman, of Baltimore Co.,

Maryland to Lodowick **Williams**, planter, of same, 150 acres...south side of Bush River...patented 12 Aug 1670. Signed Nathaniel Stiles. Wit: T. **Salmon** and William **Dunkerton**.

5 Mar 1671, John **Owen**, of Gunpowder River, Baltimore Co., Maryland to Thomas **Morley**, of same, line of John **Taylor** Jr. and John **Dixon**, deceased. Signed John **Owen**. Wit: Samuel **Tracy** and John **Descardins**.

20 Mar 1670, Rowland **Williams**, of Baltimore Co., Maryland power of attorney to James **Ives**, to confirm sale of 200 acres to John **Tillard**. Signed Rowland **Williams**. Wit: Edward (x) **Reeves** and Alexander **Cony**.

20 Mar 1670, Rowland **Williams**, of Baltimore Co., Maryland to John **Tillard**, of same, 200 acres...Saint Ann River. Signed Rowland **Williams**. Wit: John (x) **Tarkinton**, James **Ives** and Richard **Collens**.

1671, Charles & Justice **Nicholetts**, of Baltimore Co., Maryland to John **James**, gentleman, of same, 150 acres...Steel Pone creek... formerly taken up by George **Gouldsmith**. Signed Charles **Nicholetts** and Justice **Nicholetts**. Wit: Richard **Ball** and John **Vanheck**.

5 Aug 1672, John **Powell**, planter, of Baltimore Co., Maryland to Thomas **Weymouth**, of same, 150 acres...purchased of William **Pearce**. Signed John **Powell**. Wit: T. **Salmon** and William **Chadborne**.

2 Mar 1671, John **Collett**, gentleman, of Baltimore Co., Maryland to James **Ives**, of same, 150 acres...east side of Gunpowder River. Signed John **Collett**. Wit: Robert **Benger** and Peter **Ellis**.

7 Aug 1672, John **James** power of attorney to his brother, Charles **James**, to acknowledge sale of 100 acres to William **Pate**. Signed John **James**. Wit: John **Owen** and John (x) **Higgs**.

5 Aug 1672, John **James**, gentleman, of Baltimore Co., Maryland to William **Pate**, planter, of same, 100 acres...Jacobus creek. Signed

John **James**. Wit: Charles **James** and James **Hepbourne**.

5 Aug 1672, Vincent **Elliott**, boatwright, Baltimore Co., Maryland to Jeremiah **Eaton**, gentleman, of Kent Co., Maryland, 550 acres... Bush River. Signed Vincent **Elliott**. Wit: Thomas **Long** and William **Palmer**.

5 Aug 1671, Richard & Guithen **Leake**, taylor, of Baltimore Co., Maryland to Henry **Pennington**, planter, of same, 400 acres...Duck creek. Signed Richard (x) **Leake** and Guithen (x) **Leake**. Wit: Robert **Sanders** and William **Palmer**.

5 Nov 1672, James & Elizabeth **Wrath**, planter, of Baltimore Co., Maryland to Henry **Eldesley**, of same, 100 acres...Sassafrax River... line of William **Fisher**. Signed James (x) **Wrath** and Elizabeth (x) **Wrath**. Wit: Henry **Ward** and James **Frisbie**.

1 Mar 1672, Thomas **Howell**, of Baltimore Co., Maryland to James **Hepbourne**, of same, 200 acres...Fishing creek. Signed Thomas **Howell**. Wit: John **Hodgson** Sr. and John **Owen**.

2 Mar 1672, Nathaniel **Utie**, gentleman, of Baltimore Co., Maryland to Rutten **Garrett**, planter, of same, 3,000 pounds of tobacco, 300 acres...Swan creek. Signed Nathaniel **Utie**. Wit: Thomas **Long** and Henry **Ward**.

13 Mar 1673, Received of Edward **Bedell** for Rutgorer **Garrett**, 36 pounds of tobacco for 300 acres. Signed Thomas **Charleton**. Wit: Vera **Copia** and Thomas **Hedge**.

1 Jan 1672, Henry & Pernell **Eldesley**, planter, of Baltimore Co., Maryland to Ebenezer **Blackstone**, planter, of same, 100 acres... Sassafrax River...line of Nicholas **Allen**...formerly owned by Capt. Thomas **Howell**. Signed Henry **Eldesley** and Pernell (x) **Eldesley**. Wit: William (x) **Gives** and Miles **Gibson**.

5 Sep 1671, John & Sarah **Vanheck**, gentleman, of Baltimore Co., Maryland to Thomas **Hawker**, of same, 100 acres...line of Capt. Josias **Fendall**. Signed John **Vanheck** and Sarah (x) **Vanheck**. wit:

Richard **Ball**, T. **Salmon** and William **Salsbury**.

4 Dec 1672, Robert **Taylor**, planter, of Gunpowder River, Baltimore Co., Maryland to Joseph **Peircey**, carpenter, of Back River, Baltimore Co., Maryland, 1,000 pounds of tobacco, 100 acres...east side of Gunpowder River. Signed (x) **Taylor**. Wit: John (x) **Taylor** and John **Waterton**.

5 Apr 1672, John & Elizabeth **Browning**, planter, of Baltimore Co., Maryland to Richard **Nash**, of Kent Co., Maryland, 28, 000 pounds of tobacco, 300 acres...Bohemia River...patented 21 Jul 1661. Signed John **Browning**. Wit: Augustine **Herman**, Rowland **Williams** and Thomas (x) **Shelton**.

4 Mar 1672, Richard & Guithen **Leake**, taylor, of Baltimore Co., Maryland to Hance **Peterson** and James **Watson**, planters, of same, 7,000, 300 acres...Back creek. Signed Richard (x) **Leake** and Guithen (x) **Leake**. Wit: Richard **Ball** and T. **Salmon**.

3 Jun 1672, John **Desiardins**, gentleman, of Baltimore Co., Maryland to John **Rogers**, merchant, of Bristol, England, 50 acres... Rumley creek. Signed John **Desiardins**. Wit: John **Vanheck** and James **Frisbie**.

3 Jun 1673, Mathew & Ann **Adams**, planter, of Baltimore Co., Maryland to Jonathan **Lincoln**, planter, of same, 7,000 pounds of tobacco, 50 acres...Swan creek. Signed Mathew (x) **Adams** and Ann (x) **Adams**. Wit: John **Vanheck** and T. **Salmon**.

27 May 1673, Obadiah **Judkins**, of Talbot Co., Maryland to John **Hillen**, of Anne Arundel Co., Maryland, patented assigned to said **Judkins** by Henry **Downes**. Signed Obadiah **Judkins**. Wit: William **Southbee** and Joshua **Shaller**.

27 May 1673, Obadiah **Judkins**, of Talbot Co., Maryland to John **Hillen**, of Anne Arundel Co., Maryland, 4,000 pounds of tobacco, purchased of Henry & Bridgett **Downes**. Signed Obadiah **Judkins**. Wit: William **Southbee** and Joshua **Shaller**.

27 May 1673, Obadiah & Jane **Judkins**, of Talbot Co., Maryland power of attorney to Abraham **Strand**, of Baltimore Co., Maryland, to acknowledge sale of 300 acres...Johns creek...to John **Hillen**, of Anne Arundel Co., Maryland. Signed Obadiah **Judkins** and Jane (x) **Judkins**. Wit: D. **Humbolt** and Henry **Eldesley**.

7 Jan 1667, Henry & Bridgett **Downes** to Obadiah **Judkins**, of Miles River, Talbot Co., Maryland. Signed Henry **Downes** and Bridgett (x) **Downes**. Wit: Mathew **Morton** and Robert **Dunn**.

27 May 1673, Obadiah & Jane **Judkins**, of Talbot Co., Maryland to John **Hillen**, of Anne Arundel Co., Maryland, 4,000 pounds of tobacco, 300 acres...Capt. Johns creek...patented 15 Sep 1665 by Henry **Downes**. Signed Obadiah **Judkins** and Jane (x) **Judkins**. Wit: William **Southbee**, Joshua **Shaller**, Abraham **Strand**, Thomas (x) **Shelton** and Nathaniel **Hillen**.

3 Jun 1673, John **Ryley** and John **Webster**, planters, of Baltimore Co., Maryland divide land...purchased of William **Palmer**...Swan creek...purchased of William **Palmer**. Signed John (x) **Ryley** and John (x) **Webster**. Wit: William **Toulson** and T. **Salmon**.

4 Aug 1673, John **George**, planter, of Baltimore Co., Maryland to Thomas **Rumsey**, of same, 2,000 pounds of tobacco, 200 acres...Torsons creek...line of Andrew **Torson**. Signed John **George**. Wit: Thomas **Gilbert** and George (x) **Brocus**.

10 Mar 1673, John & Florence **Lee**, of Baltimore Co., Maryland to William **Osborne**, of same, about 3 miles up Bush River on east side. Signed John (x) **Lee** and Florence (x) **Lee**. Wit: Eusebius **Beale** and Benjamin **Blofield**.

2 Jun 1673, William **Osborne** power of attorney to Eusebius **Beale**. Signed William **Osborne**.

2 Jun 1673, William **Osborne** and John **Lee**, of Baltimore Co., Maryland to Anthony **Brispoe**, of same, 1,200 pounds of tobacco, 100 acres...east side of Bush River about 3 miles up. Signed William **Osborne** and John (x) **Lee**. Wit: Eusebius **Beale** and Benjamin

Blofield.

2 Jun 1673, Samuel **Tracy**, gentleman, of Gunpowder River, Baltimore Co., Maryland to Thomas **Richardson** and James **Wells**, planter, of Baltimore Co., Maryland, 6,000 pounds of tobacco, 150 acres...head of Gunpowder River...line of Richard **Winley**. Signed Samuel **Tracy**. Wit: Richard (x) **Winley** and John **Waterton**.

10 Oct 1672, Robert **Chapman**, of Kent Co., Maryland to Thomas **Phelps**, of Anne Arundel Co., Maryland, Swan creek...patented by Thomas **Howell**. Signed Robert (x) **Chapman**. Wit: Jonathan **Neale** and Edmund **Booney**.

10 Nov 1673, James **Magregory**, planter, of Baltimore Co., Maryland to John **Poole**, planter, of same, 125 acres...Omelys creek. Signed James (x) **Magregory**. Wit: John **Vanheck** and James **Frisbie**.

2 Aug 1673, William & Sarah **Salsbury**, planter, of Baltimore Co., Maryland to William **Morgan** and William **Welch**, planters, of same, 6,000 pounds of tobacco, 200 acres...Horton creek...line of Capt. **Cornwallis**. Signed William **Salsbury** and Sarah (x) **Salsbury**. Wit: Henry **Ward** and T. **Salmon**.

2 Aug 1673, John & Jane **Mascord** and Mathew **Kniveington**, planters, of Baltimore Co., Maryland to Barnard **Utie**, of same, 12,000 pounds of tobacco, 200 acres...Muskets creek. Signed John **Mascord**, Jane (x) **Mascord** and Mathew **Kniveington**. Wit: Andrew (x) **Bennett**, Henry **Hazlewood** and Mense **Sticklekamp**.

4 Aug 1673, George **Harris**, of Kent Co., Maryland to Henry **Eldesly**, of Baltimore Co., Maryland, 2,000 pounds of tobacco, south side of Sassafrax River. Signed George (x) **Harris**. Wit: James **Wrayeth** and Nicholas **Allome**.

4 Aug 1673, George **Harris**, of Kent Co., Maryland to Henry **Eldesly**, of Baltimore Co., Maryland, bound for good deed. Signed George (x) **Harris**. Wit: James **Wrayeth** and Nicholas **Allome**.

24 Jul 1673, William & Sarah **Salsbury**, planter, of Baltimore Co.,

Maryland to Thomas **Salmon**, of same, 4,300 pounds of tobacco, 200 acres...Worton creek...purchased of Col. Edward **Carter**. Signed William **Salsbury** and Sarah (x) **Salsbury**. Wit: Thomas **Howell** and John **Vanheck**.

30 May 1673, Robert **Hawkins**, (heir of John **Hawkins**, late of Baltimore Co., Maryland), of Baltimore Co., Maryland to William **Dunkerton** and Thomas **Overton**, of same, 700 acres..line of Godfrey **Bailey**...patented 15 Feb 1659 by Richard **Collett**, who sold to said John **Hawkins**. Signed Robert (x) **Hawkins**. Wit: Thomas **Howell** and James **Frisbie**.

30 May 1673, Robert **Hawkins**, (heir of John **Hawkins**, late of Baltimore Co., Maryland), of Baltimore Co., Maryland to William **Dunkerton** and Thomas **Overton**, of same, 150 acres...line of Richard **Collett**...patented 30 Sep 1657 by John **Hawkins**. Signed Robert (x) **Hawkins**. Wit: Thomas **Howell** and James **Frisbie**.

30 May 1673, Robert **Hawkins**, (heir of John **Hawkins**, late of Baltimore Co., Maryland), of Baltimore Co., Maryland to William **Dunkerton** and Thomas **Overton**, of same, 500 acres...Elk River... between John **Collett** and George **Yate**, deceased. Signed Robert (x) **Hawkins**. Wit: Thomas **Howell** and James **Frisbie**.

30 May 1673, Robert **Hawkins**, (heir of John **Hawkins**, late of Baltimore Co., Maryland), of Baltimore Co., Maryland to William **Dunkerton** and Thomas **Overton**, of same, 600 acres...Elk creek... line of Richard **Wright**...patented 21 Jul 1664 by Richard and John **Collett**. Signed Robert (x) **Hawkins**. Wit: Thomas **Howell** and James **Frisbie**.

4 Nov 1673, Charles **Gorsuch** power of attorney to Thomas **Long**. Signed Charles **Gorsuch**. Wit: John (x) **Kemp** and William **Caubourne**.

10 Jun 1673, Charles **Gorsuch**, of Baltimore Co., Maryland to Roger **Sidwell**, planter, of same, 86 acres...Back River. Signed Charles **Gorsuch**. Wit: John **Johnson** and John **Barrett**.

1 Nov 1673, John **James**, planter, of Baltimore Co., Maryland to Thomas **Thruston**, of same, 200 acres...Turkey Neck of Bush River. Signed John (x) **James**. Wit: Miles **Gibson**, Thomas **Trout** and Edward **Mely**.

4 Nov 1673, Edward **Horton**, planter, of Baltimore Co., Maryland to Thomas **Byworth**, of Patapsco River, Baltimore Co., Maryland, 2,100 pounds of tobacco, 100 acres...line of John **Godfrey**. Signed Edward (x) **Horton**. Wit: George **Utie** and T. **Salmon**.

4 Nov 1673, Henry & Parnell **Eldesly**, planter, of Baltimore Co., Maryland to James **Wrath**, of same, 14,000 pounds of tobacco, 175 acres...patented by Henry **Jones**, deceased...and second tract patented by George **Harris**, deceased, late of Kent Co., Maryland. Signed Henry **Eldesly** and Parnell (x) **Eldesly**. Wit: Gideon **Gundry** and Henry **Hazlewood**.

6 Feb 1673, John & Jane **Fallock**, of Baltimore Co., Maryland to Miles **Gibson**, of same, 13,000 pounds of tobacco, 640 acres...Omely creek. Signed John **Fallock** and Jane (x) **Fallock**. Wit: George **Utie** and William (x) **Hollis**.

6 Feb 1673, Richard **Morgan**, of Baltimore Co., Maryland to Anthony **Brispoe**, of same, 100 acres...Bush River. Signed Richard (x) **Morgan**. Wit: George **Utie** and William (x) **Hollis**.

16 Jan 1673, Richard **Collins**, blacksmith, of Baltimore Co., Maryland to Anthony **Brispoe**, of same, for love and affection, 125 acres...Bush River. Signed Richard **Collins**. Wit: George **Utie** and George **Bailey**.

7 Feb 1673, John **Masters**, planter, of Gunpowder River, Baltimore Co., Maryland to John **Waterton**, gentleman, of same, 2,000 pounds of tobacco, 50 acres...Bush River. Signed John **Masters**. Wit: John **Ridge**, Robert **Sanders** and Cornelius **Bonyer**.

28 Dec 1671, Peter **Sterling**, of Gloucester Co., Virginia power of attorney to Thomas **Long**, to surrender two tracts to Luke **Raven**, of Gloucester Co., Virginia. Signed Peter **Sterling**. Wit: Thomas

Mathews and Giles (x) Stephens.

26 Dec 1673, Peter **Sterling**, chyrurgeon, of Gloucester Co., Virginia to Luke **Raven**, blacksmith, of Gloucester Co., Virginia, 5,500 pounds of tobacco, two tracts, 350 acres and 100 acres...middle branch of Gunpowder River. Signed Peter **Sterling**. Wit: Thomas **Mathews** and Giles (x) **Stephens**.

24 Feb 1673, Giles **Stephens**, lawyer, of Baltimore Co., Maryland to Richard **Bennett**, of same, 4,000 pounds of tobacco, 300 acres...Back River. Signed Giles **Stevens**. Wit: John **Bailey** and Thomas **Long**.

8 Jan 1673, Giles **Stephens**, lawyer, of Back River, Baltimore Co., Maryland to Barnwell **Smith**, of same, 2,000 pounds of tobacco, 65 acres...line of Robert **Downes**. Signed Giles (x) **Stevens**. Wit: Thomas **Long** and William **Bist**.

3 Jun 1674, Thomas **Ramsey**, of Baltimore Co., Maryland to John **West**, 3,000 pounds of tobacco, 200 acres...Toulsons creek. Signed Thomas (x) **Ramsey**. Wit: Augustine **Harman** and Bruerton **Vaughan**.

2 Jun 1674, Mary **Harman**, widow, of Baltimore Co., Maryland to Robert **Benger** and John **Johnson**, of same, 150 acres. Signed Mary **Harman**. Wit: Thomas **Salmon** and William **Dunkerton**.

4 Jun 1674, John **Willis**, planter, of Baltimore Co., Maryland to Joseph **Hopkins**, gentleman, of same, 200 acres...Chime creek... patented 20 Sep 1666 by William **Pearce**. Signed John **Willis**. Wit: Nathaniel **Stiles** and Thomas **Long**.

9 Mar 1673, Rowland **Williams**, of Baltimore Co., Maryland power of attorney to John **Watson**, of same, for land sale to James **Ives**. Signed Rowland **Williams**. Wit: Peter **Ellis** and John **Cooke**.

4 Nov 1673, Robert **Williams**, planter, of Baltimore Co., Maryland to James **Ives**, of same, 1,800 pounds of tobacco, 300 acres... Spesutra creek. Signed Rowland **Williams**. Wit: Nathaniel **Utie** and Henry **Hazlewood**.

28 May 1674, Richard & Gwenlean **Leake**, planter, of Baltimore Co., Maryland to Thomas **Ward**, planter, of same, 3,000 pounds of tobacco, 200 acres...Fishing creek. Signed Richard (x) **Leake** and Gwenlean (x) **Leake**. Wit: A. **Williams** and Richard (x) **Baldbee**.

26 May 1674, Augustine **Harman**, gentleman, of Baltimore Co., Maryland to Henrich **Mathias**, carpenter, of same, 7,000 pounds of tobacco, 100 acres...Saint Thomas's creek. Signed Augustine **Harman**. Wit: John **Gilbert** and Abraham **Wild**.

1 Jun 1674, George **Wilson**, planter, of Baltimore Co., Maryland to Richard **Lee**, carpenter, of same, 3,200 pounds of tobacco, 125 acres ...Sassafrax River...line of William **Southbee**. Signed George (x) **Wilson**. Wit: Ann (x) **Gilson** and Thomas (x) **Linsey**.

1 Jun 1674, George **Wilson**, planter, of Baltimore Co., Maryland to William **Southbee**, of same, 4,750 pounds of tobacco, 125 acres... Sassafrax River. Signed George (x) **Wilson**. Wit: Ann (x) **Gilson** and Thomas (x) **Linsey**.

4 Aug 1674, William **Palmer**, gentleman, of Baltimore Co., Maryland to John **Tarkinton**, planter, of same, 500 acres...Sassafrax River. Signed William **Palmer**.

3 Aug 1674, John & Prudence **Tarkinton**, planter, of Baltimore Co., Maryland to William **Palmer**, gentleman, of same, 250 acres... Musketa creek... second tract, 250 acres, adjoining. Signed John (x) **Tarkinton** and Prudence (x) **Tarkinton**. Wit: George **Wells** and Samuel **Boston**, sheriff.

3 May 1674, Alee **Ruxton**, wife of Nicholas **Ruxton**, of Baltimore Co., Maryland power of attorney to Richard **Ball**, of same, to sell 200 acres...Bare creek. Signed Alee (x) **Ruxton**. Wit: Samuel **Thomas** and William **Shilbourne**.

3 may 1674, Nicholas & Alee **Ruxton**, planter, of Baltimore Co., Maryland to Thomas **Jones**, 4,500 pounds of tobacco, 200 acres... Bare creek. Signed Nicholas (x) **Ruxton** and Alee (x) **Ruxton**. Wit: Richard **Ball** and Thomas **Marshall**.

3 Aug 1674, Stephen & Ann **White**, planter, of Baltimore Co., Maryland to Joseph **Symons**, planter, of same, 3,500 pounds of tobacco, 100 acres ...south of Patapsco River. Signed Stephen (x) **White** and Ann (x) **White**. Wit: Robert **Benger** and James **Ives**.

28 Sep 1674, Charles **Gorsuch**, of Baltimore Co., Maryland to William **Wheatly**, mariner, of London, England, 8,000 pounds of tobacco, 100 acres...north side of Patapsco River. Signed Charles **Gorsuch**. Wit: John **Bollen**, Richard (x) **Keene**, John (x) **Woodwine** and Ralph **Doncalf**.

3 Sep 1674, Robert & Florence **Lee**, planter, of Baltimore Co., Maryland to Joseph **Gallion**, planter, of same, 7,000 pounds of tobacco, 200 acres...Bush River. Signed John (x) **Lee**. Wit: Miles **Gibson** and William **Bysse**.

4 Nov 1674, Charles **Gorsuch**, gentleman, of Baltimore Co., Maryland power of attorney to Thomas **Long**, of same, 300 acres sold to William **Wheatly**. Signed Charles **Gorsuch**. Wit: John (x) **Kemp** and William **Bisse**.

5 Jun 1675, Thomas & Jane **Overton**, of Baltimore Co., Maryland to Peter **Ellis**, planter, of same, 75 acres...Musketo creek. Signed Thomas (x) **Overton** and Jane (x) **Overton**. Wit: Thomas **Long** and Miles **Gibson**.

5 Jun 1675, John **Owen**, planter, of Gunpowder River, Baltimore Co., Maryland to Edward **Phillips**, planter, of same, 100 acres. Signed John **Owen**. Wit: Thomas **Richardson** and Miles **Gibson**.

20 Jun 1674, Thomas **Long**, gentleman, of Back River, Baltimore Co., Maryland to John **Leakins**, of Patapsco River, Baltimore Co., Maryland, 13,100 pounds of tobacco, 74 acres...Middle River. Signed Thomas **Long**. Wit: Nathaniel **Hichman** and Robert **Benger**.

7 Jun 74, Miles **Gibson**, of Baltimore Co., Maryland to Samuel **Hedge**, gentleman, of same, 600 acres...head of Rumley creek. Signed Miles **Gilson**. Wit: William **Palmer** and Thomas (x) **Cooke**.

1 Nov 1675, Thomas **Roper**, planter, of Anne Arundel Co., Maryland to Anthony **Demondidier**, of same, 16,000 pounds of tobacco, 50 acres... Patapsco River...patented 24 Feb 1661 by Loveless **Gorsuch**...and 100 acres...middle branch of Patapsco River...line of Loveless **Gorsuch**... patented 20 Jun 1668 by Charles **Gorsuch**, who sold 1 Feb 1669 to said **Roper**...and 145 acres patented 20 Jun 1668 by said **Roper**. Signed Thomas (x) **Roper**. Wit: Robert **Wilson**, William **Salsbury**, Timothy **Randall** and Eluis **Randall**.

9 May 1674, James & Martha **Ives**, merchant, of Baltimore Co., Maryland to William **Palmer**, of same, 100 acres...Catfish creek...patented 1672. Signed James **Ives** and Martha (x) **Ives**. Wit: George **Wells** and Henry **Hazlewood**.

19 May 1676, Thomas **Thurston**, of Baltimore Co., Maryland to Miles **Gibson**, husband of the daughter of said **Thurston**, for love and affection, 600 acres in Talbot Co., Maryland. Signed Thomas **Thurston**. Wit: Nathaniel **Henchman**, Elizabeth (x) **Hollis** and Thomas **Troute**.

27 Oct 1676, Thomas **Thurston**, of Baltimore Co., Maryland to his daughter Elizabeth **Skipwith**, wife of George **Skipwith**, of West River, Baltimore Co., Maryland, for love and affection, his chattel goods. Signed Thomas **Thurston**. Wit: John **Ireland**, Peter **Ellis** and Lawrence **Taylor**.

3 Nov 1675, Henry & Elizabeth **Hazlewood**, gentleman, of Baltimore Co., Maryland to Rutgertson **Garrett**, planter, of same, 75 acres...line of George **Goldsmith**. Signed Henry **Hazlewood** and Elizabeth **Hazlewood**. Wit: George **Wells** and John **Waterton**.

29 May 1674, Col. Nathaniel & Elizabeth **Utie**, of Baltimore Co., Maryland to Edward **Beedle**, planter, of same, 4,500 pounds of tobacco, 130 acres of 400 acres...Muskeeto creek...patented 4 Mar 1661 by Col. Edward **Carter**. Signed Nathaniel **Utie** and Elizabeth **Utie**. Wit: George **Wells** and John **Waterton**.

29 May 1674, Col. Nathaniel & Elizabeth **Utie**, of Baltimore Co.,

Maryland to Robert **Jones**, planter, of same, 3,000 pounds of tobacco, 90 acres of 400 acres...Muskeeto creek...patented 4 Mar 1661 by Col. Edward **Carter**.

9 May 1698, Joseph & Jane **Connaway**, planter, of Anne Arundel Co., Maryland to Alexander **Sumley**, of Baltimore Co., Maryland, 12,000 pounds of tobacco, 200 acres...west side of Patapsco River. Signed Joseph **Connaway** and Jane (x) **Connaway**. Wit: Robert **Parker** and Mary (x) **Stokes**.

7 Aug 1698, John **Leakins**, planter, of Baltimore Co., Maryland to John **Wells**, of same, 3,000 pounds of tobacco, 50 acres...formerly owned by Richard **Thurrell**. Signed John (x) **Leakins**. Wit: H. **Wriothesley** and Francis **Robinson**.

2 Aug 1698, Thomas **Cannon**, (son of Thomas **Cannon**, deceased), of Baltimore Co., Maryland to William **Ebdon**, planter, of same, 150 acres of 300 acres...north side of Gunpowder River... formerly owned Michael & Jane **Judd**, who sold to said Thomas **Cannon** Sr. Signed Thomas (x) **Cannon**. Wit: Francis **Dallahide** and H. **Wriothesley**.

15 Aug 1698, Thomas & Mary **Preston**, gentleman, of Baltimore Co., Maryland to Martin **Taylor**, planter, of same, 86 acres...Lodowick creek... line of Robert **Oless**. Signed Thomas (x) **Preston** and Mary **Preston**. Wit: Thomas **Daley**, Samuel **Browne** and H. **Wriothesley**.

6 Aug 1698, James **Todd**, gentleman, of Baltimore Co., Maryland to John **Wells**, planter, of same, five gallons of cider and love and affection, 27 acres...south side of Back River...line of Richard **Thurrell**, (which was gift of Thomas **Todd**). Signed James **Todd**. Wit: Robert **Johnson** and Nicholas **Fitzsimonds**.

13 Sep 1698, William & Elizabeth **Ebdon**, planter, of Baltimore Co., Maryland to John **Armstrong**, of Anne Arundel Co., Maryland, 300 acres...north side of Gunpowder River...purchased of Thomas **Cannon**. Signed William **Ebdon** and Elizabeth (x) **Ebdon**. Wit: Thomas **Staly** and H. **Wriothesley**.

4 Sep 1698, Emanuel & Sarah **Ceely**, of Baltimore Co., Maryland to Francis **Whitehead**, 100 acres... head of Middle River...patented 5 Aug 1684. Signed Emanuel (x) **Ceely**. Wit: Moses (x) **Groome** and H. **Wriothesley**.

10 Jun 1698, Emanuel & Sarah **Ceely**, of Baltimore Co., Maryland to Edward **Boothby**, 200 acres... head of Salt Peter creek...patented 1 Mar 1683, by said **Ceely** and Edward **Dows**. Signed Emanuel (x) **Ceely**. Wit: Moses (x) **Groome** and H. **Wriothesley**.

27 Sep 1698, Edward & Elizabeth **Boothby**, gentleman, of Baltimore Co., Maryland to William **Browne**, carpenter, of same, 15,000 pounds of tobacco, 400 acres...Swan creek. Signed Edward **Boothby** and Elizabeth **Boothby**. Wit: Thomas **Staly** and H. **Wriothesley**.

1 Nov 1698, John **Chadwell**, planter, of Baltimore Co., Maryland to Robert **Benger**, cordwinder, of same, 80 acres, part of 1085 acres...patented 20 Oct 1673 by George **Yaks**, of Anne Arundel Co., Maryland. Signed John (x) **Chadwell**. Wit: John **Thomas** and H. **Wriothesley**.

1 Nov 1697, John **Wells**, planter, of Baltimore Co., Maryland to Jonathan **Neale**, planter, of Anne Arundel Co., Maryland, 4,000 pounds of tobacco, 100 acres...south side of Patapsco River. Signed John (x) **Wells**. Wit: John **Thomas**, Henry **Wriothesley** and Richard **Cromwell**.

23 Dec 1697, Henry & Elizabeth **Bommer**, gentleman, of Anne Arundel Co., Maryland to Nicholas **Waterman**, planter, of same, 200 acres ...east side of Bush River. Signed Henry **Bommer**. Wit: Edward **Carter** and Zach. **Allen**.

23 Dec 1697, Henry & Elizabeth **Bommer**, gentleman, of Anne Arundel Co., Maryland power of attorney to John **Merryman**, gentleman, of same, 200 acres ...east side of Bush River. Signed Henry **Bommer** and Elizabeth **Bommer**. Wit: Wit: Edward **Carter**, Nicholas **Gasaway** and Zach. **Allen**.

3 Nov 1698, John & Vertice **Tillard**, carpenter, of Baltimore Co.,

Maryland to Charles **Adams**, of same, 140 acres...Bush River...between Richard **Tillard** and said **Adams**. Signed George **Greene** and John **Tillard**.

29 Oct 1698, John & Vertice **Tillard**, carpenter, of Baltimore Co., Maryland power of attorney to George **Greene**, of Kent Co., Maryland, to sell 140 acres. Signed John **Tillard** and Mary **Tillard**. Wit: Phillip **Hopkins** and Thomas (x) **Cannon**.

23 Dec 1697, Cornelius **Boyce**, planter, of Baltimore Co., Maryland to Theophelus **Kitten**, planter, of Anne Arundel Co., Maryland, 4,500 pounds of tobacco, 65 acres...Elk creek...line of John **Vaughan**. Signed Cornelius (x) **Boyce**. Wit: Henry **Thiffield**, Robert (x) **Cutchim** and H. **Wriothesley**.

13 Dec 1698, Joseph **Peak**, of Baltimore Co., Maryland to his wife Jane **Peak**, for love and affection, chattel goods. Signed Joseph **Peak**. Wit: Elizabeth (x) **Whitehead**.

11 Nov 1698, John **Sheffield**, merchant, of London, England power of attorney to Mark **Swift**, of Baltimore Co., Maryland. Signed John **Sheffield**. Wit: H. **Wriothesley** and James **Read**.

27 Dec 1698, David & Ann **Morgan**, planter, of Calvert Co., Maryland to William **Jeff**, boatwright, of Baltimore Co., Maryland, 150 acres...Swan creek. Signed James **Phillips** for David **Morgan**. Wit: H. **Wriothesley**.

18 Nov 1698, David & Ann **Morgan**, planter, of Calvert Co., Maryland power of attorney to James **Phillips**, of Baltimore Co., Maryland. Signed David **Morgan** and Ann (x) **Morgan**. Wit: Thomas **Bevans** and Roger (x) **Mathews**.

30 Dec 1698, Giles & Rebecca **Stevens**, planter, of Baltimore Co., Maryland to Joseph **Peak**, of same, 900 pounds of tobacco, 120 acres...north side of Bush River. Signed Giles **Stevens** and Rebeckah (x) **Stevens**. Wit: Thomas **Staley** and H. **Wriothesley**.

5 Oct 1698, Edward **Lumm**, of Anne Arundel Co., Maryland to

Edmond **Talbot**, of Baltimore Co., Maryland, 8,000 pounds of tobacco, 100 acres ...south side of Patapsco River...assigned by George **Yates** to William **Ebdon**, who assigned to Michael **Judd**, who assigned to the said **Lumm**. Signed Edward (x) **Lumm**. Wit: Charles **Carroll**.

8 Mar 1698, George **Chancey**, of Patapsco River, Baltimore Co., Maryland to Thomas & Elizabeth **Smith**, of Back River, Baltimore Co., Maryland, 2,000 pounds of tobacco, 50 acres patented 1670 by Roger **Sidwell**, who devised to Selah & Jane **Dorman**, who sold to said **Chancey**. Signed George **Chancey**. Wit: James **Methven** and H. **Wriothesley**.

18 May 1698, Michael **Yoakley** and John **Petter**, merchants, power of attorney to Richard **Colegate**, of Maryland. Signed Michael **Yoakley** and John **Petter**. Wit: John **Ruck**, William **Brookhouse**, Thomas **Yoakley** and Jacob **Guy**.

29 Mar 1698, William **Hore**, of Parish of Stepny, London, Middlesex Co., England To Luke **Raven**, planter, of Baltimore Co., Maryland, 4,000 pounds of tobacco, negro boy called Ramulus, aged 13 years. Signed William **Hore**. Wit: James **Methven** and Israel **Shelton**.

1 Apr 1697, Thomas **Lyall**, agent for Thomas **Hayes**, merchant, of London, England power of attorney to Israel **Shelton**, planter, of Baltimore Co., Maryland. Signed Thomas **Lyall**. Wit: Edward **Filkes** and Abraham **Taylor**.

13 Jul 1698, Anthony & Katharine **Johnson**, planter, of Baltimore Co., Maryland to John **Gaitrell**, planter, of Anne Arundel Co., Maryland, 160 acres...north side of Patapsco River. Signed Anthony **Johnson**. Wit: Robert **Parker**, Thomas **Cromwell** and John (x) **Christian**.

25 Mar 1699, John & Sarah **Durham**, planter, of St. Johns Parish, Baltimore Co., Maryland to Anthony **Drew**, of St. Georges Parish, Baltimore Co., Maryland, 4,000 pounds of tobacco, 125 acres...Winters Run. Signed John (x) **Durham** and Sarah (x) **Durham**. Wit: Mark **Richardson** and James **Phillips**.

13 Mar 1699, John **Copus**, planter, of Baltimore Co., Maryland to his daughter, Ales **Teale**, of same, for love and affection, 100 acres. Signed John (x) **Copus** and Sarah (x) **Teale**. Wit: James **Methven**, John **Francis** and John **Thomas**.

4 Oct 1695, Robert **Blunt**, (son and heir of Robert **Blunt**, late of Kent Co., Maryland), planter, of Talbot Co., Maryland to James **Todd**, planter, of Baltimore Co., Maryland, 200 acres ...north side of Patapsco River. Signed Robert (x) **Blunt**. Wit: William **Hatton** and Phillip **Hopkins**.

10 Mar 1699, John **Thomas**, gentleman, of Baltimore Co., Maryland to Robert **Burgin**, planter, of same, 4,000 pounds of tobacco, 440 acres...north side of Patapsco River...line of Nicholes **Ruston**. Signed John **Thomas**. Wit: H. **Wriothesley** and Nathaniel **Ruston**.

15 Dec 1693, Thomas **Corne**, of Baltimore Co., Maryland to Sarah **Teale**, widow, livestock. Signed Thomas (x) **Corne**. Wit: Joseph **Wouslon** and Thomas **Billson**.

27 Apr 1699, Richard **Cromwell**, gentleman, of Baltimore Co., Maryland to John and Jonas **Williams**, sons of Jonathan **Williams**, livestock. Signed Richard **Cromwell**. Wit: James **Methven**.

6 Dec 1687, Robert **Benger**, of Baltimore Co., Maryland granted 76 acres on Stray Run. Signed Thomas **Richardson**.

21 May 1699, Anthony & Mary Ann **Drew**, gentleman, of St. Georges Parish, Baltimore Co., Maryland to Capt. Nicholas **Lydston**, mariner, of London, England, 10,000 pounds of tobacco, three tracts, 180 acres...part of 400 acres, purchased of Garrett **Garretson**...two other tracts sold by Nathaniel **Utie** to Edward **Beadle** and Robert **Jones**. Signed Anthony **Drew** and Mary Ann (x) **Drew**. Wit: Mark **Richardson** and John **Hall**.

1 May 1699, Elizabeth **Gibson**, of Baltimore Co., Maryland to her son Thomas **Edmonds**, for love and affection, chattel goods. Signed Elizabeth **Gibson**. Wit: Jeff Gray, Thomas **Reynolds** and Richard **Cromwell**.

25 Apr 1699, Joseph **Peake**, planter, of Baltimore Co., Maryland to William **Pecker**, planter, of same, for love and affection, chattel goods, one servant boy John **Murray**. Signed Joseph **Peake**, Wit: Mark **Swift** and John **Scutt**.

25 Apr 1699, William **Pecker**, planter, of Baltimore Co., Maryland to Jane **Peake**, wife of Joseph **Peake**, chattel goods, one servant boy John **Murray**. Signed William **Pecker**. Wit: Mark **Swift** and John **Scutt**.

3 May 1699, Simon **Peirson**, weaver, of Baltimore Co., Maryland to Samuel **Strandifor**, cooper, of same, 3,000 pounds of tobacco, 100 acres...Binns Run. Signed Simon (x) **Peirson**. Wit: Thomas **Long**, Mark **Swift** and H. **Wriothesley**.

10 Nov 1698, John **Mahan**, of Wicklow Co., Ireland bound as apprentice to John **Smith**, merchant, of Bedford, for seven years. Signed Edward **Farmer** for John **Smith**. Wit: George **Archor**.

7 Mar 1699, Edmond **Hansley**, of Baltimore Co., Maryland power of attorney to Francis **Dallahide**, of same, to sell 200 acres to John **Anderson** and William **Wright**. Signed Edmond **Hansley**. Wit: Sarah (x) **Dallahide** and John **Hatch**.

24 Oct 1698, Benjamin **Legs**, aged 25 years, of St. Giles Parish, London, England bound as apprentice to Richard **Hitchiner**, of Stepney, Middlesex Co., England, for 4 years. Signed Richard **Hitchiner**. Wit: Thomas **Gallopp** and Thomas **Bell**.

20 Feb 1698, Giles & Rebecca **Stevens**, of Baltimore Co., Maryland to George **Hopham**, planter, of same, 65 acres...Back River...line of William **Ebdon**...patented 29 Sep 1674. Signed Giles (x) **Stevens** and Rebecca (x) **Stevens**. Wit: John **Hall** and John **Thomas**.

6 Jun 1699, Robert & Deborah **Benger**, innholder, late of Baltimore Co., Maryland to William **Forfare**, planter, of same, 60 acres...branch of Back River. Signed Robert **Benger** and Deborah (x) **Benger**. Wit: James **Methven** and Thomas **Meriweather**.

7 Jun 1699, Richard **Smithers**, planter, of Baltimore Co., Maryland to Lawrence **Richardson**, planter, of Gunpowder River, Baltimore Co., Maryland, 1,000 pounds of tobacco, 75 acres... line of James **Geser**...part of 300 acres belonging to Arthur **Taylor**, who gave said **Smithers** 75 acres. Signed Richard (x) **Smithers**. Wit: James **Methven** and Thomas **Staly**.

1699, John **Oldton** to Thomas **Cromwell** and James **Murray**, £44, 46 acres...Jones Falls. Signed John **Oldton**. Wit: George **Ashman** and Richard **Cromwell**.

15 Sep 1698, William & Margaret **Osborn**, planter, of Baltimore Co., Maryland to Henry **Jackson**, tanner, of same, 3,000 pounds of tobacco, 40 acres...east side of Bush River. Signed William **Osborn** and Margaret (x) **Osborn**. Wit: Mark **Richardson**, James **Phillips** and Anthony **Drew**.

1 Nov 1699, John & Jane **Anderson**, planter, of Baltimore Co., Maryland to Samuel **Sicklemore**, merchant, of same, 3,800 pounds of tobacco, 100 acres... Taylors creek...line of Francis **Watkins**. Signed John (x) **Anderson** and Jane (x) **Anderson**. Wit: Thomas **Richardson**.

1 Apr 1697, John **Hurst**, gentleman, of Anne Arundel Co., Maryland Ambrose **Pruite**, sawyer, of Baltimore Co., Maryland, livestock. Signed John **Hurst**. Wit: William **Peckett** and John **Taylor**.

10 Nov 1698, Patrick **Mullehall**, of Queens Co., Ireland bound as apprentice to John **Smith**, for 6 years. Signed Edward **Farmer** for John **Smith**. Wit: George **Archard**.

Thomas & Mary **Staly** to Avarilla **Munday**, daughter of Charles **Jones**, for love and affection, horse.

2 Aug 1699, Walter & Mary **Bosely**, of Baltimore Co., Maryland to Charles or Thomas **Whitehead**, of Anne Arundel Co., Maryland, 35 acres...Owens creek. Signed Walter **Bosely** and Mary **Bosely**. Wit: James **Maxwell**.

14 Jun 1699, William & Elizabeth **Coale**, planter, of West River, Anne Arundel Co., Maryland to James **Murray**, of Patapsco River, Baltimore Co., Maryland, £100, 350 acres...purchased of Richard & Elizabeth **James**. Signed William **Coale** Jr. and Elizabeth **Coale**. Wit: Thomas **Larkin** and William (x) **Smith**.

1 Aug 1699, Joseph & Jane **Peake**, planter, of Back River, Baltimore Co., Maryland to Edward **Smith**, of same, £60 and 10,000 pounds of tobacco, 575 acres...head of Back River. Signed Joseph **Peake** and Jane (x) **Peake**. Wit: H. **Wriothesley** and Edward **Stevenson**.

17 May 1699, Thomas **Todd**, of Ware Parish, Virginia to his servant John **Shaw**, on his plantation called Denton, for £30 paid to said **Todd** and Capt. John **Ferry**, deceased, late of Patapsco River, Baltimore Co., Maryland, for the freedom of said **Shaw**. Signed Thomas **Todd**. Wit John **Hayes**, John **Gay** and Richard **Colegate**.

8 Aug 1699, William and Oliver **York**, planters, of Baltimore Co., Maryland to Mark **Swift**, merchant, of same, 150 acres...Ah_has creek. Signed William (x) **York** and Oliver (x) **York**. Wit: James **Methven** and Thomas **Hedge**.

10 Jul 1699, Mary **Frisell**, widow of James **Frisell** to William and Oliver **York**, sons of William **York**, deceased, land at head of Bush River...formerly belonging to William **York**, deceased. Signed mary (x) **Frisell**. Wit: Abraham **Taylor** and Mark **Swift**.

8 Aug 1699, William and Oliver **York**, planters, of Baltimore Co., Maryland to Mark **Swift**, merchant, of same, 300 acres...one half of 600 acres patented 18 Mar 1685. Signed William (x) **York** and Oliver (x) **York**. Wit: James **Methven** and Thomas **Hedge**.

10 Nov 1698, Joseph & Susanna **Owen**, taylor, of Anne Arundel Co., Maryland to John **Martin**, boatwright, of Charles Co., Maryland, 8,000 pounds of tobacco, 200 acres...Holy Run... line of Anthony **Holland** and Nicholas **Paniter**... patented 18 May 1679 by Francis **Seafe**, who sold 13 Jun 1685 to said **Owen**. Signed Joseph **Owen** and Susanna (x) **Owen**. Wit: W. **Dent** and John **Emerson**.

12 Jun 1699, James & Penelope **Todd**, gentleman, of Baltimore Co., Maryland to John **Harryman**, planter, of same, 50 acres...south side of Back River...line of John **Wells**. Signed James **Todd** and Penelope (x) **Todd**. Wit: John Oldton and George **Chancey**.

6 Nov 1699, Martha **Bowen**, widow, of Patapsco River, Baltimore Co., Maryland to her son John **Bowen**, of same, for love and affection, livestock. Signed Martha (x) **Bowen**. Wit: George **Ashman**.

6 Nov 1699, Martha **Bowen**, widow, of Patapsco River, Baltimore Co., Maryland to her daughter Honour **Bowen**, of same, for love and affection, livestock. Signed Martha (x) **Bowen**. Wit: George **Ashman**.

6 Nov 1699, Martha **Bowen**, widow, of Patapsco River, Baltimore Co., Maryland to Jonas **Robinson**, (son and heir of James **Robinson**, carpenter, late of Baltimore Co., Maryland), for love and affection, livestock. Signed Martha (x) **Bowen**. Wit: George **Ashman**.

22 Sep 1699, Stephen **Johnson**, shipwright, of Baltimore Co., Maryland to his wife Ann **Johnson**, the negro boy called Argalus. Signed Stephen **Johnson**. Wit: H. **Wriothesley**.

7 Nov 1699, Thomas & Mary **James**, carpenter, of New Castle Co., Pennsylvania to George **Grover**, planter, of Baltimore Co., Maryland, 200 acres ...south side of Middle River...part of 1200 acres...assignment of John **Hall**. Signed Mary (x) **James**. Wit: Mark **Swift** and H. **Wriothesley**.

25 Nov 1697, Maurice & Elizabeth **Baker**, of Anne Arundel Co., Maryland to Robert **Allen**, of Baltimore Co., Maryland, 100 acres...south side of Patapsco River. Signed Maurice **Baker**. Wit: George **Ashman** and Richard **Cromwell**.

6 Nov 1699, Richard **Tillyard**, of Baltimore Co., Maryland to John **Hopkins**, of same, for love and affection, chattel goods and one half of land. Signed Richard **Tillyard**. Wit: Mark **Swift** and Abraham **Taylor**.

1 Mar 1698, John & Rebecca **Nicholson**, of Anne Arundel Co., Maryland to Henry **Carter**, of same, 100 acres...east side of Bush River. Signed John **Nicholson** and Rebecca (x) **Nicholson**. Wit: James **Phillips** and Anthony **Drew**.

12 Jun 1698, George **Chancey**, of Patapsco River, Baltimore Co., Maryland to Tobias **Starnborough**, of same, 80 acres...west side of Back River... patented 1672. Signed George **Chancey**. Wit: Richard **Cromwell**, George **Ashman** and William **Britton**.

9 Jan 1699, Stephen & Ann **Johnson**, shipwright, of Baltimore Co., Maryland to Robert **Johnson**, shipwright, of same, for love and affection, 250 acres. Signed Stephen **Johnson** and Ann (x) **Johnson**. Wit: Thomas **Richardson** and Samuel **Sicklemore**.

6 Jan 1699, James **Todd**, of Patapsco River, Baltimore Co., Maryland agrees with John & Jane **Hayse**, of Back River, Baltimore Co., Maryland, said **Todd** pays £60 for division of land. Signed James **Todd** and John **Hayse**. Wit: John **Gay**, Moses **Edwards** and John **Ensor**.

26 Sep 1699, Thomas **Bazwell** to Thomas **Brown**, £11,5...ship Ruth...Capt. Joseph **Pyles**, merchant, London, England. Signed Thomas **Bazwell**.

10 Jul 1700, Martha **Bowen**, widow, of Baltimore Co., Maryland to her son John **Bowen**, for love and affection, livestock. Signed Martha (x) **Bowen**. Wit: William **Pickett**.

27 Dec 1699, Blanch **Wells**, widow, of Baltimore Co., Maryland to her daughter Frances **Wells**, for love and affection, negro boy called James. Wit: H. **Wriothesley**.

14 Feb 1699, Blanch **Wells**, widow, of Baltimore Co., Maryland to her daughter Blanch **Wells**, for love and affection, negro girl called Mary. Wit: H. **Wriothesley**.

13 Apr 1700, Blanch **Wells**, widow, of Baltimore Co., Maryland to her daughter Frances **Wells**, for love and affection, negro boy called

Joseph. Wit: H. **Wriothesley**.

9 Oct 1700, Richard **Bennett** and James **Heath** arrange for John **Hall** to receive rents of the County. Signed Richard **Bennett** and James **Heath**.

17 Mar 1717, John & Susannah **Stokes**, of Baltimore Co., Maryland to John **Clarke**, of same, 20,000 pounds of tobacco, 102 acres...Muskeeto creek...patented 28 Mar 1663 by John **Collett**... James **Ives** devised to the said Susannah **Stokes**. Signed John **Stokes** and Susannah (x) **Stokes**. Wit: Francis **Holland** and Roger **Mathews**.

14 Apr 1718, Alice **Barrett**, (widow of John **Barrett**), of Baltimore Co., Maryland to John **Talbot**, merchant, of Anne Arundel Co., Maryland, 7,700 pounds of tobacco, two tracts, 200 acres and 190 acres...south side of Gunpowder Falls. Signed Alice (x) **Barrett**. Wit: John **Israel** and John **Eaglestone**.

18 Apr 1704, James **Carroll** to Christopher **Gardner**, quit claim for 125 acres...line of Thomas **Browne** and James **Murray**. Signed James **Carroll**. Wit: John **Coller** and Castran (x) **Scutt**.

14 Jan 1717, Thomas & Elizabeth **Taylor**, planter, of Baltimore Co., Maryland to Samuel **Merryman**, planter, 2,400 pounds of tobacco, 120 acres... Jones Falls. Signed Thomas **Taylor**. Wit: Christopher **Randall** and Henry **Satyr**.

6 Feb 1717, Mary **Wells**, widow, of Baltimore Co., Maryland to Aquila **Paca**, gentleman, of same, £25, 200 acres...Bush River. Signed Mary **Wells**. Wit: James **Phillips** and Francis **Holland**.

23 Dec 1717, Abraham **Taylor** to his daughter Lettis **Dottrage**, wife of William **Dottrage**, for love and affection, 100 acres. Signed Abraham **Taylor**. Wit: Henry **Wetherall**, Joshua **Thompson**, Andrew **Durge** and Zach. (x) **Geodle**.

30 Jul 1718, Philip **Washington**, of Patapsco one hundred, Baltimore Co., Maryland to Stephen **Gill**, for love and affection, horse. Signed Philip (x) **Washington**. Wit: Joseph **Lobb** and Edmond **Beater**.

22 Apr 1717 John **Cary**, merchant, of London, England, John **Burridge**, merchant, of Dorsett Co., England and George **Cole**, merchant, of London, England to Perregrine **Browne**, merchant, of London, England, £66, 600 acres...purchased of William **Orchard** and 600 acres, adjoining. Signed John **Cary**, John **Burridge** and George **Cole**. Wit: For **Cole**; John **Taverman** and Thomas **Duckfield**; for **Burridge**; Robert **Burridge**.

James **Ebdins** records his branding mark.

15 May 1718, Mary **Wells**, widow, of Baltimore Co., Maryland to John **Hall**, of same, 1,200 pounds of tobacco, 11 acres...Specter creek. Signed Mary **Wells**. Wit: Roger **Mathews** and Francis **Holland**.

6 Aug 1718, James & Elizabeth **Preston**, of Baltimore Co., Maryland to John **Cammaron**, of same, 50 acres...north side of Gunpowder River ...line of Arthur **Taylor**...patented 17 Jul 1680, by Thomas **Preston**, father of said James. Signed James **Preston** and Elizabeth (x) **Preston**. Wit: John **Hopkins** and John (x) **Gross**.

4 Jun 1718, Peter **Overard**, saddler, of Maryland to Josias **Middlemore**, surgeon, of London, England, 6,450 pounds of tobacco, 106 acres... south side of Bush River...line of George **Smith**. Signed Peter **Overard**. Wit: John **Knighton** and Thomas **Holmes**.

James **Elliott** records his branding mark.

Richard **Gist**, of Baltimore Co., Maryland to Thomas **Taylor**, of same, for love and affection, 120 acres...line of Ellis **Carroll**. Signed Richard **Gist**. Wit: Christopher **Randall** and John **Passley**.

25 Feb 1716, John **Thornbury**, planter, late of Baltimore Co., Maryland, but now of Lancaster Co., Virginia To Nicholas **Haile**, planter, of Baltimore Co., Maryland, 200 acres...south side of Back River. Signed Thomas **Biddison** for John **Thornbury**. Wit: John **Israel** and Peter **Bond**.

Thomas **Tolley** records his branding mark.

1718 Archibald & Jane **Edmonston**, carpenter, of Prince Georges Co., Maryland to Jacob **Bull**, of Baltimore Co., Maryland, 6,000 pounds of tobacco, 199 acres...head of Bush River. Signed Archibald **Edmonston** and Jane **Edmonston**. Wit: James **Maxwell** and Francis **Dallahide**.

7 May 1718, Thomas & Sarah **Odell**, gentleman, of Prince Georges Co., Maryland to George **Bailey**, planter, of Baltimore Co., Maryland, £100, 210 acres... north side of Patapsco River...purchased 30 Apr 1700 of James **Murray**...and 89 acres...line of Thomas **Browne**. Signed Thomas **Odell**. Wit: James **Stoddert** and John **Beale**.

5 Nov 1718, Joshua & Dianah **Merriken**, boatwright, of Baltimore Co., Maryland to Edmond **Talbot**, planter, of Anne Arundel Co., Maryland, £30, 100 acres...south side of Bush River. Signed Joshua **Merriken**. Wit: John **Hammond** Jr. and John (x) **Cammeron**.

2 Jun 1718, Samuel & Jane **Hughes**, planter, of Baltimore Co., Maryland to Joshua **Fowler**, planter, of same, 5,000 pounds of tobacco, 100 acres...line of John **Durbin**. Signed Samuel **Hughes** and Jane (x) **Hughes**. Wit: John **Miles** and Thomas **Miles**.

2 Jun 1718, Joshua **Fowler**, planter, of Baltimore Co., Maryland to Samuel **Hughes**, planter, of same, 5,000 pounds of tobacco, 98 acres...head of Bush River. Signed Joshua (x) **Fowler**. Wit: John **Miles** and Thomas **Miles**.

25 Mar 1717, Joseph & Elizabeth **Hawkins**, planter, of Baltimore Co., Maryland to John **Hawkins** Jr., planter, of Anne Arundel Co., Maryland, £7.65, 100 acres...south side of Patapsco River... surveyed 2 Feb 1708. Signed Joseph (x) **Hawkins**. Wit: Tobias **Eminson** and Thomas **Hammond**.

3 Jun 1718, Charles **Miles**, planter, of Baltimore Co., Maryland to Benjamin **Hanson**, of same, 2,000 pounds of tobacco, 100 acres...possum creek. Signed Charles (x) **Miles**. Wit: George **Middleton** and William **Hollis**.

3 Jun 1717, Charles **Miles**, planter, of Baltimore Co., Maryland to Benjamin **Hanson**, planter, of same, 2,000 pounds of tobacco, 100 acres...possum creek. Signed Charles (x) **Miles**. Wit: George **Middleton** and William **Hollis**.

22 Feb 1717, William & Ann **Bladen**, gentleman, of Annapolis, Anne Arundel Co., Maryland to Henry **Hilliard**, planter, of same, £50, 463 acres... Rock creek. Signed William **Bladen**. Wit: Benjamin **Tasker** and Thomas **Bladen**.

6 Nov 1718, Michael & Hannah **Rutledge**, planter, of Baltimore Co., Maryland to Thomas **Hinds**, of same, 2,000 pounds of tobacco, 50 acres...Salt Water creek. Signed Michael (x) **Rutledge** and Hannah (x) **Rutledge**. Wit: Thomas **Sheredine** and John **Hurst**.

5 Mar 1715, John & Elizabeth **Yeate**, planter, of Baltimore Co., Maryland to Robert **Chapman**, planter, of same, 100 acres...north side of Patapsco River. Signed John **Yeate**. Wit: Darby (x) **Dudney** and Mathew (x) **Organ**.

3 Jun 1718, Charles & Mary **Whitaker**, of Baltimore Co., Maryland to Solomon **Armstrong**, of same, 3,000 pounds of tobacco, 125 acres...line of Thomas **Newsome**...surveyed for John **Whitaker**, father of said Charles. Signed Charles (x) **Whitaker**. Wit: Nicholas **Rogers**, Garvas **Gilbert** and Obediah **Pritchard**.

27 Dec 1718, William & Mary **Marshall** to John **Presbury**, son of James & Martha **Presbury**, for love and affection, 600 acres...east side of Gunpowder River...surveyed 20 Oct 1667. Signed William **Marshall** and Mary **Marshall**. Wit: Ralph **Dondy** and William (x) **Loney**.

19 Nov 1718, Joshua **Brown**, planter, of Baltimore Co., Maryland to Amos **Garrett**, merchant, of Annapolis, Anne Arundel Co., Maryland, £15, 207.5 acres...Ranters Ridge...Thomas **Brown**, devised 22 Mar 1715 to his eldest son, the said Joshua and second son John **Brown** and another son, Thomas **Brown**. Signed Joshua **Brown**. Wit: Thomas **Baldwin**, John **Brown**, Samuel **Young** and Joseph **Young**.

William **Barney** and Henry **Satyer**, both of Baltimore Co., Maryland bound to Morgan **Murray**, of same, £150, for good deed on 150 acres... unto Edward **Stevenson**. Signed William **Barney** and Henry (x) **Sater**. Wit: John **Passley** and Christopher **Randall**.

5 Mar 1718, Francis **Street**, planter, of Baltimore Co., Maryland to Richard **Gist**, merchant, of same, 100 acres...Jones Falls. Signed Francis (x) **Street**. Wit: John **Buchterlony** and Nicholas **Day**.

1718, James & Joanna **Phillips**, of Baltimore Co., Maryland to St. Georges Parish, Baltimore Co., Maryland, love and affection, 2 acres. Signed James **Phillips**. Wit: Roger **Mathews** and John (x) **Webster**.

20 Nov 1718, Samuel **Brown**, planter, of Baltimore Co., Maryland to David **Thomas**, of same, 3.300 pounds of tobacco, 150 acres...Hunting creek. Signed Samuel **Brown**. Wit: Roger **Mathews** and Mathias **Giles**.

4 Feb 1718, William & Mary **Marshall**, gentleman, of Baltimore Co., Maryland to Aquila **Paca**, of same, £40, that part of 400 acres called Colletts Point not conveyed by Mary **Wells** to said **Paca** 6 Feb 1717. Signed William **Marshall** and Mary **Marshall**. Wit: Roger **Mathews** and James **Phillips**.

10 Feb 1702, Warrant for 3500 acres to James **Carroll**, of Anne Arundel Co., Maryland, 974 acres by the said James unto Thomas **Larkin**. Signed James **Carroll**.

28 Sep 1713, Ann **Wriothesley**, widow, of Baltimore Co., Maryland power of attorney to George **Read**, of same. Signed Ann **Wriothesley**. Wit: Samuel **Sicklemore**, Richard (x) **Deavor** and Mary (x) **Deavor**.

4 May 1697, Lodowick & Mary **Martin**, planter, of Baltimore Co., Maryland bound to Edward **Boothby**, of same, 15,000 pounds of tobacco, for good deed. Signed Lodowick **Martin**. Wit: John **Hall** and James **Phillips**.

21 Mar 1718, Charles & wife **Pasteur**, innholder, of Whitelay creek, New Castle Co., Delaware power of attorney to Martin **Koult**, bricklayer, of same. Signed Charles **Pasteur**. Wit: Thomas **Duncan** and Thomas **Janvier**.

3 Jan 1718, Thomas **Welsh**, planter, of Baltimore Co., Maryland to John **Cromwell**, gentleman, of same, £12, 75 acres...Bottom Branch...line of John **Gardner**. Signed Thomas **Welsh**. Wit: John **Young** and Richard **Young** Jr.

20 Nov 1718, Amos **Garrett**, merchant, of Anne Arundel Co., Maryland to Joshua **Brown**, planter, of Baltimore Co., Maryland, £15, 100 acres...Ranters Ridge. Signed Amos **Garrett**. Wit: John **Brown**, Thomas **Baldwin** and John **Young**.

22 Sep 1716, John and Francis **Thornbury**, (sons and heirs of Rowland **Thornbury**, planter, late of Baltimore Co., Maryland) to John **Boreing**, of Baltimore Co., Maryland, 200 acres...Patapsco River. Signed John (x) **Thornbury** and Francis (x) **Thornbury**. Wit: Dinah (x) **Tracey** and S. **Hinton**.

3 Jan 1718, Thomas **Welsh**, planter, of Baltimore Co., Maryland to John **Gardner**, gentleman, of same, £10.05, 67 acres...line of John **Orrick**. Signed Thomas **Welsh**. Wit: John **Young** and Richard **Young** Jr.

9 Sep 1718, Arthur **Neale**, mariner and Capt. of the ship Constantia, of Bristol, England power of attorney to Samuel **Deere**, merchant, of Baltimore Co., Maryland...after decease of said **Deere** power of attorney to Buckler **Partridge**, merchant, of Baltimore Co., Maryland. Signed Arthur **Neale**. Wit: John **Young** and Mary **Scorke**.

6 Dec 1718, Samuel **Jackson**, planter, of Baltimore Co., Maryland agrees with Miles & Elizabeth **Hannis**, planter of same, to build tobacco house. Signed Samuel (x) **Jackson** and Miles (x) **Hannis**. Wit: Henry **Millan** and Mary (x) **Jackson**.

18 Feb 1718, Richard **Smithers**, gentleman, of Baltimore Co.,

Maryland to John **Stokes**, of same, 24,000 pounds of tobacco, 200 acres...Swan creek. Signed Richard **Smithers**. Wit: William **Hollingshead** and Benjamin (x) **Ozbourne**.

7 Nov 1718, Cornelius & Elizabeth **Herrington**, carpenter, of Baltimore Co., Maryland to Jeremiah **Downes**, planter, of same, 50 acres...Winters Run. Signed Cornelius (x) **Herrington**. Wit: George (x) **Ives** and Edward (x) **Mead**.

9 May 1718, William & Rachel **Wilson**, planter, of Anne Arundel Co., Maryland to James **Lee**, carpenter, of same, 5,000 pounds of tobacco, 300 acres... head of Bush River. Signed William **Wilson**. Wit: Thomas **Holland**, Thomas **Haskins** and George **Taylor**.

31 Oct 1718, Thomas **Bordley**, Lordship of Maryland to Thomas **Larkin**, gentleman, of Annapolis, Anne Arundel Co., Maryland, appointment as clerk.

17 Mar 1718, John & Elizabeth **Clark**, of Baltimore Co., Maryland to Lawrence **Draper**, of same, 13,000 pounds of tobacco, 140 acres...head of Bush River...and 100 acres...Swan creek. Signed John **Clark**. Wit: Francis **Holland** and Roger **Mathews**.

4 Mar 1718, Thomas **Preston**, planter, of Baltimore Co., Maryland to John **Norris**, planter, of Anne Arundel Co., Maryland, £55, 356 acres... head of Bush River...patented 10 Nov 1685. Signed Thomas **Preston**. Wit: John **Crockett** and Thomas **Bond**.

5 Nov 1718, John & Bridget **Booden**, planter, of Baltimore Co., Maryland to John **Teal**, planter, of same, 3,000 pounds of tobacco, 50 acres...north side of Patapsco River. Signed John (x) **Booden**. Wit: Thomas **Randall** and John **Clark**.

6 Jan 1717, Mary **Frazer**, (widow of John **Frazer** and mother of Michael **Duskin** and Daniel **Duskin**, children of Dennis **Duskin**) binds her children to John & Alice **Barrett**, until they are 21 years... Michael being 8 years the 24 Oct 1716 and Daniel being 6 years 7 Apr 1717. Signed Mary (x) **Frazer**. Wit: Luke **Raven** and Peter **Bond**.

3 Nov 1718, Thomas **Tipton**, of Baltimore Co., Maryland to John **Tipton**, for love and affection, horse. Signed Thomas **Tipton**. Wit: Thomas **Harris** and William (x) **Tipton**.

22 Jan 1718, John & Precelia **Boreing**, of Baltimore Co., Maryland to Thomas **Ford**, planter, of same, 202 acres...Jones Falls...line of John **Vickery**. Signed John **Boreing**. Wit: Richard **Colegate** and Thomas **Sheredine**.

28 Feb 1718, Thomas & Elenor **Hooker**, of Baltimore Co., Maryland to their son Samuel **Hooker**, of same, for love and affection, 150 acres...line of Samuel **Rope**. Signed Thomas **Hooker** and Elenor (x) **Hooker**. Wit: Henry (x) **Satyer**.

3 Mar 1718, Charles & Hannah **Simons**, planter, of Baltimore Co., Maryland to Thomas **Miles**, carpenter, of same, 2,000 pounds of tobacco, 100 acres...Little Falls of Gunpowder River. Signed Charles (x) **Simons** and Hannah (x) **Simons**. Wit: Jeremiah **Downes** and Archibald **Rollo**.

4 Dec 1718, James & Elizabeth **Preston**, planter, of Baltimore Co., Maryland to Thomas **Preston**, of same, 356 acres...north side of Winters Run...patented by Thomas **Preston** Sr., deceased. Signed James **Preston**. Wit: John **Crockett** and Thomas **Bond**.

4 Mar 1718, John **Hammond** Jr., gentleman, of Baltimore Co., Maryland to John **Webster**, of same, £50, 400 acres...surveyed for Thomas **Lightfoot**. Signed John **Hammond** Jr. Wit: James **Phillips** and Roger **Mathews**.

8 Feb 1719, Nathan **Rigbie**, gentleman, of Anne Arundel Co., Maryland to Robert **Boone** and James **Moss**, of same, £31, 300 acres...Rock creek. Signed Nathan **Rigbie**. Wit: John **Hammond** and John **Worthington**.

9 May 1719, William & Hannah **Orrick**, planter, of Baltimore Co., Maryland to Francis **Ouckterlony**, of same, £10, 10 acres...south side of Patapsco River. Signed William **Orrick** and Hannah (x) **Orrick**. Wit: John **Howard** and Benjamin **Howard**.

30 Mar 1719, John & Constant **Ashman**, of Baltimore Co., Maryland to Lancelott **Todd**, of same, £26, 100 acres...Curties creek...line of George Hope. Signed John **Ashman**. Wit: Thomas **Cromwell** and John Casse.

6 Apr 1719, Joanna **Markham**, widow, of New York City and Daniel **Regnier**, gentleman, of New York City to John **Hall**, of Anne Arundel Co., Maryland, £0.25, 1000 acres...Deer creek... surveyed 5 Oct 1703...will of Jacob **Regnier**, of Lincoln, England, 8 Nov 1714: to his wife Elizabeth **Regnier**; to his brother Daniel **Regnier**. Signed Jacob **Regnier**. Wit: John **Johnson**, Elias **Nean** and William **Simmons**. Proved at New York 20 Nov 1714...will of Elizabeth **Regnier**, 2 Jul 1715: to her mother Joanna **Markham** and her brother-in-law Daniel **Regnier**. Signed Elizabeth **Regnier**. Wit: Mary **Vesey**, Rebecca **King**, Magdalena **Fewrt** and Peter **Baynard**. Signed Daniel **Regnier** and Joanna **Markham**. Wit: Henry **Millan**, Samuel **Lirk**, John **Hall** Jr. and J. Wileman.

7 Apr 1719, Joanna **Markham**, widow, of New York City and Daniel **Regnier**, gentleman, of New York City to John **Hall**, of Anne Arundel Co., Maryland, £120, 1000 acres...Deer creek. Signed Daniel **Regnier** and Joanna **Markham**. Wit: Henry **Millan**, Samuel **Lirk**, John **Hall** Jr. and J. Wileman.

Chapter 7

Baltimore Co., Maryland
Liber I.R. No. A.M.
1681-1706

6 Nov 1704, Edmond **Hansley**, (through his attorney Francis **Dallahide**, of Baltimore Co., Maryland), late, of Baltimore Co., Maryland to Christian **Wright**, of Baltimore Co., Maryland, 2,400 pounds of tobacco, 200 acres... head of Bush River. Signed Francis **Dallahide**. Wit: Richard **Colegate** and Jacob **Sicklemore**.

22 Nov 1704, William **Howard** and John **Wolsten**, carpenters, of Baltimore Co., Maryland to Christopher **Cox**, planter, of same, £14, Ahaaha creek. Signed William (x) **Howard** and John (x) **Wolsten**. Wit: Thomas **Ball** and Aquila **Paca**.

3 Mar 1703, John & Hannah **Webster**, carpenter, of Baltimore Co., Maryland to John **Norinter**, planter, of same, 6,000 pounds of tobacco, 106 acres...Bush River...line of James **Phillips**. Signed John (x) **Webster**. Wit: Aquila **Paca** and Thomas **Bale**.

10 Mar 1705, John **Ellis**, of Baltimore Co., Maryland to Samuel **Jackson**, of same, 4,000 pounds of tobacco, 100 acres...head of Muskeeto creek. Signed John (x) **Ellis**. Wit: John **Hall** and William **Huddeston**.

3 Mar 1705, Thomas & Rebecca **Hammond**, gentleman, of Baltimore Co., Maryland to Mathew **Hawkins**, carpenter, 5,000 pounds of tobacco, 250 acres... patented by Thomas **Lightfoot**. Signed Thomas **Hammond** and Rebecca **Hammond**. Wit: Richard **Owen** and Charles **Hammond**.

7 Nov 1705, Franics **Watkins**, planter, of Baltimore Co., Maryland to Robert **Cutchin**, innholder, of same, 6,500 pounds of tobacco,

200 acres...Hollands creek. Signed Francis (x) **Watkins**. Wit: Samuel **Sicklemore** and Thomas **Beale**.

14 Apr 1705, Mathew **Hawkins** to his brother Joseph **Hawkins**, for love and affection, 90 acres ...Bridge branch of Patapsco River. Signed Mathew (x) **Hawkins**. Wit: John **Israel**, Patrick (x) **Murphy** and Edward (x) **Toal**.

7 Nov 1705, Christopher & Margaret **Durbin**, (second son of Thomas **Durbin**), planter, of Baltimore Co., Maryland to Samuel **Grooming**, planter, of same, 39 acres...Humpheys creek...Thomas **Durbin**, deceased, gentleman, late of Baltimore Co., Maryland, devised to said Christopher. Signed Christopher **Durbin**. Wit: Samuel **Sicklemore** and Thomas **Bale**.

9 Aug 1705, John **Hayes** power of attorney to his wife Elizabeth **Hayes** to make known to Richard **Longland**, 209 acres to pay debts. Signed John **Hayes**. Wit: Charles (x) **Smith** and George (x) **Newport**.

To Jane **Hayes**, livestock; to Avarilla **Hayes**, the boy James; to Elizabeth **Hayes**, livestock; to Jemima **Hayes**, livestock. Signed John **Hayes**. Wit: William **Denton**.

19 Jun 1705, Andrew **Anderson**, planter, of Baltimore Co., Maryland to James **Crooke**, of same, 16,000 pounds of tobacco, 175 acres... Gooseberry Neck and 34 acres...Duck creek. Signed Andrew **Anderson**. Wit: Thomas **Cannon** and Stephen (x) **Guller**.

28 Dec 1705, William & Sarah **Norris**, carpenter, of Baltimore Co., Maryland to Samuel **Jackson**, carpenter, 2,500 pounds of tobacco, 100 acres... Muskeeto creek. Signed William (x) **Norris**. Wit: Roger **Mathews** Jr. and James **Philips**.

9 Nov 1705, William **Losten**, cooper, of Baltimore Co., Maryland bound to Richard **Perkins**, cooper, of same, 10,000 pounds of tobacco, for good deed on 180 acres...Susquehanna River...patented by Thomas **Griffith**. Signed William (x) **Losten**. Wit: Thomas **Greenfield** and Samuel (x) **Jackson**.

13 Feb 1705, John & Mary **Roberts**, gentleman, of Baltimore Co., Maryland to Henry **Wriothesley**, gentleman, of same, 5,500 pounds of tobacco, 200 acres, part of 200 acres...patented 1 Jun 1685 by Robert **Drisdale**, planter, of Baltimore Co., Maryland and 100 acres...line of Edward **Bodles**...patented by said **Drisdale** in 1683, who devised 3 May 1701 to his son Thomas **Jackson**, deceased planter, late of Baltimore Co., Maryland, who devised to his wife Mary **Jackson**, now the said Mary **Roberts**. Signed John **Roberts** and Mary (x) **Roberts**. Wit: Roger **Mathews** Jr.

24 Jan 1705, John & Mary **Roberts**, gentleman, of Baltimore Co., Maryland to John **Hall**, gentleman, of same, £35, 50 acres...head of Muskeeto creek ...line of John **Collett**...devised by Thomas **Jackson**. Signed John **Roberts** and Mary (x) **Roberts**. Wit: Martha **Goldsmith**, Charles **Ramsey** and James **Rosbury**.

17 Jun 1703, George **Buxten**, of Calvert Co., Maryland to George **Young** Jr., planter, of same, £80, 550 acres...Deer creek...patented 2 Apr 1683 by George **Parker**, gentleman, of Calvert Co., Maryland. Signed George **Buxten**. Wit: Ben **Turner**, William **Shenitt** and Darby **Hornby**.

2 Mar 1705, George & Mary **Young**, the younger, planter, of Calvert Co., Maryland to Thomas **Gray**, planter, of same, £416, 550 acres...Deer creek ...purchased of George **Buxten**. Signed George **Young** Jr. Wit: Richard **Dallave** and Christain **Sworensled**.

9 Oct 1705, Thomas **Road**, mariner and Thomas **Ridges**, gentleman, of Newport, South Hampton Co., England power of attorney to John **Ewings**, gentleman, of Baltimore Co., Maryland...lands of Capt. John **Bateston**. Signed Thomas **Roade** and Thomas **Ridges**. Wit: Edward **Hayes** and Mary **Hayes**.

13 Nov 1703, Thomas & Damores **Stockett**, gentleman, of Anne Arundel Co., Maryland to Richard **Smithers**, of Baltimore Co., Maryland, £70, 400 acres...Bowers creek. Signed Thomas **Stockett** and Damores (x) **Stockett**. Wit: Abraham **Dirkhoad**, Josias **Towgood** and John **Tidings**.

5 Mar 1705, William & Johanna **Farfax**, planter, of Baltimore Co., Maryland to Nicholas **Fitzsymons**, cordwinder, of same, 9,321 pounds of tobacco, 219 acres...head of Back River...line of Seidmore **Loist**. Signed William (x) **Farfar** and Johannah (x) **Farfar**. Wit: John **Roberts** and John **Knowls**.

6 Mar 1706, Richard & Mary **Lennox**, planter, of Baltimore Co., Maryland to Nicholas **Fitzsymons**, cordwinder, of same, 7,606 pounds of tobacco, 218 acres...head of the southwest branch of Gunpowder River...line of Joseph **Peaks**...granted to said Mary **Lennox** in her maiden name, Mary **Richardson**. Signed Richard **Lennox** and Mary (x) **Lennox**. Wit: Richard **Colegate** and Henry **Knowles**.

4 Jun 1706, Thomas **Road**, mariner and Thomas **Ridges**, gentleman, of Newport, South Hampton Co., England, through their attorney, John **Ewings**, gentleman, of Baltimore Co., Maryland to William **Dockett**, planter, of Baltimore Co., Maryland, 6,000 pounds of tobacco, 50 acres... main branch of Gunpowder River...line of William **Wignall**. Signed John **Ewings**. Wit: Thomas **Chamberlain** and Richard **Colegate**.

6 Nov 1705, Francis **Watkins**, planter, of Baltimore Co., Maryland to William **Farfar**, planter, of same, 65 acres...Strong Run... patented 12 Jun 1688. Signed Francis (x) **Watkins**. Wit: William **Wilkinson** and Moses **Edwards**.

5 Mar 1705, John & Mary **Boreing**, planter, of Baltimore Co., Maryland to Robuck **Lynch**, of same, 30 acres ...Back River. Signed John **Boreing**. Wit: Nicholas **Rogers** and John **Gay**.

3 Mar 1706, John & Mary **Boreing**, planter, of Baltimore Co., Maryland to Robuck **Lynch**, of same, 100 acres...Poplar Ridge. Signed John **Boreing**. Wit: Francis **Dallahide** and Henry **Knowles**.

6 Jun 1706, John **Oldton**, gentleman, of Baltimore Co., Maryland to Aquila **Paca**, gentleman, of same, 3,000 pounds of tobacco, 30.24 acres... north side of Patapsco River. Signed John **Oldton**. Wit: Thomas **Wainswright** and Thomas **Chamberlain**.

6 Apr 1705, John & Sarah **Fuller**, planter, of Baltimore Co., Maryland to Nicholas **Horbert**, planter, of same, 3,000 pounds of tobacco, 200 acres...south side of Bush River. Signed John (x) **Fuller** and Sarah (x) **Fuller**. Wit: John **Ewings** and Charles **Smith**.

1 Mar 1705, John & Jane **Boon**, planter, of Baltimore Co., Maryland to Mathus **Green**, planter, of same, 3,000 pounds of tobacco, 100 acres...Bush River...patented 20 Jul 1673 by Christopher **Tapley** and Leavy **Wharfe**, planters, of Baltimore Co., Maryland, who sold 1 Jul 1679 to John **Durham** who devised 20 Jan 1694 to his son, Samuel **Durham**, planter, late of Baltimore Co., Maryland, who devised 9 Feb 1700 to said John **Boon**...part of 1600 acres patented 3 Apr 1672 by Charles **James**. Signed John **Boon** and Jane (x) **Boon**. Wit: James **Heath** and John **Reid**.

2 Jun 1703, Thomas **Roston**, planter, of Baltimore Co., Maryland to John **Rawlings**, planter, of same, 2,500 pounds of tobacco, 41 acres...north of Gunpowder River...line of John **Vaughan** and Michael **Judd**. Signed Thomas (x) **Roston**. Wit: Samuel **Sicklemore** and Robert **Gibson**.

3 Oct 1690, John **Hathaway** quit claims his rights to 200 acres. Signed John **Hathaway**.

20 Jul 1690, Edward **Reeves**, planter, of Baltimore Co., Maryland bound to Richard **Adams** for 9,000 pounds of tobacco for good deed of gift, on 100 acres to Elizabeth **Swanson**, the only daughter of Edward **Swanson**. Signed Edward **Reeves**. Wit: James **Thompson** and Michael **Skidmore**.

5 Sep 1688, Richard **Adams** to John **Wood**, guardian of Elizabeth **Swanson**. Signed Richard (x) **Adams**. Wit: Nicholas **Rogier**.

4 Mar 1690, Richard & Mary **Askew**, (said Richard is executor of will of Edward **Reeves**), of Baltimore Co., Maryland to Thomas **Preston**, of same, 350 acres...north side of Gunpowder River ...patented by Edward **Reeves** and Lodwick **Williams**. Signed Richard **Askew** and Mary (x) **Askew**. Wit: George **Ashman** and Thomas **Stayly**.

1690, Thomas **Hedge**, clerk, of Baltimore Co., Maryland to his son Henry **Hedge**, planter, of same, for love and affection, 254 acres... Cransburg Swamp.

1 Aug 1693, Edmund & Sarah **Housley**, of Baltimore Co., Maryland to William **Osborn**, planter, of same, 200 acres. Signed Edmund **Housley**. Wit: Thomas **Richardson**.

5 Aug 1697, Edward & Mary **Parrish**, planter, of Anne Arundel Co., Maryland to George Ogg, planter, of same, £42, 300 acres, part of 2000 acres...surveyed for said **Parrish** 5 Oct 1678. Signed Edward (x) **Parrish** and Mary (x) **Parrish**. Wit: Thomas **Richardson**, Edward Carter and Joseph **Tilly**.

2 Jun 1691, William & Mary **Standiver**, of Bush River, Baltimore Co., Maryland to Israel **Shelton**, planter, of same, 205 acres...Senica Ridge. Signed William (x) **Standivore** and Mary (x) **Standivore**. Wit: George **Ashman** and Thomas Stayly.

3 Jun 1691, John **Hathaway**, gentleman, of Bush River, Baltimore Co., Maryland to William **Yorke** Sr., of same, 150 acres...Ak_her creek. Signed John **Hathaway**. Wit: Francis **Robinson** and Michael **Judd**.

25 Mar 1691, George & Johannah **Ogilvey**, of Baltimore Co., Maryland to George **Goldsmith**, gentleman, of same, 8,000 pounds of tobacco, 50 acres...line of George **Goldsmith** Sr., father of said George...assigned by Thomas **Richardson** of his 2000 acres patented 3 Jun 1688. Signed George (x) **Ogilvey** and Johannah (x) **Ogilvey**. Wit: James **Thompson** and John Bevan.

6 Jun 1691, Mary **Adams**, wife of Richard **Adams**, of Baltimore Co., Maryland to her son-in-law Richard **Adams**, son of said Richard **Adams**, for love and affection, 40 acres of 100 acres, at the mouth of Gunpowder River. Signed Mary **Adams**. Wit: Thomas **Stayly** and Jacob **Lotton**.

Aug 1693, William & Elizabeth **Ebdon**, planter, of Baltimore Co., Maryland to William **Gallaway**, boatwright, of same, 180 acres...Salt

Peter creek...patented 20 Feb 1677 by George **Yates**, who assigned to said **Ebdon**. Signed William (x) **Ebdon** and Elizabeth (x) **Ebdon**. Wit: Edward **Hansley** and William **Osbourn**.

1 Aug 1693, William & Margaret **Gallaway**, boatwright, of Baltimore Co., Maryland to Thomas **Preston**, of same, 7,000 pounds of tobacco, 50 acres...John & Elizabeth **Bird**, late of Baltimore Co., Maryland sold 20 Apr 1683 to Benjamin **Bennett**, who devised to his wife Sarah **Bennett**, who then married John **Bevan**, of Baltimore Co., Maryland, who sold 3 Nov 1692 to the said **Gallaway**.

8 Aug 1693, Gilbert & Anne **Pattison**, planter, of Baltimore Co., Maryland to William **Johnson** and John **Richardson**, planters, of same, 6,000 pounds of tobacco, 170 acres...Anne Arundel Co., Maryland...patented by George **Yates**. Signed Gilbert (x) **Pattison**. Wit: John **Gray**, Garvis (x) **Morgan**, Joseph **Hanslap**, Nicholas **Greenberry** and Thomas **Tench**.

1 Aug 1693, Barbara **Mould**, spinster, of Baltimore Co., Maryland to Thomas **Kerksey**, planter, of same, 1,600 pounds of tobacco, 100 acres...line of William **Palmer**. Signed Barbara (x) **Mould**. Wit: James **Phillips** and Thomas **Smith**.

17 Jan 1690, John **Burridge**, (executer of Walter **Tucker**, merchant, late of Lind Rogis, Dorset Co., England), merchant, of Lind Rogis, Dorset Co., England to John **Cary**, merchant, £99, 600 acres ...purchased by Joseph **Gundry**, agent for said **Tucker**, in 1666 of William **Orchard**, planter, of Maryland. Signed John **Burridge**. Wit: Richard **Hallett** and William **Frisley**.

3 Nov 1697, Capt. John **Oldton**, gentleman, of Baltimore Co., Maryland to John **Ensor**, planter, of same, 6,400 pounds of tobacco, 300 acres... north side of Patapsco River. Signed John **Oldton**. Wit: James **Phillips** and John **Hall**.

4 Aug 1692, Charles & Ann **Gorsuch**, of Patapsco River, Baltimore Co., Maryland to Joseph **Heathcott**, planter, of Anne Arundel Co., Maryland, 50 acres of 600 acres...line of Solomon **Sparrow**...and 15 acres...and 156 acres...line of Howard **Powell**...Sparrows creek.

Signed Charles **Gorsuch** and Ann **Gorsuch**. Wit: Richard **Cromwell** and George **Smith**.

20 Dec 1690, Robert & Anna **Burman**, merchant, of Anne Arundel Co., Maryland to James **Drydon**, merchant, of London, England, £250, 120 acres...north side of Patapsco River. Signed Robert **Burman**. Wit: Miles **Gibson**, Henry **Coursey**, John **Hynson** and George **Wells**.

13 Sep 1690, Robert **Burman**, merchant power of attorney to Thomas **Hedge**, gentleman, of Baltimore Co., Maryland or James **Phillips**, gentleman, of same, in sale to James **Drydon**. Signed Robert **Burman**. Wit: Miles **Gibson**, Henry **Coursey** and George **Wells**.

13 Dec 1690, Robert **Burman**, merchant power of attorney to Miles **Gibson**, gentleman, of Baltimore Co., Maryland or Edward **Boothby**, gentleman, of same. Signed Robert **Burman**. Wit: Henry **Coursey**, George **Wells** and John **Hynson**.

1 Apr 1681, Thomas & Rachel **Richardson**, planter, of Baltimore Co., Maryland to John **Rockhold**, planter, of Anne Arundel Co., Maryland, 3,600 pounds of tobacco, 207 acres...Salt Peter creek. Signed Thomas **Richardson** and Rachel **Richardson**. Wit: James **Philips** and John **Dunston**.

7 Jun 1681, Thomas **Long**, of Baltimore Co., Maryland to his son-in-law Francis **Watkins**, of same, and his wife Christina **Watkins**, for love and affection, 185 acres...Middle River. Signed Thomas **Long**. Wit: Thomas **Russell** and John **Dunston**.

22 Jun 1681, Michael & Jane **Judd**, carpenter, of Baltimore Co., Maryland to Thomas **Cannon**, planter, of same, 300 acres...north side of Gunpowder River. Signed Michael **Judd** and Jane (x) **Judd**. Wit: John **Watterton** and Miles **Gibson**.

8 May 1681, George & Elizabeth **Skipwith**, planter, of Anne Arundel Co., Maryland to Edward **Rogers**, of Baltimore Co., Maryland, 100 acres...Rumley creek. Signed George **Skipwith**. Wit:

Miles Gibson and Ann Gibson.

11 May 1681, George Skipwith, planter, of Anne Arundel Co., Maryland power of attorney to James Phillips, gentleman, of Baltimore Co., Maryland. Signed George Skipwith. Wit: Miles Gibson and Ann Gibson.

4 Jun 1681, James & Susanna Phillips, of Bush River, Baltimore Co., Maryland to George & Elizabeth Smith, 100 acres...north side of Bush River. Signed James Phillips and Susanna Phillips. Wit: Francis Watkins and Mathias Stromson.

6 May 1681, Thomas Lightfoot, carpenter, of Anne Arundel Co., Maryland to Rowland Nance, planter, of Baltimore Co., Maryland, 13,000 pounds of tobacco, 300 acres...south side of Patapsco River ...line of John Hawkins. Signed Thomas Lightfoot. Wit: John Dunston, Thomas Russell and David Jones.

6 Nov 1680, Thomas Lightfoot, carpenter, of Anne Arundel Co., Maryland power of attorney to Miles Gibson. Signed Thomas Lightfoot. Wit: Nicholas Groonbury and Thomas Reynolds.

13 Dec 1682, Robert Benger, of Gunpowder River, Baltimore Co., Maryland is bound to Thomas Harris, of Herring creek, Anne Arundel Co., Maryland, to provide good deed on 150 acres and 30 acres...Middle River. Signed Robert Benger. William Ellis and William Shelbourn.

12 May 1681, Thomas & Hannah Everest, of Patapsco River, Baltimore Co., Maryland to John Thomas, of same, 4,000 pounds of tobacco, 100 acres of 500 acres...Bare creek...patented 13 Jul 1670, by William Chapham, who sold 26 May 1670 to Richard Bale, who devised to his daughter, the said Hannah Everest. Signed Thomas Garrett and Hannah (x) Garrett. Wit: Nathaniel Hinchman, Thomas Marshall and James Thompson.

2 Aug 1681, Michael & Jane Judd, of Gunpowder River, Baltimore Co., Maryland to John Bird, of same, 200 pounds of tobacco, 50 acres...line of Thomas Preston, Edward Reeves and Lodowick

Williams...part of 200 acres patented by John **Collett**. Signed Michael **Judd**. Wit: John **Tilliard** and William **Horne**.

12 May 1681, Thomas & Hannah **Everest**, of Patapsco River, Baltimore Co., Maryland to Nathaniel **Hinchman**, planter, of same, 4,500 pounds of tobacco, 100 acres...Bare creek...patented by William **Chapham**, who sold 26 May 1670 to Richard **Bale**, who devised to his daughter, the said Hannah **Everest**. Signed Thomas **Garrett** and Hannah (x) **Garrett**. Wit: Nathaniel **Hinchman**, Thomas **Marshall** and James **Thompson**.

12 May 1681, Thomas & Hannah **Everest**, of Patapsco River, Baltimore Co., Maryland to John **Kemp**, of same, 3,000 pounds of tobacco, 100 acres, of 500 acres...Bare creek...patented 13 Jul 1670, by William **Chapham**, who sold 26 May 1670 to Richard **Bale**, who devised to his daughter, the said Hannah **Everest**. Signed Thomas **Garrett** and Hannah (x) **Garrett**. Wit: Nathaniel **Hinchman**, Thomas **Marshall** and James **Thompson**.

Sep 1860, Thomas **Cooke**, planter, of Baltimore Co., Maryland to Israel **Shelton**, planter, of same, 150 acres of 315 acres...north side of Gunpowder River...line of Robert **Taylor**...purchased of Arthur **Taylor**...part of 750 acres, patented 10 Jun 1676 by Thomas **Taylor**, (assignee of George **Yate**, of Anne Arundel Co., Maryland). Signed Thomas (x) **Cooke**. Wit: Thomas **Hedge**.

6 Dec 1681, Arthur **Taylor**, planter, of Baltimore Co., Maryland to Thomas **Preston**, planter, of same, 25 acres...north side of Gunpowder River. Signed Arthur (x) **Taylor**.

2 Aug 1680, John & Sarah **Cooke**, of Baltimore Co., Maryland to Patrick **Dow**, planter, of Calvert Co., Maryland, 150 acres...Swan creek. Signed John **Cooke** and Sarah (x) **Cooke**. Wit: James **Thompson** and Thomas **Hedge**.

2 Aug 1681, Michael & Jane **Judd**, of Gunpowder River, Baltimore Co., Maryland to Henry **Lawkins**, of same, 1,600 pounds of tobacco, 65 acres of 200 acres...Elk creek...line of John **Vaugham**. Signed Michael **Judd** and Jane (x) **Judd**. Wit: John **Tillyard** and

William **Horne**.

17 Mar 1681, William & Mary **Horne**, cooper, of Gunpowder River, Baltimore Co., Maryland to George **Ogleby**, of same, 1,600 pounds of tobacco, 64 acres...line of Thomas **Richardson**...Salt Peter creek...patented 12 Jul 1679. Signed William **Horne** and Mary (x) **Horne**. Wit: George **Wells**, John **Watterton** and Henry **Johnson**.

2 Aug 1681, Miles & Ann **Gibson**, gentleman, of Baltimore Co., Maryland to Thomas **Hedge**, gentleman, of same, 100 acres...Rumley creek. Signed Miles **Gibson**. Wit: James **Fugott** and Thomas (x) **Bradley**.

4 Apr 1682, James & Susannah **Phillips**, innholder, of Baltimore Co., Maryland to Cornelius **Boyce**, cooper, of same, 100 acres...Earle creek. Signed James **Phillips** and Susannah **Phillips**. Wit: Thomas **Hedge** and Christopher **Balls**.

3 Jun 1682, Thomas & Jane **Long**, gentleman, of Baltimore Co., Maryland is indebted to Thomas **Peart**, shoemaker, of same, for 2,150 pounds of tobacco, 100 acres...south side of Middle River...line of Richard **Wells**. Signed Thomas **Long** and Jane (x) **Long**. Wit: John **Boreing** and Jarvis **Lassell**.

14 Mar 1681, Thomas & Hannah **Everest**, of Patapsco River, Baltimore Co., Maryland to John **Bennett**, merchant, of same, 4,000 pounds of tobacco, 100 acres...Clappers creek. Signed Thomas **Everest** and Hannah (x) **Everest**. Wit: John **Thomas** and Charles (x) **Moreman**.

30 Mar 1682, Thomas & Hannah **Everest**, of Patapsco River, Baltimore Co., Maryland to Charles **Maryman**, wheelwright, of Cheseteman River, Virginia, 12,000 pounds of tobacco, 300 acres...Clappers creek...patented by Hannah **Bale**, the said Hannah **Everest**. Signed Thomas **Everest** and Hannah (x) **Everest**. Wit: Ruth **Demondidier** and Thomas (x) **Wopend**.

7 Mar 1682, Robert **Clarkson**, planter, of Anne Arundel Co., Maryland to Christopher **Gist** and Richard **Cromwell**, planters, of

Patapsco River, Baltimore Co., Maryland, 4,500 pounds of tobacco, 245 acres...Rumley Marsh...Curtis creek. Signed Robert **Clarkson**. Wit: Miles **Gibson** and George **Wells**.

6 Jun 1682, Maj. Thomas & Jane **Long**, of Back River, Baltimore Co., Maryland to Thomas **Gibson**, of Charles Co., Maryland, 2,250 pounds of tobacco, 100 acres of 450 acres. Signed Thomas **Long** and Jane (x) **Long**. Wit: John **Boreing**.

1 Aug 1682, Sarah **Gorsuch**, (wife of Charles **Gorsuch**, and only heir of Thomas **Cole**) to David **Jones**, 550 acres and 200 acres and 450 acres and 1200 acres.

13 Jul 1682, Robert **Benger**, planter, of Baltimore Co., Maryland to Elizabeth **Peart**, the daughter of Thomas **Peart**, of same, for live and affection, 100 acres...north west branch of Patapsco River. Signed Robert **Benger**.

Thomas **Scudamore**, of Back River, Baltimore Co., Maryland bound to Thomas **Long**, of same, for good deed on 136 acres. Signed Thomas **Scudamore**. Wit: Thomas **James** and James **Thompson**.

1 Jun 1682, Thomas & Abigail **Scudamore**, of Back River, Baltimore Co., Maryland to Thomas **Long**, gentleman, of same, 13,000 pounds of tobacco, 136 acres of 420 acres...west side of Back River. Signed Thomas **Scudamore** and Abigail **Scudamore**. Wit: Thomas **James** and James **Thompson**.

14 Jul 1682, Andrew **Peterson**, of Elk River, Cecil Co., Maryland to Thomas **Long**, of Back River, Baltimore Co., Maryland, 6,000 pounds of tobacco, 700 acres...west side of Back River. Signed Andrew (x) **Peterson**. Wit: Thomas **Scudamore** and Samuel **Adams**.

14 Jun 1682, Christopher & Edith **Gist** and Richard **Cromwell**, all of Patapsco River, Baltimore Co., Maryland to William **Cromwell**, of same, 245 acres...south side of Patapsco River...patented 6 Jun 1680 by Robert **Clarkson**. Signed Richard **Cromwell**, Christopher **Gist** and Edith **Gist**. Wit: Thomas (x) **Durbin** and William **Pearles**.

1 Aug 1682, Charles & Sarah **Gorsuch**, of Patapsco River, Baltimore Co., Maryland to William **Pearle**, of same, 4,000 pounds of tobacco, 150 acres...Bare creek. Signed Charles **Gorsuch** and Sarah **Gorsuch**. Wit: Miles **Gibson** and Ann **Gibson**.

Chapter 8

Baltimore Co., Maryland
Liber H.W. No. 2
1700-1704

1699, John & Christian **Scott**, of Calvert Co., Maryland to his brother Gilbert **Scott**, of same, for love and affection, 100 acres...head of Bush River...patented 1 Jun 1689. Signed John **Scott** and christian (x) **Scott**. Wit: Thomas **Stokes** and **Nichols**.

1698, John **Dearing**, (son and heir of John **Dearing**, of Anne Arundel Co., Maryland) cordwinder, of London, England to Robert **Eagle**, of Anne Arundel Co., Maryland, £0.75, 200 acres...north side of Patapsco River. Signed John **Dearing**. Wit: John **Lowdon**, James **Taylor**, Thomas **Eagle**, Joseph **Walkley**, David **Dennis**, Thomas **Taylor** and Samuel **Chambers**.

21 Oct 1698, John **Dearing**, (son and heir of John **Dearing**, of Anne Arundel Co., Maryland), cordwinder, of London, England to Robert **Eagle**, of Anne Arundel Co., Maryland, £0.25, 200 acres ...north side of Patapsco River. Signed John **Dearing**. Wit: John **Lowdon**, James **Taylor**, Thomas **Eagle**, Joseph **Walkley**, David **Dennis**, Thomas **Taylor** and Samuel **Chambers**.

15 May 1700, John **Richardson**, planter, of Baltimore Co., Maryland to James **Crooks**, merchant, of same, £32, 200 acres...west side of Middle River. Signed John **Richardson**. Wit: Thomas **Hedge**, Thomas **Richardson** and Samuel **Sicklemore**.

5 Sep 1699, Richard & Ann **Taylor**, of Prince Georges Co., Maryland to William **Bladen**, gentleman, of Annapolis, Anne Arundel Co., Maryland, £0.25, 200 acres...west side of middle branch of Patapsco River...formerly owned by George **Thompson**. Signed Richard **Taylor**, Ann **Taylor** and William **Bladen**. Wit: Daniel **Wells** and Edward **Thomas**.

5 Mar 1699, Francis & Sarah **Dallahide**, planter, of Baltimore Co., Maryland to Thomas **Corkey**, planter, of Anne Arundel Co., Maryland, 5,000 pounds of tobacco, 200 acres...Gunpowder River. Signed Francis **Dallahide** and Sarah **Dallahide**. Wit: John **Thomas** and Thomas **Richardson**.

5 Mar 1700, Edward & Elizabeth **Smith**, planter, of Baltimore Co., Maryland to Richard **Banks**, planter, of Anne Arundel Co., Maryland, £40, 160 acres...north side of Magety River...line of Thomas **Homewood**. Signed Edward **Smith** and Elizabeth **Smith**. Wit: John **Thomas** and Thomas **Richardson**.

6 Mar 1700, John **Chadwell**, (son and heir of John **Chadwell**, late of Baltimore Co., Maryland), planter, of Baltimore Co., Maryland to Daniel **Scott**, planter, of same, 150 acres. Signed John **Chadwell**. Wit: Thomas **Hutchins**, Thomas **Bushnell** and James **Wilson**.

18 Mar 1699, Thomas & Susannah **Richardson**, gentleman, of Baltimore Co., Maryland to Thomas **Sterling**, of Calvert Co., Maryland, 230 acres... south side of Gunpowder River...line of John **Welsh**. Signed Thomas **Richardson** and Susannah **Richardson**. Wit: James **Phillips** and John **Hall**.

6 Aug 1700, Thomas **Hammond**, of Baltimore Co., Maryland Charles **Gorsuch**, of same, 50 acres. Signed Thomas **Hammond**. Wit: James **Todd** and John **Ensor**.

6 Aug 1700, James & Bithia **Phillips**, gentleman, of Baltimore Co., Maryland to John **Wells**, of same, 4,000 pounds of tobacco, 100 acres...south side of Bush River. Signed James **Phillips** and Bithia (x) **Phillips**. Wit: Thomas **Staly**.

6 Aug 1700, Robert & Margaret **Parker**, planter, of Baltimore Co., Maryland to Philip **Christian**, planter, of Anne Arundel Co., Maryland, £65, 500 acres...Hunting Ridge. Signed Robert **Parker** and Margaret (x) **Parker**. Wit: James **Carroll**, Moses **Groome** and Thomas **Long**.

13 May 1699, William & Mary **Herbert**, of Patapsco River,

Baltimore Co., Maryland to Nicholas **Fitzsimons**, cordwinder, of same, 210 acres...line of John **Bennett**, of Anne Arundel Co., Maryland and John **Thomas**. Signed William (x) **Herbert** and Mary (x) **Herbert**. Wit: George **Ashman** and John **Thomas**.

20 Mar 1696, Joseph **Strawbridge**, cooper, of Back River, Baltimore Co., Maryland to Isaac **Millner**, merchant, of London, England, 200 acres...north side of Back River. Signed Joseph **Strawbridge**. Wit: John **Thomas**, William (x) **Wilkinson** and Isaac **Millner**.

1 Apr 1700, Abraham & Elizabeth **Enloes**, planter, of Baltimore Co., Maryland to William **Holland**, planter, of same, 3,250 pounds of tobacco, 150 acres...south side of Middle River. Signed Abraham (x) **Enloes** and Elizabeth (x) **Enloes**. Wit: Thomas **Staly**.

6 Mar 1699, Anthony & Mary **Demondidier**, planter, of Baltimore Co., Maryland to Margaret **Ronstrod**, widow and her son Hause **Ronstrod**, of Calvert Co., Maryland with Henry **Wriothesley** and Samuel **Sicklemore**, of Baltimore Co., Maryland of a third part, several tracts...Patapsco River. Signed Anthony **Demondidier**, Mary (x) **Demondidier**, Samuel **Sicklemore** and Henry **Wriothesley**. Wit: John **Thomas**, Thomas **Richardson** and Richard **Cromwell**.

2 Sep 1699, Anthony & Mary **Demondidier**, planter, of Baltimore Co., Maryland to Margaret **Ronstrod**, widow and her son Hause **Ronstrod**, of Calvert Co., Maryland with Henry **Wriothesley** and Samuel **Sicklemore**, of Baltimore Co., Maryland of a third part, £0.25, 100 acres...Susquehanna River and 295 acres. Signed Anthony **Demondidier**, Mary (x) **Demondidier**. Wit: Charles **Adams**, Francis **Dallahide** and Watson **Balley**.

4 Mar 1699, Gideon & Mary **Gamble**, of Cecil Co., Maryland to Emanuel **Smith**, planter, of Baltimore Co., Maryland, 4,000 pounds of tobacco, 120 acres...head of Swan creek. Signed (x) **Gamble** and Mary (x) **Gamble**. Wit: Thomas **Hall**, Thomas **Staly** and William (x) **Lofting**.

Sarah **Hall**, wife of John **Hall**, of Baltimore Co., Maryland to her daughter Isabella **Hooper**, for love and affection, 100 acres...

Gunpowder River. Signed Sarah (x) Hall. Wit: James Maxwell and William Hollis.

7 Jan 1702, Henry & Mary Hedge, planter, of Baltimore Co., Maryland to John Boon, of same, 4,000 pounds of tobacco, 100 acres...little falls of Gunpowder River. Signed Henry Hedge and Mary (x) Hedge. Wit: Francis Smith and Francis Whitehead.

2 Nov 1700, James & Bathia Philips, (son and heir of James Philips), of Baltimore Co., Maryland to Thomas Tench, of Anne Arundel Co., Maryland, 200 acres...Susquehanna River...patented 15 Jul 1683. Signed James (x) Philips and Bathia (x) Philips. Wit: Aquila Paca and Richard Crumwell.

4 Nov 1700, Jane Thomas, wife of John Thomas power of attorney to Nathaniel Ruxstone, to sell John Gardiner, planter, of Baltimore Co., Maryland, 100 acres. Signed Jane (x) Thomas. Wit: Charles (x) Merryman and Richard Colegate.

6 Nov 1700, John & Jane Thomas, of Patapsco River, Baltimore Co., Maryland to John Gardiner, of same, £140, 102 acres of 500 acres...Deer creek...patented by William Chapham. Signed John Thomas and Nathaniel Ruxstone. Wit: M. Earle.

5 Mar 1700, Edward Smith, planter, of Baltimore Co., Maryland to Joseph Burton, planter, of Anne Arundel Co., Maryland, £28, 212 acres...north side of Patapsco River...patented 10 Aug 1695. Signed Edward (x) Smith. Wit: Abraham Taylor, Thomas Roberts and Francis Smith.

12 Jan 1697, Thomas Staly, gentleman, of Baltimore Co., Maryland power of attorney to James Durham, planter, of same. Signed Thomas Staly. Wit: H. Wriothesley and Abraham Taylor.

5 Mar 1700, Elizabeth Groone, spinster, of Baltimore Co., Maryland to Edward Stevenson, merchant, of same, 100 acres...Anthony Demondidier, late of Baltimore Co., Maryland, devised 2 Oct 1693 to his daughter the said Elizabeth Groone and her brother, Anthony Demondidier. Signed Elizabeth Groone. Wit: Aquila Paca and

James **Philips**.

15 Jan 1700, John **Shaw**, planter, of Anne Arundel Co., Maryland to Alexander **Graves**, bricklayer, of Baltimore Co., Maryland, £0.25, 70 acres...north side of Patapsco River. Signed John **Shaw**. Wit: James (x) **Jeosain**, Sarah (x) **Dallahide** and Francis **Dallahide**.

22 Apr 1700, William & Jane **Loney**, planter, of Baltimore Co., Maryland to Robert **Gibson**, gentleman, of same, 2,500 pounds of tobacco, 100 acres and 100 acres...patented, 13 Oct 1665, by Thomas **Overton**, deceased, late of Baltimore Co., Maryland...said **Overton** patented 2nd tract, 16 Nov 1668 and then devised to said **Loney**. Signed William (x) **Loney** and Jane (x) **Loney**. Wit: Aquila **Paca** and James **Phillips**.

24 Mar 1700, Hestor **Fuller**, widow, of Baltimore Co., Maryland to her sons John and Henry **Fuller**, livestock. Signed Hestor (x) **Fuller**.

21 Mar 1700, Martha **Bowen**, widow, of Baltimore Co., Maryland to Honour **Reeves**, before she is 16 years, a cow and John **Pawlyn**, before he is 18 years, a cow. Signed Martha (x) **Bowen**. Wit: William **Pawley**.

12 Jul 1701, Susannah **Arnold**, widow, of Baltimore Co., Maryland to her grand-daughter, Avallia **Carvile**, (the daughter of John **Carvile**), the negro boy called Ledgen. Signed Susannah (x) **Arnold**.

10 Aug 1698, Henry **King**, of Baltimore Co., Maryland is due 124 acres from Thomas **Richardson**...part of another warrant for 200 acres...patented 5 Apr 1684...Hasting Run. Signed Henry Darnett **Hooper**.

11 Sep 1696, William **Osborne**, planter, of Baltimore Co., Maryland bound to James **Phillips**, of same, for mortgage of 13,342 pounds of tobacco. Signed William (x) **Osborne**. Wit: George (x) **Smith** and Edward **Boothby**.

8 May 1701, Thomas & Susannah **Richardson**, gentleman, of Baltimore Co., Maryland to John **Richardson**, planter, of same, 250

acres...south side of Gunpowder River. Signed Thomas **Richardson** and Susannah (x) **Richardson**. Wit: H. **Wriothesley**.

25 Jun 1700, John **Whitticar**, cooper, of Baltimore Co., Maryland to James **Barley**, of Anne Arundel Co., Maryland, one woman servant, 79 acres...Elk Ridge...line of Edward **Talbot**. Signed John (x) **Whitticar**. Wit: James **Maxwell** and Michael **Judd**.

20 May 1701, Thomas & Sarah **Hooker**, of south side of Patapsco River, Baltimore Co., Maryland to John **Yoatly**, mariner, of England, £30, 248 acres. Signed Thomas **Hooker** and Sarah **Hooker**. Wit: Nathaniel **Stinchcomb** and Thomas **Cromwell**.

26 Dec 1700, William & Mary **Cromwell**, gentleman, of Baltimore Co., Maryland to Thomas **Crooker**, gentleman, of same, 60 acres... Deep creek. Signed William **Cromwell** and Mary (x) **Cromwell**. Wit: Edward **Dorsey**.

2 Jun 1701, John **Hopkins**, of Baltimore Co., Maryland to Richard **Tillyard**, of same, records. Signed John **Hopkins**. Wit: John (x) **Standford** and John **Dobricker**.

5 Aug 1701, James & Bethia **Phillips**, gentleman, of Baltimore Co., Maryland to Thomas **Handson**, planter, of Anne Arundel Co., Maryland, £95, 100 acres...Rumley creek. Signed James **Phillips** and Bethia **Phillips**. Wit: Richard **Colegate** and John **Athy**.

5 Aug 1701, John **Richardson**, planter, of Baltimore Co., Maryland to Moses **Edwards**, planter, of same, 6,000 pounds of tobacco, 282 acres...west side of Jones Falls. Signed John **Richardson**. Wit: Thomas **Roberts** and Henry **Hedge**.

13 May 1701, Thomas & Sophia **Sparrow**, gentleman, of Allhallows Parish, Anne Arundel Co., Maryland to Thomas **Rider**, gentleman, of same, £50, 100 acres...north side of Patapsco River. Signed Thomas **Sparrow**. Wit: Thomas **Hammond** and John **Tilly**.

10 Jul 1701, Robert **Gibson**, gentleman, of Baltimore Co., Maryland to Roger **Mathews**, planter, of same, 3,000 pounds of tobacco, 100

acres and 100 acres...Rumley creek...patented, 16 Nov 1668, by Thomas **Overton**, deceased, late of Baltimore Co., Maryland, who devised to his daughter Jane **Loney**, wife of William **Loney**, who sold to the said **Gibson**. Signed Robert **Gibson**. Wit: James **Phillips** and Samuel **Sicklemore**.

3 Sep 1701, John **Richardson**, planter, of Baltimore Co., Maryland to Capt. John **Oulton**, gentleman, of same, 220 acres...south side of Back River. Signed John **Richardson**. Wit: J. **Browne**.

3 Sep 1701, Thomas **Richardson**, innholder, of Baltimore Co., Maryland bound to John **Ouldton**, gentleman, of same, for good deed. Signed Thomas **Richardson**. Wit: J. **Browne** and H. **Wriothesley**.

30 Aug 1701, Nathaniel & Mary **Ruxstone**, of Baltimore Co., Maryland to Richard **Colegate**, merchant, of same, 6,000 pounds of tobacco, 500 acres. Signed Mary (x) **Ruxstone**. Wit: Nicholas **Rogers**, Michael **Judd** and Robert (x) **Lockdale**.

3 Sep 1701, John & Frances **Gay**, planter, of Baltimore Co., Maryland to Richard **Colegate**, merchant, of same, 2,000 pounds of tobacco, 70 acres...Chaphams creek...line of Robert **Gorsuch**. Signed John **Gay** and Frances **Gay**. Wit: Thomas **Edmonds** and Thomas **Cromwell**.

1 Oct 1701, John **Peton**, planter, of Baltimore Co., Maryland power of attorney to his wife Hester **Peton** and John **Fuller**, of same. Signed John **Peton**. Wit: John **Taylor** and William **Perkett**.

9 Sep 1701, Henry **Jeildwig**, merchant, of London, England power of attorney to Aquila **Paca**, of Gunpowder River, Baltimore Co., Maryland. Signed Henry **Jeiding**. Wit: Mark **Richardson** and John **Hall**.

4 Nov 1699, Paid William **Barker** £10. Signed Edward **Dorsey**. Wit: John **Munday** and John **London**.

10 Sep 1701, John & Mary **Chadwell**, of Baltimore Co., Maryland

to Daniel **Scott**, of same, 200 acres...Middle River. Signed John (x) **Chadwell** and Mary (x) **Chadwell**. Wit: John (x) **Leakings** and Richard (x) **Freestone**.

4 Nov 1701, John Francis & Jane **Holland**, of Baltimore Co., Maryland to Sarah **Steirs**, of same, 5,000 pounds of tobacco, 124 acres...patented by Charles **Gorsuch**. Signed John Francis (x) **Holland** and Jane (x) **Holland**. Wit: Edward **Dorsey** and Samuel **Sicklemore**.

10 Jul 1701, John & Joane **Gadsby**, planter, of Anne Arundel Co., Maryland to John **Sazser**, of same, £44, 130 acres. Signed John (x) **Gadsby**. Wit: John **Stanley** and Richard **Clarke**.

10 May 1700, Thomas **Cromwell**, gentleman, of Baltimore Co., Maryland to James **Morray**, of same, £23, 346 acres. Signed Thomas **Cromwell**. Wit: John **Thomas**, Richard **Cromwell** and Elizabeth **Cromwell**.

4 Aug 1701, James & Jemima **Morray**, of Baltimore Co., Maryland to William **Talbot**, of same, £0.25, 346 acres...purchased of Thomas **Cromwell**, who purchased of John **Oldton**. Signed James **Morry** and Jemima **Morry**. Wit: Richard **Cromwell** and Thomas **Hammond**.

25 Apr 1701, Mary **Staly**, administrator of her husband Thomas **Jones**, deceased, £11.2, due to Charles **Jones**, received by Bridgett **Jones**, widow of said Charles, for the use of Theophius **Jones** and his brother Thomas **Jones**. Signed Bridgett (x) **Jones**. Wit: William (x) **Howard** and John **Enloes**.

25 Apr 1701, Mary **Staly**, administrator of her husband Thomas **Jones**...received £11.2 full payment of my portion of my father's estate. Cadwalder (x) **Jones**. Wit: John **Enloes** and James **Darham**.

25 Apr 1701, Mary **Staly**, administrator of her husband Thomas **Jones**...received £11.2 full payment of my portion of my father's estate. Cornelius (x) **Herrington** and Rachel (x) **Herrington**. Wit: Ralph **Eros** and John **Enloes**.

1 Oct 1701, Edward **Stevenson**, (agent of Peter **Paggan**, merchant, of London, England), taylor, of Baltimore Co., Maryland to George **Hooper**, the elder, planter, of Baltimore Co., Maryland, £50, 200 acres...north side of Back River...and 100 acres, adjoining. Signed Edward **Stevenson**. Wit: John **Browne**.

12 Jun 1701, John & Jane **Taylor**, carpenter, of Baltimore Co., Maryland to Michael & Mary **Judd** Jr., of same, 100 acres...Gunpowder River, (land exchange), 75 acres...east side of Gunpowder River. Signed John **Taylor** and Jane **Taylor**. Wit: Peter (x) **Norton** and William **Perkett**.

14 Jun 1701, Michael & Mary **Judd** Jr., of Baltimore Co., Maryland to John **Taylor**, carpenter, of same, 1,000 pounds of tobacco, 50 acres. Signed Michael **Judd** Jr. and Mary (x) **Judd**. Wit: Peter (x) **Norton** and William **Perkett**.

12 Jun 1701, Michael & Mary **Judd** Jr., of Baltimore Co., Maryland to John **Taylor**, carpenter, of same, 75 acres...falls of Gunpowder River, (land exchange), 100 acres. Signed Michael **Judd** Jr. and Mary (x) **Judd**. Wit: Peter (x) **Norton** and William **Perkett**.

9 Dec 1701, Abraham **Taylor**, of Baltimore Co., Maryland to his son-in-law John **Conckin**, planter, of same, for love and affection, 50 acres...west side of Bush River. Signed Abraham **Taylor**. Wit: Thomas **Richardson** and Samuel **Sicklemore**.

17 Nov 1701, John **Leakins**, planter, of Baltimore Co., Maryland to James **Crooke**, merchant, of same, 8,000 pounds of tobacco, 70 acres ...south side of Middle River. Signed John (x) **Leakins**. Wit: Sarah **Sicklemore** and Charles **Yeatman**.

1701, Samuel & Mary **Brown**, planter, of Baltimore Co., Maryland to James **Phillips**, gentleman, of same, 100 acres...east side of Bush River...patented by Abraham **Hollman**. Signed Samuel **Brown** and Mary **Brown**. Wit: Mark **Richardson** and Aquila **Paca**.

1701, Edward **Filkes**, of Baltimore Co., Maryland to Ann **Johnson**, of same, for love and affection, one half of his estate to bind their coming marriage. Signed Edward **Filkes**.

9 May 1700, Received of Martha **Bowen**, administrator of the estate of Jonas **Bowen**, £25, being my part of my father's estate. Signed Jonas **Bowen**. Wit: Benjamin **Bowen** and Lawrence (x) **Walden**.

4 Mar 1702, Simon & Eve **Pearson**, planter, of Baltimore Co., Maryland to Henry **Wriothesley**, gentleman, of same, 6,000 pounds of tobacco, 200 acres. Signed Simon (x) **Pearson**. Wit: John **Browne**.

4 Mar 1701, John **Hall**, of Baltimore Co., Maryland to Isabella **Hooper**, spinster, of same, 218 acres...part of 640 acres patented by Charles **Gorsuch**. Signed John **Hall**. Wit: James **Maxwell** and William **Hollis**.

3 Mar 1701, James & Penelope **Todd**, planter, of Baltimore Co., Maryland to John **Hurst**, £160, 300 acres. Signed James **Todd**. Wit: Andrew **Anderson** and Ralph **Eros**.

Michael & Mary **Judd** Jr., planter, of Baltimore Co., Maryland to John **Hall**, of same, 3,000 pounds of tobacco, 2 acres. Signed Michael **Judd** and Mary **Judd**. Wit: Aquila **Paca**.

5 Mar 1702, Mark & Elizabeth **Twist**, planter, of Baltimore Co., Maryland to John **Caskin**, of same, 6,000 pounds of tobacco, 24 acres...west side of Bush River. Signed Mark **Twist**. Wit: John **Ewings** and John **Browne**.

20 Feb 1701, Thomas & Mary **Preston**, planter, of Baltimore Co., Maryland to Robert **Shaw**, taylor, of same, 3,000 pounds of tobacco, 112 acres...north side of Bush River...patented 10 Nov 1695. Signed Thomas (x) **Preston** and Mary Preston. Wit: Richard **Cromwell** and Robert **Gibson**.

28 Mar 1702, John **MackLane**, planter, of Baltimore Co., Maryland to James **Carroll**, gentleman, of same, £0.25, 200 acres...Jones Falls. Signed John (x) **Macklane**. Wit: H. **Wriothesley** and John **Browne**.

2 Mar 1701, Thomas & Mary **Preston**, planter, of Baltimore Co.,

Maryland to Charles **Baker**, planter, of same, 8,500 pounds of tobacco, 242 acres...north side of Gunpowder River...patented 3 Jun 1697. Thomas (x) **Preston** and Mary **Preston**. Wit: Richard **Cromwell** and Robert **Gibson**.

15 May 1686, James **Fugett**, planter, of Baltimore Co., Maryland to Miles **Gibson**, gentleman, of same, 12,660 pounds of tobacco, 200 acres...Swan creek...line of Thomas **Wallingford**. Signed James **Fugett**. Wit: Thomas (x) **Wallingford** and William (x) **Test**.

Robert **Gibson**, (son of Miles **Gibson**), gentleman, of Baltimore Co., Maryland to Thomas **Browne**, planter, of same, 200 acres. Signed Robert **Gibson**. Wit: John **Browne** and George **Chancey**.

16 feb 1701, James & Bothia **Phillips**, gentleman, of Baltimore Co., Maryland to Samuel **Browne**, planter, of same, 200 acres. Signed James **Phillips** and Bothia **Phillips**. Wit: Mark **Richardson** and Aquila **Paca**.

5 Sep 1701, Henry **Boarne**, planter, of Baltimore Co., Maryland to John **Cotterell**, of same, £15, 100 acres...line of William **Gost**. Signed Henry (x) **Boarne**. Wit: Sarah **Garretson** and Edward **Swan**.

22 Mar 1701, Joseph & Katharine **Wells**, planter, of Baltimore Co., Maryland to Richard **Longland**, planter, of same, 3,000 pounds of tobacco, 100 acres. Signed Joseph (x) **Wells** and Katharine (x) **Wells**. Wit: Richard (x) **Miller** and Thomas **Read**.

7 Jul 1702, John **Richardson**, planter, of Baltimore Co., Maryland to William **Adams**, gentleman, of Calvert Co., Maryland, £27, 300 acres and 105 acres...Gunpowder River. Signed John **Richardson**. Wit: William **Perkett**, John **Merlemore** and Miles **Temple**.

20 Oct 1701, John & Hester **Peters**, and John & Sarah **Fuller**, planters, of Baltimore Co., Maryland to William **Perkett**, of same, 500 pounds of tobacco, 6.25 acres...patented 5 Jun 1688. Signed John (x) **Fuller**, Hester (x) **Peters**, Sarah (x) **Fuller** and John (x) **Peters**. Wit: Peter (x) **Norton**, George (x) **Hall** and ? (x) **Perkett**.

18 Dec 1701, James **Phillips**, gentleman, of Baltimore Co., Maryland to Thomas **Newsum**, planter, of same, 6,000 pounds of tobacco, 200 acres...Dolph creek. Signed James **Phillips**. Wit: Joseph **Johnson** and Edward **Swan**.

4 Aug 1702, Hendrick & Christana **Enloes**, planter, of Baltimore Co., Maryland to William **Holland**, carpenter, of same, 150 acres... Middle River. Signed Hendrick **Enloes**. Wit: Samuel **Sicklemore** and William **Talbot**.

1 Aug 1702, Elizabeth **Swindall**, widow, of Back River, Baltimore Co., Maryland to her grand-daughter, Sarah **Dorman**, spinster, of same, for love and affection, one half of estate. Signed Elizabeth (x) **Swindall**. Wit: Richard (x) **Longland** and Mary (x) **Longland**.

8 Jul 1702, George **Parkes**, merchant, of London, England power of attorney to William **Talbot**, of Baltimore Co., Maryland. Signed George **Parkes**. Wit: Charles **Cromwell** and John (x) **Landy**.

12 Sep 1701, James **Todd**, planter, of Baltimore Co., Maryland to Mark **Swift**, planter, of same, 300 acres...west side of Patapsco River. Signed James **Todd**. Wit: Andrew **Anderson** and Thomas **Long**.

7 Jul 1702, John & Elinor **Herryman**, planter, of Back River, Baltimore Co., Maryland to Michael **Young**, of same, 50 acres...line of John **Wells**. Signed John **Harryman** and Elinor (x) **Harryman**. Wit: Richard **Colegate** and Richard **Hall**.

Mar 1701, Nicholas **Fritzsimons**, cordwinder, of Baltimore Co., Maryland to Richard **Cromwell**, planter, of same, 200 acres...west side of Patapsco River...patented 10 May 1696. Signed Nicholas **Fritzsimons**. Wit: James **Maxwell** and Richard **Colegate**.

5 Aug 1702, Enoch **Spinks**, planter, of Baltimore Co., Maryland to John **Taylor**, innholder, of same, 100 acres...patented 28 Sep 1670 by Richard **Sims**, who sold to Nicholas **Hamsted**, who devised, to his wife Elizabeth **Hamsted**, said Nicholas & Elizabeth **Hamsted** were the grandparents of said Enoch. Signed Enoch **Spinks**. Wit: John **Ewings** and John **Hurst**.

8 Mar 1702, Enoch **Spinks**, planter, of Baltimore Co., Maryland to Henry **Wriothesley**, gentleman, of same, 2,000 pounds of tobacco, 308 acres...little falls of Gunpowder River. Signed Enoch **Spinks**. Wit: Samuel **Sicklemore** and Robert **Gibson**.

14 Jan 1701, James **Greenist**, (one of the sons of James **Greenist**, of Anne Arundel Co., Maryland), planter, of Anne Arundel Co., Maryland to John **Howard**, gentleman, of same, 150 acres...Richard & Elizabeth **Johns**, of Calvert Co., Maryland sold, 23 Jan 1685, Thomas **Lightfoot**, who sold, 25 Apr 1687, to James **Greenist** Sr., who devised, one half to said James **Greenist**. Signed James **Greenist**. Wit: R. **Lewettin**, W. **Saylard** and Thomas **Bordley**.

20 Nov 1701, William **Slade** and Thomas **Crocker**, of Baltimore Co., Maryland pay tobacco to William **Richardson**, guardian of Elizabeth **Rigbie**, orphan of John **Rigbie**, late of Anne Arundel Co., Maryland. Signed William (x) **Slade** and Thomas (x) **Crocker**. Wit: Richard **Cromwell**.

18 Jul 1702, Samuel & Sarah **Sicklemore**, of Baltimore Co., Maryland to Edward **Reynolds**, of Calvert Co., Maryland, 262 acres ... east side of the little falls of Gunpowder River...patented 8 Mar 1666. Signed Samuel **Sicklemore** and Sarah (x) **Sicklemore**.

2 Sep 1702, John & Mary **Oldton**, gentleman, of Baltimore Co., Maryland to Edward **Stevenson**, merchant, of same, 200 acres...Herring Rum Branch. Signed John **Oldton**.

1 Sep 1702, John & Jane **Thomas**, gentleman, of Baltimore Co., Maryland to the church warden, of St. Pauls Parish, Baltimore Co., Maryland, 2,000 pounds of tobacco, 123.75 acres...north side of Patapsco River. Signed John **Thomas** and Jane (x) **Thomas**. Wit: H. **Wriothesley**.

7 Jul 1702, Francis & Sarah **Dallahide**, planter, of Baltimore Co., Maryland to William **Slade**, planter, of same, 200 acres...Back River. Signed Francis **Dallahide** and Sarah (x) **Dallahide**. Wit: Nicholas **Fitzsimons**, James **Maxwell** and Richard **Colegate**.

9 Oct 1702, Anthony Johnson, planter, of Baltimore Co., Maryland to John Howard, planter, of Anne Arundel Co., Maryland, £110, 170 acres...Patapsco River. Signed Anthony Johnson. Wit: William Taylard.

6 Nov 1702, Samuel & Sarah Sicklemore, planter, of Baltimore Co., Maryland to Robert Cutchin, of same, 168 acres...east side of Gunpowder River. Signed Samuel Sicklemore and Sarah (x) Sicklemore.

20 Oct 1702, John Cole, planter, of Baltimore Co., Maryland to Richard Owen, of Herring River, Anne Arundel Co., Maryland, £150, 809 acres...Kemps creek...line of Darby Hall. Signed John Cole. Wit: Thomas Hedge and Cornelius White.

3 Nov 1702, John Hall, of Baltimore Co., Maryland to Richard Owen, of Herring River, Anne Arundel Co., Maryland, £17, 100 acres...north side of Charles Ramsey. Signed John Hall. Wit: Thomas Hedge and Cornelius White.

2 Nov 1702, Thomas Thurston, planter, of Baltimore Co., Maryland to Francis Smith, of same, 500 acres...west side of Susquehanna River. Signed Thomas (x) Thurston.

21 Jul 1703, Martha Bowen, widow, of Baltimore Co., Maryland to her daughter, Hester Bowen, horse. Signed Martha (x) Bowen. Wit: Michael Rogers.

5 Jan 1702, Thomas Browne, planter, of Baltimore Co., Maryland to his son John Browne, of same, for love and affection, 400 acres ...west side of Susquehanna River. Signed Thomas Browne. Wit: William Talbot.

7 mar 1702, Robert & Sarah West, planter, of Baltimore Co., Maryland to Walter Murrough, of same, 2,000 pounds of tobacco, 50 acres...formerly owned by Robert Yates. Signed Robert (x) West and Sarah (x) West. Wit: Edward Hall and Robert Hawkins.

25 Dec 1702, paid Samuel Sicklemore £78. Signed William (x) Jones.

Wit: Capt John **Hyde**.

8 Apr 1703, paid Samuel **Sicklemore** £25. Signed Edward **Reynolds**. Wit: Capt. John **Hyde**.

10 Oct 1702, John & Hannah **Hurst**, planter, of Baltimore Co., Maryland to Richard **Colegate**, (agent for Michael **Yoakey**, merchant, of London, England), gentleman, of same, £123.3, 164 acres...former line of Alexander **Mountane**. Signed John **Hurst** and Hannah (x) **Hurst**. Wit: Charles **Adams** and Evan **Jones**.

2 Mar 1702, Thomas & Mary **Preston**, planter, of Baltimore Co., Maryland to Isaac **Baker**, planter, of Calvert Co., Maryland, £50, 200 acres...head of Bush River. Signed Thomas (x) **Preston** and Mary **Preston**.

16 Mar 1702, Edward & Mary **Reynolds**, of Calvert Co., Maryland to William, £20 and 100 acres, (land exchange), 262 acres...east side of little falls of Gunpowder River...patented 8 Mar 1666 by Samuel **Sicklemore**, who sold Jul 1702 to said **Reynolds**. Signed Edward **Reynolds** and Mary **Reynolds**. Wit: James **Duke** and Henry **Cox**.

13 Jan 1702, Daniel & Johanna **Kendall**, planter, of Baltimore Co., Maryland to John **Bird**, merchant, of Anne Arundel Co., Maryland, 4,000 pounds of tobacco, 250 acres...Elk Ridge...line of Samuel **Dryers** and **Dodderidge**. Signed Daniel **Kendall** and Johanna **Kendall**. Wit: Richard **Owing** and John **Gay**.

13 Aug 1702, Robert **Gibson**, gentleman, of Baltimore Co., Maryland to Thomas **Baker**, merchant, of same, 400 acres...west branch of Bush River...patented 10 Aug 1684 by Robert **Gibson**, father of said Robert. Signed Robert **Gibson**. Wit: Aquila **Paca** and Edward **Hall**.

2 Nov 1702, Thomas **Thurston**, of Baltimore Co., Maryland to John **Morlimore**, gentleman, of Anne Arundel Co., Maryland, £4, 200 acres...east side of Bush River. Signed Thomas (x) **Thurston**.

2 Nov 1702, Thomas **Thurston**, of Baltimore Co., Maryland to John

Morlimore, of Anne Arundel Co., Maryland, 4,000 pounds of tobacco, 200 acres...west side of Bush River. Signed Thomas (x) **Thurston.**

14 Dec 1702, John & Ann **Savoy,** of Baltimore Co., Maryland to William **Pitchett,** of same, 100 acres...south side of Rumley creek. Signed John (x) **Savoy** and Ann (x) **Savoy.** Wit: Henry **Mathews** and Henry **Hickson.**

10 Nov 1702, John & Mary **Shadwell,** of Baltimore Co., Maryland to Daniel **Scott,** of same, 100 acres...Salt Peter creek. Signed John (x) **Shadwell** and Mary (x) **Shadwell.**

3 Mar 1702, Robert & Dorothy **Cutchin,** planter, of Baltimore Co., Maryland to Samuel Sicklemore, planter, of same, 158 acres...east side of Gunpowder River. Signed Robert **Cutchin** and Dorothy (x) **Cutchin.** Wit: Thomas **Bale** and Robert **Gibson.**

2 Mar 1702, Richard & Mary **Perkins,** cooper, of Baltimore Co., Maryland to Daniel **Johnson,** planter, of same, 32 acres, part of 550 acres...south side of Susquehanna River...patented by Thomas **Griffith.** Signed Richard (x) **Perkins.** Wit: Francis **Smith** and John **Browne.**

13 Apr 1703, William & Jane **Long,** planter, of Baltimore Co., Maryland to Anthony **Drew,** of same, 100 acres...line of George **Uty** and George...patented by Godfrey **Bailey,** planter, late of Baltimore Co., Maryland...and 200 acres...line of Thomas **Overton.** Signed William (x) **Long** and Jane (x) **Long.** Wit: John **Brown** and Thomas **Brown.**

4 Apr 1700, Col. Henry **Jawby,** of St. Marys Co., Maryland to Amos **Garrett,** merchant, of Anne Arundel Co., Maryland, £42.2, 400 acres...patented 10 May 1685. Signed Henry **Jawby.** Wit: Charles **Carroll,** Charity **Hammond** and Orlando **Greenslade.**

15 Apr 1703, John & Jane **Thomas,** gentleman, of Baltimore Co., Maryland to Elisha **Ledgwick,** of Anne Arundel Co., Maryland, £50, 200 acres, part of 400 acres...Gunpowder River...patented 10 Aug

1695. Signed John **Thomas** and Jane (x) **Thomas**. Wit: William **Ekrid** and Seborn (x) **Tucker**

15 Apr 1703, John & Jane **Thomas**, gentleman, of Baltimore Co., Maryland to Seborn **Tucker**, of Anne Arundel Co., Maryland, £50, 200 acres, part of 400 acres...Gunpowder River...patented 10 Aug 1695. Signed John **Thomas** and Jane (x) **Thomas**. Wit: William **Ekrid** and Elisha **Ledgwick**

16 Apr 1703, Elisha **Ledgwick**, of Calvert Co., Maryland to Joshua **Ledgwick**, of same, £25, 100 acres...part of 200 acres purchased of John **Thomas**. Signed Elisha **Ledgewick**. Wit: Thomas **Bale** and Richard **Colegate**.

3 May 1703, Thomas & Elizabeth **Daniels**, planter, of Anne Arundel Co., Maryland to Stephen **Warman**, gentleman, of same, £23, 200 acres... Curtis creek. Signed Thomas (x) **Daniels**. Wit: Samuel **Chambers**, Thomas **Bale** and Richard **Colegate**.

9 Apr 1702, William **White**, of Baltimore Co., Maryland to Francis **Smith**, chattel goods. Signed William (x) **White**. Wit: Mark **Richardson** and James **Phillips**.

10 Nov 1702, inventory of the estate of William **White**, of Baltimore Co., Maryland.

Roger **Mathews** and Thomas **Cord**, of Baltimore Co., Maryland at the request of John **Hall**, of same...Mary **Utie**, one of the administrators of George **Utie**...Hannah **Utie**, orphan of said George & Mary **Utie**...rent collections.

27 Apr 1703, Mary **Clarke**, widow, of Baltimore Co., Maryland to her grandson, James **Freeman**, son of Richard **Freeman**, for love and affection, 60 acres in Calvert Co., Maryland and chattel goods. Signed Mary (x) **Clarke**. Wit: Thomas (x) **Cutchin**.

7 Jan 1702, James **Busvargus**, of Biddeford, Devon Co. power of attorney to William **Pawley**, of Biddeford, Devon Co. and Roger **Barnes**, mariner, Capt. of Blackstone, of Biddleford, Devon Co.

Signed James **Busvargus**. Wit: John **Blake** and Simon (x) **Heath**.

26 Oct 1690, William **Lutman**, of Anne Arundel Co., Maryland to John **Hurst**, of same, 131 acres. Signed William (x) **Lutman**. Wit: Thomas **Staly** and James **Maxwell**.

26 Oct 1690, William **Lutman**, of Anne Arundel Co., Maryland to John **Hurst**, of same, 100 acres. Signed William (x) **Lutman**. Wit: Thomas **Staly** and James **Maxwell**.

2 Jan 1702, Jathin & Elizabeth **Lampzey**, (said Elizabeth is the widow of Joseph **Yeo**), cordwinder, of Bideford, Devon Co., England and Joseph **Yeo**, (son of said Joseph **Yeo**) power of attorney to William **Pawley**, of Bideford, Devon Co., England...John **Yeo**, (son of said Joseph **Yeo**), planter, of Maryland. Signed Arthur **Lampzey**, Elizabeth **Lampzey** and Joseph **Yeo**.

Paid James **Buchanan** £36.5. Signed John **Hurst**. Wit: John **Hyde** and John **Cordon**.

5 Jan 1701, William **Storey**, of London, England request payment from John **Hyde**. Signed William **Storey**.

14 Sep 1693, John **Hurst**, of Anne Arundel Co., Maryland patents 238 acres in Anne Arundel Co., Maryland.

27 Aug 1701, John **Hurst**, of Patapsco River, Baltimore Co., Maryland to James **Busvatgus**, of Bideford, England, 138 acres in Anne Arundel Co., Maryland. Signed John **Hurst**. Wit: Edward **Stevenson** and William **Talbot**.

25 Aug 1698, Garrett **Garrettson**, planter, of St. Georges Parish, Baltimore Co., Maryland to Anthony **Drew**, of same, 180 acres...part of 400 acres...patented by Nathaniel **Utie**, who sole 130 acres to Edward **Beedle** and 50 acres to Robert **James**. Signed Garrett (x) **Garrettson**. Wit: John **Hall** and James **Phillips**.

14 Jun 1703, Garrett & Elizabeth **Garrettson**, gentleman, of Baltimore Co., Maryland confirm deed made in 1698 to Anthony

Drew, of same. Signed Garrett **Garrettson**.

1 Jun 1703, Charles & Hannah **Baker**, planter, of Baltimore Co., Maryland to John **Rottenbury**, of same, 160 acres...Deep creek. Signed Charles **Baker** and Hannah (x) **Baker**. Wit: John **Roberts** and Michael **Judd**.

29 Apr 1703, Robert & Hannah **Johnson**, (said Robert is son and heir of Stephen **Johnson**, of Baltimore Co., Maryland), carpenter, of Anne Arundel Co., Maryland to George **Eager** £9, 250 acres...Roade creek...purchased of James **Todd**. Signed Robert **Johnson** and Hannah (x) **Johnson**. Wit: Richard **Colegate** and John **Ball**.

1 Jun 1703, Christopher **Darbin**, carpenter, of Baltimore Co., Maryland to John **Egg**, carpenter, of same, 6,000 pounds of tobacco, 154 acres...Jones Falls. Signed Christopher **Darbin**. Wit: Miles **Feny** and John (x) **Ruos**.

17 Oct 1702, John & Katharine **Howard**, gentleman, of Anne Arundel Co., Maryland to Anthony **Johnson**, planter, of Baltimore Co., Maryland, £100, 240 acres...south side of Patapsco River. Signed John **Howard**. Wit: William **Taylor** and Nicholas **Sporrl**.

2 Jun 1703, Moses **Edwards**, planter, of Baltimore Co., Maryland to John **Coale**, planter, of same, 282 acres...Jones Falls. Signed Moses **Edwards**. Wit: Aquila **Paca** and H. **Wriothesley**.

20 May 1703, John & Jane **Taylor**, of Baltimore Co., Maryland to Gideon **Sketis**, of same, 13,500 pounds of tobacco, 150 acres...Patapsco River. Signed John **Taylor** and Jane **Taylor**. Wit: James **Maxwell** and James **Read**.

1 Jun 1703, Nicholas **Trent**, gentleman, of Stafford Co., Virginia to Col. Henry **Darnell**, gentleman, of Prince Georges Co., Maryland, £60, 600 acres. Signed Nicholas **Trent**. Wit: Henry **Darnell** Jr., Samuel **Magander** and Thomas **Spregg** Jr.

4 Aug 1703, John **Armstrong**, planter, of Baltimore Co., Maryland to John **Rawlings**, planter, of same, 150 acres of 300 acres...north

side of Gunpowder River. Signed John (x) **Armstrong**. Wit: James **Phillips** and Robert **Gibson**.

5 Aug 1703, Enoch **Spinks** and John **Cutchim**, of Baltimore Co., Maryland to James **Crook**, of same, 530 pounds of tobacco, 64 acres. Signed Enoch **Spinks** and John (x) **Cutchim**. Wit: William **Hallis** and John **Taylor**.

3 Mar 1703, John & Sarah **Fuller**, planter, of Baltimore Co., Maryland to John **Anderson**, planter, of same, 3,000 pounds of tobacco, 148 acres...Back River. Signed John (x) **Fuller** and Sarah (x) **Fuller**. Wit: James **Crook** and Abraham **Enloes**.

20 Jan 1702, James **Todd**, planter, of Baltimore Co., Maryland to John **Harryman**, planter, of same, 50 acres...south side of Back River. Signed James **Todd**. Wit: John **Hall** and John **Browne**.

3 Apr 1703, Christopher & Mary **Cox**, planter, of Baltimore Co., Maryland to Luke **Read**, planter, of same, £65, 200 acres...Curtis creek. Signed Christopher (x) **Cox** and Mary (x) **Cox**. Wit: W. **Read** and H. **Wriothesley**.

2 Aug 1703, John & Jane **Taylor**, innholder, of Baltimore Co., Maryland to Thomas **Novil**, planter, of same, 600 pounds of tobacco, 100 acres...south side of Gunpowder River. Signed John **Taylor** and Jane **Taylor**. Wit: John **Roberts** and Gideon **Sketis**.

13 Mar 1703 Elizabeth **Westbury** to Simon **Pearson**, all of her estate. Signed Elizabeth (x) **Westbury**. Wit: Thomas **Roberts** and William **Talbot**.

3 Aug 1703, Simon & Eve **Pearson**, of Baltimore Co., Maryland to Francis **Dallahide**, of same, £37 and 2,000 pounds of tobacco, 50 acres...Abraham Holman creek. Signed Simon **Pearson** and Eve (x) **Pearson**. Wit: Samuel **Sicklemore** and Richard **Colegate**.

3 Aug 1703, Thomas **Larkin**, gentleman, of Anne Arundel Co., Maryland power of attorney to Henry **Wriothesley**, gentleman, of Baltimore Co., Maryland. Signed Thomas **Larkin**. Wit: John **Ewings**

and John **Taylor**.

2 Aug 1703, Thomas **Larkin**, gentleman, of Anne Arundel Co., Maryland to John **Ford**, planter, of same, £30, 150 acres...Gunpowder River. Signed H. **Wriothesley**. Wit: James **Phillips** and Richard **Colegate**.

4 Aug 1703, James **Todd**, planter, of Baltimore Co., Maryland to Richard **Fowler**, 7,500 pounds of tobacco, 400 acres...south side of Back River... line of Abraham **Clark**, Martin and Thomas **Guind**, Thomas and William **Basfrind**, Robert **Harwood**, **Hallaway** and Thomas **Sparrow**. Signed James **Todd**. Wit: John **Oldton** and William **Talbot**.

8 Aug 1703, James **Ives**, planter, of Baltimore Co., Maryland to Thomas **Greenfield**, planter, of same, 50 acres...line of John **Collett**...patented by Henry **Haslewood**. Signed James (x) **Ives**. Wit: James (x) **Drumford** and Charles **Prebbett**.

15 Jun 1703, James **Todd**, planter, of Baltimore Co., Maryland to William **Williamson**, gentleman, of same, the servant lad John **Ashburn**. Signed James **Todd**. Wit: John **Richardson**.

3 Aug 1703, James **Phillips**, gentleman, of Baltimore Co., Maryland to James **Gallion**, planter, of same, 1,500 pounds of tobacco, 150 acres...Elk creek. Signed James **Phillips**. John **Hall** and Thomas **Browne**.

4 Aug 1703, John & Dorothy **Rawlings**, planter, of Baltimore Co., Maryland to John **Armstrong**, of same, 40 acres...Gunpowder River...line of Michael **Judd**. Signed John **Rawlings** and Dorothy (x) **Rawlings**. Wit: James **Phillips** and Thomas **Bale**.

1 Mar 1703, John **Ellis**, planter, of Baltimore Co., Maryland to Miles **Hannis**, planter, of same, 50 acres. Signed John (x) **Ellis**. Wit: Cadwaller (x) **Jones** and Thomas **Capell**.

11 Jan 1702, John **Smith**, of Bideford, Devon Co., England power of attorney to William **Pawley**, of same, Signed John **Smith**. Wit:

Simon **Heath** and Godfrey **Powers**.

31 Oct 1703, Henry **Borne**, planter, of Baltimore Co., Maryland to Lawrence **Draper**, gentleman, of Anne Arundel Co., Maryland, 13,000 pounds of tobacco, 198 acres of 400 acres...Swan creek patented, 9 Aug 1680, by John **Mould**, who sold, 27 Dec 1698 to Edward **Boothby**, who sold to said **Borne**...part sold to John **Collett**. Signed Henry (x) **Borne**. Wit: Mathew **Green** and J. **Browne**.

3 Nov 1703, Thomas & Mary **Preston**, gentleman, of Baltimore Co., Maryland to Julian **DeLappe**, widow, of same, Lodwick creek...line of Abraham **DeLappe**. Signed Thomas (x) **Preston**. Wit: James (x) **Dennis** and William **Noble**.

1703, James **Dennis**, planter, of Baltimore Co., Maryland to William **Noble**, of same, 139 acres... Gunpowder River. Signed James (x) **Dennis**. Wit: Gideon **Skatts** and William **Talbot**.

20 Oct 1703, Thomas **Morris**, of Baltimore Co., Maryland to Thomas **Edmonds**, of same, 3,000 pounds of tobacco, 100 acres...Musketto creek. Signed Thomas **Edmonds**. Wit: Francis **Smith**.

2 Feb 1702, George **Yorks**, planter, of Baltimore Co., Maryland to John **Ewings**, gentleman, of same, £14, 100 acres...southwest side of Bush River. Signed George (x) **Yorks**. Wit: James **Preston** and Thomas **Browne**.

29 May 1703, Mark & Elizabeth **Swift**, of Baltimore Co., Maryland power of attorney to Richard **Colegate**, merchant, of same. Signed Mark **Swift** and Elizabeth (x) **Swift**. Wit: Henry (x) **Jones** and Miles **Pemple**.

29 May 1703, Mark & Elizabeth **Swift**, planter, of Baltimore Co., Maryland to John **Galham**, of Anne Arundel Co., Maryland, 3,000 pounds of tobacco, 150 acres...Ha Ha creek. Signed Mark **Swift** and Elizabeth (x) **Swift**. Wit: Henry (x) **Jones** and Miles **Pemple**.

5 Nov 1703, John & Hannah **Hurst**, gentleman, of Baltimore Co., Maryland to Francis **Dallahide**, gentleman, of same, 100 acres...mouth of Gunpowder River...line of Abraham **Taylor**. Signed John **Hurst** and Hannah (x) **Hurst**.

16 Nov 1703, Mark **Richardson**, gentleman, of Baltimore Co., Maryland to William **Nicholson**, of Anne Arundel Co., Maryland, £120, 100 acres... patented 10 Sep 1685. Signed Mark **Richardson**. Wit: Thomas **Bale** and Thomas **Carpenter**.

5 Nov 1703, Samuel & Sarah **Sicklemore**, gentleman, of Gunpowder River, Baltimore Co., Maryland to William **Jones**, planter, of Calvert Co., Maryland, £156, 300 of 400 acres...patented 12 Jun 1701. Signed Samuel **Sicklemore**. Wit: Mark **Richardson** and John **Batson**.

2 Nov 1703, John **Miles**, carpenter, of Baltimore Co., Maryland to Bennett **Chad**, planter, of Calvert Co., Maryland, 4,000 pounds of tobacco, 200 acres...James Run...patented, 5 Jun 1700. Signed John **Miles**. Wit: James **Phillips** and Samuel **Sicklemore**.

2 Nov 1703, Thomas **Thurston**, (son and heir of Col. Thomas **Thurston**), planter, of Baltimore Co., Maryland to James **Clapson**, planter, of Calvert Co., Maryland, £15, 1000 acres... patented, 1 Jan 1685, by said Thomas **Thurston** Sr. Signed Thomas (x) **Thurston**. Wit: John **Balson** and William **Talbot**.

26 Aug 1703, Thomas & Elizabeth **Plummer**, of Prince Georges Co., Maryland to Col. Henry **Darnell**, of same, £22, 200 acres...patented, 29 Jul 1680, by George **Yate**, who sold to Henry **Brent**, of Calvert Co., Maryland. Signed Thomas **Plummer** and Elizabeth **Plummer**. Wit: Thomas **Fhigg** Jr. and Samuel **Winegarder**.

4 Mar 1702, James & Bethia **Phillips**, gentleman, of Baltimore Co., Maryland to Henry **Mathews**, planter, of same, 1,500 pounds of tobacco, 100 acres...west side of Bush River. Signed James **Phillips** and Bethia **Phillips**. Wit: Thomas **Chamberlain** and Richard **Pritchard**.

1 Mar 1703, John & Elizabeth **Ewings**, gentleman, of Baltimore Co., Maryland to John **Bine**, merchant, of Calvert Co., Maryland, £40, 400 acres...head of Bush River...surveyed for 500 acres, 5 Aug 1698...also 204 acres...head of Bush River. Signed John **Ewings** and Elizabeth **Ewings**. Wit: H. **Wriothesley**.

7 Mar 1703, Christopher **Darbin**, planter, of Baltimore Co., Maryland to John **Eggleston**, carpenter, of same, 46 acres...north side of Patapsco River. Signed Christopher **Darbin**.

11 Feb 1704, Robert & Katharine **Rogers**, planter, of Anne Arundel Co., Maryland to John **Joraell**, of Baltimore Co., Maryland, 100 acres...above the falls of Patapsco River. Signed Robert (x) **Rogers** and Katharine (x) **Rogers**. Wit: John **Hall** and Thomas **Hall**.

3 Nov 1703, James **Dennis**, planter, of Baltimore Co., Maryland to Simon **Pearson**, weaver, of same, 150 acres of 300 acres. Signed James (x) **Dennis**. Wit: Daniel **Scotty** Jr. and John **Blanehard**.

29 Feb 1704, Charles & Elizabeth **Ramsey**, of Baltimore Co., Maryland to Edward **Sitby**, of Anne Arundel Co., Maryland, 2,030 pounds of tobacco, 150 acres...north side of Gunpowder River. Signed Charles **Ramsey** and Elizabeth (x) **Ramsey**. Wit: John **Hall** and Robert **Gibson**.

18 Mar 1703, Thomas **Hanson**, planter, of Gunpowder River, Baltimore Co., Maryland to James **Phillips**, of same, 2,198 pounds of tobacco, 75 acres and livestock. Signed Thomas (x) **Hanson**. Robert **Gidson** and W. **Reid**.

4 Aug 1703, paid John **Hurst** £4. Signed Patrick **Murphy**. Wit: John **London**.

9 Oct 1703, paid Susanna **Arnold** £20. Signed Ann B. **Clarke**. Wit: James **Braine**, merchant.

17 Aug 1703, paid John **Hurst**. Signed Richard **Owen**.

19 Nov 1703, William **Getts**, carpenter, of Baltimore Co., Maryland

to Thomas **Browne**, gentleman, of same, 5,000 pounds of tobacco, 150 acres...south side of Swan creek and livestock. Signed William (x) **Getts**. Wit: William (x) **Leny**, Robert (x) **Newton** and John **Browne**.

30 Mar 1702, paid John **Rawlings** £3.75. Signed Samuel **Sicklemore**.

6 Mar 1702, paid John **Rawlings** £5.85. Signed William (x) **Hitchcork**.

4 Apr 1704, Daniel **Scott** Jr., planter, of Baltimore Co., Maryland to John **Ewings**, of same, £40 and 3,500 pounds of tobacco, 546 acres. Signed Daniel **Scott** Jr. Wit: Samuel **Sicklemore** and Francis **Dallahide**.

25 May 1703, Mark & Elizabeth **Swift**, planter, of Baltimore Co., Maryland to John **Sheffield**, of London, England, 26,000 pounds of tobacco, 300 acres...Welshmans creek. Signed Mark **Swift** and Elizabeth (x) **Swift**. Wit: Miles **Jones** and Henry (x) **Jones**.

28 Oct 1703, Joseph **West**, planter, of Baltimore Co., Maryland to Richard **Miller**, planter, of same, 1,500 pounds of tobacco, 178 acres. Signed Joseph (x) **West**. Richard **Colegate** and John **Talbot**.

6 Mar 1703, Thomas **Thurston**, planter, of Baltimore Co., Maryland to William **Love**, planter, of same, £16, 200 acres of 500 acres ...east side of Bush River...patented, 10 Nov 1686. Signed Thomas (x) **Thurston**. Wit: Samuel **Sicklemore** and Thomas **Baldwin**.

3 Aug 1703, Daniel & Jane **Scott**, planter, of Baltimore Co., Maryland to William **Gallaway** Jr., planter, of same, 18,600 pounds of tobacco, 30 acres...Middle Branch. Signed Daniel (x) **Scott** and Jane (x) **Scott**. Wit: Francis **Dallahide** and Samuel **Sicklemore**.

6 Mar 1703, James **Todd**, gentleman, of Baltimore Co., Maryland power of attorney to John **Merryman**, of same. Signed James **Todd**. Wit: John (x) **Markensie**, Lawrence (x) **Yeostone** and Edward (x) **Jurdine**.

26 Nov 1702, George **Hollingsworth**, planter, of Baltimore Co., Maryland to Thomas **Knighton**, of same, £25 100 acres,,,Hunting Ridge...line of James **Mazzy**. Signed George (x) **Hollingsworth**. Wit: Thomas **Bale** and Thomas **Carpenter**.

2 Aug 1704, Thomas **Knighton**, planter, of Baltimore Co., Maryland to Humphrey **Lewis**, planter, of same, £5, purchased of George **Hollingsworth**. Signed Thomas (x) **Knighton**. Wit: John **Roberts** and Henry **Knowles**.

2 May 1704, Dutton **Lane**, of Baltimore Co., Maryland to Benjamin **Hooker**, £150, his estate. Signed Dutton **Lane**. Wit: William (x) **Bailey** and Anne **Bailey**.

7 Aug 1704, George **Yate**, deceased, heirs to Charles **Gorsuch**, 50 acres. Signed for court Richard **Colegate** and Francis **Dallahide**.

25 May 1704, Richard **Kerkland**, planter, of Baltimore Co., Maryland to Alexander **Dalmey**, innholder, of Anne Arundel Co., Maryland, £28.55, 200 acres...south side of Patapsco River. Signed Richard (x) **Kerkland**. Wit: Thomas **Macnemaza**, Obediah **Hollingshead** and Benjamin **Ball**.

22 Jun 1704, James **Todd**, planter, of Back River, Baltimore Co., Maryland to Robert **Johnson**, shipwright, of Anne Arundel Co., Maryland, 250 acres...Powell's pumpkin patch. Wit: William **Todd** and Thomas **Hedge**.

9 Aug 1704, John & Elinor **Cross**, planter, of Anne Arundel Co., Maryland to David **Macklefish** innholder, of same, 387 acres...Patapsco River. Signed John (x) **Cross**. Wit: John **Lamb**, James **Lewis**, Charles **Ridgely** and William **Nicholson**.

4 Sep 1704 Anne **Folkes**, widow, of Baltimore Co., Maryland to kinsman Moses **Groom**, planter, of same, for love and affection, one negro boy called Ceasar. Signed Anne (x) **Folkes**. Wit: William **Colleson** and William **Brighton**.

8 Nov 1703, Charles **Adams**, planter, of Baltimore Co., Maryland

to Thomas **Chamberlain**, of same, 20 acres. Signed Charles **Adams**. Wit: Samuel **Sicklemore** and Francis **Dallahide**.

16 Nov 1703, Charles **Adams**, planter, Baltimore Co., Maryland to Thomas **Chamberlain**, of same, 140 acres...Bush River. Signed Charles **Adams**. Wit: Samuel **Sicklemore** and Francis **Dallahide**.

Jone **Cowly** knew Catharine **Laft**. Signed Jone (x) **Cowly**.

13 Apr 1703, William & Jane **Long**, planter, of Baltimore Co., Maryland to Thomas **Chapell**, planter, of same, £30, 75 acres...Deavor Neck. Signed Jane (x) **Long**. Wit: William (x) **Loney**, Thomas **Froion** and John **Browne**.

13 Aug 1704 Richard **Owens**, carpenter, of Baltimore Co., Maryland to Col. Edward **Densey**, of same, £40, 225 acres of 450 acres...patented 10 Nov 1695. Signed Richard **Owing**. Wit: Thomas **Hammond**.

20 Aug 1704, Thomas & Sarah **Bale**, of Baltimore Co., Maryland to Thomas **Edmonds**, planter, of same, 400 acres...patented by James **Rigby**...50 acres...patented by John **Disiard**...115 acres... patented by Francis **Horkell**, who sold to Miles **Gibson**, who devised to Robert **Gibson**, who devised to his sister, the said Sarah **Bale**. Signed Thomas **Bale**. Wit: Edward **Dorsey** and Richard **Colegate**.

5 Sep 1704, Thomas **Edmonds**, planter, of Baltimore Co., Maryland to Thomas **Bale**, of same, 400 acres...patented by James **Rigby**...50 acres...patented by John **Disiard**...115 acres... patented by Francis **Horkell**, who sold to Miles **Gibson**, who devised to Robert **Gibson**, who devised to his sister, the said Sarah **Bale**. Signed Thomas **Edmonds**. Wit: Henry (x) **Block**, John **Rottenbury**, Samuel **Sicklemore** and William **Talbot**.

28 Aug 1704, John & Mary **Boreing**, planter, of Baltimore Co., Maryland to Henry **Shortes**, boatwright, of same, 100 acres. Signed John **Boreing**. Wit: Richard **Colegate**.

20 Oct 1704, Francis **Smith**, of Baltimore Co., Maryland to Thomas

Edmonds, of same, 12,000 pounds of tobacco, 500 acres...west side of Susquehanna River. Signed Francis Smith. Wit: George Chancey and Samuel Jackson.

12 Sep 1704, Anne Holly, widow, of Baltimore Co., Maryland to her kinswoman Anne Richardson for love and affection, negro gentleman called Lott. Signed Anne (x) Holly. Wit: William Perkett, William Collson and William Broughton.

11 Apr 1704, James Phillis sues Roger Mathews. Witness Simon Pearson, age 40 years; John Cudgins, age 30 years; Thomas Pearson, age 48 years; Samuel Sandris, age 30 years; Thomas Bale, age 40 years.

19 May 1703, Mark & Elizabeth Swift, of Baltimore Co., Maryland power of attorney to Henry Wriothesley, of same. Signed Mark Swift and Elizabeth (x) Swift.

28 Oct 1703, Gilbert Wood, of Baltimore Co., Maryland power of attorney to Henry Wriothesley. Signed Gilbert Wood. Wit: John Edwards and William Reid.

27 Oct 1704, Henry Wriothesley, gentleman, of Baltimore Co., Maryland to Joshua Xuol, of Prince Georges Co., Maryland, £50, 550 acres... patented 10 Aug 1699. Signed H. Wriothesley. Wit: James Crook and John Roberts.

10 Jul 1704, James Barley, planter, of Baltimore Co., Maryland to John Dorsey, of same, 79 acres. Signed James (x) Barley. Wit: Richard Colegate and Edward Dorsey.

21 Oct 1704, Thomas Burchfield, planter, of Baltimore Co., Maryland to Roger Mathews, of same, 150 acres...Dolph creek. Signed Thomas (x) Burchfield. Wit: John Roberts and H. Wriothesley.

16 Mar 1703, John & Hester Fuller, planter, of Baltimore Co., Maryland to Edward Jones, cordwinder, of same, 18,000 pounds of tobacco, 70 acres...patented 10 Aug 1684, by John Bevan.

19 May 1704, paid John **Brice**, £18. Signed John **Ewings**.

14 Mar 1704, paid John **Brice**, £31. Signed James **Heath**.

Chapter 9

Baltimore Co., Maryland
Liber T.R. No. A
1709-1717

30 Dec 1708, Nicholas & Sarah **Herbert**, planter, of Baltimore Co., Maryland to James **Isham**, planter, of same, 1,200 pounds of tobacco, Boar creek. Signed Nicholas (x) **Herbert** and Sarah (x) **Herbert**. Wit: Mathew **Groom**, George (x) **Davis** and James (x) **Ditto**.

6 Jun 1709, Charles **Gorsuch** Sr., planter, of Patapsco River, Baltimore Co., Maryland to Jonas **Bowen**, planter, of same, 168 acres...Bear creek. Signed Charles **Gorsuch**. Wit: Ann **Talbot** and Richard **Colegate**.

17 Mar 1708, John & Sarah **Giles**, merchant, and David & Elizabeth **Richardson**, merchant, (said Sarah and Elizabeth are daughters of John **Welch**, deceased, Anne Arundel Co., Maryland), all of Anne Arundel Co., Maryland to James **Heath**, gentleman, of same, 250 pounds of tobacco, 1000 acres...head of Gunpowder River...patented by said John **Welch**, who devised to his four daughters, Mary **Began**, wife of Jonas **Began**, Demeris **Stockett**, wife of Thomas **Stockett**, and said Sarah and Elizabeth. Signed David **Richardson**, John **Giles**, Elizabeth **Richardson** and Sarah (x) **Giles**. Wit: Richard **Jonas** Jr. and Samuel **Chambers**.

7 Aug 1709, John & Margaret **Christian**, planter, of Baltimore Co., Maryland to Thomas **Randall**, carpenter, of same, 3000 pounds of tobacco, 100 acres...north side of Patapsco...line of George **Hollingsworth**. Signed John (x) **Christian**. Wit: Henry **Knowles**, John **Israel** and Nicholas **Rogers**.

20 Jul 1709, Francis **Watkins**, of Baltimore Co., Maryland to his mother-in-law, Mary **Alton**, widow, of same, for love and affection, livestock. Signed Francis (x) **Watkins**. Wit: John **Stokes** and Roger **Mathews**.

11 Jul 1709, John & Sarah **Jackson** and James **Jackson**, of Baltimore Co., Maryland to Nicholas **Beson**, of same, £19, 150 acres...Curtis creek. Signed James (x) **Jackson** and John (x) **Jackson**. Wit: John **Gay** and Nicholas **Rogers**.

5 Mar 1709, Charles **Hunt**, merchant, of London, England power of attorney to John **Hart**, of Philadelphia, Pennsylvania...to discharge a bill of £22 to John **Hide**, of London, England. Signed Charles **Hunt**. Wit: Joseph **Hammerton**, Thomas **Murray**, Morris **Sesle** and John **Guy**.

29 Aug 1709, Nathan **Stansbury**, JP, of Philadelphia, Pennsylvania heard Joseph **Hammerton** state he witnessed the power of attorney of Charles **Hunt**.

14 Sep 1709, James **Carroll** agreement with Danielson **Dennis**. Signed James **Carroll**.

1709, Sarar **Nevell**, widow, of Cecil Co., Maryland power of attorney to John **Anderson**, of Baltimore Co., Maryland. Signed Sarah **Nevell**. Wit: James **Mayford** and Paul **Phillips**.

8 Mar 1695, John **Turner**, planter, of Anne Arundel Co., Maryland to Joshua **Merriken**, boatwright, of same, one negro women named Marie and £20, 150 acres...patented 1 Jul 1671 by Thomas **Richardson**, planter, of Baltimore Co., Maryland, who sold 1673 to James **Chilcoat**, who sold to said **Turner**. Signed John **Turner**. Wit: Nicholas **Gassaway** and James **Saunders**.

1 Nov 1709, Edward & Briget **Smith**, planter, of Baltimore Co., Maryland to William **Smith**, planter, of same, 2,000 pounds of tobacco, 54 acres...Swan creek. Signed Edward (x) **Smith**. Wit: Roger **Mathews** Jr., Daniel **Scott** Jr. and Charles **Baker**.

9 Nov 1709, Samuel **Sicklemore**, gentleman, of Baltimore Co., Maryland to Benjamin **Braine**, merchant, of London, England, 13,466 pounds of tobacco, 400 acres...head of Bush River...line of Robert **Davis**. Signed Sarah (x) **Sicklemore**, attorney for Samuel **Sicklemore**. Wit: Roger **Mathews** Jr. and Thomas **Chamberlain**.

26 Nov 1709, Thomas & Christin **Stone**, planter, of Baltimore Co., Maryland to George **Cole**, gardener, of same, 3,500 pounds of tobacco, 173 acres. Signed Thomas (x) **Stone**. Wit: Thomas **Rutter**, Mary **Stevenson** and Edward **Stevenson**.

27 Sep 1709, Jonathan & Ann **Massey**, joiner, of Baltimore Co., Maryland to Francis **Barney** Sr., boatwright, of same, 7,000 pounds of tobacco, 150 acres...mouth of Bush River. Signed Jonathan **Massey** and Ann (x) **Massey**. Wit: Henry **Wright** and James **Phillips**.

1 Sep 1709, John & Elizabeth **Frissell**, planter, of Baltimore Co., Maryland to Patrick **Dunkin**, carpenter, of same, £25, 50 acres. Signed John **Frissell**. Wit: William **Talbot** and Edward **Stevenson**.

13 Sep 1709, Josias & Mary **Toogood**, of Anne Arundel Co., Maryland to James **Heath**, gentleman, of same, 250 pounds of tobacco, patented 13 Aug 1688 by John **Welsh**, deceased, of Anne Arundel Co., Maryland, who devised to his daughters, said Mary **Toogood**, Sarah **Giles**, wife of John **Giles**, Elizabeth **Richardson**, wife of Daniel **Richardson** and Demeris **Stockett**, wife of Thomas **Stockett**. Signed Josias **Toogood** and Mary **Toogood**. Wit: Samuel **Chaw** and William **Holland**.

29 Nov 1709, Lewis **Barton**, planter, of Back River, Baltimore Co., Maryland to Andrew **Anderson**, of same, 136 acres...Deep creek. Signed Lewis (x) **Barton**. Wit: Thomas **Burton** and John **Hays**.

19 Sep 1709, Thomas & Demeris **Stockett**, (said Demarius is one of the daughters of James **Welsh**, late of Anne Arundel Co., Maryland), gentleman, of Anne Arundel Co., Maryland to James **Heath**, gentleman, of same, 1840 pounds of tobacco. Signed Thomas **Stockett** and Demeris (x) **Stockett**. Wit: Thomas **Harris** and Martha

(x) Catcher.

1 Sep 1709, Patrick **Dunkin**, carpenter, of Baltimore Co., Maryland to Thomas **Williamson**, weaver, of Anne Arundel Co., Maryland, £25, 50 acres...Curtis creek. Signed Patrick **Dunkin**. Wit: Thomas **Song** and Thomas **Gester**.

20 Oct 1709, John **Morrow**, planter, of Baltimore Co., Maryland to William **Picket**, planter, of same, 2,500 pounds of tobacco, 50 acres...head of Gunpowder River...line of Robert **Yates**, deceased. Signed John (x) **Morrow**. Wit: John **Stokes** and Charles **Carroll**.

30 Dec 1709, James & Julian **Isham**, agreement with Charles **Baker**, 19,400 pounds of tobacco, use of plantation for 10 years. Signed James **Isham** and Julian (x) **Isham**. Wit: Moses **Green**, George **Davis** and Mary **Downs**.

3 Nov 1709, James **Presburies** made sheriff. Signed William **Bladen**.

9 Mar 1709, Thomas & Dorothy **Knighton**, of Baltimore Co., Maryland to Nicholas **Fitzsimons**, of same, £7, 100 acres...line of Richard **Marshall**. Signed Thomas **Knighton** and Dorothy **Knighton**. Wit: James **Crook** and William **Talbot**.

7 Mar 1709, Robert **West**, planter, of Baltimore Co., Maryland to Gregory **Farmer**, of same, 60 acres...branches of Deer creek. Signed Robert (x) **West**. Wit: John **Stokes** and Charles **Carroll**.

4 Jan 1709, Enock **Spinks**, gentleman, of Baltimore Co., Maryland to Col. William **Holland**, of Anne Arundel Co., Maryland, 18,000 pounds of tobacco, 1000 acres...Deer creek. Signed Enock **Spinks**. Wit: John **Chapell**, Samuel **Harrison** and Francis **Holland**.

7 Mar 1709, Simon & Eve **Pearson**, of Baltimore Co., Maryland to James **Preston**, barber and Thomas **Barton**, planter, of same, 50 acres. Signed Simon **Pearson** and Eve (x) **Pearson**. Wit: John **Fuller** and John **Autterim**.

11 Mar 1708, John **Roberts**, of Baltimore Co., Maryland to George

Rigdon, of same, 100 acres... branch of Deer creek. Signed John Roberts. Wit: Roger Mathews and John Hays.

4 Mar 1709, Hance **Hanson**, planter, of Kent Co., Maryland power of attorney to Richard **Smithers**, gentleman, of Baltimore Co., Maryland, to receive payment from Cornelius **Kiefe**, planter, of Baltimore Co., Maryland. Signed Hance **Hanson**. Wit: Anthony **Drew** and Richard **King**.

15 Feb 1709, Thomas & Mary **Preston** Sr., planter, of Baltimore Co., Maryland to John **Stokes**, of same, 288 acres...south side of Bush River. Signed Thomas (x) **Preston**. Wit: Richard **King** and Anne (x) **Felker**.

5 Nov 1709, Amos **Garrett**, merchant, of Annapolis, Maryland power of attorney to Roger **Mathews**, of Baltimore Co., Maryland to receive payment from Henry **Rhodes**, planter, of Baltimore Co., Maryland. Signed Amos **Garrett**. Wit: James **Presbury** and John **Hays**.

23 Jan 1709, Richard **Owen** Jr., planter, of Baltimore Co., Maryland quit claim to Henry **Knowles**, planter, of same. Signed Richard **Owen**. Wit: John **McCkark** and Mary (x) **Mony**.

7 Oct 1708, Peter & Elinor **Bond**, planter, of Baltimore Co., Maryland to Stephen **Bently**, planter, of Anne Arundel Co., Maryland, £10, 300 acres... head of Deep creek. Signed Peter **Bond**. Wit: Nicholas **Rogers** and Henry **Knowles**.

8 Mar 1710, John & Elizabeth **Butteram** and William & Mary **Bond**, of Baltimore Co., Maryland to Simon **Pearson**, of same, formerly belonging to Thomas **Daniels**. Signed John (x) **Butteram**, Elizabeth (x) **Butteram**, William (x) **Bond** and Mary (x) **Bond**. Wit: Obediah **Pritchard** and Samuel **Smith**.

19 Nov 1708, Alexander **Gardner**, of Baltimore Co., Maryland to James **Crook**, yeoman, of same, 100 acres. Signed Alexander (x) **Gardner**. Wit: Richard **Colegate** and Aquila **Paca**.

3 May 1709, Edward & Jane **Hooke**, planter, of Baltimore Co., Maryland to James **Crooke**, of same, 100 acres...north side of Middle River. Signed Edward (x) **Hooke**. Wit: John **Gay** and John **Wollis**.

6 Jun 1710, Samuel **Arden**, planter, of Baltimore Co., Maryland to John **Norton**, of same, 41 acres ...Bare creek...line of William **Wilkinson**. Signed Samuel **Arden**. Wit: John **Downes** and Dulton **Lane**.

6 Jun 1710, Samuel **Arden**, planter, of Baltimore Co., Maryland to Thomas **Smith**, planter, of same, 3,000 pounds of tobacco, 56 acres. Signed Samuel **Arden**. Wit: John **Downes** and Dulton **Lane**.

Henry **Knowles**, of Baltimore Co., Maryland to Abraham **Hurst** son of John **Hurst**, a two year old heifer. Signed Henry **Knowles**. Wit: John **Roberts**.

15 Dec 1708, John **Campbell**, of Baltimore Co., Maryland to Ruth **Robinson**, Phillis **Campbell** and James **Campbell**, 300 acres. Signed John **Campbell**.

14 Dec 1708, John **Campbell**, of Baltimore Co., Maryland to Elinor **Campbell**, 200 acres...head of Gunpowder River. Signed John **Campbell**. Wit: Ann **Hewit**, John **Lover** and Charles **Hewit**.

20 Apr 1705, Richard **Owen**, of Baltimore Co., Maryland power of attorney to John **Hurst**, of same, to sell 200 acres bounded on John **Ensor** to Katherine **Stutt**. Signed Richard **Owen**. Wit: Margaret **Williams** and John & Hannah **Hurst**.

29 Dec 1703, Richard **Owen** paid Katherine **Stutt**, £15. Signed Katherine (x) **Stutt**. Wit: Charles **Carroll**. On 13 Sep 1704, Capt. John **Hide** and Jeremia **Jenkins**, of London, England gave copy to John **Owen**, demanding payment.

6 Mar 1709, Elizabeth **Roberts**, widow, of Baltimore Co., Maryland to John **Wilmot** Jr., planter, of same, 2,200 pounds of tobacco, 100 acres...Peterson Run. Signed Elizabeth (x) **Roberts**. Wit: Richard **Colegate** and James **Crooke**.

8 Jun 1710, Christopher & Mary **Cox**, innholder, of Baltimore Co., Maryland to Stephen **White**, of same, 3,000 pounds of tobacco, 130 acres...south side of Patapsco River. Signed Christopher (x) **Cox** and Mary (x) **Cox**. Wit: Mathew **Green**, Peter **Bond** and Charles **Merryman** Sr.

16 Mar 1710, Charles **Carroll** a title to John **Stokes**. Signed Charles **Carroll**.

8 May 1710, Thomas **Preston** Jr., planter, of Baltimore Co., Maryland to William **Hamilton** and Peter **Bond**, planters, of same, £20 and 1,000 pounds of tobacco, 243 acres...head of Winters Run. Signed Thomas **Preston** Jr. Wit: Thomas **Randall** and John **Israel**.

23 May 1710, Stephen & Elizabeth **Gill**, planter, of Anne Arundel Co., Maryland to John **McComas**, (son of Daniel **McComas**, deceased, of Anne Arundel Co., Maryland), 183 acres. Signed Stephen (x) **Gill**. Wit: Charles **Carroll** and Nicholas **Jacob**.

18 May 1710, Joshua & Elizabeth **Merriken** Jr., of Anne Arundel Co., Maryland to John **Berie**, merchant, of same, £15, 100 acres...north side of Curtis creek...patented 10 Nov 1695, by Hugh **Merriken**, father of said Joshua **Merriken**, (??? did he mean Joshua **Merriken** Sr.) Signed Joshua **Merriken** Jr. and Elizabeth **Merriken**. Wit: Peter **Porter** and Stephen **Burle**.

1 May 1705, William **Clarke** to John **Hurst**, son of John **Hurst**, of Baltimore Co., Maryland, livestock. Signed William **Clarke**. William **Kettely** and Henry **Maynard**.

17 Jun 1710, Thomas and John **Boreing**, planters, of Baltimore Co., Maryland to Selah **Dorman**, planter, of same, 6,000 pounds of tobacco, 100 acres...north side of Back River. Signed Thomas **Boreing** and John **Boreing**. Wit: Joseph **Bobb** and Nicholas **Rogers**.

1 Jul 1710, John & Elizabeth **Yate**, planter, of Baltimore Co., Maryland to Joshua **Sewell**, late of Anne Arundel Co., Maryland, 100 acres...north side of Patapsco River. Signed John **Yate**. Wit: Richard **Colegate**, William **Talbot** and James **Crooke**.

21 Dec 1709, James & Rachel **Jolly**, planter, of Baltimore Co., Maryland to John **Harriman** Sr., of same, 50 acres...north side of Patapsco River. Signed James (x) **Jolly** and Rachel (x) **Jolly**. Wit: Nicholas **Rogers**, John (x) **Carter** and Elinor (x) **Rogers**.

22 Jul 1710, Martin **Depost**, planter, of Baltimore Co., Maryland to James **Crawford**, planter, of same, 2,000 pounds of tobacco, 50 acres...Deer creek. Signed Martin **Depost**. Wit: James **Presbury** and Roger **Mathews**.

8 Jun 1710, James & Ann **Maxwell**, of Baltimore Co., Maryland to John **Hall**, gentleman, of same, £150, 200 acres...Swan creek...granted by Godfrey **Harman** to James **Robertson**. Signed James **Maxwell**. Wit: Roger **Mathews** and James **Presbury**.

10 Oct 1709, Bennet **Creed**, planter, of Calvert Co., Maryland to William **Holland**, of Anne Arundel Co., Maryland, £79.5, 200 acres... purchased of John **Miles**. Signed Bennet **Creed**. Wit: Richard **Jones** Jr., James **Sanders** and Jane **Sanders**.

30 Dec 1710, Francis **Thornbrough**, planter, of Baltimore Co., Maryland to John **Vickery**, of same, Rowland **Thornbrough**, 200 acres, of 300... Rowland Run...acres devised to his son, when he become 21 years old), the said Francis **Thornbrough**. Signed Francis (x) **Thornbrough**. Wit: Richard **Colegate** and William **Talbot**.

Bennet **Creed**, planter of Calvert Co., Maryland received of William **Holland**, planter, of Anne Arundel Co., Maryland, £12.25, paid on bill to Richard **Jones**, of Calvert Co., Maryland under seal of John **Dewly**...1,700 pounds of tobacco to Edward **Bakston**...935 pounds of tobacco and cow to Samuel **Fowler**. Signed Bennet **Creed**. Wit: Josias **Towgood** and Francis **Holland**.

26 Jul 1710, John & Barbara **Israel**, merchant, of Baltimore Co., Maryland to Amos **Garrett**, merchant, of Anne Arundel Co., Maryland, £40, 226 of 632 acres...east side of Bush River...patented 14 May 1684, by Thomas **Thurston**, who sold 8 Aug 1705 to his son, Thomas **Thurston**, who sold 452 acres to John **Rollenbury** and John **Israel**...2nd tract of 100 acres, patented 24 Apr 1701 by Robert

Rogers...3rd tract of 150 acres, patented 10 Jun 1706, by John Canon...4th tract of 320 acres, patented 10 Jun 1705 by said John Israel. Signed John Israel and Barbara Israel. Wit: John Hays, John Fisher and William Allen.

22 Jul 1709, John Hall, of Baltimore Co., Maryland to Thomas Cord, planter, of same, £24, 68 acres...former line of John Shields, deceased, now John Stokes. Signed John Hall. Wit: Roger Mathews and Moses Groome.

1 Jan 1710, Anthony & Margaret Drew, gentleman, of Baltimore Co., Maryland to Richard King, of same, 10,000 pounds of tobacco, 400 acres...west side of Susquehanna River...between Capt. Thomas Stoket and Col. Henry Darnell. Signed Anthony Drew and Margaret (x) Drew. Wit: Coran Nobis, James Phillips and Aquila Paca.

6 Jan 1710, Richard King, of Baltimore Co., Maryland to Anthony Drew, gentleman, of same, 12,000 pounds of tobacco, 400 acres...west side of Susquehana River...between Capt. Thomas Stoket and Col. Henry Darnell. Signed Richard King. Wit: James Phillips and William (x) Norris.

11 Oct 1710, Henry & Elizabeth Hall, planter to Amos Garrett, merchant, 300 acres...Curtis creek ...patented 10 Nov 1695, by said Hall. Signed Henry Hall. Wit: John Dorsey, Nicholas Jacob and John Hays.

1 Sep 1710, John & Elinor Martin, planter, of Baltimore Co., Maryland to William Cole, of Anne Arundel Co., Maryland, £35, 100 acres...Rowlands Run...2nd tract, of 100 acres...Jones Falls. Signed John Martin. Wit: James Phillips, William Talbot and Nicholas Simons.

25 Apr 1710, Richard Owens, merchant, late of Baltimore Co., Maryland, (through his attorney John Hurst, planter, of Baltimore Co., Maryland) to Henry Knowles, of Baltimore Co., Maryland, 100 acres...south side of Patapsco River. Signed John Hurst. Wit: Nicholas Rogers and Nolman Espin.

30 Dec 1710, Henry & Katharine **Knowles**, gentleman, of Baltimore Co., Maryland to Nicholas **Rogers**, innholder, of same, 100 acres. Signed Henry **Knowles**. Wit: Francis **Whitehead**, John **Gardner** and James **Smith**.

22 Nov 1706, William & Sarah **Norris**, carpenter, of Baltimore Co., Maryland to Robert **Thomas**, gentleman, of Anne Arundel Co., Maryland, 2,200 pounds of tobacco, 114 acres...north side of Rathon Ridge. Signed William (x) **Norris**. Wit: Roger **Mathews** and Moses **Groome**.

20 Nov 1703, Nathaniel **Stinchcomb**, of Baltimore Co., Maryland bound to Thomas **Long**, of same, for good deed on 250 acres...west side of Northwest River. Signed Nathaniel **Stinchcomb**. Wit: Charles **Merryman** Jr. and Dulton (x) **Lane**.

25 Jun 1709, John **Ensor**, planter, of Baltimore Co., Maryland bound to Grace **Ramsey**, widow, 4,000 pounds of tobacco, for good deed on 100 acres...formerly belonging to John **Cole**. Signed John **Ensor**. Wit: Nicholas **Rogers** and John (x) **Carter**.

John **Gill**, carpenter, of Baltimore Co., Maryland to Capt. William **Fowle**, mariner, of London, England, 3,500 pounds of tobacco, Lot. # 99 in Baltimore...formerly owned by Col. Thomas **Hammond**, gentleman, of Baltimore Co., Maryland. Signed John (x) **Gill**. Wit: William **Talbot**, Richard **Colegate**, James **Read**, Thomas **Reddick** and Nicholas **Rogers**.

4 Nov 1710, Samuel **Arden**, planter, of Back River, Baltimore Co., Maryland to Samuel **Hinton**, of Patapsco River, Baltimore Co., Maryland, 260 acres...Bear creek. Signed Samuel **Arden**. Wit: Thomas **Hutchins**, H. **Whitehead** and Thomas **Preston**.

30 Oct 1712, Gregory **Farmer**, planter, of Baltimore Co., Maryland to John **Miles**, carpenter, of same, correct a mistake in deed 2 Mar 1708, of said **Miles** to said **Farmer**, 2,000 pounds of tobacco paid by **Farmer** to **Miles**, 50 acres...Deer creek. Signed John **Miles** and Gregory **Farmer**. Wit: James **Presbury** and George **Read**.

10 Feb 1708, John **Palmer**, (brother and heir of William **Palmer**, late of Maryland), plumber, of Towcester, Northampton Co. power of attorney to John **Davison**, surgeon, of Cecil Co., Maryland, to receive from John **Hall** or James **Presbury**, several tracts. Signed John **Palmer**. Wit: John (x) **Watson** and Richard (x) **Hutchins**.

14 Feb 1708, Richard **Hutchins** states that he saw the two certificates, one by William **Hastings** and Thomas **Hutchins** and the other by Charles **Palmer**, William **Clark** and Thomas **Kingston** to the use of John **Davison** by power of attorney. Taken by Charles **Duncan**, mayor of London, England. Signed Richard (x) **Hutchins**. Wit: John (x) **Watson**, William **Hastings**, aged 80 years and Thomas (x) **Hutchings**, aged 73 years.

10 Feb 1708, Church Wardens of Towcester, Northampton Co., state they know William **Hastings**, Thomas **Hutchings** and John **Palmer**, and believe said John **Palmer**, is the eldest son of William & Dorothy **Palmer** and eldest brother of William **Palmer** as is stated in the parish book of Towcester. Signed Charles **Palmer**, William **Clark** and Thomas **Kingston**. Wit: John **Watson** and Richard **Hutchins**.

9 Dec 1710, George & Mary **Wells**, gentleman, of Baltimore Co., Maryland to Aquila **Paca**, gentleman, of same, 16,000 pounds of tobacco, 700 acres of 800 acres...southwest branch of Bush River...patented 10 Sep 1684, by Miles **Gibson**, (said Miles **Gibson** died intestate) and land fell to his son Robert **Gibson**, who devised to his wife Mary **Gibson**, (except for 100 acres said Robert sold to Joseph **Compton**), and said Mary remarried to said George **Wells**. Signed George **Wells** and Mary **Wells**. Wit: James **Phillips** and Francis **Dallahide**.

1 Jan 1709, John **Medford**, merchant, of London, England power of attorney to William **Fowle**, Capt. good ship Nessel, but now called the Medford, bound for New York and Maryland, to receive of Abraham **Scott**, merchant, of Philadelphia, Pennsylvania. Signed John **Medford** Wit: John **Garrara** and William **Holman**, Capt. of ship Globe.

16 May 1711, Robert **Quay** states that he went before the mayor of Annapolis, Maryland, Amos **Garrett** to see some powers of attorney proved that to the best of his remember came William **Holman**, Capt. of ship Globe, about last November. Signed Robert **Quay**.

6 Jun 1711, William **Wilkinson**, of Baltimore Co., Maryland stated he knows Hannah **Keon**, of North Carolina who married Lodowick **Williams**, formerly of Baltimore Co., Maryland.

6 Jun 1711, John **Bevans**, aged about 65 years, states hen knew Hannah **Keon**, lawful wife of Lodowick **Williams**, late of Baltimore Co., Maryland.

6 Jun 1711, Hannah **Keon**, states she is heir of Lodowick **Williams** through marriage.

Thomas **Boaring** power of attorney to John **Norton**, for land on Back River, Baltimore Co., Maryland. Signed Thomas **Boaring**. Wit: Thomas **Stansbury**, S. **Hinton** and John **Boaring**.

8 Jun 1711, John & Milkie **Bowen**, of Baltimore Co., Maryland to Henry **Wright**, gentleman, of same, £30, 200 acres of 600 acres...south side of southwest branch of Bush River...line of Mark **Richardson**...patented by 4 Oct 1683, by Robert **Clarkson**. Signed John **Bowen** and Milkie (x) **Bowen**. Wit: James **Read** and John **Clark**.

9 Jun 1711, Charles **Carroll**, gentleman, of Anne Arundel Co., Maryland to Jonathan **Hanson**, millwright, of Baltimore Co., Maryland, £15, 31 acres. Signed Charles **Carroll**. Wit: John **Michiel** and Nicholas **Jacob**.

1711, James **Preston**, planter, of Baltimore Co., Maryland to Thomas **Barton**, of same, 3,000 pounds of tobacco, 150 acres, part of 400 acres... patented 29 Feb 1704, by Thomas **Preston** Sr., father of said James. Signed James **Preston**. Wit: John **Roberts** and James **Read**.

6 Jul 1711, Josephus **Morray**, planter, of Baltimore Co., Maryland

to his sister, Zipporah **Gist**, of same, for love and affection, 100 acres ...Patapsco River. Signed Josephus **Morray**. Wit: William **Talbot** and Richard **Jones**.

26 Feb 1710, John **Thornbrough**, planter, of Virginia power of attorney to Thomas **Biddeson**, planter, of Baltimore Co., Maryland. Signed John (x) **Thornbrough**. Wit: Job **Hammon** Sr., John **Hammon** and W. **Boreing**.

2 May 1711, Thomas **Gwin**, planter, of Baltimore Co., Maryland to Thomas **Crocus**, planter, of same, 153 acres...south side of Patapsco River, between Jones Falls and Gwin Falls, (land exchange), 60 acres, part of 250 acres...Deep creek. Signed Thomas (x) **Gwin**. Wit: Peter **Bond** and Hugh (x) **Jones** Sr.

2 May 1711, Thomas & Frances **Crocus**, planter, of Baltimore Co., Maryland to Thomas **Gwin**, planter, of same, 60 acres, part of 250 acres (land exchange), 153 acres... south side of Patapsco River, between Jones Falls and Gwin Falls...2nd tract, 250 acres...Deep creek. Signed Thomas (x) **Crocus**. Wit: Peter **Bond** and Hugh (x) **Jones** Sr.

9 Sep 1709, Teaque & Mary **Tracey**, cooper, of Baltimore Co., Maryland to Mordecai **Price**, planter, of same, £16, 100 acres...Britton Ridge ...line of James **Meadows**. Signed Teaque (x) **Tracey** and Mary (x) **Tracey**. Wit: Dulton **Lane** and William **Talbot**.

6 May 1711, John & Mary **Hillen**, cordwinder, of Baltimore Co., Maryland to Mordecai **Price**, planter, of same, £16, 93 acres...Sater Hill. Signed John **Hillen** and Mary (x) **Hillen**. Wit: H. **Whitehead** and Dulton **Lane**.

6 Aug 1711, Thomas **Boaring**, of Virginia, through his attorney, John **Norton** to John **Boaring**, of Back River, Baltimore Co., Maryland, 257 acres ...devised by John **Terry**, deceased, of Baltimore Co., Maryland to said Thomas. Signed John (x) **Norton**. Wit: Joseph **Gostwick** and J. **Hinton**.

8 Aug 1711, John **Thornbury**, of Virginia, through his attorney,

Thomas **Riddeson**, planter, of Baltimore Co., Maryland to John **Boaring**, of Back River, Baltimore Co., Maryland, 350 acres...northeast branch of Jones Falls. Signed Thomas **Biddeson**. Wit: Samuel **Merryman** and William (x) **Welsh**.

8 Aug 1711, William & Ann **Baker**, taylor, of Baltimore Co., Maryland to James **Drane**, planter, of same, 2,000 pounds of tobacco, 50 acres...Deep creek. Signed William **Baker**. Wit: Nicholas **Rogers**, Roger **Mathews** and Joseph **Merekin** Jr.

Jul 1711, Edward **Swan**, taylor, of Baltimore Co., Maryland to William **Cooke**, of same, 1,500 pounds of tobacco, 200 acres...head of Swan creek...by virtue of will of Thomas **Brown**. Signed Edward **Swan**. Wit: John **Stokes**.

20 Feb 1710, William & Elizabeth **Noble**, planter, of Baltimore Co., Maryland to John **Standford**, planter, of same, 3,000 pounds of tobacco, 300 acres...head of Bush River. Signed William (x) **Noble** and Elizabeth (x) **Noble**. Wit: Mathew **Green** and Henry (x) **King**.

20 Feb 1710, John & Margaret **Standford**, planter, of Baltimore Co., Maryland to William **Noble**, planter, of same, 8,000 pounds of tobacco, 126 acres...north side of Gunpowder River. Signed John (x) **Standford** and Margaret (x) **Standford**. Wit: Mathew **Green** and Henry (x) **King**.

25 Jun 1711, Solomon & Sarah **Sparrow**, of Anne Arundel Co., Maryland to Charles **Gorsuch**, of Baltimore Co., Maryland, 50 acres...Block House Cove. Signed Solomon **Sparrow**. Wit: William **Holland**, Richard **Galloway** and William **Richardson**.

10 Apr 1711, John & Elizabeth **Olivell**, planter, of Anne Arundel Co., Maryland to John **Brown**, gentleman, of Baltimore Co., Maryland, 150 acres...Cooks creek. Signed John (x) **Olivell** and Elizabeth (x) **Olivell**. Wit: Benjamin **Rawleigh** and Roger **Boyce**.

19 Sep 1711, Henry & Elizabeth **Hall**, planter, of Baltimore Co., Maryland to Amos **Garrett**, merchant, of same, 8,987 pounds of tobacco, 300 acres...Curtis creek...patented 10 Nov 1695 by said

Henry. Signed Henry **Hall** and Elizabeth (x) **Hall**. Wit: Thomas **Holmes**, Darby (x) **Mahand**, Martha (x) **Camperson** and John **Young**.

29 May 1711, Thomas **Preston**, planter, of Baltimore Co., Maryland bound to Sarah **Skates**, widow, of same, for good deed on 230 acres... Winters Run. Signed Thomas **Preston**. Wit: John **Roberts** and John (x) **Staudifer**.

15 Jun 1711, Charles **Carroll**, gentleman, of Baltimore Co., Maryland to James **Carroll**, gentleman, of same, for love and affection, 1300 acres...Elk Ridge. Signed Charles **Carroll**. Wit: John **Brice** and Nicholas **Jacob**.

14 Mar 1706, John **Morris**, (brother and heir of Robert **Morris**, who was the eldest son of Robert **Morris**, mariner, late of London, England), merchant, of London, England to John **Carvil**, merchant, of Maryland, £140, 200 acres... patented 7 Jan 1659, by Robert **Morris** Sr. Signed John **Morris**. Wit: Nicholas **Smith**, Henry **Clare** and James **Thomas**.

14 Mar 1706, John **Morris**, (brother and heir of Robert **Morris**, who was the eldest son of Robert **Morris**, mariner, late of London, England), merchant, of London, England to John **Carvil**, merchant, of Maryland, 200 acres. Signed John **Morris**. Wit: Nicholas **Smith**, Henry **Clare** and James **Thomas**.

15 Sep 1711, John & Mary **Boring**, planter and Richard **Kemp**, planter, of Baltimore Co., Maryland to John **Gardner**, of same, 6,000 pounds of tobacco, 100 acres...Bear creek...line of Nathaniel **Kinchman** and John **Thomas**...granted unto William **Chapman** by John **Kemp** to Thomas **Evert**. Signed John **Boring**, Mary (x) **Boring** and Richard (x) **Kemp**. Wit: John **Gay**, Nicholas **Rogers** and James **Read**.

24 Dec 1711, Robert & Elizabeth **Hewet**, planter, of Anne Arundel Co., Maryland to Amos **Garrett**, merchant, of Baltimore Co., Maryland, £12.15, 200 acres...head of Bush River. Signed Robert (x) **Hewet** and Elizabeth (x) **Hewet**. Wit: John **Young**, Edward (x)

Hall, John Gray, Elizabeth (x) Norwood and Jane Gray.

19 Feb 1711, Thomas & Hannah **Randall**, planter, of Baltimore Co., Maryland to George Ogg, planter, of same, £45, 100 acres...line of Elyo **Carroll** ...2nd tract, 140 acres...north side of Patapsco River. Signed Thomas **Randall** and Hannah **Randall**. Wit: Thomas **Hammond** and Richard **King**.

9 Jul 1710, Richard & Zipporah **Gist**, of Baltimore Co., Maryland to Joseph **Conway**, carpenter, of Anne Arundel Co., Maryland, £15 paid by John **Sommerland**, of Anne Arundel Co., Maryland, who received £18 from Henry **Hilliard**, of Anne Arundel Co., Maryland, 100 acres...mouth of Swan creek. Signed Richard **Gist**. Wit: Henry **Hilliard** and William **Talbot**.

17 Mar 1711, Elizabeth **Roberts**, widow, of Baltimore Co., Maryland to John **Cross**, planter, of same, 100 acres...south side of great falls of Gunpowder River. Signed Elizabeth (x) **Roberts**. Wit: Richard **Colegate** and William **Talbot**.

1 Apr 1712, Thomas **Taylor**, planter, of Baltimore Co., Maryland to Walter **Bosly**, planter, of same, 100 acres...north side of Patapsco River. Signed Thomas **Taylor**. Wit: William **Talbot** and Enoch **Spinks**.

1 Apr 1712, Thomas **Taylor**, planter, of Baltimore Co., Maryland to William **Welch**, planter, of same, 100 acres. Signed Thomas **Taylor**. Wit: William **Talbot** and Enoch **Spinks**.

1 Apr 1712, Elizabeth **Roberts**, widow, of Baltimore Co., Maryland to George **Hitchcock**, schoolmaster, of same, 200 acres, part of 400 acres devised by Thomas **Roberts**...reminder part of Roberts forest and John **Wilmot**, John **Cross**, and the orphans land. Signed Elizabeth (x) **Roberts**. Wit: William **Talbot** and Josh **Dontey**.

2 May 1712, Joseph **Johnson**, of Baltimore Co., Maryland to Thomas **Bucknall**, planter, of same, 3,000 pounds of tobacco, 100 acres...Swan creek. Signed Joseph **Johnson**. Wit: John **Brown** and George **Wells**.

5 Apr 1712, Sarah **Hadaway**, wife of George **Hadaway**, of Talbot Co., Maryland power of attorney to Nicholas **Surty** to sell 200 acres to John **Bond**, mariner, of London, England. Signed Sarah (x) Hadaway. Wit: John **Lowe** and James (x) **Douglas**.

8 Apr 1712, George & Sarah **Hadaway**, planter, of Talbot Co., Maryland to John **Bond**, mariner, of London, England, £15, 200 acres...Little Puritian Ridge. Signed George (x) **Hadaway** and Sarah (x) **Hadaway**. Wit: John **Lowe**, James (x) **Douglas** and William (x) **Clark**.

4 Jun 1712, William & Ann **Baker**, of Baltimore Co., Maryland to Maurice **Baker**, of same, 100 acres...purchased 13 Jun 1704 of Nathaniel & Hannah **Stinchcomb**. Signed William **Baker** and Ann **Baker**. Wit: Charles **Baker** and William **Hawkins**.

15 Jun 1712, Thomas **Gwine**, planter, of Baltimore Co., Maryland to Peter **Bond**, planter, of same, 3,000 pounds of tobacco, 118 acres...north side of Patapsco River. Signed Thomas (x) **Gwine**. Wit: John **Stokes** and John **Clarke**.

15 Mar 1711, John & Johanna **Cole**, planter, of Baltimore Co., Maryland to Robert **Green**, planter, of same, 67 acres...north side of Patapsco River. Signed John **Cole**. Wit: Moses **Edwards**, Nicholas **Rogers** and John **Cross**.

6 May 1711, Henry **Butler**, of Baltimore Co., Maryland to Richard **Jones**, carpenter, of same, £5, 100 acres. Signed Henry (x) **Butler**. Wit: Edward (x) **Roberts** and John (x) **Fleming**.

5 Aug 1712, Samuel **Arden**, planter, of Back River, Baltimore Co., Maryland to Stephen **Bently**, of same, 50 acres...south side of Back River...patented 8 Feb 1676. Signed Samuel (x) **Arden**. Wit: William **Talbot** and Richard **Gist**.

5 Aug 1712, Thomas **Thurston**, (son of Thomas **Thurston**, gentleman, of Baltimore Co., Maryland), planter, of Baltimore Co., Maryland to Lawrence **Draper**, the younger, of same, 9,000 pounds of tobacco, 100 acres...west side of Susquehanna River... patented 15

Aug 1683 by said Thomas **Thurston** Sr...part of land sold to Edward **Batson**, gentleman, late of Calvert Co., Maryland. Signed Thomas (x) **Thurston**. Wit: James **Presbury**, Garoas **Gilbert** and George **Read**.

11 Oct 1712, John & Mary **Tideings**, planter, of Anne Arundel Co., Maryland to Richard **Colegate**, merchant, of Baltimore Co., Maryland, £15 and 2,000 pounds of tobacco, 210 acres...north side of Patapsco River. Signed John **Tideings** and Mary (x) **Tideings**. Wit: Edmond **Preuson**, Dulton **Lane** and Thomas **Smithson**.

27 Nov 1712, John **McComas**, planter, of Baltimore Co., Maryland to William **McComas**, of same, 2,500 pounds of tobacco, 90 acres...Binakins Run... purchased of Stephen **Gill**, who purchased of Thomas **Thurston**. Signed John **McComas**. Wit: Aquila **Paca** and John **Dorsey** Sr.

10 Sep 1712, James **Carroll**, gentleman, of Anne Arundel Co., Maryland to Frances, Catherine and Anna **Rhodes**, daughters of Henry **Rhodes**, deceased, late of Anne Arundel Co., Maryland, £20, 200 acres...land purchased of said Henry **Rhodes**, but the girls mother, their cousin Thomas **Stoket** and others said the land should be returned for their benefit. Signed James **Carroll**. Wit: Richard **Colegate** and Norton **Hutchbule**.

5 Aug 1712, John & Margaret **Ratenbury**, chyrurgeon, of Baltimore Co., Maryland to Amos **Garrett**, merchant, of Anne Arundel Co., Maryland, £11, 226 acres, of 662 acres...patented 14 May 1684, by Thomas **Thurston**, who sold, 8 Aug 1705, 452 acres to said John **Ratenbury** and John **Israel**. Signed John **Rattenbury**. Wit: Roger **Mathews** and Dulton **Lane**.

8 Feb 1710, James **Presbury** received of John **Hall**, £48.5 and 2,539 pounds of tobacco, being full payment of my wife Martha **Fitial**, portion left her by her deceased father George **Goldsmith**. Signed James **Presbury**. Wit: Edward **Swan** and Frances **Swan**.

30 Sep 1712, James **Maxwell** to his son-in-law, Godfrey **Gundry**, 50 acres...south side of Bush River. Signed James **Maxwell**. Wit: Roger

Mathews and Thomas Chamberlain.

Samuel **Chew**, of Anne Arundel Co., Maryland to his niece Sidney **Pierpoint**, and the heirs of her body John and Francis **Pierpoint**, for love and affection, 200 acres...Elk Ridge. Signed Samuel **Chew**. Wit: Charles **Lansby**, J. **Rousby** and Richard **Dallam**.

1 Jul 1711, George **Yate**, planter, of Baltimore Co., Maryland to John **Israel**, planter, of same, £35, 382 acres, of 770 acres...line of Thomas **Roper**...patented 20 Jul 1684, by said George. Signed George **Yate**. Wit: John **Thomas** and John **Jones**.

29 Sep 1712, Richard & Susannah **Shiply**, planter, of Baltimore Co., Maryland to James **Barns**, carpenter, of same, 4,000 pounds of tobacco, 103 acres...patented by Adam **Shiply** Sr., of Anne Arundel Co., Maryland. Signed Richard (x) **Shiply**. Wit: John **Borsey** and Peter **Shiply**.

29 Sep 1712, Richard & Susannah **Shiply**, planter, of Baltimore Co., Maryland to Robert **Shiply**, planter, of same, 4,000 pounds of tobacco, 500 acres...line of James **Barns**...patented 16 Oct 1687, by Adam **Shiply** Sr., of Anne Arundel Co., Maryland. Signed Richard (x) **Shiply**. Wit: John **Borsey** and Peter **Shiply**.

29 Sep 1712, Richard & Susannah **Shiply**, planter, of Baltimore Co., Maryland to Peter **Shiply**, of same, 4,000 pounds of tobacco, 500 acres...line of James **Barns**...patented 16 Oct 1687, by Adam **Shiply** Sr., of Anne Arundel Co., Maryland. Signed Richard (x) **Shiply**. Wit: John **Borsey** and Robert **Shiply**.

29 Sep 1712, Richard & Susannah **Shiply**, planter, of Baltimore Co., Maryland to Peter **Shiply**, of same, 4,000 pounds of tobacco, 500 acres...line of James **Barns**...patented 16 Oct 1687, by Adam **Shiply** Sr., of Anne Arundel Co., Maryland. Signed Richard (x) **Shiply**. Wit: John **Borsey** and Robert **Shiply**.

1 Jul 1712, Seaborn **Tucker**, planter, of Anne Arundel Co., Maryland to Samuel **Groom**, merchant, of London, England, £71, 200 acres. Signed Seaborn (x) **Tucker**. Wit: Richard **Dallam** and

Francis **Holland**.

28 Feb 1712, William **Farfar**, planter, of Back River, Baltimore Co., Maryland to John **Barrett**, of Patapsco River, Baltimore Co., Maryland, 12,000 pounds of tobacco, 250 acres...Stony Run ...patented 27 Feb 1704. Signed William (x) **Farfar**. Wit: Nicholas **Rogers** and Thomas **Cromwell**.

25 Feb 1712, Francis **Holland**, gentleman, of Anne Arundel Co., Maryland received from John **Hall**, of Baltimore Co., Maryland, £185.95, in full satisfaction for his wife Susannah **Utie**, daughter of George & Mary **Utie** for demands of guardian. Signed Francis **Holland**. Wit: Frances **Boothby**, Richard **King** and George **Hoult**.

11 Aug 1712, Barbara **Broad**, of Back River, Baltimore Co., Maryland to her children, Thomas **Broad**, (son), Jane **Broad**, (daughter), and Dennis Garret **Cole**, (grandson), by John & Hannah **Cole**, for love and affection, chattel goods. Signed Barbara (x) **Broad**. Wit: Edward **Stevenson** and Elizabeth (x) **Stephenson**.

8 May 1713, Charles **Pasteur**, barber, of Philadelphia, Pennsylvania power of attorney to Joshua **Merekin**. Signed Charles **Pasteur**. Wit: Richard **Smithers** and William (x) **Howard**.

4 Jun 1713, Elinor **Campble**, of Baltimore Co., Maryland to her son John **Roberts**, of same, for love and affection, 100 acres...north side of back Gunpowder River. Signed Elinor (x) **Campble**. Wit: John **Stokes**.

5 Jun 1713, James **Maxwell**, gentleman, of Baltimore Co., Maryland makes application for a public house. Wit: James **Phillips**, Luke **Raven**and Francis **Dallahide**.

25 Apr 1713, Andrew & Elizabeth **Anderson**, planter, of Back River, Baltimore Co., Maryland to John **Fzredman**, planter, of same, 136 acres...north side of Back River. Signed Andrew **Anderson**. Wit: Peter **Bond** and Jabez **Pierpoint**.

3 Jun 1713, John & Mary **Bowen**, planter, of Baltimore Co.,

Maryland to William **Bond**, planter, of same, 200 acres, of 600 acres...line of Henry **Wright**...patented 20 Oct 1683, by Robert **Clarkson**, of Anne Arundel Co., Maryland. Signed John (x) **Bowen** and Milkey (x) **Bowen**. Wit: Anthony **Bale** and Aquila **Paca**.

14 May 1713, John & Mary **Whitaker**, planter, of Baltimore Co., Maryland to Charles **Hammond**, planter, of Anne Arundel Co., Maryland, £10, 150 acres. Signed John (x) **Whitaker** and Mary **Whitaker**. Wit: Philip **Hammond** and Sophia **Griffith**.

6 Apr 1713, Francis **Dallahide**, gentleman, of Baltimore Co., Maryland to William **Raven**, of Anne Arundel Co., Maryland, 18,000 pounds of tobacco, 200 acres...2nd tract, 100 acres, adjoining...Gunpowder River...two negro women, called Mary and Maria, livestock. Signed Francis **Dallahide**. Wit: James **Loydell** and Ber. **White**.

15 Jun 1713, Jacob **Loton**, planter, of Baltimore Co., Maryland to John **Hall**, 7346 pounds of tobacco, livestock. Signed Jacob **Loton**. Wit: Richard **King**, George **Hoult** and Ann **Hitching**.

12 Feb 1708, Mary **Yoakley**, of Mile, Parish of Stepney, Middlesex, (executor of will of Michael **Yoakley**, merchant, late of same) and Edward **Stevens**, merchant, of London, England, (executor of will of John **Pellit**, merchant, late of London, England) to Richard **Colegate**, merchant, of Maryland, payment of debts due. Signed Mary **Yoakley** and Edward **Stevens**. Wit: Harb **Springet** and Joseph **Davis**.

30 Jul 1713, James & Jane **Boring** and John & Mary **Boring**, planters, of Baltimore Co., Maryland to Joseph **Hoare**, planter, of same, 109 acres...Bear creek. Signed James **Boreing** and John **Boreing**.

38 Mar 1713, John **Roberts**, planter, of Baltimore Co., Maryland to Richard **Taylor**, planter, of same, 464 acres...Back River...line of Henry **Roberts** and 100 acres in Anne Arundel Co., Maryland. Signed John (x) **Roberts**. Wit: John **Israel**, Peter **Bond** and Thomas **Long**.

13 may 1713, Richard & Zipporah **Gist**, planter, of Baltimore Co., Maryland to Edward **Reston**, planter, of same, 2,700 pounds of tobacco, 80 acres...north side of Patapsco River. Signed Richard **Gist**. Wit: Nicholas **Rogers** and John **Ashman**.

9 Mar 1712, Patrick & Mary **Dunkin**, of Baltimore Co., Maryland to Charles **Rockhold**, of Anne Arundel Co., Maryland, £22, 100 acres...south side of Curtis creek. Signed Patrick **Dunkin** and Mary (x) **Dunkin**. Wit: Lance **Todd** and William (x) **Frisell**.

2 Mar 1712, James & Bethia **Phillips**, gentleman, of Baltimore Co., Maryland to John **Webster**, planter, of same, £80, 200 acres...Swan creek... devised by Mark **Richardson**, after the death of his wife Susannah, to his daughter-in-law, said Bethia. Signed James **Phillips** and Bethia (x) **Phillips**. Wit: Joseph **Coleman** and Aquila **Paca**.

18 Apr 1713, James & Keturah **Barns**, planter, of Baltimore Co., Maryland to John **Brice**, merchant, of Anne Arundel Co., Maryland, £50.15, 100 acres of 500 acres...patented by Adam **Shiply**, father of Richard **Shiply**. Signed James **Barns** and Keturah (x) **Barns**. Wit: Peter **Shiply** and Richard (x) **Shiply**.

14 Jul 1711, Samuel **Sicklemore** Sr. to his children, Samuel **Sicklemore** Jr., Sulton **Sicklemore** and Hannah **Sicklemore**, land and a desire to have Thomas Wriothesley **Sicklemore** to learn to read and write. Signed Samuel **Sicklemore**. Wit: Thomas (x) **Cutchin**, Mary (x) **Thrist**, John **Roberts** and Anne **Wriothesley**.

7 Oct 1713, Jacob **Loton**, of Baltimore Co., Maryland to John **Stokes**, gentleman, of same, £100, southwest of Susquehanna River...devised to said Jacob by his father Jacob **Loton**. Signed Jacob **Loton**. Wit: Elizabeth **Draper** and Lawrence **Draper**.

29 Oct 1713, Archibald & Jane **Edmundston**, carpenter, of Prince Georges Co., Maryland to Daniel **Scott**, planter, of Baltimore Co., Maryland, 5,000 pounds of tobacco, 200 acres... Winters Run. Signed Archibald **Edmondston** and Jane **Edmundston**. Wit: Patrick **Hepburn** and R. **Bradly**.

10 Aug 1713, Elisha **Sedwick**, innholder, of Baltimore Co., Maryland to John & Jane **Thomas**, gentleman, of same, 100 acres...purchased 15 Apr 1703, of said John **Thomas**. Signed Elisha **Sedwick**. Wit: George (x) **Hordirty**, John **Leach** and James **Hughs**.

2 Nov 1713, John & Hannah **Webster**, planter, of Baltimore Co., Maryland to James **Phillips**, gentleman, of same, £80, 10 acres...purchased of said James **Phillips**. Signed John (x) **Webster**. Wit: J. **Browne** and George **Read**.

24 Nov 1713, John **Loton**, planter, of Baltimore Co., Maryland to John **Stokes**, gentleman, of same, £50, devised by Jacob **Loton**, the father of said John. Signed John (x) **Loton**. Wit: Francis **Holland**, George **Wells** and Mary **Wells**.

24 Nov 1713, Daniel **Stansbury**, of Baltimore Co., Maryland to his brother, Thomas **Stansbury**, for love and affection, 40 acres...head of Back River. Signed Daniel (x) **Stansbury**. Wit: Aquila **Paca** and James **Maxwell**.

29 Sep 1712, Thomas **Biddison**, of Baltimore Co., Maryland to Francis **Watkins**, of same, 4,000 pounds of tobacco, 100 acres. Signed Thomas (x) **Biddison**. Wit: Samuel **Watkins** and Andrew **Anderson**.

24 Nov 1713, Francis & Sarah **Dallahide**, gentleman, of Baltimore Co., Maryland to Simon **Pearson**, of same, Sanders creek. Signed Francis **Dallahide** and Sarah (x) **Dallahide**. Wit: John **Roberts** and Jere. **Downes**.

24 Nov 1713, Simon & Emma **Pearson**, weaver, of Baltimore Co., Maryland to Francis **Dallahide**, gentleman, of same, 150 acres...south side of Gunpowder River. Signed Simon **Pearson** and Emma (x) **Pearson**. Wit: John **Roberts** and Jere. **Downes**.

4 Nov 1713, Thomas **Morris**, planter, of Baltimore Co., Maryland to Rowland **Kimble**, of same, 2,500 pounds of tobacco, 31 acres...Musqueeto creek ...line of Nathaniel **Anderson** and John **Hazlewood**. Signed Thomas (x) **Morris**. Wit: John **Roberts** and

Samuel **Smith**.

12 Oct 1713, Francis & Elizabeth **Whitehead**, planter, of Baltimore Co., Maryland to William **Tibbs**, of same, 1,500 pounds of tobacco, 200 acres... head of Middle River. Signed Francis **Whitehead** and Elizabeth (x) **Whitehead**. Wit: John **Thomas** and Charles (x) **Merryman**.

29 Sep 1713, Ann **Wriothesley**, widow, of Baltimore Co., Maryland to William **Brown**, merchant, of Cecil Co., Maryland, £80, 318 acres ...north side of little falls of Gunpowder River. Signed Ann **Wriothesley**. Wit: Richard (x) **Hardiman** and Abraham (x) **Snelson**.

29 Sep 1713, Roger **Mathews**, of Baltimore Co., Maryland to William **Brown**, merchant, of Cecil Co., Maryland, £20, 400 acres...south side of Susquehanna River. Signed Roger **Mathews**. Wit: Charles **Carroll**.

10 Mar 1713, Samuel & Ruth **Sicklemore**, planter, of Baltimore Co., Maryland to Robert **Cutchin**, planter, of same, 1,500 pounds of tobacco, mouth of Foster creek. Signed Samuel **Sicklemore** and Ruth (x) **Sicklemore**. Wit: John **Deaver** and Isaac (x) **Butterworth**.

3 Mar 1713, John & Mary **Miles**, carpenter, of Baltimore Co., Maryland to Thomas **Cullin**, shoemaker, of same, 100 acres. Signed John **Miles**. Wit: Mark **Whitaker** and Gregory **Farmer**.

3 Mar 1713, Robert & Sarah **West**, planter, of Baltimore Co., Maryland to Mark **Whitaker**, planter, of same, 2,500 pounds of tobacco, 100 acres...Deer creek. Signed Robert (x) **West**. Wit: John **Miles** and Gregory **Farmer**.

1 Mar 1713, Alexander **Gardner**, planter, of Back River, Baltimore Co., Maryland power of attorney to Lewis **Burton**, planter, of same. Signed Alexander (x) **Gardner**. Wit: Richard **Lenox** and John (x) **Mahane**.

25 Apr 1713, John & Barbary **Fzredman**, planter, of Back River, Baltimore Co., Maryland to Andrew **Anderson**, planter, of same,

100 acres. Signed John (x) Fzredman. Wit: Peter **Bond** and Jabez **Pierpoint**.

3 Mar 1713, Thomas **Ramsey**, (son and heir of Charles **Ramsey**, late of Baltimore Co., Maryland), planter, of Baltimore Co., Maryland to Jervis **Gilbert**, of same, 3,060 pounds of tobacco, 200 acres of 400 acres...east side of Bush River...Thomas **Thurston** gave 1 Mar 1691 as a gift to his daughter Elizabeth, the wife of John **Walley** and then the wife of the said Charles **Ramsey**. Signed Thomas **Ramsey**. Wit: Obediah **Pritchard** and Garret **Garretson**.

6 Nov 1712, Robert **Eagle**, of Anne Arundel Co., Maryland to Thomas **Hammond**, of Baltimore Co., Maryland, £40, 200 acres...north side of Patapsco River...patented by John **Dearing**. Signed Robert **Eagle**. Wit: James **Maxwell** and Richard **Rudyard**.

3 Mar 1713, James **Hollandsworth**, planter, of Baltimore Co., Maryland to William **Hamilton**, planter, of same, 40 acres...north side of Patapsco River. Signed James (x) **Hollandsworth**. Wit: Arthur **Bale** and Thomas **Randall**.

27 Nov 1712, Thomas & Hannah **Randall**, planter, of Baltimore Co., Maryland to John Gill, carpenter, of same, 220 acres...north side of Patapsco River. Signed Thomas **Randall** and Hannah **Randall**. Wit: William **Hamilton** and Edward (x) **Welch**.

15 Dec 1713, John & Elizabeth **Ensor**, planter, of Baltimore Co., Maryland to Richard **Taylor**, planter, of same, £0.5, 1 acre. Signed John **Ensor** and Elizabeth (x) **Ensor**. Wit: Luke **Raven** and Michael (x) **Rutlidge**.

22 Apr 1712, Moses **Groom**, innholder, of Baltimore Co., Maryland power of attorney to John **Dorsey**, sheriff of Baltimore Co., Maryland. Signed Moses **Groom**. Wit: Thomas **Brown**, Elinor (x) **Herbert** and Thomas (x) **Keef**.

5 Feb 1713, Alexander **Graves**, brick layer, of Baltimore Co., Maryland power of attorney to Charles **Hynton**, to deed to James **Harris**. Signed Alexander **Graves**. Wit: Gideon **Pearce** and B.

Pearce.

4 Feb 1713, Alexander **Graves**, brick layer, of Baltimore Co., Maryland to James **Harris**, of same, £45, several tracts on Gunpowder River ...180 acres, patented by Robert **Benger**... 80 acres, patented by John **Chadwell**...300 acres. Signed Alexander **Graves**. Wit: Gideon **Pearce** and B. **Pearce**.

7 Oct 1713, John **Stokes**, gentleman, of Baltimore Co., Maryland to Jacob **Loton**, joiner, of same, £20, 288 acres...mouth of James creek. Signed John **Stokes**. Wit: Elizabeth **Draper** and Lawrence **Draper**.

19 Nov 1713, acknowledge received of Thomas **Mcnemara** note by William **Tibbs**, Capt. John **Dorsey**, sheriff payable to Francis **Dallahide**, 10,000 pounds of tobacco. Signed William **Bladen**.

22 Nov 1713, received of Mr. **Dallahide**, not by Col. James **Maxwell** and Capt. John **Dorsey**, sheriff, 6,000 pounds of tobacco accepted by **Dorsey**. Signed William **Bladen**.

Daniel **Crowley**, of Baltimore Co., Maryland bound to Patrick **Murphy** for good deed on 200 acres. Signed Daniel (x) **Crowley**. Wit: Thomas **Bale** and Moses **Edwards**.

12 Nov 1713, John **Thornbrough**, formerly of Baltimore Co., Maryland, but now of Lauia, Virginia power of attorney to Thomas **Ridgeson**, planter, of Baltimore Co., Maryland. Signed John **Thornbrough**. Wit: Christopher **Duke** and John **Hillen**.

6 Jun 1705, William & Jane **Wilkinson**, planter, of Baltimore Co., Maryland to Moses **Edwards**, planter, of same, 89 acres of 150 acres...north side of Patapsco River. Signed William (x) **Wilkinson**. Wit: John **Cotter** and Roger **Matthuse** Jr.

1 Jun 1714, Moses **Edwards**, planter, of Baltimore Co., Maryland to Thomas **Rutter**, planter, of same, 50 acres. Signed Moses **Edwards**. Wit: John **Gay** and Samuel **Hinton**.

1 Jun 1714, Moses **Edwards**, planter, of Baltimore Co., Maryland to

Henry Thomson, 50 acres...Jones Falls...line of Nicholas Hale. Signed Moses Edwards. Wit: John Gay and Samuel Hinton.

1 Jun 1714, Henry Thomson, of Baltimore Co., Maryland to Moses Edwards, planter, of same, 136 acres...west side of Jones Falls. Signed Henry (x) Thomson. Wit: John Gay and Samuel Hinton.

6 apr 1714, Jacob Loton, planter, of Baltimore Co., Maryland power of attorney to Jonathan Massey. Signed Jacob Loton. Wit: John Stokes and George Read.

6 Apr 1714, Jacob Loton, planter, of Baltimore Co., Maryland to Jonathan Massy, joiner, of same, south side of Bush River...purchased of John Stokes and Thomas Preston. Signed Jacob Loton. Wit: John Stokes and George Read.

2 Jun 1714, Samuel Greenwood, (son and heir of Samuel Greenwood, late of Baltimore Co., Maryland), planter, of Baltimore Co., Maryland to Robuck Lynch, planter, of same, 35 acres... Humphry creek...patented by Edward Mundford. Signed Samuel (x) Greenwood. Wit: John Young, Moses Edwards and J. Hinton.

13 Apr 1714, Samuel & Ruth Sicklemore, planter, of Baltimore Co., Maryland to John Roberts, of same, 3,700 pounds of tobacco, Taylor creek. Signed Samuel Sicklemore. Wit: Benjamin (x) Rose and George Read.

12 Mar 1714, Simon Pearson, weaver, of Baltimore Co., Maryland to Andrew Tornson, of same, 3,500 pounds of tobacco, 100 acres. Signed Simon Pearson. Wit: James Richardson and John Hopkins.

1 Jun 1714, Thomas Preston, planter, of Baltimore Co., Maryland to Peter Carroll, of same, 4,000 pounds of tobacco, 134 acres of 400 acres...Winters Run...patented by Thomas Preston Sr. Signed Thomas Preston. Wit: John (x) Armstrong.

4 Aug 1714, John & Elizabeth Norrington, planter, of Baltimore Co., Maryland to Peter Overard, saddler, of same, 5,600 pounds of tobacco, 106 acres...line of James Phillips and George Smith. Signed

John (x) **Norrington**. Wit: Ber. **White** and Samuel **Smith**.

31 Jul 1714, Hannah **Sicklemore**, spinster, of Baltimore Co., Maryland to William **Dunmitt**, planter, of same, 1,800 pounds of tobacco, 150 acres...north side of Gunpowder River. Signed Hannah (x) **Sicklemore**. Wit: John **Roberts**, George **Read**, William **Robinson** and R. **Dever**.

1713, Henry **Dunard**, planter, of Baltimore Co., Maryland bounded to Thomas **Long**, gentleman, of same, for 5 years, to discharge 3,164 pounds of tobacco due William **Denton** and 500 pounds of tobacco due John **Roberts**. Signed Henry **Dunard** and Thomas **Long**. Wit: Elizabeth **Holland** and William **Dunton**.

30 Aug 1714, Archibald & Jane **Edmondston**, carpenter, of Prince Georges Co., Maryland to Daniel **Scott** Jr., planter, of Baltimore Co., Maryland, 3,000 pounds of tobacco, 100 acres ...Winters Run. Signed Archibald **Edmondston** and Jane **Edmondston**. Wit: Richard **Rose**, Henry **Dick** and Robert **Quam**.

10 Feb 1703, Thomas **Carpenter**, merchant, of Anne Arundel Co., Maryland to George **Miller**, planter, of same, £60, 400 acres...west side of Guns Falls of Patapsco River...patented 10 Nov 1703. Signed Thomas **Carpenter**. Wit: Thomas **Bale** and John **Mitchell**.

3 Nov 1714, Roger **Mathews**, of Baltimore Co., Maryland to Peter **Lester**, planter, of same, 4,500 pounds of tobacco, 150 acres...head of Delphs creek...patented 18 Jun 1685. Signed Roger **Mathews**. Wit: Edward **Hall** and Thomas **Burchfield**.

25 Aug 1713, Ann **Wriothesley**, widow, of Baltimore Co., Maryland to Roger **Mathews**, gentleman, of same, 12,000 pounds of tobacco, 400 acres and 300 acres...patented 1698 and 1705. Signed Ann **Wriothesley**. Wit: George **Read** and Francis **Dallahide**.

25 Aug 1713, Ann **Wriothesley**, (widow of Henry **Wriothesley**), of Baltimore Co., Maryland power of attorney to Roger **Mathews**, gentleman, of same. Signed Ann **Wriothesley**. Wit: George **Read**, Samuel **Smith** and Francis **Dallahide**.

3 Nov 1714, Daniel & Margaret **McTush**, planter, of Baltimore Co., Maryland to John **Durbin**, planter, of same, 3,500 pounds of tobacco, 100 acres...patented 4 Oct 1704. Signed Daniel (x) **McTush** and Margaret (x) **McTush**. Wit: Piere **Welsh** and John **Clark**.

30 Aug 1714, Thomas **Burton**, planter, of Prince Georges Co., Maryland to James **Poke**, planter, of Baltimore Co., Maryland, 1,000 pounds of tobacco, 100 acres...head of Bush River. Signed Thomas **Burton**. Wit: Archibald **Edmondston** and William **Young**.

1 Jun 1714, Henry **Denyard**, of Back River, Baltimore Co., Maryland to his wife, Tabitha **Denyard** and his son John **Denyard** and Charles **Pines**, for love and affection, chattel goods and livestock. Signed Henry (x) **Denyard**. Wit: Selah **Dorman** and Robert (x) **Floyd**.

25 Sep 1714, James **Richardson**, of Baltimore Co., Maryland to John **Lenox**, of same, livestock. Signed James **Richardson**. Wit: John **Carroll** and John (x) **Mahawn**.

2 Nov 1714, Charles **Merryman**, carpenter, of Baltimore Co., Maryland to his second son, John **Merryman**, for love and affection, 120 acres... north side of Patapsco River...patented 10 Nov 1695...and 5 acres...line of Nicholas **Hall**. Signed Charles **Merryman**. Wit: Dulton **Lane** and John **Gorsuch**.

2 Nov 1714, Charles **Merryman**, carpenter, of Baltimore Co., Maryland to his youngest son Samuel **Merryman**, for love and affection, 200 acres...patented 20 May 1705. Signed Charles **Merryman**. Wit: Dulton **Lane** and John **Gorsuch**.

4 Oct 1714, Susannah **Taylor** states that John **Taylor** told his brother Samuel **Taylor** to give her and Tabitha **Sternsbury** livestock. Signed Richard **Colegate**.

27 Oct 1714, Richard & Rachel **Owens**, planter, of Baltimore Co., Maryland to Sarah **Brice**, widow, of Anne Arundel Co., Maryland, £38 and 900 pounds of tobacco, 361 acres...south side of the main falls of Patapsco River. Signed Richard **Owens** and Rachel **Owens**.

Wit: Thomas **Worthington** and John **Norwood**.

15 Mar 1714, Mary **Loton**, spinster, of Baltimore Co., Maryland to John **Stokes**, gentleman, of same, £50, devised to said Mary by her father Jacob **Loton**, who purchased of Thomas **Roberts**. Signed Mary (x) **Loton**. Wit: Jonathan **Massey** and Ann **Massey**.

2 Mar 1715, William & Mary **Bond**, planter, of Baltimore Co., Maryland to Charles **Simmonds**, of same, 6,000 pounds of tobacco, 200 acres of 600 acres...patented 4 Oct 1683. Signed William (x) **Bond** and Mary (x) **Bond**. Wit: John (x) **Bowen** and J. **Hinton**.

2 Mar 1715, John & Milkey **Bowen**, planter, of Baltimore Co., Maryland to Charles **Simmonds**, carpenter, of same, 3,000 pounds of tobacco, 100 acres, of 600 acres...south side of southwest branch of Bush River...patented 4 Oct 1683. Signed John (x) **Bowen** and Milkey (x) **Bowen**. Wit: William (x) **Bond** and J. **Hinton**.

6 Dec 1714, Joshua **Cromwell** an agreement with William **Cromwell**, both of Baltimore Co., Maryland, division of land. Signed Joshua **Cromwell** and William **Cromwell**. Wit: Richard **Gist**.

4 Nov 1714, John **McComas**, planter, of Baltimore Co., Maryland to John **Norrington**, planter, of same, 92 acres...purchased of Stephen **Gill**, of Anne Arundel Co., Maryland, who purchased of Thomas **Thurston**. Signed John (x) **McComas**. Wit: George **Read** and John **Deavet**.

24 Jan 1714, Simon **Pearson**, weaver, of Baltimore Co., Maryland to Benjamin **Wheeler**, of Prince Georges Co., Maryland, 7,000 pounds of tobacco, 230 acres...line of John **Howard**, deceased, of Anne Arundel Co., Maryland...patented 29 Apr 1709. Signed Simon **Pearson**. Wit: John (x) **Butterworth** and Robert **Clark**.

4 Mar 1714, John & Sarah **Greer**, (said John is the son of Ann Harriot **Greer**), planter, of Baltimore Co., Maryland to Walter **Bosly**, planter, of same, 75 acres...south of Birds River. Signed John (x) **Greer**. Wit: John **Stokes**.

19 May 1715, Margaret **Gray**, (widow of George **Gray**), of Calvert Co., Maryland to Thomas **Randall**, of Baltimore Co., Maryland, 145 acres ...west side of middle branch of Patapsco River. Signed Margaret **Gray**. Wit: George **Wade**, Thomas **Taylor** and John **Derrumple**.

5 Dec 1713, Ann **Millner**, (widow of Isaac **Millner**, late merchant, of London, England) and Capt. Peter **Pagan**, merchant, of London, England power of attorney to Edward **Stevenson**, merchant, of Maryland. Signed Ann **Millner** and Peter **Pagan**. Wit: Robert **Torrews** and William **Lock**.

4 Aug 1714, James **Richardson**, gentleman, of Baltimore Co., Maryland to Thomas **Hutchins**, innholder, of same, 200 acres. Signed James **Richardson**. Wit: Edward (x) **Smith** and J. **Hinton**.

28 May 1715, Benjamin **Dorsey**, (son of Edward **Dorsey**, deceased), of Baltimore Co., Maryland to Joshua **Dorsey**, gentleman, of same, £40. Signed Benjamin **Dorsey**. Wit: Thomas **Jones**, Charles **Kilbourn** and Edward **Griffith**

30 May 1715, Benjamin **Dorsey**, of Baltimore Co., Maryland to Thomas **Worthington**, merchant, of Anne Arundel Co., Maryland, £35, 100 acres... Putuxent River. Signed Benjamin **Dorsey**. Wit: Joshua **Dorsey** and Ann **Dorsey**.

1 Oct 1715, Isaac **Simonds**, planter, of Anne Arundel Co., Maryland to Ephraim **Gover**, planter, of Calvert Co., Maryland, 2,000 pounds of tobacco, 104 acres...north side of Deer creek. Signed Isaac (x) **Simonds**. Wit: John **Brown** and Samuel **McLaman**.

2 Aug 1715, George & Mary **Freeland**, planter, of Baltimore Co., Maryland to William **Jenkins**, weaver, of same, 1,500 pounds of tobacco, 50 acres...north side of Deer creek. Signed George (x) **Freeland**. Wit: Richard **Trent** and George **Read**.

2 Aug 1715, George & Mary **Freeland**, planter, of Baltimore Co., Maryland to Thomas **Johnston**, sawyer, of same, 75 acres. Signed George (x) **Freeland**. Wit: George **Read** and Samuel **Smith**.

4 Aug 1715, John & Ann **Whitaker**, planter, of Baltimore Co., Maryland to Samuel **Hughs**, planter, of same, 2,000 pounds of tobacco, 250 acres...head of Bush River...line of John **Gallon**. Signed John (x) **Whitaker** and Ann (x) **Whitaker**. Wit: Andrew **Anderson** and John (x) **Flower**.

4 Apr 1715, Anthony **Drew**, gentleman, of Baltimore Co., Maryland to Aquila **Paca**, of same, £12, 250 acres...west side of the southwest branch of Bush River...patented by John **Lee**. Signed Anthony **Drew**. Wit: James **Phillips** and John **Stokes**.

;7 Jun 1715, Andrew & Elizabeth **Anderson**, of Baltimore Co., Maryland to George **Newport**, blacksmith, of same, 5,000 pounds of tobacco, 100 acres...west side of White Marsh. Signed Andrew **Anderson** and Elizabeth (x) **Anderson**. Wit: John (x) **Fuller** and Thomas (x) **Bond**.

3 Aug 1715, John **Leakins**, planter, of Baltimore Co., Maryland to Robert **German**, planter, of Kent Co., Maryland, 100 acres...head of Senega creek. Signed John (x) **Leakins**. Wit: Moses **Edwards**, James **Durham** and John (x) **Fuller**.

3 Aug 1715, John & Mary **Miles**, of Baltimore Co., Maryland to Robert **Hawkins**, planter, of same, 2,800 pounds of tobacco, 100 acres. Signed John **Miles** and Mary (x) **Miles**. Wit: James **Isham** and Mark **Whitaker**.

1 Nov 1715, John & Martha **Hall** to Obediah **Pritchard**, carpenter, of Baltimore Co., Maryland, 200 acres...head of Bush River. Signed John **Hall**. Wit: Edward **Griffith** and George **Read**.

14 Oct 1715, Margaret **Gray**, (widow of George **Gray**), of Calvert Co., Maryland to Thomas **Taylor**, of Baltimore Co., Maryland, £45, 100 acres...north side of middle branch of Patapsco River. Signed Margaret **Gray**. Wit: Thomas **Crabb** and John **Derrumple**.

13 Feb 1714, Jonathan & Ann **Plowman** to their son Richard **Vickory**, for love and affection, livestock. Signed Jonathan (x) **Plowman** and Ann (x) **Plowman**. Wit: Arthur **Cavanagh** and

William (x) Tully.

18 Aug 1708, Peter Bond, planter, of Baltimore Co., Maryland bound to Philip & Alice Washington, planter, of same, for good deed. Signed Peter Bond. Wit: William Talbot, Thomas Roberts and Nicholas Rogers.

2 Mar 1713, Aquila & Martha Paca, gentleman, of Baltimore Co., Maryland to Timothy Keen, planter, of same, £9 and 800 pounds of tobacco, 100 acres... patented 20 Jun 1703. Signed Aquila Paca. Wit: John Hall and Jonathan Hanson.

15 Nov 1712, John Cole, planter, of Baltimore Co., Maryland to his son Joseph Cole, for love and affection, 100 acres. Signed John Cole. Wit: Thomas Long, Samuel Jones and Edward Stevenson.

4 Nov 1715, Thomas & Hannah Randall, gentleman, of Baltimore Co., Maryland to William Hamilton, of same, 100 acres...north side of Patapsco River. Signed Thomas Randall and Hannah Randall. Wit: Anthony (x) Coffree and Edward (x) Sanders.

29 Dec 1715, Edward Smith, Theophilus Jones and John Roberts are bound for office to be held by said Edward. Signed Edward (x) Smith, Theophilus Jones and John Roberts. Wit: James Maxwell and Jere. Downs.

24 Nov 1715, Robert Brown, gentleman, of Anne Arundel Co., Maryland to William Bond and John Bond, gentlemen, of Baltimore Co., Maryland, 8,000 pounds of tobacco, 300 acres...head of Bush River. Signed Robert Brown. Wit: Richard Smith and Samuel Smith.

7 Oct 1714, George Wells, gentleman, of Baltimore Co., Maryland to Thomas Rogers, cooper, Cecil Co., Maryland, the negro boy called Hereula. Signed Thomas (x) Rogers. Wit: John Risteau.

25 Apr 1715, Richard Smithers, gentleman and his son George Smithers, of Kent Co., Maryland to George Wells, of Baltimore Co., Maryland, said George Smithers shall serve said George Wells

until he is 21 years old. Signed Richard **Smithers** and George (x) **Smithers**. Wit: George **Read** and Phillip (x) **Howell**.

14 Jan 1715, John **Brown** to his son Gabriel **Brown**, for love and affection, the negro boy called Harry. Signed John **Brown**. Wit: John **Stokes** and Hez. **Haynes**.

14 Jan 1715, Will of John **Brown**, of St. Georges Parish, Baltimore Co., Maryland: to son Thomas **Brown**, 500 acres; to so Augustus **Brown**, 150 acres, between Capt. Thomas **Stockett** and Brown land...rights of land to be made over by Anthony & Margaret **Drew**; to son Gabriel **Brown**, 400 acres; to wife Elizabeth **Brown**, one third. Signed John **Brown**. Wit: John **Stokes**, Hez. **Haynes** and Garret **Garretson**.

20 Oct 1715, Robert **Parker**, planter, of Baltimore Co., Maryland to Mary **Scutt**, (devisee of Henry **Knowles**, late of Baltimore Co., Maryland), £20, 100 acres...patented 10 Sep 1714. Signed Robert **Parker**. Wit: James **Gordon**, John **Gorsuch** and Jonathan **Murther**.

19 Mar 1716, Henry **Darnale** grants James **Carroll**, of Anne Arundel Co., Maryland, authority to receive rents from his land. Signed Henry **Darnale**. Wit: William **Diggs** and Nosly **Rosar**.

5 Jun 1716, John **McWilliams**, merchant, late of Liverpool, England to Capt. William **Towle**, lot # 99 in Baltimore, Baltimore Co., Maryland. Signed John **McWilliams**. Wit: Nicholas **Rogers**, James **Gordon**, Robert **Gordon** and Richard **Towle**.

19 Nov 1715, Edward **Williams**, of Paspotank River, Sawyers creek, North Carolina to Richard **Colegate**, merchant, of Baltimore Co., Maryland, £50, 100 acres...north side of Bow creek...2nd tract, 150 acres...3rd tract, 150 acres...west side of Bush River...4th tract, 300 acres... Gunpowder River, where Mathew **Green**'s widow and Robert **Smith**, shoemaker, now live. Signed Edward (x) **Williams**. Wit: James **Gordon**, John **Ashman**, Nicholas **Rogers**, Thomas **Randall** and Peter **Bond**.

2 Oct 1715, Edward & Jane **Murphy**, (said Jane is the daughter of

Thomas **Greenfield**), planter, of Cecil Co., Maryland to Thomas **Mitchell**, planter, of Baltimore Co., Maryland, £7, quit claim of land of said Thomas **Greenfield**. Signed Edward (x) **Murphy** and Jane (x) **Murphy**. Wit: James (x) **Morrie** and Richard **Vanderwerf**.

24 Sep 1714, Simon **Pearson**, weaver, of Baltimore Co., Maryland to William **Lenox** Jr., planter, of same, 8,000 pounds of tobacco, north side of Sanders creek. Signed Simon **Pearson**. Wit: Henry **Donahue** and John **Boone**.

6 Mar 1715, William & Elizabeth **Noble**, planter, of Baltimore Co., Maryland to James **Preston** Sr., planter, of same, 4,500 pounds of tobacco, 100 acres...head of Bush River. Signed William (x) **Noble** and Elizabeth (x) **Noble**. Wit: Isaac (x) **Butterworth** and Thomas **Bony**.

5 Mar 1715, Hugh **Jones**, of north side of Patapsco River, Baltimore Co., Maryland to John **Wilmot** Sr., of same, 5 acres. Signed Hugh **Jones**. Wit: John **Bowen** and John **Brooks**.

14 Jul 1715, John **Boring**, of Back River, Baltimore Co., Maryland to George **Pickett**, of Gunpowder River, Baltimore Co., Maryland, 2,000 pounds of tobacco, 50 acres...Back River. Signed John **Boring**. Wit: William (x) **Hall** and Andrew **Anderson**.

3 Jan 1715, Sarah **Hanson**, (widow of Thomas **Hanson**), of Baltimore Co., Maryland to her sons Thomas and Jacob **Hanson**, £10 and for love and affection, when they reach 21 years, her estate. Signed Sarah (x) **Hanson**. Wit: Hannah (x) **Jackson** and Mary **Mathews**.

29 Nov 1715, John **Yate**, of Baltimore Co., Maryland to John **Israel**, of same, 87 acres... 2nd tract, 182 acres. Signed John **Yate**. Wit: Thomas **Cromwell** and John **Howard**.

23 Feb 1715, Josephus **Murry**, planter, of Baltimore Co., Maryland to John **McCarty**, of same, 2,000 pounds of tobacco, 40 acres... north side of southwest branch of Patapsco River. Signed Josephus **Murry**. Wit: Nicholas **Rogers**, Richard **Gist** and William **Hamilton**.

27 Mar 1715, Humphey **Jones**, planter, of Baltimore Co., Maryland to his grandson and grand-daughter, William & Mary **Kemble**, for love and affection, 100 acres...head of Bush River. Signed Humphey (x) **Jones**. Wit: Rowland **Kimble**.

3 Apr 1703, James **Murry**, planter, of Baltimore Co., Maryland to Christopher **Gardner**, planter, of same, 125 acres...patented 29 Mar 1701. Signed James **Murry**. Wit: Jemimina **Murry** and Zipporah (x) **Murry**.

3 Mar 1715, Henry **Wright**, of Prince Georges Co., Maryland to William **Amos**, of Baltimore Co., Maryland, 200 acres of 600 acres...south side of the southwest branch of Bush River... patented, 24 Oct. 1683, by Robert **Clarkson**, of Anne Arundel Co., Maryland, who conveyed 200 acres to said **Wright**. Signed Henry **Wright**. Wit: Joseph **Jones** Jr. and John **Nicole**.

8 Mar 1715, Aquila **Paca**, gentleman, of Baltimore Co., Maryland to George & Mary **Wells**, of same, £30, 75 acres. Signed Aquila **Paca**. Wit: Richard **King** and Roger **Mathews**.

1 Jun 1716, John **Eaglestone**, carpenter, of Baltimore Co., Maryland to Nicholas **Rogers**, innholder, of same, £50, 154 acres...north side of Patapsco River...2nd tract, 46 acres...Jones Falls. Signed John **Eaglestone**. Wit: Christopher **Randall**, George **Middleton** and John (x) **Christian**.

3 Aug 1715, John **Newman** and Isaac **Sampson**, of Baltimore Co., Maryland bound to Samuel **Greening**, of same, for good deed. Signed John **Newman** and Isaac **Sampson**. Wit: John **Downes** and James (x) **Pawly**.

2 Oct 1713, Thomas **Chamberlain**, gentleman, of Baltimore Co., Maryland mortgage to Charles **Carroll**, of Annapolis, Anne Arundel Co., Maryland, £102.45, 140 acres...Bush River... purchased of Charles **Adams**...2nd tract, 20 acres...purchased of said **Adams**...two negro slaves, one man, aged 30 years, called Sambo and one woman, aged 40 years, called Phillis and chattel goods. Signed Thomas **Chamberlain**. Wit: Charles **Adams** and W. **Dibzredmond**.

9 Aug 1716, Thomas & Mary **Chamberlain**, gentleman, of Baltimore Co., Maryland to Richard **King**, merchant, of same, £40 and £102.45 to Charles **Carroll**, gentleman, of Annapolis, Anne Arundel Co., Maryland, 140 acres, two slaves and chattel goods. Signed Thomas **Chamberlain** and Mary (x) **Chamberlain**. Wit: George **Middleton** and Jonathan **Massey**.

9 Jun 1715, George **Read**, merchant, of Baltimore Co., Maryland power of attorney to Jonathan **Massey**, joiner, of same. Signed George **Read**. Wit: John **Elliott** and Edmond (x) **Standford**.

25 Jun 1716, Mary **Sweeting**, widow, of Baltimore Co., Maryland to Philip **Washington**, planer, of same, 7,000 pounds of tobacco, east side of Bare creek. Signed Mary (x) **Sweeting**. Wit: Joseph (x) **Demmott**, Rebecca (x) **Love**, Nicholas **Rogers** and Pearsewall **Sheppard**.

6 Nov 1716, Peter & Elinor **Bond** and William **Hamilton**, planters, of Baltimore Co., Maryland to John **Norris**, of Anne Arundel Co., Maryland, £30, 243 acres...south side of Winters Run. Signed Peter **Bond** and William **Hamilton**. Wit: Thomas **Hooker** and Edward **Parrish**.

17 Oct 1716, Ebenezer & Sarah **Blackstone**, of Kent Co., Maryland to Edward **Peregoy**, of Baltimore Co., Maryland, 100 acres...south side of Back River. Signed Ebenezer **Blackstone** and Sarah **Blackstone**. Wit: James **Harris** and Thomas **Etherington**.

17 Oct 1716, Ebenezer & Sarah **Blackstone**, of Kent Co., Maryland to Edward **Peregoy**, of Baltimore Co., Maryland, 97 acres...south side of Back River. Signed Ebenezer **Blackstone** and Sarah **Blackstone**. Wit: James **Harris** and Thomas **Etherington**.

17 Oct 1716, Ebenezer & Sarah **Blackstone**, of Kent Co., Maryland to Henry **Peregoy**, of Baltimore Co., Maryland, 100 acres...south side of Back River. Signed Ebenezer **Blackstone** and Sarah **Blackstone**. Wit: James **Harris** and Thomas **Etherington**.

17 Oct 1716, Ebenezer & Sarah **Blackstone**, of Kent Co., Maryland

to Robert **Green**, of Baltimore Co., Maryland, 47 acres...south side of Back River. Signed Ebenezer **Blackstone** and Sarah **Blackstone**. Wit: James **Harris** and Thomas **Etherington**.

8 Aug 1717, John **Boring**, of Baltimore Co., Maryland to Jonathan **Tipton**, cooper, of same, 250 acres. Signed John **Boring**. Wit: John **Thomas**, Presoeice (x) **Lain** and Richard **Colegate**.

13 Mar 1717, Charles **Baltimore** Lord Baron of Baltimore devised to his wife Margaret all rents and she conveyed same to Perice **Welch**. Signed Clement **Hill** and William **Diggs**.

29 Apr 1717, William & Elizabeth **Noble**, planter, of Baltimore Co., Maryland to Joshua **Merriken**, of same, 6,500 pounds of tobacco, 126 acres... north side of Gunpowder River. Signed William **Noble** and Elizabeth **Noble**. Wit: John (x) **Comeron**, John (x) **Graves** and Oliver (x) **Hamott**.

13 Jun 1716, Robert **Parker**, planter, of Baltimore Co., Maryland to Nicholas **Rogers** and Christopher **Randall**, of same, 3,000 pounds of tobacco, 250 acres of 500 acres...north side of Patapsco River. Signed Robert **Parker**. Wit: John **Gay**, Peter **Bond** and Benjamin **Bowen**.

1 Jul 1717, Thomas **Preston**, planter, of Baltimore Co., Maryland to John **Bond**, of same, £40, 43 acres...north side of Gunpowder River... 2nd tract, 50 acres...line of Edward **Reeves**, John **Collett** and Lodowick **Williams**. Signed Thomas **Preston**. Wit: John **Roberts**, Mary (x) **Roberts** and Richard **Lenox**.

9 Nov 1717, Thomas **Chamberlain**, of Baltimore Co., Maryland to Richard **King**, livestock. Signed Thomas **Chamberlain**. Wit: Jonathan **Massey** and John **Boone**.

13 May 1717, John **Dorsey** releases all advantages against John **Stokes**, sheriff, of Baltimore Co., Maryland, on account of setting at large Moses **Groome**, of Baltimore Co., Maryland. Signed John **Dorsey**.

7 Mar 1716, Edward & Bridget **Smith**, planter, of Baltimore Co., Maryland to Richard **Burrough**, of same, £18, 575 acres...Herring Run. Signed Edward (x) **Smith** and Bridget (x) **Smith**. Wit: Henry **Wetherall**, Thomas **Tolley** and Thomas **Bond**.

6 Sep 1716, Edward & Jane **Corbin**, planter, of Baltimore Co., Maryland to John **Bowen**, planter, of same, 100 acres. Signed Edward (x) **Corbin**. Wit: J. **Hinton** and Catharine (x) **Gainer**.

20 Mar 1716, Anthony & Margaret **Drew**, planter, of Baltimore Co., Maryland to Francis **Holland**, gentleman, of same, 180 acres...formerly purchased by Ruthen **Garrett** of Col. Nathaniel **Utie**. Signed Anthony **Drew**. Wit: James **Phillips** and John **Baldwin**.

28 Jan 1716, Humphry **Jones**, planter, of head of Bush River, Baltimore Co., Maryland to Samuel **Brown**, planter, of same, £40, 200 acres...head of Bush River. Signed Humphry (x) **Jones**. Wit: Henry (x) **Moore** and David **Thomas**.

5 Apr 1716, Philip & Mary **Dowell**, (said Mary is the daughter of Richard **Sidwigs** to their sons, John and Luke **Dowell**, for love and affection,
Gunpowder River. Signed Philip **Dowell** and Mary (x) **Dowell**. Wit: Philip **Dowell**, Philip (x) **Tennerly** and Samuel **Young**.

28 Feb 1716, Francis & Susannah **Holland**, (said Susannah is the daughter of George **Utie**), gentleman, of Baltimore Co., Maryland to Anthony **Drew**, gentleman, of same, 18,000 pounds of tobacco, 300 acres...2nd tract, 45 acres...south side of Rummey creek...formerly owned by George **Utie**. Signed Francis **Holland** and Susannah **Holland**. Wit: James **Phillips** and John **Boldwin**.

19 Sep 1716, John & Mary **Bowen**, planter, of Baltimore Co., Maryland to Edward **Corbin**, of same, 50 acres...Bear creek. Signed John **Bowen**. Wit: Catharine (x) **Gainer** and J. **Hinton**.

6 Aug 1717, Thomas **Preston**, (son of Thomas **Preston**, deceased), planter, of Baltimore Co., Maryland to Thomas **Bond**, of same, 20

acres...line of Isaac **Baker**. Signed Thomas **Preston**. Wit: John **Roberts**, Jer. **Downes** and Edger **Tippen**.

16 Sep 1717, Richard **Smithers**, gentleman, of Baltimore Co., Maryland to Mathew **Moulton**, of same, 100 acres. Signed Richard **Smithers**. Wit: John **Stokes** and Thomas (x) **Simpson**.

5 Nov 1716, Benjamin & Elizabeth **Wheeler**, of Prince Georges Co., Maryland to Robert **Clarke**, late of same, but now of Baltimore Co., Maryland, £10 and 4,000 pounds of tobacco, 600 acres of 1000 acres...patented 24 Feb 1714. Signed Benjamin **Wheeler**. Wit: Andrew **Hamilton** and William **Benson**.

24 Apr 1717, Col. John & Sarah **Thomas**, gentleman, of Baltimore Co., Maryland to Buckler **Partridge**, of Bristoll, England, £30, 150 acres...head of Clappers creek. Signed John **Thomas**. Wit: Peter **Bond** and John **Israel**.

12 Nov 1715, Edward **Williams**, of Paspotank River, Sawyers creek, North Carolina power of attorney to Nicholas **Rogers**, innholder, of Baltimore Co., Maryland. Signed Edward (x) **Williams**. Wit: Jabez **Peirpoint** and Alexander **Keith**.

5 Dec 1717, Nicholas **Rogers**, of Baltimore Co., Maryland, (attorney for Edward **Williams**, son of Lodowick **Williams**, late of Carolina) to Richard **Colegate**, 350 acres. Wit: John **Rallings**, James **Preston** and James **Ebden**.

15 Sep 1716, John & Mary **Miles**, of Baltimore Co., Maryland to Thomas **Litton**, carpenter, of same, for love and affection, 62 acres. Signed John **Miles** and Mary (x) **Miles**. Wit: Thomas **Miles**, Sarah (x) **Litton** and Robert (x) **Voles**.

26 Mar 1717, Mills & Elizabeth **Hannis**, of Baltimore Co., Maryland to William **Robinson**, planter, of same, 100 acres...north side of Swan creek. Signed Mills (x) **Hannis** and Elizabeth (x) **Hannis**. Wit: John **Clarke** and Samuel (x) **Jackson**.

6 Nov 1716, Thomas **Hooker**, planter, of Baltimore Co., Maryland

to Benjamin **Carr**, planter, of same, £15, 100 acres...south side of Patapsco River. Signed Thomas **Hooker**. Wit: William **Hamilton** and Peter **Bond**.

6 Oct 1716, Francis **Whitehead** appointed executor of estate of Edward **Sweeting**. Signed Richard **Colegate**.

3 Dec 1717, Henry **Darnall** rents granted to George **Nelson**. Signed Henry **Darnall**.

11 Sep 1717, Col. John **Thomas**, yeoman, of Baltimore Co., Maryland to his son John **Thomas**, for love and affection, the negro boy called Robin and chattel goods. Signed John **Thomas**. Wit: William **Tibbs** and Elizabeth (x) **Whitehead**.

7 Mar 1716, James & Julian **Isham**, of Baltimore Co., Maryland to Lewis **Newell**, of same, 6,000 pounds of tobacco, 200 acres...Bow creek. Signed James **Isham** and Julian (x) **Isham**. Wit: James **Presbury** and George **Middleton**.

9 May 1717, Benjamin & Margaret **Williams**, of Anne Arundel Co., Maryland to Edward **Ward**, of same, 10,000 pounds of tobacco, 295 acres...head of Gunpowder River...patented 14 Oct 1714. Signed Benjamin **Williams**. Wit: Francis **Warman** and Thomas **Croff**.

7 Nov 1717, William & Elizabeth **Noble**, planter, of Baltimore Co., Maryland to John **Walker**, of same, 2,500 pounds of tobacco, 92 acres...head of Bynums Run. Signed William (x) **Noble** and Elizabeth (x) **Noble**. Wit: Joshua **Merriken** and Joseph **Presbury**.

27 Jun 1717, Edward **Parish**, of Anne Arundel Co., Maryland to John **Stokes**, gentleman, of Baltimore Co., Maryland, 18,000 pounds of tobacco, 250 acres, of 550 acres...west side of Susquehanna River...patented, 22 Sep 1658, by Henry **Ward**, late of Cecil Co., Maryland, who devised to his son, Henry **Ward**, gentleman, of Cecil Co., Maryland, who sold, 2 Nov 1710, to the said **Parish**. Signed Edward **Parish**. Wit: James **Maxwell** and John **Dorsey**.

5 Nov 1716, John & Susannah **Morrow**, of Baltimore Co., Maryland

to Thomas **Tolley**, gentleman, of same, 5,000 pounds of tobacco and £11, 100 acres ...Patapsco River...line of Robert **Taylor**. Signed John **Morrow** and Susannah **Morrow**. Wit: John **Presbury** and Thomas **Long**.

19 Feb 1716, Thomas **Preston**, planter, of Baltimore Co., Maryland to John **Norris**, of same, 3,000 pounds of tobacco, 100 acres of 400 acres head of Bush River...patented by Thomas **Preston** Sr.. Signed Thomas **Preston**. Wit: Thomas **Barton** and Thomas (x) **Norris**.

28 Feb 1716, Francis & Susannah **Holland**, gentleman, of Baltimore Co., Maryland to James **Phillips**, gentleman, of same, £100, 400 acres... patented by George **Wells**, who sold to George **Utie**, the father of the said Susannah **Holland**. Signed Francis **Holland** and Susannah **Holland**. Wit: Anthony **Drew** and John **Baldwin**.

12 Mar 1716, James & Johanna **Phillips**, gentleman, of Baltimore Co., Maryland to Francis **Holland**, gentleman, of same, 200 acres...west side of Swan creek. Signed James **Phillips**. Wit: Anthony **Drew** and John **Baldwin**.

1716, William & Hannah **Smith**, (son and heir of George **Smith**, late of Baltimore Co., Maryland), planter, of Baltimore Co., Maryland to James **Phillips**, gentleman, of same, £20 and 1,500 pounds of tobacco, 100 acres...east side of Bush River...line of William **Orchard**. Signed William **Smith**. Wit: John **Clarke**.

8 Aug 1717, Edward & Bridget **Smith**, planter, of Baltimore Co., Maryland to Robert **Smith**, 3,200 pounds of tobacco, 60 acres...Bush River. Signed Edward (x) **Smith**. Wit: John **Roberts** and John **Clarke**.

23 Jan 1716, John **Talbot**, merchant, of Anne Arundel Co., Maryland leases to John **Spicer**, planter, of same. Signed John **Talbot** and John (x) **Spicer**. Wit: William **Barney** and Joseph **Cole**.

14 Oct 1717, Maurice **Burchfield**, surveyor of southern district and Joseph **Brown**, merchant, of London, England to James **Phillips**, gentleman, of Bush River, Baltimore Co., Maryland, £25, 250

acres...Perregrine & Margaret **Brown** owed £5785.6... her attorney were Joseph **Browne**, Richard **Smith** and Richard **Bennett**...receiver was Henry **Torne**, who sold, 4 Apr 1713, to Maurice **Burchfield**. Signed Maurice **Birchfield** and Joseph **Browne**. Wit: Thomas **Macnemara** and George **Middleton**.

20 Oct 1717, Richard **Lenox**, planter, of Baltimore Co., Maryland to John **Harryman**, planter, of same, 2,000 pounds of tobacco, 100 acres...Northeast Run...patented 9 Mar 1713. Signed Richard **Lenox**. Wit: Edward **Hall** and Bennett **Garrett**.

12 Oct 1709, Peter & Elinor **Bond**, planter, of Baltimore Co., Maryland to John **Wells**, planter, of same, 10 acres...west side of Guin Falls. Signed Peter **Bond**. Wit: Nicholas **Rogers** and Henry **Knowles**.

8 Aug 1717, John **Roberts**, planter, of Baltimore Co., Maryland to Richard **Taylor**, planter, of same, 464 acres...Herring Run. Signed John (x) **Roberts**. Wit: Samuel **Watkins** and William **Pickett**.

31 Aug 1717, Christopher & Ann **Randall**, planter, of Baltimore Co., Maryland to John **Newman**, of same, 10,000 pounds of tobacco, 350 acres... north side of Patapsco River. Signed Christopher **Randall**. Wit: Peter **Bond** and John **Israel**.

12 Nov 1717, Frances **Boothby**, spinster, of Baltimore Co., Maryland to Archibald **Buchanan**, 13,000 pounds of tobacco, 130 acres...mouth of Susquehanna River...line of Capt. **Johnson**. Signed Frances **Boothby**. Wit: James **Phillips** and Roger **Mathews**.

1 Mar 1718, Capt. John **Dorsey**, gentleman, of Baltimore Co., Maryland to Andrew **Norwood**, planter, of Anne Arundel Co., Maryland, £210, 439 acres...Middle Run...patented, 10 Nov 1695, by Thomas **Blackwell**, who devised to said **Dorsey**. Signed John **Dorsey**. Wit: John **Beale**.

12 Jul 1717, John & Elizabeth **Gorsuch**, planter, of Baltimore Co., Maryland to Richard **Colegate**, gentleman, of same, 600 pounds of tobacco, 146 acres...Patapsco River...line of Nicholas **Burton**. Signed

John **Gorsuch**. Wit: Morgan **Morray** and Jonathan **Martherd**.

12 Nov 1716, Joshua & Mary **Sewell**, planter, late of Anne Arundel Co., Maryland to Richard **Colegate**, gentleman, of Baltimore Co., Maryland, £2 and 3,000 pounds of tobacco, 100 acres...north side of Patapsco River. Signed Joshua (x) **Sewell**. Wit: Francis **Whitehead**, Henry **Jones** and Joshua **Blake**.

5 Nov 1717, Anthony **Bale**, gentleman, of Baltimore Co., Maryland to Christopher **Randall**, planter, of same, £50, 529 acres...north side of main falls of Patapsco River. Signed Anthony **Bale**. Wit: John **Talbot** and Peter **Bond**.

13 Jun 1716, Orlindo **Griffith**, of Anne Arundel Co., Maryland to John **Gill**, of Baltimore Co., Maryland, 100 acres...devised to said **Griffith**, by John **Howard**, of Anne Arundel Co., Maryland.

13 Jun 1716, Benjamin **Howard**, of Baltimore Co., Maryland to John **Gill**, of same, 200 acres... Middle Branch...patented, 20 Jun 1668, by John **Howard**. Signed Benjamin **Howard**. Wit: John **Dorsey** and Luke **Raven**.

6 Mar 1717, Edward **Ward**, of Baltimore Co., Maryland to John **Bradshaw**, of same, 1,000 pounds of tobacco, 50 acres...north side of Cat creek ...line of Edward **Swanson**. Signed Edward **Ward**. Wit: Thomas **Sheredine**, Lawrence **Draper** and J. **Hinton**.

19 Mar 1717, James **Ebdon**, records his branding mark.

22 Oct 1716, John & Martha **Hall**, of Baltimore Co., Maryland to Miles **Hannis**, planter, of same, 150 bushels of corn, 50 acres...head of Swan creek. Signed John **Hall** and Martha (x) **Hall**. Wit: James **Phillips** and George **Wells**.

Account of tobacco delivered to John **Crockett**, William **Bond**'s note 540, Charles **Simmons** note 792, George **Frizland** 540, Capt. **Dallahide** 765, William **Maccomus** 216, Thomas **Barton** 292, William **Noble** 449, John **Roberts** 342, John **Bond** 540, William **Hitchcock** 251, Sarah **Day** 432, Nicholas **Day** 324, Thomas **Bond**

376, William **Robinson** 378, George **Yorke** 378, Caleb **Maxwell** 3004, Archibald **Bollo** 216, William **Amos** 542, John **Webster** 571, Charles **Herrington** 689, Abraham **Taylor** 216, Jermy **Hale** 216, William **Pickett** 6261, John **Taylor** 334, Robert **Cutchen** 1050, Thomas **Norris** 499, James **Durham** 162, Thomas **Hutchins** 369, William **Smith** 137, Peter **Carroll** 293, John **Norrington** 430, Robert **West** 303, Gregory **Farmer** 241, John **Galleon** 756, John **Milles** 170, Thomas **Litton** 196, Thomas **Collins** 216, John **Rawling** 505, Edward **Mead** 302, Robert **Jackson** 649, John **Massey** 324, John **Hammond** and John **Webster** 864. Gentleman, I have delivered to John **Crockett** your notes and accounts several sums to the names annexed for rents to Henry **Darnall** due by virtue of an order from said **Darnall**, hereby desire you to pay the respective sums in the notes and accounts specified to the said **Crockett**, his order and his receipt shall discharge you 7 years rent due to the Lady Baltimore and 1 years rent to the present Lord Baltimore and order of Henry **Darnall**. Signed George **Nelson**.

9 Oct 1717, Lawrence & Mary **Draper**, planter, of Baltimore Co., Maryland to Ephraim **Grover**, planter, of Calvert Co., Maryland, £20, 250 acres...north side of Deer creek...line of John **Batson** and James **Cobb**. Signed Lawrence **Draper**. Wit: Francis **Holland** and Roger **Mathews**.

4 Mar 1717, John **Hammond**, gentleman, of Baltimore Co., Maryland to Joshua **Merriken**, boatwright, of same, £17, 100 acres...south side of Bush River. Signed John **Hammond** Jr. Wit: James **Presbury** and Nicholas **Day**.

9 Oct 1717, Lawrence & Mary **Draper**, planter, of Baltimore Co., Maryland to Samuel **Grover**, planter, of Anne Arundel Co., Maryland, £20, 250 acres...Deer creek...line of Ephaim **Grover**. Signed Lawrence **Draper**. Wit: Francis **Holland** and Roger **Mathews**.

28 Oct 1717, Richard & Ann **Jones**, of Baltimore Co., Maryland to Henry **Butler**, carpenter, of same, £2, 100 acres. Signed Richard **Jones**. Wit: Edward (x) **Roberts**, John (x) **Mills** and Simon **Hinton**.

28 Nov 1716, John & Ann **Whitaker**, of Baltimore Co., Maryland to Robert **Pearson**, of Murplein Twp. Chester Co., Pennsylvania, 100 acres... Bush River...line of Thomas **Thurstone**, who purchased of John **James**. Signed John **Whitaker** and Ann **Whitaker**. Wit: William (x) **Cook** and Thomas **Bond**.

Mar 1717, Ebenezer & Sarah **Blackstone**, of Kent Co., Maryland to John **Jones**, planter, of same, 4,000 pounds of tobacco, 200 acres...Salt Peter creek. Signed Ebenezer **Blackstone** and Sarah **Blackstone**. Wit: Edward **Brooke** and Thomas **Graims**.

17 Mar 1717, Lawrence & Mary **Draper**, planter, of Baltimore Co., Maryland to John **Stokes**, of same, 20,000 pounds of tobacco, 198 of 400 acres... Swan creek...patented, 9 Aug 1681, by John **Mould**, who sold to Edward **Boothby**, who sold to William **Borne**, who devised to his son Henry **Borne**, who sold to John **Cotterell** and Capt. Lawrence **Draper**. Signed Lawrence **Draper**. Wit: Roger **Mathews** and John **Clarke**.

13 Mar 1717, Thomas & Elizabeth **Woodfield**, (said Elizabeth, lately called Elizabeth **Gott** is the daughter and heir of Anthony **Holland**, planter, late of Anne Arundel Co., Maryland), planter, of Anne Arundel Co., Maryland to Thomas **Macnemara**, of Annapolis, Anne Arundel Co., Maryland, £15, 100 of 580 acres. Signed Thomas **Woodfield** and Elizabeth (x) **Woodfield**. Wit: William **Cummings** and Edward **Griffith**.

16 Jan 1717, Samuel & Johannah **Leatherwood**, carpenter, of Baltimore Co., Maryland to Pleasence **Dorsey**, of same, £45, 100 acres...Stony Run. Signed Samuel (x) **Leatherwood**. Wit: John **Israel** and John **Dorsey**.

Chapter 10

Baltimore Co., Maryland
Liber T.R. No. D.S.
1717-1721

Samuel **Dorsey**, though Thomas **Worthington** to Caleb **Dorsey**, £40, 200 acres. Signed Thomas **Worthington**. Wit: John **Beale** and Vach **Denton**.

2 Jul 1719, Samuel **Dorsey**, gentleman, of Baltimore Co., Maryland for his younger brother
Benjamin **Dorsey**, deceased, of same to Caleb **Dorsey**, gentleman, of Anne Arundel Co., Maryland, £35, 200 acres...patented 24 Oct 1704 ...devised by Edward **Dorsey** to his son Benjamin **Dorsey**. Signed Samuel **Dorsey**. Wit: John **Beale** and Vach **Denton**.

22 Aug 1719, Andrew **Toad**, of London, England power of attorney to Lancelot **Todd**, of Patapsco River, Baltimore Co., Maryland. Signed Andrew **Toad**. Wit: John **Howard** and Benjamin **Howard**.

1 Feb 1718, Thomas **Colvell**, of Patapsco River, Baltimore Co., Maryland power of attorney to Lancelot **Todd**, of same. Signed Thomas **Colvell**. Wit: Jacob (x) **Rockler** and John **Martin**.

11 Nov 1719, John **Hays**, planter, of Baltimore Co., Maryland power of attorney to his wife Mary Ann **Hays**, to sell 370 acres to Thomas **Harris**. Signed John **Hays**. Wit: Thomas **Sutton** and Thomas **Hine**.

11 Nov 1719, John & Mary Ann **Hays**, planter, of Baltimore Co., Maryland to Thomas **Harris**, planter, of same, 370 acres...north side of Back River. Signed John **Hays**. Wit: Thomas (x) **Stansbury** and Thomas **Sheredine**.

23 Aug 1718, Stephen **Yoakley**, merchant, of St. John Baptise, on

the Oyle Tenant manner being bound for England power of attorney to Thomas **Randall**, planter, of Baltimore Co., Maryland to collect debts. Signed Stephen **Yoakley**. Wit: Nicholas **Fitzsimons**, Jobias **Eminson** and Richard **King**.

3 Aug 1719, John & Dinah **Cole**, planter, of Baltimore Co., Maryland to Susannah **Noden**, wife of Samuel **Noden**, of same, 8,500 pounds of tobacco, 300 acres...west side of Jones Falls. Signed John **Coal**. Wit: Nicholas **Rogers**.

4 Mar 1718, Thomas **Preston** and James **Preston**, planters, of Baltimore Co., Maryland to Thomas **Bond**, of same, 520 acres.

John **Talbot** to William **Parish**, 150 acres. Signed John **Talbot**. Wit: Lance **Todd** and Aquila **Hall**.

28 Jul 1718, John & Martha **Hall**, of Baltimore Co., Maryland to John **Clark**, of same, 140 acres ...head of Bush River. Signed John **Hall** and Martha **Hall**. Wit: James **Phillips** and John **Stokes**.

1 Jun 1719, Samuel & Jane **Hughs**, planter, of Baltimore Co., Maryland to John **Gallion**, of same, 8,000 pounds of tobacco, 125 acres of 250 acres...patented, 11 Aug 1701, by John **Whitaker**, of Baltimore Co., Maryland, who devised to his son John **Whitaker**, who sold 4 Aug 1715 to said Samuel. Signed Samuel **Hughs**. Wit: Joseph (x) **Gallion** and John **Clark**.

16 Jun 1719, James & Joanna **Phillips**, gentleman, of Baltimore Co., Maryland to Blois **Wright**, gentleman, of same, £70, 150 acre...2nd tract, 200 acres. Signed James **Phillips**. Wit: Roger **Mathews** and Anthony **Bale**.

8 Jun 1719, James **Maxwell**, gentleman, of Baltimore Co., Maryland bound to John **Crockett**, of same, for good deed on 288 acres. Signed James **Maxwell**. Wit: Henry **Donehue** and Francis **Dallahide**.

22 Dec 1719, James **Hicks**, planter, of Baltimore Co., Maryland to John **Chapman**, planter, of same, 2,500 pounds of tobacco, 100

acres...William **Hicks**, devised to his son the said James. Signed James (x) **Hicks**. Wit: Roger **Mathews** and James **Phillips**.

1 Aug 1719, Jane **Boon**, widow, of Baltimore Co., Maryland to her grand children, Catharine Ann **Green** and Martha **Green**, daughters of Mathew & Mary **Green**, (said Mathew is deceased), of same, for love and affection, 150 acres...south side of Bush River...line of John **Collier**...patented, 29 Jun 1685. Signed Jane (x) **Boon**. Wit: Mathew **Hale**, Spry Godfrey **Ginery**.

11 Oct 1719, Henry & Elizabeth **Hillard**, planter, of Baltimore Co., Maryland to Daniel **Hillard**, £45, 453 acres...Rock creek. Signed Henry **Hillyard**. Wit: Charles **Rivers** and John **Rowles**.

6 Aug 1719, James & Elizabeth **Isham**, planter, of Baltimore Co., Maryland to John **Pateet**, planter, of same, 4,000 pounds of tobacco, 170 acres... Winters Run. Signed James **Isham** and Elizabeth **Isham**. Wit: Daniel **Scott** Jr. and Archibald **Rolle**.

25 Jun 1719, Robert & Elizabeth **Crump**, of Queen Annes Co., Maryland to Philip **Thomas**, of Anne Arundel Co., Maryland, 750 pounds of tobacco, 172 acres of 345 acres. Signed Robert **Crump** and Elizabeth **Crump**. Wit: Solomon **Wright** Sr. and John **Emory** Sr.

25 Jul 1719, William & Sarah **Mauldin**, Calvert Co., Maryland to Gerard **Hopkins**, of Anne Arundel Co., Maryland, £160, 1000 acres...Little Britain Ridge...patented, 10 Nov 1695, by Job **Evans**, who sold 5 Feb 1699 to Francis **Mauldin**, who devised 14 Jan 1707 to said William. Signed William **Malden**. Wit: Isaac **Johns** and John **Groves**.

28 May 1719, John & Mary **Talbot**, of Anne Arundel Co., Maryland to Nicholas **Gassaway**, of Baltimore Co., Maryland, £100, 300 acres. Signed John **Talbot**. Wit: Edward **Bradshaw** and Elizabeth **Carpenter**.

4 Nov 1719, William & Martha **Burney**, (executor of the estate of William **Howard**), of Baltimore Co., Maryland to Abraham **Taylor**,

of same, 200 acres. Signed William **Burney** and Martha (x) **Burney**. Wit: Jere. **Downs** and John (x) **Gallion**.

6 Jul 1719, Jacob **Loton**, of Baltimore Co., Maryland to John **Crockett**, of same, £54, 288 acres...Lodowick Ridge. Signed Jacob **Loton**. Wit: James **Maxwell** and John **Roberts**.

Thomas **Preston** and James & Elizabeth **Preston** to Thomas **Bond**. Signed Thomas **Preston** and James **Preston**.

2 Jan 1718, John **Talbot**, merchant, of Anne Arundel Co., Maryland to William **Parish**, planter, of Baltimore Co., Maryland, 150 acres of 610 acres.

21 Feb 1718, Edward **Reynolds**, of Calvert Co., Maryland to William **Hickman**, of same, 300 acres of 600 acres...head of Gunpowder River...line of Thomas **Francis**, gentleman, of Anne Arundel Co., Maryland patented by Robert **Clackson**, of Anne Arundel Co., Maryland, who devised to his daughter Metak **Clackson**, wife of John **Brown** Jr., who sold to said Edward. Signed Edward **Reynolds**. Wit: Robert **Allen**, Elizabeth **Davy** and Ann **Reynolds**.

24 Jul 1719, Samuel **Underwood**, yeoman, of Newcastle Co., Pennsylvania power of attorney to Francis **Holland**, gentleman, of Baltimore Co., Maryland to sell 300 acres to Edward **Hall**. Signed Samuel **Underwood**. Wit: Charles **Springer** and Roger **Mathews**.

4 Jul 1719, John **Matson**, of Devons, Newcastle Co., Pennsylvania power of attorney to Francis **Holland**, gentleman, of Baltimore Co., Maryland, to sell 180 acres to Edward **Hall**. Signed John (x) **Matson**. (alias **Deffest**). Wit: Charles **Springer** and Roger **Mathews**.

24 Jul 1719, Samuel **Underwood**, yeoman, of Newcastle Co., Pennsylvania to Edward **Hall**, gentleman, of Baltimore Co., Maryland, £5, 300 acres of 780 acres...purchased of Andrew **Matson**. Signed Samuel **Underwood**. Wit: Charles **Springer** and Roger **Mathews**.

4 Jul 1719, John **Matson**, (eldest son and heir of Mathias **Mathiason**, blacksmith, late of Cecil Co., Maryland), husbandman, of Devons, Newcastle Co., Pennsylvania to Edward **Hall**, gentleman, of Baltimore Co., Maryland, £14 and 6,000 pounds of tobacco, 480 acres of 780 acres...Swan creek... patented 1683. Signed John (x) **Matson**. Wit: Charles **Springer** and Roger **Mathews**.

25 Jul 1719, James **Mauldin**, gentleman, of Calvert Co., Marland to Nathaniel **Giles**, £160, part of 1000 acres...Herring Run...patented, 10 Nov 1695, by Job **Evans**, who sold 5 Feb 1699 to Francis **Mauldin**, who devised 14 Jan 1710 to William and James **Mauldin**. Signed James **Mauldin**. Wit: William **Malden**.

Arthur **Melwell**, of Baltimore Co., Maryland power of attorney to Michael **Atkinson**, of same. Signed Arthur **Melwell**. Wit: George **Read**, Richard **King**, John **Elliott** and William **Cottum**.

8 Jun 1710, John & Martha **Hall**, gentleman, of Baltimore Co., Maryland to Col. James **Maxwell**, gentleman, of same, £150, 150 acres...Bush River ...patented by Abraham **Hollman**...2nd tract, 100 acres...patented by Joseph **Gallion**. Signed John **Hall**. Wit: Roger **Mathews** and James **Presbury**.

5 Aug 1719, John **Boreing**, planter, of Baltimore Co., Maryland to Thomas **Boreing**, of same, £40, 109 acres...north side of Back River. Signed John **Boreing**. Wit: Thomas **Sheredine** and John **Eager**.

7 Feb 1718, John **Quinsys**, husbandman, of Walait Parish, Lincoln Co., to William **Bradley**, bookkeeper, of London, England, expenses to Maryland...he is to serve four years, he is now 28 years old. Signed William **Bradley**. Wit: Bevil **Caultenden** and Mathew **Holham**.

22 Jan 1719, John **Rallings** to William & Dorothy **Groves**, a horse. Signed John **Rallings**.

21 Jan 1719, Richard **Preston**, records his branding mark.

John **Elliott**, records his branding mark.

15 Dec 1719, Thomas **Tolley**, records his branding mark.

Edward **Hall**, records his branding mark.

Luke **Trotton**, records his branding mark.

Mr. **Talbot**, records his branding mark.

3 Jun 1719, Jacob **Cox**, records his branding mark.

16 Jun 1719, John (x) **Pateet**, records his branding mark.

29 Sep 1719, Edmond **Norwood**, records his branding mark.

4 Jan 1719, Henry **Darnall**, of Prince Georges Co., Maryland power of attorney to Lloyd **Harris**. Signed Henry **Darnall**. Wit: Basil **Warring** and Thomas **Sprigg**.

3 Mar 1719, Benjamin & Sarah **Hanson**, planter, of Baltimore Co., Maryland to Roger **Mathews**, gentleman, of same, 3,000 pounds of tobacco, 100 acres...right of dower to Sary **Cockey**. Signed Benjamin **Hanson**. Wit: John **Risteau** and George **Read**.

18 Feb 1719 Samuel **Sicklemore**, planter, of Baltimore Co., Maryland to Roger **Mathews**, gentleman, of same, 1,500 pounds of tobacco, 200 acres...Swan creek. Signed Samuel **Sicklemore**. Wit: James **Phillips** and Francis **Holland**.

5 Mar 1719, George **Middleton**, of Annapolis, Anne Arundel Co., Maryland to James **Chamberlain**, (son of Thomas & Mary **Chamberlain**, merchant, of Baltimore Co., Maryland, livestock. Signed George **Middleton**. Wit: George **Cock**.

2 Oct 1710, Thomas **Brocklesby**, of Cork, England to Samuel **Massey**, merchant, of same, £100...James **Fendall**, mariner, of Brighthelmston, Sussex Co., England married 16 Dec 1686, Elizabeth **Brocklesby**, daughter of Richard & Lovedy **Brocklesby**, clothier, of Cork, England...James **Fendall** devised, 2 Apr 1692, to his wife and daughter, Elizabeth **Fendall** Jr., 700 acres in Baltimore Co.,

Maryland and 1000 acres in Cecil Co., Maryland...said Elizabeth **Fendall** Sr. sold all her property to her brother Edward **Brocklesby** who died and estate went to said Richard **Brocklesby** and his son Thomas **Brocklesby**. Signed Thomas **Brocklesby**. Wit: Nathaniel **Griffith**, John **Knight**, Thomas **Wright**, Robert **Follerd** and Mary **Hurd**.

2 Oct 1710, Thomas **Brocklesby**, of Cork, England to Samuel **Massey**, merchant, of same, £0.25, 700 acres in Baltimore Co., Maryland and 1000 acres in Cecil Co., Maryland. Signed Thomas **Brocklesby**. Wit: Nathaniel **Griffith**, John **Knight**, Thomas **Wright**, Robert **Follerd** and Mary **Hurd**.

23 Jan 1719, James **Brown**, planter, of Baltimore Co., Maryland to James **Phillips**, gentleman, of same, 2,000 pounds of tobacco, his interest in 50 acres of 200 acres...2nd tract, 190 acres...east side of Hunting creek. Signed James (x) **Brown**. Wit: John **Clark** and Richard **Ruff**.

18 Feb 1719, Samuel **Browne**, planter, of Baltimore Co., Maryland to James **Phillips**, gentleman, of same, 3,000 pounds of tobacco, his interest in 50 acres of 200 acres...2nd tract, 190 acres...east side of Hunting creek. Signed Samuel **Brown**. Wit: Roger **Mathews** and Francis **Holland**.

28 Jun 1720, Richard & Elizabeth **Ellensworth** to Bloyce **Wright**, of Baltimore Co., Maryland, 214 acres. Wit: Alexander **Hall**.

16 Aug 1720, Arthur **Melwell**, taylor, of Philadelphia, Pennsylvania and Michael **Atkinson**, of Chester Co., Pennsylvania power of attorney to Edward **Mead**, of Baltimore Co., Maryland. Signed Arthur **Melwell** and Michael **Atkinson**. Wit: Mathew **Cuning**, George **Simpson** and Nicholas **Fairland**.

14 Apr 1720, John **Willis**, merchant, of London, England, power of attorney to Stephen **Yoakley**, Capt. of the good Ship Vessall, to collect debts. Signed John **Willis** and J. **James**. Wit: John **Fryer**. Thomas **Cromwell**, Bennett **Garrett**, Henry **Hendrickson**, Samuel **Norris**, Peter **Numbers**, Joseph **Johnson**, Nicholas **Rogers**, Joseph

Presbury, Jabez **Peirpoint**, William **Wheream**, John **Buck**, James **Isham**, John **Flemming**, Richard **Burrough**, Anthony **Bale**, Edward **Shidmore** Nicholas **Fitzsimonds**, Jane **Gill**, John **Hurst**, Peter **Bond**, Edward **Hill**, John **Martin**, William **Cox**, Thomas **Randall** and John **Grisham**. Signed John **Willis**. Wit: Thomas **Willson**, Richard **Grisham** and Jacob **Dunindge**.

17 Mar 1720, Arthur **Neale** and Samuel **Deere**, mariners, of Bristol, England power of attorney to Buckler **Partridge**, chyrurgeon, of same. Signed Arthur **Neale** and Samuel **Deere**. Wit: J. **Davis** and Thomas **Larkin**.

26 Feb 1719, Joseph & Rebecca **Connaway**, planter, of Baltimore Co., Maryland to John **Connaway**, planter, of Anne Arundel Co., Maryland, £30, 100 acres...head of Swan creek. Signed Joseph **Connaway**. Wit: Benjamin **Howard** and Nicholas (x) **Horner**.

19 Dec 1718, Thomas & Ann **Bond**, of Baltimore Co., Maryland to Thomas **Preston**, of same, 214 acres ...north side of Winters Run. Signed Thomas **Bond**. Wit: John **Taylor** and John **Crockett**.

7 Nov 1719, Abraham **Taylor**, of Baltimore Co., Maryland to John **Taylor**, of same, for love and affection, 100 acres. Signed Abraham (x) **Taylor**. Wit: John **Elliott** and Richard (x) **Thrift**.

9 Nov 1719, William **Vines**, planter, of Baltimore Co., Maryland to John **Hatherly**, taylor, of same, 2,000 pounds of tobacco, 60 acres...Elk Ridge... line of Adam **Shipley**...patented 20 Mar 1697. Signed William (x) **Vines**. Wit: Samuel **Young** Jr., Forguler (x) **Muckelvery** and Samuel **Young**.

28 Apr 1719, Richard & Elizabeth **Ellensworth**, of Somerset Co., Maryland to Bloyce **Wright**, of same, 214 acres...east side of the north branch of Gunpowder River. Signed Richard (x) **Ellensworth** and Elizabeth (x) **Ellensworth**. Wit: Charles **Ballard**, William **Stonghton**, Charles **Ballard** Jr. and William **Harris**.

13 Jan 1719, Archibald & Jane **Edmondston**, carpenter, of Prince Georges Co., Maryland to Thomas **Smithson**, planter, of Baltimore

Co., Maryland, 3,000 pounds of tobacco, 100 acres... Winters Run...line of Jacob **Bull**. Signed Archibald **Edmondston** and Jane **Edmondston**. Wit: James **Stoddert** and John **Stoddert**.

9 Nov 1719, Thomas & Margaret **Holland**, planter, of Prince Georges Co., Maryland to Elizabeth **Foster**, widow, of same, £21.4 and 500 pounds of tobacco, 100 acres...east side of Holly Run. Signed Thomas **Holland**. Wit: Samuel **Young** Jr. and Alexander **Warfield**.

27 Jun 1713, John & Elizabeth **Frizell**, planter, of Baltimore Co., Maryland to William **Pumphery**, (deed says Walter), carpenter, of same, 150 acres...head of branch of Curtis creek...line of Thomas **Williamson**. Signed John (x) **Frizell**. Wit: Nicholas **Rogers** and Daniel **Bosworth**.

30 Aug 1719, John & Mary **Baggby**, of Calvert Co., Maryland to Samuel **Gover**, of Anne Arundel Co., Maryland, 3,000 pounds of tobacco, 150 acres of 300 acres...west side of Susquehanna River... Henry **Stockett**, deceased, of Anne Arundel Co., Maryland, sold to Thomas **Ford**, deceased, of Anne Arundel Co., Maryland, who devised to his son, James **Ford**, who devised, 28 Jul 1702, to his brother and sister, John and Elizabeth **Ford**, said John **Ford**, left to his daughter, the said Mary **Baggby**. Signed John (x) **Baggby** and Mary **Baggby**. Wit: Elizabeth **Gover** and John **Battell**.

4 Nov 1719, William **Anderson**, (son and heir of John **Anderson**, late of Baltimore Co., Maryland), carpenter, of Baltimore Co., Maryland to William **Bond**, planter, of same, 1,200 pounds of tobacco, 148 acres...head of Back River...line of Lawrence **Richardson**. Signed William (x) **Anderson**. Wit: Darby **Lane**.

5 Apr 1684, Jonathan **Hanson** patents 200 acres. Recorded by John **Beale**.

3 Aug 1719, Otho & Mary **Holland**, (said Mary is the late wife of Charles **Howard**, deceased, of Anne Arundel Co., Maryland), of Anne Arundel Co., Maryland to Thomas **Howard**, of same, of second part and Plesance **Dorsey**, of Baltimore Co., Maryland of the

third part, £8, 100 acres, of 300 acres...north side of Patapsco River...patented by Thomas **Roper**, of Anne Arundel Co., Maryland. Signed Otho **Holland**, Mary (x) **Holland** and Thomas **Howard**. Wit: John **Beale**, Mer. **Ellis** and Thomas **Boardly**.

1 Apr 1720, Esther **Brown**, (widow of William **Brown**), of Cecil Co., Maryland to Joshua **Cockway**, planter, of Baltimore Co., Maryland, £50, 318 acres...north side of the falls of Gunpowder River...sold by Roger **Mathews**, attorney for Ann **Wriothesley** to said William **Brown**. Signed Esther **Brown**. Wit: Roger **Mathews**, Will **Moor** and Francis **Holland**.

12 Oct 1720, delivered to George **Budd**, sugar and received of Jeffery **Gray**, one horse. Signed James **Presbury**.

1 Mar 1719, George & Mary **Freeland**, planter, of Baltimore Co., Maryland to Thomas **Johnson**, sawyer, of same, 2,000 pounds of tobacco, 38 acres of 300 acres...north side of Deer creek
Wit: Daniel **Scott** and Henry **Mathews**

3 Mar 1719, John **Freeland**, planter, of Baltimore Co., Maryland to George **Freeland**, planter, of same, 4,000 pounds of tobacco, 150 acres...north side of Deer creek. Signed John (x) **Freeland**. Wit: Francis **Holland** and Daniel **Scott**.

10 Oct 1719, Abraham & Susannah **Shavers**, of Baltimore Co., Maryland to Mary **Lynch**, (daughter of Robuck **Lynch**, deceased), of same, 38 acres... head of Welchmans creek and Humphrys creek...line of Thomas **Durbin**. Signed Abraham (x) **Shavers** and Susannah (x) **Shavers**. Wit: Robert (x) **Mungomery**, Elizabeth (x) **Fanton** and Samuel **Hinton**.

7 Apr 1720, John & Mary **Walker**, of Baltimore Co., Maryland to Simon **Pearson**, of same, 4,000 pounds of tobacco, 92 acres...Bynams Run. Signed John (x) **Walker** and Mary (x) **Walker**. Wit: James **Presbury** and Joseph **Presbury**.

20 May 1720, Thomas & Martha **Michell**, of Baltimore Co., Maryland to Mathew **Molton**, 100 acres...drafts of Swan creek.

Signed Thomas (x) **Michell**. Wit: John **Clark** and Joseph **Presbury**.

16 Jun 1720, Richard **Bennett** and Thomas **Bordley** assignments for the debts of William **Mathews**: Francis **Holland**, William **Marshall**, Robert **Clark**, William **Lowrey**, Richard **King**, James **Paul**, Samuel **Jackson**, William **Cotton**, Benjamin **Brown**, George **Eves**, John **Bailey**, Edward **Hall** and John **Ryon**. Signed Richard **Bennett** and Thomas **Bordley**.

5 Mar 1720, Joshua **Fowler**, planter, of Baltimore Co., Maryland to Samuel **Hughs**, planter, of same, 5,000 pounds of tobacco, 100 acres...Deer creek ...line of John **Durbin**. Signed Joshua (x) **Fowler**. Wit: John **Clark** and Gregory **Farmer**.

3 Mar 1719, Michael **Byrne**, cordwinder, of Baltimore Co., Maryland to John **Rogers**, planter, of same, £10, 50 acres...south side of main falls of Gunpowder River. Signed Michael **Byrne**.

29 Mar 1720, John & Sarah **Petticourt**, planter, of Baltimore Co., Maryland to Pleasance **Dorsey**, of same, £15, 120 acres...head of Patapsco River. Signed John (x) **Petticourt**. Wit: Benjamin **Howard** and John **Norwood**.

30 Mar 1719, Moses **Groom**, planter, of Baltimore Co., Maryland to James **Maxwell**, gentleman, of same, 13,000 pounds of tobacco, 100 acres... north side of eastern branch of Gunpowder River...Ann **Felks**, deed of gift, 11 Feb 1704, to said Moses. Signed Moses **Groom**. Wit: George **Read** and John **Bennett**.

11 Apr 1720, Robert & Elizabeth **Chapman**, of Baltimore Co., Maryland to John **Hall**, of same, £10, 100 acres ...east side of Curtis creek. Signed Robert (x) **Chapman**. Wit: Joseph **Connaway** and John (x) **Jobson**.

20 May 1720, Thomas **Welsh**, planter, of Baltimore Co., Maryland to John **Risteau**, of same, 200 acres...north side of Little Falls Branch of Gunpowder River. Signed Thomas **Welsh**. Wit: John **Hammond** Jr. and John **Smith**.

4 Mar 1719, James & Jane **Boreing**, (said Jane is a daughter and heir of Daniel **Welsh**, late of Baltimore Co., Maryland) to Otho **Holland**, of Prince Georges Co., Maryland, 5,000 pounds of tobacco, 102 acres...head of Northeast Branch of Patapsco River. Signed James **Boreing** and Jane (x) **Boreing**. Wit: John **Dorsey** and John **Weasly**.

29 Mar 1720, Samuel & Mary **Brown**, planter, of Baltimore Co., Maryland to John **Durbin**, planter, of same, 100 acres...head of Bush River...line of **Hathaways** and Charles **Whitaker**. Signed Samuel **Brown** and Mary (x) **Brown**. Wit: John **Clark** and Aquila **Hall**.

26 Mar 1720, John & Martha **Hall**, of Baltimore Co., Maryland to John **Durbin**, planter, of same, 2,200 pounds of tobacco, 112 acres...head of Bush River. Signed John **Hall**. Wit: Francis **Dallahide**, Francis Holland and Joseph **Presbury**.

27 Apr 1720, Thomas **Richardson**, of Baltimore Co., Maryland to William **Bond**, of same, 3,500 pounds of tobacco, 150 acres...patented 10 May 1685, Richard **Winley**. Signed Thomas (x) **Richardson**. Wit: Edgar **Tipper** and Charles (x) **Simmons**.

8 Apr 1720, Sarah **Brice**, (widow of John **Brice**, of Anne Arundel Co., Maryland) to Edward **Teal**, planter, of Baltimore Co., Maryland, 393 acres ...Nathaniel **Stinchcomb** by his deed of mortgage with Simon **Waltley**, merchant, of London, England on the said John **Brice**, 25 Sep 1712 for £89.95, on 393 acres...Hannah **Teal**, wife of said Edward **Teal** and former wife of said Nathaniel **Stinchcomb** ...therefore said John **Brice** through his executors and former partners, Benjamin and George **Nelthrope**. Signed Sarah **Brice**. Wit: Jane **Burnell** and Thomas **Worthington**.

4 Jun 1720, Richard & Mary **Lenox**, planter, of Baltimore Co., Maryland to Thomas **Tolley**, gentleman, of same, 808 acres...Gunpowder River ...patented, 12 Mar 1680, by Thomas **Richardson** James **Richardson**, gentleman, late of Baltimore Co., Maryland, brother of said Mary and son and heir of Col. Thomas **Richardson**. Signed Richard **Lenox** and Mary (x) **Lenox**. Wit: Joseph **Presbury** and Daniel **Scott** Jr.

1 Sep 1720, William **Mathews**, of Martin, Surrey Co., through his attorneys, Richard **Bennett**, of Queen Annes Co., Maryland and Thomas **Bordley**, of Annapolis, Anne Arundel Co., Maryland to Josias **Middlemore**, surgeon, of Baltimore Co., Maryland, £540, 250 acres...2nd tract, 600 acres ...3rd tract, 500 acres...4th tract, 300 acres ...5th tract, 100 acres. Signed Richard **Bennett** and Thomas **Bordley**. Wit: Samuel **Young** and John **Young**.

19 Aug 1720, Mauris & Sarah **Baker**, of Baltimore Co., Maryland to Lancelot **Todd**, of same, £15, 295 acres...north side of Deep creek. Signed Mauris **Baker**. Wit: Thomas **Colvill** and Samuel **Howard**.

20 Aug 1720, Robert **Pearson**, of Chester Co., Pennsylvania to Aquila **Paca**, of Baltimore Co., Maryland, 150 acres...Whitakers Ridge. Signed Robert **Pearson**. Wit: Roger **Mathews** and Francis **Dallahide**.

3 Aug 1720, Francis **Dallahide**, gentleman, of Baltimore Co., Maryland to Jacob **Groce**, planter, of same, 150 acres...Chestnut Neck, on south side of Gunpowder River.

John and James **Ford** to William **Lock**, 300 acres. Signed John **Ford** and James **Ford**. Wit: Thomas **Woodbourn** and James **Mackintosh**.

3 Nov 1720, Nicholas & Elizabeth **Gassaway** to Joshua **Merriken**. Signed Nicholas **Gassaway**. Wit: Henry **Ridgley** and Thomas John **Hammond**.

1721, Henry **Low**, agent, of Baltimore Co., Maryland to Ebenezer **Cooke**, gentleman, appointment. Signed Henry **Lowe**.

10 May 1721, Elinor **Rogers**, (widow of Nicholas **Rogers**), of Baltimore Co., Maryland to her children, William **Rogers**, Elinor **Rogers**, Sarah **Rogers**, Mary **Rogers**, Elizabeth **Rogers**, Katharine **Rogers**, and unborn child, chattel goods and one negro girl called Berry. Signed Elinor (x) **Rogers**. Wit: Thomas (x) **Cross** and John (x) **Hurst** Jr.

3 Oct 1716, Richard **King**, merchant, of Baltimore Co., Maryland

to John **March**, surgeon, of Kent Co., Maryland, £0.25, Thomas **Chamberlain**, of Baltimore Co., Maryland sold, 2 Oct 1713, to Charles **Carroll**, Annapolis, Anne Arundel Co., Maryland, who sold to said Richard. Signed Richard **King**. Wit: George **Middleton** and Edmond (x) **Standifer**.

10 Mar 1720, Richard **Burrough**, merchant, of Baltimore Co., Maryland to Daniel **Dulany**, of Annapolis, Anne Arundel Co., Maryland, £80, 575 acres...purchased of Edward **Smith**, of Baltimore Co., Maryland. Signed Richard **Burrough**. Wit: Thomas **Larkin** and Roger **Mathews**.

Thomas **Crumwell**, of Baltimore Co., Maryland to John **Ashman**, to make over a tract of land. Signed Thomas **Crumwell**.

17 Jul 1720, William & Dorothy **Groves**, planter, of Baltimore Co., Maryland to John **Rallings**, of same, branch of Gunpowder River. Signed William **Groves** and Dorothy (x) **Groves**. Wit: Mary (x) **Talbot**, Mathew **Hale** and Joseph **Presbury**.

9 Nov 1719, Thomas & Margaret **Holland**, planter, of Prince Georges Co., Maryland to Elizabeth **Foster**, widow, of same, £21, 121 acres. Signed Thomas **Holland**. Wit: Alexander **Warfield** and Samuel **Young**.

4 Nov 1720, Joshua & Dinah **Merriken**, (said Dinah is the daughter and heir of Nicholas **Day**, late of Baltimore Co., Maryland), boatwright, of Baltimore Co., Maryland to Alexander **Maccomus**, carpenter, of same, 5,200 pounds of tobacco, 100 acres of 200 acres...patented, 15 Nov 1695, by Thomas **Richardson**...devised, 1 Dec 1704, by said Nicholas, to his daughters, Elizabeth and Dinah **Day**. Signed Joshua **Merriken** and Dinah **Merriken**. Wit: James **Presbury** and John **Crockett**.

18 Jun 1720, John & Rose **McWilliams**, merchant, of Philadelphia, Pennsylvania to John **Giles**, merchant, of Anne Arundel Co., Maryland, £250, 500 acres...Patapsco River...patented, 2 Aug 1668, by David **Poole**, who sold, 10 Nov 1712 to said **McWilliams**. Signed John **McWilliams** and Rose **McWilliams**. Wit: David **French**,

George **Budd**, Sarah **Budd** and Andrew **Hamilton**.
1716, John **Thornbury**, planter, late, of Baltimore Co., Maryland, but now of Lancaster Co., Virginia to Nicholas **Haile**, planter, of Baltimore Co., Maryland, 100 acres. Signed Thomas (x) **Biddinson**, attorney for John **Thornbury**. Wit: Richard **Gist** and James **Moore**.

15 Mar 1721, Thomas & Sarah **Rockhould**, of Anne Arundel Co., Maryland to John **Gale**, of Baltimore Co., Maryland, £37, 243 acres...head of Curtis creek...line of George **Hope** and Thomas **Daniels**. Thomas **Rockhold**. Wit: Peter **Porter** and Henry (x) **Sewell**.

15 Mar 1720, Henry **Ridgely**, gentleman, of Anne Arundel Co., Maryland to Lancelot **Todd**, of Baltimore Co., Maryland, £30, 300 acres of 1200 acres...boundry of Anne Arundel Co., Maryland...partner Thomas **Worthington**. Signed Henry **Ridgely**. Wit: Richard **Warfield** and Alexander **Warfield**.

24 Nov 1715, Robert **Brown**, gentleman, of Anne Arundel Co., Maryland to William and John **Bond**, gentlemen, of same, 300 acres...Bymans Run... division line surveyed in the presence of Francis **Ogg** and Aquila **Paca**...William & Mary **Bond** to their son Benjamin **Bond**...one half part. Signed William **Bond** and Mary (x) **Bond**. Wit: Joshua **Merriken** and Abraham (x) **Taylor**.

14 Mar 1720, John & Mary **Fairfax**, planter, of Charles Co., Maryland to John **Miller**, of same, 4,000 pounds of tobacco, 200 acres...Middle Branch Run. Signed John (x) **Fairfax** and Mary (x) **Fairfax**. Wit: Wil. **Maconohu**, Thomas **Dent** and Thomas **Stone**.

14 Sep 1720, Thomas & Elizabeth **Hooker**, planter, of Baltimore Co., Maryland to Benjamin **Bowen**, planter, of same, 500 acres...line of John **Owton** and Nicholas **Haite**...first 150 acres sold to son of said Thomas, Samuel **Hooker**. Signed Thomas **Hooker**. Wit: Luke **Raven** and John **Israel**.

8 Sep 1720, Richard **Perkins**, planter, of Baltimore Co., Maryland to Thomas **Loften**, planter, of same, £30, 100 acres...north side of Swan creek. Signed Richard (x) **Perkins**. Wit: John **Stokes**, Thomas

Sheredine, Coram Nobis, Francis Holland and Roger Mathews.

8 Sep 1720, Thomas Loften, planter, of Baltimore Co., Maryland to Nathaniel Dougherty, planter, of same, £30, 100 acres...north side of Swan creek. Signed Thomas (x) Loften. Wit: John Stokes, Thomas Sheredine, Coram Nobis, Francis Holland and Roger Mathews.

2 Nov 1720, John & Mary Miles, of Baltimore Co., Maryland to Thomas Litten, of same, 60 acres... named "Father-in-laws bounty". Signed John Miles. Wit: William Marshall and H. Whitehead.

May 1721, Thomas Litten, records his branding mark.

12 Dec 1720, Johannah Phillips, of Baltimore Co., Maryland to her son John Kemp, of same, for love and affection, the negro boy called Cupid and the negro girl called Priss. Signed Johannah Phillips. Wit: Roger Mathews and Richard Jenkins.

12 Dec 1720, Johannah Phillips, of Baltimore Co., Maryland to her son Richard Kemp, of same, for love and affection, the negro boy called Nedd and the negro girl Dolly. Signed Johannah Phillips. Wit: roger Mathews and Richard Jenkins.

19 Dec 1720, John Rallings, of Baltimore Co., Maryland to William Groves, of same, for love and affection, 126 acres...Gunpowder River... adjacent to land called "Thomas Neglect". Signed John Rallings. Wit: Jo. Presbury and William Hollingshead.

12 Dec 1720, Dorothy Groves, wife of William Groves, of Baltimore Co., Maryland, writes her will: to her uncle John Rallings, the land called "Thomas Neglect". Signed Dorothy (x) Groves. Wit: Mary (x) Talbot and Mathew Hale.

14 Jan 1720, Joshua Wood, of Baltimore Co., Maryland to his brother Isaac Wood, for love and affection, discharge of any claims. Signed Joshua Wood. Wit: John Stokes.

14 Jun 1720, Joshua Wood, records his branding mark.

2 Feb 1720, Richard **Smithers** to his son John **Smithers**, one negro girl child called Betty, the daughter of a women called Betty wife to old Peter and one negro boy child called Joe, the son of a women called Doll. Signed Richard **Smithers**. Wit: John **Stokes**.

2 Feb 1720, Richard **Smithers**, of Baltimore Co., Maryland to his son George **Smithers**, one negro girl child called Margaret, the daughter of a women called Hannah and the negro girl child called Sarah, the daughter of a women called Betty. Signed Richard **Smithers**. Wit: John **Stokes**.

8 Mar 1720, Abraham & Dinah **Taylor**, of Baltimore Co., Maryland to John **Webster**, of same, 100 acres of 200 acres...James Run patented, 10 Jan 1705, by William **Howard**. Signed Abraham (x) **Taylor** and Dinah (x) **Taylor**. Wit: Roger **Mathews** and Luke **Raven**.

8 Mar 1720, John **Hammond**, yeoman, of Baltimore Co., Maryland to Robert **West**, planter, of same, 100 acres...west side of Susquehanna River. Signed John **Hammond**. Wit: Roger **Mathews** and Luke **Raven**.

8 Mar 1720, Anthony **Ashur**, of Baltimore Co., Maryland to James **Crooke**, of same, 100 acres... north side of the head of Middle River. Signed Anthony (x) **Ashur**. Wit: John **Stokes** and James **Presbury**.

11 Mar 1720, Jeremiah **Hicks**, of Baltimore Co., Maryland to James **Maxwell** Sr., of same, for love and affection, his estate including 100 acres. Signed Jeremiah (x) **Hacks**. Wit: William (x) **Lenox** and Edward (x) **Mead**.

7 Sep 1721, Henry **Wetherall**, gentleman, of Baltimore Co., Maryland to John **Roberts**, of same, 12,000 pounds of tobacco, 800 acres... several tracts...Little Falls of Gunpowder River. Signed Henry **Wetherall**. Wit: John **Risteau**, Bennett **Garrett** and John **Deaver**.

23 May 1721, Richard & Mary **Smithers**, gentleman, of Baltimore Co., Maryland to John **Stokes**, gentleman, of same, £110, 400

acres...between Swan creek and the Susquehanna River. Signed Richard **Smithers**. Wit: Roger **Mathews**, John **Clark** and Francis **Holland**.

2 May 1721, Michael & Sarah **Byrne**, cordwinder, of Baltimore Co., Maryland to John **Ingram**, of same, 8,000 pounds of tobacco, 100 acres... south side of the main falls of Gunpowder River. Signed Michael **Byrne** and Sarah (x) **Byrne**. Wit: George **Hanson** and Frederick **Hanson**.

2 Sep 1721, Thomas **Morris**, planter, of Baltimore Co., Maryland to Rowland **Kemble**, of same, for Richard **Morris**, now 11 years and 7 months, for training until 21 years old. Signed Thomas (x) **Morris** and Rowland **Kimble**. With: Roger **Mathews** and Edward **Walter**.

4 May 1721, Silvanus **Jones**, planter, of Baltimore Co., Maryland to Anthony **Ashur**, of same, 75 acres...south side of Gunpowder River ...line of Rapheal **Harad**, ship Captain. Signed Silvanus (x) **Jones**. Wit: Nehemiah (x) **Hicks**.

7 Jun 1721. Oliver & Susannah **Harriott**, planter, of Baltimore Co., Maryland to Samuel **Watkins**, planter, of same, 4,500 pounds of tobacco, 106 acres...south side of Gunpowder River. Signed Oliver (x) **Harriott**. Wit: William (x) **Low** and H. **Whitehead**.

18 Nov 1720, John **Smith**, of Baltimore Co., Maryland power of attorney to Thomas **Sheredine**, merchant, of same. Signed John **Smith**. Wit: D. **Dulany** and Samuel **Lyle**.

Benjamin **Tasker**, gentleman, of Anne Arundel Co., Maryland power of attorney to John **Hammond**, of Baltimore Co., Maryland.

William & Grace **Everest**, eldest son of Hannah **Everest** to John **Gardner**, £30, 300 acres. Signed William **Everest**. Wit: John **Mackall** and Edward **Reynolds**.

9 Jun 1721, Blois **Wright**, of Baltimore Co., Maryland to William **Hitchcock**, planter, of same, 5,500 pounds of tobacco, 114 acres...purchased of Richard **Ellensworth**, of Somerset Co.,

Maryland. Signed Blois (x) **Wright**. Wit: Luke **Raven** and James **Presbury**.

5 apr 1721, Hannah **Orrick**, widow, of Baltimore Co., Maryland to Gedion **Howard**, planter, of same, £40, 410 acres of 1640 acres...south side of Patapsco River. Signed Hannah (x) **Orrick**. Wit: John **Ouchterlony** and Benjamin **Howard**.

2 May 1721, Cadwallider **Jones**, planter, of Baltimore Co., Maryland to Thomas **Phelps**, planter, of same, 1,500 pounds of tobacco, 50 acres...north side of Deer creek. Signed Cadwallider (x) **Jones**. Wit: John (x) **Duly** and Thomas **Knight**.

2 May 1721, Thomas **Phelps**, records his branding mark.

24 May 1721, Frances **Wilson**, widow, of Calvert Co., Mary and Thomas **Wilson**, planter, of Prince Georges Co., Maryland to Josiah **Willson**, gentleman, of Prince Georges Co., Maryland, £50, 500 acres...Bush River. Signed Frances (x) **Wilson** and Thomas **Wilson**. Wit: Francis **Wilkinson**, Joseph **Belt**, Thomas **Sprigg**, A. **Contel**, of Prince Georges Co., Maryland and Richard **Young**, of Calvert Co., Maryland.

7 Jul 1720, William & Mary **Douglas**, gentleman, of Baltimore Co., Maryland to Tobias **Eminson**, of same, £30, 26 acres...north side of Patapsco River...2nd tract, 100 acres...middle branch. Signed William **Douglas** and Mary **Douglas**. Wit: Lance **Todd** and Benjamin **Martin**.

Thomas **Preston**, son of James **Preston**, records his branding mark.

14 Jan 172?, Isaac **Wood**, of Baltimore Co., Maryland to his brother Joshua **Wood**, of same, release of any debts. Signed Isaac (x) **Wood**.

Chapter 11

Baltimore Co., Maryland
Liber I.S. No. G.
1721-1724

30 Jun 1721, Thomas **Ramsey**, planter, of Baltimore Co., Maryland to Symen **Pearson**, weaver, of same, 10,000 pounds of tobacco. Signed Thomas (x) **Ramsey**. Wit: Daniel **Scott** Jr. and William **Bond**.

23 Apr 1722, William **Cummings** and Edward **Smith** power of attorney to Joshua **George**, of Baltimore Co., Maryland, to bring action against John **Davison**. Signed William **Cummings** and Edward **Smith**.

8 Mar 1721, Robert **Gordon** power of attorney to Joshua **George**, of Baltimore Co., Maryland. Signed Robert **Gordon**.

William **Hitchcock** records his branding mark. Signed William (x) **Hitchcock**.

Warren **Bake** records his branding mark. Signed Warren (x) **Bake**.

Robert **Robertson** records his branding mark. Signed Robert **Robertson**.

8 Mar 1721, Ebenezer **Stobow** power of attorney to David **Macbride**. Signed Ebenezer **Stobow**.

7 Jul 1721, Henry **Donahue** power of attorney to David **Macbride**. Signed Henry **Donahue**.

8 Jul 1721, Nicholas **Stekimonds** power of attorney to David **Macbride**. Signed Nicholas **Stekimonds**.

11 Sep 1721, Nicholas **Stekimonds** and Bleis **Wright**, power of attorney to David **Macbride**, against James **Crooke**. Signed Nicholas **Stekimonds** and Bleis (x) **Wright**

11 Sep 1721, William **Tiol** power of attorney to David **Macbride**. Signed William (x) **Tiol**.

1721, George **Debrular** power of attorney to David **Macbride**. Signed George (x) **Debrular**. Wit: William **Granvile** and Francis **Lewis**.

5 Jun 1722, Hendrick **Schuyler** power of attorney to David **Macbride**. Signed Hendrick (x) **Schuyler**. Wit: Henry **Biree**.

Henry **Hicks** records his branding mark. Signed Henry **Hicks**.

22 Mar 1722, Edward & Jane **Corbass**, planter, of Baltimore Co., Maryland to Thamar **Wilkinson**, widow, of same, 5,000 pounds of tobacco, 425 acres and 50 acres...Owens creek. Signed Edward (x) **Corbass** and Jane (x) **Corbass**. Wit: John **Prewl**, Charles (x) **Merryman**, Jacob **Cox**, Luke **Raven** and John **Israel**.

5 Mar 1720, Samuel & Jane **Hughes**, planter, of Baltimore Co., Maryland to Joshua **Fowler**, planter, of same, 2,000 pounds of tobacco, 98 acres...head of Bush River. Signed Samuel **Hughes** and Jane (x) **Hughes**. Wit: Gregory **Farmer**, Thomas **Tarrant**, Francis **Holland** and Roger **Mathews**.

9 Feb 1721, Archibald & Jane **Edmonston**, of Prince Georges Co., Maryland to John **Stool**, planter, of Baltimore Co., Maryland, 3,000 pounds of tobacco, 100 acres, part of 1000 acres...head of Bush River...line of Thomas **Smitson**. Signed Archibald **Edmonston** and Jane **Edmonston**. Wit: James **Stoddert**, Easter **Bell** and Ruth **Ome**.

11 Dec 1719, William **Hunt**, merchant, of London power of attorney to Maj. John **Smith**, merchant, of Calvert Co., Maryland. Signed William **Hunt**. Wit: James **Dunridge**, Joseph **Ackinson** and John **Gouge**.

Jun 1721, Diana **Hale**, widow, of Baltimore Co., Maryland power of attorney to Thomas **Sheredine**, of same. Signed Diana **Hale**. Wit: John **Dorsey** and Henry **Wetherall**.

11 Nov 1717, Joseph **Wheeler**, of Bristol Marriner power of attorney to Edward **Norwood**. Signed Joseph **Wheeler**. Wit: Bueker **Batridge**.

12 Aug 1718, James **Cowley**, coachman, of the parish of Saint James, Westminster, Middlesex to be a servant to Xopher **Veal**, wool comber, of Shore Ditch, Middlesex, for four years, on a plantation in Maryland. Signed James **Cowley**. Wit: Joseph **Randford** and Mathew **Holham**.

20 Nov 1721, Joseph **Gallon**, planter, of Baltimore Co., Maryland to his friend, John **Taylor**, for love and affection, his estate. Signed Joseph (x) **Gallon**. Wit: Thomas (x) **Dorkey**.

10 May 1722, William **Wright**, planter, of Baltimore Co., Maryland to his son William **Wright**, 100 acres...Great Falls of Gunpowder River. Signed William (x) **Wright**. Wit: Thomas **Tolly** and Michael **Day**.

9 Aug 1722, Nathaniel **Hicks**, planter, of Baltimore Co., Maryland to Thomas **Hattenpenny**, (son of Thomas **Hattenpenny**), of same, 1,500 pounds of tobacco...willed to said Nathaniel **Hicks** by his father, William **Hicks**. Signed Nathaniel (x) **Hicks**. Wit: James **Isham** and John **Presbury**.

7 Aug 1722, Edward & Johanna **Reaston**, of Charles Co., Maryland to John **Gardner**, of Clapham, Charles Co., Maryland, £18, 100 acres. Signed Edward (x) **Reaston**. Wit: John **Presbury**, John **Dorsey** and Daniel **Scott** Jr.

Jul 1721, John **Thomas** acknowledges the receipt from Rowland **Kimble**, executer of Samuel **Jackson**, will to his daughter Mary, now the wife of said John **Thomas**. Signed John (x) **Thomas**. Wit: John **Willson** and William **Wood**.

6 Aug 1722, Phillip **Weare** names servants convicted of crimes: John **Lux**, Thomas **Camp**, William **Camp**, John **James**, William **Gater**, John **Brisk**, Thomas **Hill**, Nicholas **Commin**, William **Berrimun**, Martha **Wyatt**, Elizabeth **Quick** and Sarah **Griffith**. Signed Phillip **Weare**. Wit: Lance **Todd**.

19 Jul 1722, William **Frizell** received £15.5 from estate of Robert **Lockett**. Signed William (x) **Frizell**. Wit: John (x) **Frizell**.

8 Aug 1722, Catharine **Johnson**, widow, of Baltimore Co., Maryland to Petro **Besson**, of same, £4, 5 acres...part of 16 acres said Catharine received of her late husband, Anthony **Johnson**. Signed Catharine (x) **Johnson**. Wit: James **Maxwell**, John **Israel**, Richard **R.** and Edward **Cox**.

Mary **Gouch** records the name of a servant, (Thomas **Camp**) for her son, William **Linch**. Signed Mary (x) **Gouch**.

William **Wheeler** records his sons, Thomas **Wheeler**, branding mark. Signed William (x) **Wheeler**.

Jane **Hattenpenny** records her branding mark.

Shelton **Standifers** records his branding mark.

1 Oct 1722, Richard **Smithers** records the negro George, son of Abigail for use by his son John **Smithers**. Signed Richard **Smithers**. Wit: Jisks Giles **Snow**

1 Jun 1722, John **Durbin**, planter, of Baltimore Co., Maryland to Samuel **Hughes**, planter, of same, 4,000 pounds of tobacco, 48 acres... between Deer creek and Swan creek. Signed John **Durbin**. Wit: Bennett **Garrett** and John **Presbury**.

7 Aug 1722, John & Mary **Miles**, of Baltimore Co., Maryland to William **Brasher**, of same, 7,000 pounds of tobacco, 56 acres ...line of Robert **Hawkins**...patented 10 Oct 1704, surveyed by Henry **Ward**. Signed John **Miles** and Mary (x) **Miles**. Wit: Samuel **Howell**, Mark **Witaker** and Robert **Clark**.

2 Jun 1722, Roger **Mathews**, gentleman, of Baltimore Co., Maryland to Benjamin **Osborn**, of same, 1,600 pounds of tobacco, 100 acres...Swan creek. Signed Roger **Mathews**. Wit: Thomas **Cromwell** and John **Quincy**.

3 May 1722, Jonathan & Mary **Tipton**, planter, of Baltimore Co., Maryland to Edward **Murphy**, planter, of same, 3,300 pounds of tobacco, 114 acres...line of Thomas **Mathews**. Signed Jonathan (x) **Tipton**. Wit: John **Chambers**, Hannah (x) **Houldsleek**.

1 Nov 1722, Bleis **Wright** will no longer be responsible for the debts of his wife, Sarah **Wright**. Signed Bleis (x) **Wright**. Wit: George **Buchanan**.

3 Sep 1722, Thomas **Todd** power of attorney to William **Buckner**, of Charles Co., Virginia. Signed Thomas **Todd**. Wit: Aquilla **Hall** and his wife, Johanna (x) **Hall**.

3 Sep 1722, William **Todd**, (heir to the estate of Thomas **Todd**, late of Baltimore Co., Maryland) power of attorney to William **Buckner**, of Charles Co., Virginia. Signed William **Todd**. Wit: Aquilla **Hall** and his wife, Johanna (x) **Hall**.

15 Dec 1722, George **Ogg**, planter, of Baltimore Co., Maryland to his son, George **Ogg** Jr., for love and affection, his estate. Signed George (x) **Ogg** Sr. Wit: William **Hamilton** and John **Woods**.

James **Maxwell**, eldest son of Col. James **Maxwell**, records his branding mark.

John **Stokes** records his branding mark.

May 1706, Matthias **Mattson**, blacksmith, is the brother of Matthias **Devoss**, late of Baltimore Co., Maryland...reputed for 40 acres. Wit: Abell **Peaece**, Andrew **Willson** and John **Nambe**.

Christopher **Mounts** and Calbert **Cox** make oath that Matthias **Devoss**, commonly called, is the brother of Andrew **Mattson**. Signed John **Dowdall**.

3 Mar 1720, Thomas **Bond**, merchant, of London power of attorney to Capt. William **Ellis**, master of the ship Patridge. Signed Thomas **Bond**. Wit: Jacob **Lone**, Rob **Franks**, Thomas **Stewart**, William **Deylton**, Charles **Stow** and Matt **Fly**.

Phebe **Whitehead** records her branding mark.

Frances **Whitehead** records her branding mark.

John **Lancaster** sells calf to Samuel **Lindale**. Signed John (x) **Lancaster**.

16 Jul 1722, Nicholas **Briscoe**, of Baltimore Co., Maryland to Rebechah **Rollo**, the daughter of Archibald **Rollo**, one colt. Signed Nicholas (x) **Briscoe**. Wit: Robert **Clark** and Archibald **Rollo**.

Charles **Smith** records his branding mark.

Thomas **Johnson** records his branding mark.

Robert **Whitehead** records his branding mark.

Thomas **Tudor** records his branding mark.

20 Sep 1721, William & Jane **Wood**, of Baltimore Co., Maryland to Junior **Jackson**, of same, 1,200 pounds of tobacco, 50 acres. Signed William **Wood**. Wit: John **Clark**, Sara (x) **Cook**, Roger **Mathews** and Edward **Hall**.

9 Feb 1722, William **Lenox**, carpenter, of Baltimore Co., Maryland to his wife Biltica **Lenox**, all his estate. Signed William (x) **Lenox**. Wit: Benjamin **Cadle** and John **Taylor**.

4 Dec 1722, Nathaniel **Giles**, of Baltimore Co., Maryland to Gerrard **Hopkins**, of Anne Arundel Co., Maryland, £70, 200 acres...part of 400 acres, patented 1695 by Job **Evans**, of Anne Arundel Co., Maryland, who sold 25 Feb 1699 to Francis **Mauldin**, of Calvert Co., Maryland, who willed in 14 Jan 1710 to his two sons; William and James **Mauldin**...said James **Mauldin** sold to said **Giles**. Signed

Nathaniel **Giles**. Wit: Robert **Frenchlin** and William **Luck**.

12 Oct 1722, Thomas & Cleao **Hooker** and Richard & Zeppariah **Gist**, of Baltimore Co., Maryland to Phillip **Dowell**, of Anne Arundel Co., Maryland, £30, 500 acres... patented by Richard **Lydeing**, who willed to his daughter Preluda who with her husband Dulton **Lane**, sold to said **Hooker** and **Gist**. Signed Thomas **Hooker** and Richard **Gist**. Wit: John **Basug** and R.W. **Cary**.

13 Jun 1722, Thomas & Mary **Simpson**, planter, of Baltimore Co., Maryland to Joshua **Wood**, of same, 120 acres...Swan creek. Signed Thomas (x) **Simpson** and Mary (x) **Simpson**. Wit: William **Smith** and Will **Sparry**.

25 May 1722, Josias & Frances **Middlemore**, merchant, of Baltimore Co., Maryland to James **Isham**, innholder, of same, 6,500 pounds of tobacco, 204 acres. Signed Josias **Middlemore** and Frances **Middlemore**. Wit: William **Moor**, John **Presbury** and William **Roberts**.

30 Nov 1722, Thomas **Wainewright**, of Prince George Co., Maryland married Pleasance **Dorsey**, of St. Pauls Parish, Baltimore Co., Maryland. Signed William **Tibbs**.

14 Nov 1721, John **Hammond**, yeoman, of Baltimore Co., Maryland to John **Low**, carpenter, of Cecil Co., Maryland, 6,000 pounds of tobacco, 200 acres...Susquehanna River. Signed John **Hammond**. Wit: Richard **Dobson**, Henry **Hollingsworth**, Edward **Jackson** and James **Alexander**.

15 Feb 1722, John **Lewis**, of South River, Anne Arundel Co., Maryland to Thomas **Tolly**, of Baltimore Co., Maryland, 3,000 pounds of tobacco, 55 acres... Taylors creek. Signed John (x) **Lewis**. Wit: John **Andraos** and Samuel **Young**.

23 Jun 1721, Herbert & Mary **Pritchard**, of Baltimore Co., Maryland to Richard **Gist**, merchant, of same, £32, formerly belonging to John **Arden**, deceased father of said Mary **Pritchard**. Signed Herbert **Pritchard** and Mary (x) **Pritchard**. Wit: Jonathan

Hanson, George Walker, Luke Raven and John Dorsey.

7 Jun 1722, Roger **Mathews**, gentleman, of Baltimore Co., Maryland to Joshua **Wood**, of same, 1,000 pounds of tobacco, 100 acres...Swan creek. Signed Roger **Mathews**. Wit: John **Stokes** and John **Israel**.

Jul 1722, Francis & Susannah **Holland**, gentleman, of Baltimore Co., Maryland to Thomas **Gaish**, planter, of same, 2,500 pounds of tobacco, 60 acres...Sloar creek. Signed Francis **Holland** and Susannah **Holland**. Wit: John **Hust** and Thomas **Holland**.

10 Sep 1722, Henry & Elizabeth **Hall** Sr., planter, of Baltimore Co., Maryland to their son Henry **Hall** Jr., planter, of same, 2,000 pounds of tobacco, 100 acres...Curtis creek...line of Amos **Garrett**. Signed Henry **Hall** and Elizabeth (x) **Hall**. Wit: Robert **Sevenson**, William (x) **Frizell**, Lance **Todd** and John **Israel**.

6 Jul 1722, John **Hutcheson**, gentleman, of Prince George Co., Maryland to John **Shepherd**, gentleman, of same, £60, one third part of 1000 acres...line of land taken up by Jeremiah **Eaton**, by **Elliott**...owned by Robert **Doyne**, late of Prince George Co., Maryland, who died intestate, went to his five children: Wharton **Doyne**, William **Doyne**, Sarah **Virlendoe**, Elinor **Doyne** and Mary **Doyne**...said Wharton, William and Elinor died...said Sarah married William **Hutcheson** and had six children: John, Ann, Mary, William, Elizabeth and George **Hutcheson**...said George died leaving his share to his brother John. Signed John **Hutcheson**. Wit: James **Stoddert** Jr. and John **Marten**.

17 Jul 1722, Benjamin **Ozbourne**, planter, of Baltimore Co., Maryland to Joshua **Wood**, of same, 45 acres...Swan creek. Signed Benjamin (x) **Ozbourne**. Wit: Francis **Holland** and Thomas **Holland**.

17 Jul 1722, Francis & Susanna **Holland**, of Baltimore Co., Maryland to Benjamin **Ozbourne**, of same, 1,500 pounds of tobacco, 40 acres...Swan creek. Signed Francis **Holland** and Susannah **Holland**. Wit: John **Hall** and Thomas **Holland**.

Robert **West** Sr., planter, of Baltimore Co., Maryland to his Merrikedaughter, Constant **Barnes**, of same, for love and affection, 100 acres. Signed Robert (x) **West**. Wit: John Guy, James **Allen** and Giles **Lewis**.

22 Dec 1720, Thomas **Nusum**, planter, of Baltimore Co., Maryland to Samuel **Heues**, planter, of same, 100 acres. Signed Thomas (x) **Newsham**. Wit: Roger **Mathews** and Susannah **Carvill**.

9 Mar 1709, John Francis & Jane **Holland**, planter, of Baltimore Co., Maryland to John **Eaglestone**, carpenter, of same, 1,000 pounds of tobacco, 74 acres...formerly owned by Charles **Gorsuch**. Signed John Francis (x) **Holland** and Jane (x) **Holland**. Wit: John **Moorcock**, John (x) **Riseton** and Edna (x) **Batts**.

9 Mar 1722, Hannah **Randall**, widow, of Baltimore Co., Maryland to Christopher **Randall**, gentleman, of same, her plantation. Signed Hannah **Randall**. Wit: Robert **Robeson**, John **Lukes** and Henry **Wetherall**.

Sarah **Cockway**, widow, of Baltimore Co., Maryland to her grand daughter, Sarah **Hanson**, spinster, of same, for love and affection, 159 acres... one half of 318 acres...corner to Moses **Grooms** ...remaining land to her grandsons John and Benjamin **Hanson**. Signed Sarah (x) **Cockway**. Wit: Joseph **Merriken** and Nicholas **Day**.

19 Mar 1722, Theophilus **Jones**, planter, of Baltimore Co., Maryland to Stephen **Onion** and Thomas **Russell**, merchants, of Cecil Co., Maryland, Joshua **Gee**, Joseph **Farmer**, William **Russell** and John **Ruston**, of Great Britain, £175, 126 acres. Signed Theophilus **Jones** and his mother, Briget (x) **Smith**. Wit: James **Maxwell** and John **Dorsey**.

8 Oct 1722, John **Midford**, of London, England, power of attorney to Lance **Todd**, of Baltimore Co., Maryland. Signed John **Midford**. Wit: James **Dunridge**.

18 Apr 1722, Richard & Zeppariah **Gist**, of Baltimore Co.,

Maryland to Christopher **Choats**, planter, of same, £20, 108 acres. Signed Richard **Gist**. Wit: William **Camall** and Thomas **Hooker**.

21 Jun 1720, John **Willis**, merchant and Thomas **King**, woolen draper, both of London, England power of attorney to John **Hall** and Josiah **Middlemore**, of Baltimore Co., Maryland. Signed John **Willis** and Thomas **King**. Wit: Bernard **Townsend**, Robert **Baylis** and Thomas **Baylis**.

1722, Thomas & Mary **Tully**, gentleman, of Baltimore Co., Maryland and Jane **Thomas**, of Anne Arundel Co., Maryland to Samuel **Howell**, of Baltimore Co., Maryland, £24, formerly owned by Richard **Freeborne**, deceased of Baltimore Co., Maryland. Signed Thomas **Tolley**, Mary **Tolley** and Jane **Thomas**. Wit: Mark **Whiteaker** and John **Stokes**.

23 Jan 1722, William **Willson**, (grandson and heir of John **Willson**, deceased, of Anne Arundel Co., Maryland), planter, of Anne Arundel Co., Maryland to William **Holland**, of same, £100, 1000 acres...patented 1 Jun 1685. Signed William **Willson**. Wit: Peter **Putham**, William **Lock** and Thomas **Haskins**.

6 Mar 1722, Peter & Frances **Whittacer**, planter, of Baltimore Co., Maryland to William **Bradford**, schoolmaster, of same, 2,000 pounds of tobacco, Bush River. Signed Peter (x) **Whittacre** and Frances (x) **Whittacre**. Wit: John **Stokes**.

10 Jan 1721, Elisha & Margary **Perkins**, of Baltimore Co., Maryland to John **Cooper**, weaver, of same, £18, 50 acres...Susquehanna River...patented by said **Perkins** 3 Dec 1719. Signed Elisha (x) **Perkins**. Wit: John **Clark**, Roger **Mathews** and Edward **Hall**.

21 Dec 1722, William & Sarah **Groves**, planter, of Baltimore Co., Maryland to Richard **Thrift**, carpenter, of same, 1,000 pounds of tobacco, 126 acres and 33 acres adjoining **Thompson's** Neglect. Signed William **Groves**. Wit: John **Elliott** and Joseph **Presbury**.

4 Apr 1723, John **Fuller**, planter, of Baltimore Co., Maryland, James **Isham**, John **Elliott** and Nehemiah **Hicks**, of same, an agreement of

joint tendency, 180 acres...Bucks Branch. Signed John (x) **Fuller**, James **Isham**, John **Elliott** and Nehemiah (x) **Hicks**. Wit: James **Maxwell** and Luke **Raven**.

17 May 1722, Robert **West**, planter, of Baltimore Co., Maryland to Nicholas **Roach**, Phillip **Syngs**, Michael **Webster** and company as tenants in common, 400 acres. Signed Robert (x) **West**. Wit: Mary (x) **Stiggins**, Sarah **Degraw** and William **Hunter**.

27 Aug 1720, Miles & Elizabeth **Harris**, planter, of Baltimore Co., Maryland to Benjamin **Ozbourne**, of same, 1,200 pounds of tobacco, 50 acres... part of 150 acres purchased 22 Oct 1716 from John & Martha **Hall**... sold part to William **Robinson**. Signed Miles (x) **Harris**. Wit: Bennett **Garrett** and William **Cottame**.

1722, John **Miles**, of Baltimore Co., Maryland to his wife Mary **Miles**, for love and affection, his plantation. Signed John **Miles**. Wit: William **Hunter** and George **Drue**

1 Apr 1723, Edward & Mary **Kitten**, planter, of Baltimore Co., Maryland to James **Presbury**, of same, 2,000 pounds of tobacco, 65 acres...Neck creek. Signed Edward **Kitten**. Wit: Lance **Todd** and John **Presbury**.

Mar 1722, William **Rogers** records his branding mark.

7 May 1722, John **Muelederoy**, planter, of Baltimore Co., Maryland to Mary Ann **Rollo**, daughter of Archibald **Rollo**, one horse. Signed John (x) **Muelederoy**. Wit: Archibald **Rollo** and Francis **Muelederoy**.

May 1723, Walter **James** records his branding mark.

Mar 1722, Thomas **Baylis** records his branding mark.

Mar 1722, James **Little** records his branding mark.

Mar 1722, Benjamin **Norris** records his branding mark.

Mar 1722, John **Nelson** records his branding mark.

Mar 1722, Hannah **Nelson** records her branding mark. Signed John **Nelson**.

Mar 1721, William **Hughes** records his branding mark.

Mar 1721, Luke **Raven** records his branding mark.

6 Mar 1722, William **Bradford** records his branding mark.

20 Apr 1723, John **Enser** records his branding mark.

20 Apr William **Enloes** records his branding mark.

5 Mar John **Durbin** records his branding mark.

16 Apr 1723, Thomas **Sheredine** records his branding mark.

Avanto **Phelps**, son of Thomas **Phelps** records his branding mark. Signed Thomas (x) **Phelps**.

1722, Alexander **Crouch** records his branding mark.

30 Mar 1723 Job **Barnes** records his branding mark.

16 May 1723, John **Smithers**, son of Richard **Smithers** records his branding mark. Signed Richard **Smithers** and Jane (x) **Wilson**.

27 May 1723, Simon **Pearson** no longer responsible for his wife Sarah **Pearson**. Signed Simon **Pearson**. Wit: James **Pearson**.

5 Jun 1723, Richard **Atherton** no longer responsible for his wife Susannah **Atherton**. Signed Richard **Atherton**.

6 Jun 1723, James **Rider** records his branding mark.

3 Jul 1724, Johnlam **Roberts**, of south side of Gunpowder River records his branding mark.

2 Jul 1726, London, Mrs. **Stevens** to give up the goods of her late husband to John **Talbot**. Signed Ann **Milluar**.

7 Jun 1723, Richard **Towle**, mariner, of Linnhouse, Parish of Stepney, Middlesex County to John **Stokes**, of Baltimore Co., Maryland, and Phillip **Smith**, of London, England, £60, 108 acres...formerly owned by Capt. William **Towle**. Signed Richard **Towle**. Wit: John **Roberts** and Joshua **George**.

8 Jun 1723, Thomas & Ann **Bond**, of Baltimore Co., Maryland to William **Bond**, of same, £62, 510 acres. Signed Thomas **Bond**. Wit: Abraham **Cord** and John **Hobart**.

1723, Martha **Devans**, daughter of John & Mary **Devans** records her branding mark.

7 Jul 1723 Thomas **Giddings** records his branding mark.

16 Jul 1723, Richard **Robinson** records his branding mark.

30 Jul 1723, John **Cooper** records his branding mark.

20 Jun 1723, Humphry **Yates** records his branding mark.

20 Jun 1723, William **Reves** records his branding mark.

20 Jun 1723, James **Rider** records his branding mark.

20 Jun 1723, Robert **Luby** records his branding mark.

5 Jun 1723, Loyd **Harris** records his branding mark.

7 Sep 1723, Joshua **Bevans** records his branding mark.

20 May 1707, Thomas **Read** and Thomas **Ridge**, gentlemen, of Newport, Isle of Wright, county of South Hampshire power of attorney to George **Read**. Signed Thomas **Read** and Thomas **Ridge**. Wit: Benjamin **Vining** Hen **Woodford** and Ed **Hagles**.

13 May 1722, Robert & Sarah **Ridgly**, planter, of Baltimore Co., Maryland to Thomas **Wainright**, gentleman, of same, £45, 220 acres...patented by Thomas **Freeborn**. Signed Robert **Ridgly**. Wit: John **Israel** and John **Quchterlony**.

3 Jun 1723, Received of Margaret **Kattenbury**, executor of John **Kattenbury**, £31.05...account of Robert **Lockett** estate. Signed William (x) **Hrizell**. Wit: Lance **Todd** and James **Israel**.

18 Aug 1723, Richard **Atherton** records his branding mark.

8 Sep 1723, Robert **Love** records his branding mark.

Jonathan **Hanson** records his branding mark.

3 Sep 1723, Henry **Wetherall** records his branding mark.

9 Oct 1705, Thomas **Read** and Thomas **Ridge**, gentlemen, of Newport, Isle of Wright, county of South Hampshire power of attorney to John **Ewings**, gentleman, of Baltimore Co., Maryland. Signed Thomas **Read** and Thomas **Ridge**. Wit: Mary **Hayles** and Ed **Hayles**.

5 Aug 1723, Thomas **Read** and Thomas **Ridge**, gentlemen, of Newport, Isle of Wright, county of South Hampshire to George **Grover**, planter, of Baltimore Co., Maryland, 3,000 pounds of tobacco, 150 acres...Gunpowder River. Signed George **Read**. Wit: John **Dorsey** and William **Hammond**.

8 Jun 1723, Francis & Mary **Dallahide**, (son and heir of Francis **Dallahyde**, deceased, late of Baltimore Co., Maryland), planter, of Baltimore Co., Maryland to James **Maxwell** Sr., of same, £50 and 6,000 pounds of tobacco, 100 acres...part of 200 acres surveyed for William **Orchard**...Bush River...and 50 acres...line of Thomas **Daniels** ...and 117 acres. Signed Francis **Dallahide**. Wit: Lance **Todd** and John **Hammond** Jr.

21 Feb 1722, John & Margaret **Backer**, planter, of Baltimore Co., Maryland to John **Buckingham**, planter, of Anne Arundel Co.,

Maryland, £20, 40 acres. Signed John (x) **Backer**. Wit: John **Israel** and Peter (x) **Gosnell**.

5 May 1723, Alexander & Elizabeth **Macomas**, carpenter, of Baltimore Co., Maryland to John **Norris**, planter, of same, 3,000 pounds of tobacco, 100 acres...west side of Winters Run. Signed Alexander (x) **Macomas** and Elizabeth **Macomas**. Wit: James **Maxwell** and William **Bond**.

7 Sep 1723, Anthony **Enloes** records his branding mark.

7 Sep 1723, William Gaskin **Harris** records his branding mark.

6 Aug 1722, Thomas **Plullans** merchant, of Rotterdam to Ludwig **Woulf**, (p.169) Johan Mat. **Zickinhauser**, Matthys **Lappert**, Johan Wilhelm **Rurig**, Peter **Lickelhart** and Johan Gerard **Berkeroyl**, all of Germany, but now of Rotterdam, for years of service, transportation for them and their families to Baltimore Co., Maryland. Signed Jacob **Brener**.

12 Jan 1723, Johannes & Dummure **Haru** , agree to serve Dr. Heugh **Matias**, on Boeheium, Maryland for five years. Signed Johannes **Haru** and Dummure (x) **Haru**.

7 Jan 1722, Johannes **Wagener** and his mother, Maria Rethrina **Wagener** agree to serve John **Pennington**, in Cecil Co., Maryland for seven years. Signed Johannes **Wagener** and Maria **Tehtrina** (x) **Wagener**. Wit: B. **Pearce**

Jan 1723, Anna **Margaret** agree to serve George **Duglis** for five years. Signed Anna (x) **Margaret**. Wit: Robert **Mury**.

5 Aug 1723, Daniel & Mary **Benson**, (son and heir of Daniel **Benson**, deceased, of Anne Arundel Co., Maryland), of Cecil Co., Maryland and Daniel & Elizabeth **Gears**, (said Elizabeth a daughter of said Daniel **Benson**, deceased), of Cecil Co., Maryland and James & Jane **Huggins**, of Cecil Co., Maryland to Lancelott **Todd**, gentleman, of Baltimore Co., Maryland, £62.5, 250 acres... patented 26 Mar 1696, 250 acres, of which 150 acres was willed to son Daniel

Benson, 50 acres to daughter Elizabeth **Benson**, now wife of Daniel **Gears** and 50 acres to daughter Jane **Benson**, now wife of James **Huggens**. Signed Daniel **Benson**, Mary (x) **Benson**, Daniel (x) **Gears**, Elizabeth (x) **Gears**, James (x) **Huggins** and Jane (x) **Huggins**. Wit: John **Baldwin**, William **Dunsey**, John **Dowdall**, William **Pennington** and Benjamin **Palmer**.

6 Jun 1723, Thomas & Mary **Tolley**, of Baltimore Co., Maryland to Joshua **Merriken**, of same, 3,000 pounds of tobacco, 53 acres. Signed Thomas **Tolley**. Wit: Richard **Gist** and Joseph **Ward**.

25 Jun 1723, William & Gillion **Wright**, of Baltimore Co., Maryland to Samuel **Durham**, carpenter, of same, 4,500 pounds of tobacco, 100 acres...Bynum Branch of Bush River. Signed William (x) **Wright** and Gillion (x) **Wright**. Wit: Luke **Raven** and Daniel **Scott** Jr.

6 Aug 1723, George **Read**, of Baltimore Co., Maryland and attorney for Thomas **Read** and Thomas **Ridge**, gentlemen, of Newport, Isle of Wright, county of South Hampshire to John **Dorsey**, gentleman, of Baltimore Co., Maryland, 5,000 pounds of tobacco, 50 acres. Signed George **Read**. Wit: Joshua **Merriken** and Joseph **Ward**.

17 Dec 1722, Gabriel & Ann **Parker**, of Calvert Co., Maryland to Edward **Reynolds**, of same, 75 bushels of corn and a steer, 200 acres...part of 1000 acres patented by James **Thomson**, who sold 4 Jan 1693 200 acres, to Gabriel **Parrott**, of Anne Arundel Co., Maryland. Signed Gabriel **Parker**. Wit: John **Mackall** and John (x) **Jefferson**.

9 Aug 1723, Simon **Pearson**, planter, of Baltimore Co., Maryland to Patrick **Ruark**, planter, of same, 2,000 pounds of tobacco, 100 acres...Swan creek. Signed Simon **Pearson**. Wit: Daniel **Scott** Jr. and Thomas **Bond**.

Jul 1723, Abraham **Taylor**, of Baltimore Co., Maryland to Dr. George **Buchanan**, of same, £30, 100 acres...willed by Abraham **Taylor** Sr. to his son, the said, Abraham **Taylor** 23 Mar 1719. Signed Abraham (x) **Taylor**. Wit: William **Bond** and John **Crockett**.

7 Aug 1722, James **Ebdon**, of Baltimore Co., Maryland to George **Buchanan**, of same, 2,000 pounds of tobacco, 100 acres...line of Giles **Stephens**...willed by William **Ebdon** to his son, the said James **Ebdon**. Signed James **Ebdon**. Wit: George **Plater** and T. **White**.

7 Aug 1723, Sutton **Sicklemore**, planter, of Baltimore Co., Maryland to George **Read**, of same, 1,278, 300 acres...Winters Run. Signed Sutton **Sicklemore**. Wit: Roger **Mathews** and Daniel **Scott** Jr.

8 Mar 1723, Thomas **Bond**, planter, of Baltimore Co., Maryland to Henry **Wetherall**, of same, 6,000 pounds of tobacco, 200 acres...Winters Run. Signed Thomas **Bond**. Wit: John **Massey**, John **Brocks** and John **Hatch**.

15 Jun 1723, Michael **Taylor**, of Baltimore Co., Maryland to his wife, Anne **Taylor**, for love and affection, his estate. Signed Michael **Taylor**. Wit: Deborah **Evens** and John (x) **Johnson**.

25 Mar 1723, Alexander **Warfield**, gentleman, of Anne Arundel Co., Maryland, aged about 45 years was told by John **Howard** and John **Greniff** about land deal...second statement by John **Buck**. Wit: John **Dorsey** and Lance **Todd**.

8 Jun 1723, James **Frizell**, deceased, late of Baltimore Co., Maryland to Henry **Wetherall**, of same, 7,000 pounds of tobacco, 331 acres. Signed James (x) **Frizell**. Wit: Thomas **Bond**, William **Bond** and John **Coale**.

William **Burney**, of Baltimore Co., Maryland to his two sons, Simon **Burney** and William **Burney**, for love and affection, his estate. Signed William **Burney**. Wit: John **Hobart** ant Thomas **Carter**.

7 Jun 1723, Edward & Jean **Cox**, of Baltimore Co., Maryland to Thomas **Broad**, of same, £21.25, 86.5 acres...willed by John **Broad** to his daughter the said Jean **Cox**. Signed Edward **Cox** and Jean (x) **Cox**. Wit: John **Dorsey** and Edward **Hall**.

1723, Charles **Wells** records his branding mark.

18 Sep 1723, Richard **Smithers** to his son, John **Smithers**, one watch, one bay horse and one steer. Signed Richard **Smithers**. Wit: Jean (x) **Willson**.

1723, Francis **Holland** to his son Uty **Holland**, one negro girl aged 13 years named Press and to his son Francis **Holland**, one negro girl aged 20 years, named Abigail, and to his daughter Mary **Holland**, one negro girl, aged 2 years, named Sarah.

18 Apr 1723, John **Baldwin**, gentleman, of Cecil Co., Maryland to John **Giles**, of Baltimore Co., Maryland, £70, 200 acres. Signed John **Baldwin**. Wit: Thomas **Tolley** and Richard **Ewings**.

30 Aug 1722, Archibald & Jane **Edmonston**, gentleman, of Prince George Co., Maryland to John **Bowen**, planter, of Baltimore Co., Maryland, 3,000 pounds of tobacco, 100 acres...head of Bush River...line of John **Steels**. Signed Archibald **Edmonston** and Jane **Edmonston**. Wit: Baruch **Williams** and Christopher (x) **Thomson**.

4 Jun 1723, Elizabeth **York**, of Cecil Co., Maryland to Abraham **Taylor**, planter, of Baltimore Co., Maryland, 500 pounds of tobacco, 300 acres...Bynams Branch of Bush River. Signed Elizabeth **York**. Wit: James **Maxwell** and T. **White**.

10 Aug 1723, Edmond **Hays**, planter, of Baltimore Co., Maryland to Josias **Middlemore**, merchant, of same, 6,341 pounds of tobacco, 100 acres... Byruns Run. Signed Edmond (x) **Hays**. Wit: Daniel **Scott** Jr. and James **Preston**.

Elizabeth **York**, (daughter and heir of William **York** Jr., late of Baltimore Co., Maryland), of Cecil Co., Maryland to her uncle, George **York**, quit claim on 250 acres...William **York** Sr., grandfather of said Elizabeth **York** willed 3 Nov 1690 to his five sons: William, Oliver, John, George and James **York**. Signed Elizabeth **York**. Wit: Abraham (x) **Taylor** and John **Crockett**.

Jul 1723, John & Lydia **Dawney**, (said Lydia is the daughter of Mark **Swift** Sr., deceased, late of Baltimore Co., Maryland and Mark **Swift** Jr. is also deceased) to Abraham **Taylor**. Signed John (x)

Dawney and Lydia (x) Dawney. Wit: George **Buchanan** and William **Bond**.

24 Oct 1723, Michael **French** records his branding mark.

7 Nov 1723, John **Prue** records his branding mark.

2 Dec 1723, Thomas **Hammond** no longer responsible for his wife Mary **Hammond**'s debts. Signed Thomas **Hammond**.

29 Oct 1723, Thomas & Elizabeth **Gostwick**, planter, of Baltimore Co., Maryland to Edmond **Baxter**, planter, of same, 4,000 pounds of tobacco, 50 acres...Bridge Branch. Signed Thomas (x) **Gostwick**. Wit: John (x) **Carter** and Thomas **Ford**.

23 Sep 1723, Thomas & Mary **Noland**, John & Dinah **Cole**, Thomas & Anna **Broad** and Rebecca **Hawkins**, all of Baltimore Co., Maryland to Lance **Todd**, of same, £20, 250 acres...purchased by Mathew **Hawkins**, deceased, late of Baltimore Co., Maryland of Col. Thomas **Hammond**. Signed Thomas (x) **Noland**, Mary (x) **Noland**, John **Coal**, Dinah (x) **Cole**, Thomas **Broad**, Anna (x) **Broad** and Rebecca (x) **Hawkins**. Wit: Thomas **Hammond** and Phillip **Jones**.

7 Nov 1723, John **Clark**, gentleman, of Baltimore Co., Maryland to John **Hall** Jr., gentleman, of same, £120, 227.5 acres...patented 23 Mar 1683 by John **Collett**, who sold to Barrnitt **Utie**, who in his will devised to Henry **Hazelwood**, the elder, who devised to his son Henry **Hazelwood**, the younger, who devised to James **Jues**, who devised to Susannah **Wells**, now wife of John **Stokes** and John & Susannah **Stokes** sold to John **Clark**...John **Hall** Sr. in his deed of conveyance did transfer to John **Stokes** 227.5 acres, who sold same to John **Clark**. Signed John **Clark**. Wit: Francis **Holland** and John **Crockett**.

19 Sep 1722, Mary **Thomas** to Abraham **Cord**, 200 pounds of tobacco for debt. Signed Mary (x) **Thomas**. Wit: George **Wood** and Thomas **Cord**.

28 Oct 1723, Mary **Foster** one hog to Abraham **Cord**. Signed Mary

(x) **Foster**. Wit: Thomas **Cord** and Thomas **Johnson**.

15 Apr 1723, Thomas & Anne **Mitchell**, planter, of Baltimore Co., Maryland to Joseph **England**, cooper, of same, 3,500 pounds of tobacco, 100 acres. Signed Thomas (x) **Mitchell** and Anne (x) **Mitchell**. Wit: Bennett **Garrett**, Lawrence (x) **Taylor** and George **Garrettson**.

Aguilla **Hall**, gentleman, of Baltimore Co., Maryland to his brother Parker **Hall**, of same, for love and affection, 200 acres. Signed Aquilla **Hall**. Wit: Roger **Mathews** and Edward **Hall**.

12 Jun 1723, Benjamin **Tasker**, gentleman, of Annapolis, Maryland, (attorney for Thomas **Bladen**, gentleman, of London, England) to John **Belchior**, of Baltimore Co., Maryland, £0.75 per year, 100 acres...a lease for as long as John, Mary and Ruth **Belchior** live. Signed Benjamin **Tasker** for Thomas **Bladen** and John **Belchior**. Wit: Anne **Tasker**.

13 Aug 1723, Benjamin **Tasker**, gentleman, of Annapolis, Maryland, (attorney for Thomas **Bladen**, gentleman, of London, England) to Daniel **Collett**, of Baltimore Co., Maryland, £1.5 per year, 150 acres...a lease for as long as long as Daniel, Ruth and Moses **Collett** live. Signed Benjamin **Tasker** for Thomas **Bladen**. Wit: John **Belchior**.

1723, John **Durbin**, planter, of Baltimore Co., Maryland to Thomas **Cottrell**, planter, of same, 5,500 pounds of tobacco, 100 acres. Signed John **Durbin**. Wit: Thomas **Miles** and John (x) **Mawhunne**.

18 May 1823, William & Jane **Wood**, planter, of Baltimore Co., Maryland to Thomas **Mitchell**, planter, of same, 3,000 pounds of tobacco, 100 acres...Swan creek. Signed William **Wood** and Jane (x) **Wood**. Wit: Edward **Hall** and Lawrance (x) **Taylor**.

23 Sep 1723, John & Elizabeth **Gorsuch**, planter, of Baltimore Co., Maryland to Richard **Gist**, merchant, of same, 1,000 pounds of tobacco, 2 acres. Signed John **Gorsuch**. John **Israel** and Edward **Norris**.

3 Sep 1723, Richard & Sarah Gott, (said Sarah is the widow of Solomon Sparrow), of Anne Arundel Co., Maryland to Richard Galloway, gentleman, of same, £11, 50 acres...devised in the will of said Solomon Sparrow 16 Apr 1718. Signed Richard Gott and Sarah (x) Gott. Wit: Lance Todd and John Giles.

1 Feb 1723, Micajah Greenfield records his branding mark.

1 Feb 1723, Erick Erickson records his branding mark.

5 Feb 1723, Aquila Paca records his branding mark.

9 Mar 1723, Elionor Rumway records her branding mark.

8 Mar 1723, William Byfoot records his branding mark.
2 Jan 1723, Joseph Ward, planter, of Baltimore Co., Maryland discharge Robert Cutchin of debt. Signed Joseph Ward. Wit: Richard Burrough and Archibald Buchanan.

30 Nov 1723, Clement Hill acknowledges bill of £5 paid by Edward Ward. Signed Clement Hill. Wit: John Stokes.

Michael French records the branding mark of Mary Miles. Signed Michael (x) French.

Job Barnes records his branding mark.

4 Mar 1723, Isaac Webster records his branding mark.

18 Mar 1723, Jacob Morris records his branding mark.

18 Mar 1723, Samuel Durham records his branding mark.

18 Mar 1723, John Mauomus records his branding mark.

George & Elizabeth Ogg Sr. to their son George Ogg Jr., for love and affection and care of his mother, two-thirds of the estate. Signed George (x) Ogg and Elizabeth (x) Ogg. Wit: George Walker and John Israel.

5 Mar 1723, John **Stokes**, gentleman, of Baltimore Co., Maryland to Archibald **Buchanan**, of same, 3,000 pounds of tobacco, 64 acres...Swan creek. Signed John Stokes. Wit: John **Roberts** and T. **White**.

29 Mar 1723, Col. Thomas **Hammond** certificate to his wife, Mary **Hammond**. Signed Thomas **Hammond**.

6 Jan 1723, Hannah **Randall**, widow, of Baltimore Co., Maryland to John **Moale**, of same, £60, 68 acres. Signed Hannah **Randall**. Wit: Tobias **Ewindon** and William **Littole**.

4 Mar 1723, John **Savory**, planter, of Baltimore Co., Maryland to Rowland **Shepard**, of same, 4,000 pounds of tobacco, 50 acres. Signed John (x) **Savory**. Wit: Roger **Mathews** and Henry **Wetherall**.

8 Aug 1723, William & Gillion **Wright**, planter, of Baltimore Co., Maryland to Edmund **Hays**, planter, of same, 4,500 pounds of tobacco, 200 acres. Signed William (x) **Wright** and Gillion (x) **Wright**. Wit: Robert **Mailwain** and James **Preston**.

20 Mar 1723, James **Moore** records his branding mark.

25 Mar 1724, Jeremiah **Hauly** no longer responsible for debts of his wife Honor **Hauly**. Signed Jeremiah (x) **Hauly**.

16 Mar 1723, John **Stinchcomb**, planter, of Baltimore Co., Maryland to Patrick **Ruark**, cattle. Signed John **Stinchcomb**. Wit: Moris (x) **Gosuell** and Nathaniel Stinchcomb.

6 Mar 1723, Edward **Smith**, of Baltimore Co., Maryland to John **Crockett**, of same, 170 acres... Swan creek. Signed Edward (x) **Smith**. Wit: Francis **Noland** and Henry **Wetherall**.

23 Apr 1723, Ralph **Danby** to John **Crockett**, livestock. Signed Ralph **Danby**. Wit: Thomas **Cole**.

Michael **Cormacon**, of Baltimore Co., Maryland to his daughter, Mary **Cormacon**, for love and affection. Signed Michael (x)

Cormacon. Wit: Richard Collins and Thomas (x) Harris.

Francis Holland, of Baltimore Co., Maryland to Phillip Smith, £213.85, ten negroes: Jonny, Will, Ben, Sampson, Robin, Bristow, Rip, James, Nanny, and Bock and livestock. Signed Francis Holland. Wit: John Stokes and T. White

30 Jan 1723, Elizabeth Hicks to Jane Guggin, (Jane Catchin in margin), one mare to be given unto William Armstrong sons to John Armstrong ...should Elizabeth Hicks go to Virginia after her marriage and return, then mare is returned to Elizabeth or her husband. Signed Elizabeth (x) Hicks. Wit: John Harecock and Samuel (x) Deson.

16 Jan 1723, Charles Macarty, planter, of Anne Arundel Co., Maryland to John Connaway, planter, of same, £15, 100 acres. Signed Charles Macarty. Wit: Samuel Young and Samuel Young Jr.

Richard Deavor records his branding mark.

Francis Holland, of Baltimore Co., Maryland to John Stokes, of same, chattel goods...said Holland owes debt to Amos Garrett, of Annapolis, Maryland. Signed Francis Holland. Wit: John Clark and T. White.

13 Mar 1724, William & Anne Baker, planter, of Baltimore Co., Maryland to John Furley Jr., merchant, 150 acres...Briers Great Run... patented 9 Dec 1719 by Maurice Baker, who sold 25 Feb 1719 to Owen Williams, who assigned 25 Feb 1719 to said William Baker. Signed William Baker. Wit: Richard Lewis.

20 Apr 1724, Joseph Couch, planter, of Baltimore Co., Maryland to Ann Rowles, wife of Jacob Rowles, planter, of same, livestock. Signed Joseph (x) Couch. Wit: Richard Lenox, Luke (x) Throughton and Jacob (x) Peacock.

1722, Ann Marshall, widow, of County of Downs, Joseph Marshall and Ann Marshall Jr., mother, brother and sister of William Marshall, deceased, all late of Baltimore Co., Maryland power of attorney to Charles **Marshall**, (son of aforesaid Ann **Marshall** and brother of William **Marshall**) to demand £50 from Mary **Marshall**, the widow of said William **Marshall**. Signed Ann **Marshall**, Joseph **Marshall** and Ann **Marshall**. Wit: David **Hestings** and John **Hanlitton**.

Capt. Robert **Norton**, of the ship Content, bound for London £6 for assigned goods. Signed Joseph **Adams**.

Capt. John **Lister**, of the ship Francis & Rachell, bound for London £6 for assigned goods.

Capt. John **Griffin**, of the ship Prince, bound for London, £6 for assigned goods.

Capt. John **Randall**, of the ship Elizabeth, bound for Lond, £6 for assigned goods.

Capt. Richard **Wingfield**, of the ship William & Jane, bound for London, £6 for assigned goods.

30 may 1724, Henry **Enloes** records his branding mark.

John **Higgins** records his branding mark.

Isaac **Webster** records his branding mark.

14 Jul 1724, John **Hobart** pays debt to James **Maxwell**. Signed James **Maxwell**. Wit: George **Buchanan** and Robert **North**. Paid to James **Pastgell**, D. **Holland** and John **Phipps**.

20 Apr 1724, William & Sarah **Locke**, of Anne Arundel Co., Maryland to Thomas **Warren**, planter, of same, £60, 150 acres...purchased of John and James **Ford**, of Prince George Co., Maryland. Signed William **Locke**. Wit: John **Chesture** and Henry **Attwood**.

11 Jun 1724, Edward **Day** records his branding mark.

3 Jun 1724, Edward & Jane **Cox**, of Baltimore Co., Maryland to Robert **North**, mariner, of London, England, £75, 100 acres...east side of the great falls of Gunpowder River. Signed Edward **Cox** and Jane (x) **Cox**. Wit: John **Dorsey** and Daniel **Scott**.

John **Casey**, taylor, of Baltimore Co., Maryland to his son, John **Casey**, for love and affection, livestock. Signed John (x) **Casey**.

25 Jun 1724, James **Paolgell** records his branding mark.

25 Aug 1720, Phillip **Greenslade**, (son and heir of Phillip **Greenslade**, late of Barnstaple, County of Devon Hall), of Barnstaple, County of Devon Hall and Joan **Greenslade**, (widow of said Phillip **Greenslade**), of same to Joseph **Farmer**, merchant, of Birmingham, County of Warwick, £50, 200 acres. Signed Phillip **Greenslade** and Joan **Greenslade**. Wit: Will **Newcombe** Jr., Esay **Broadweath**, Benjamin **Baller** Jr. and Lewis **Gregory**.

25 Aug 1720, Phillip **Greenslade**, (son and heir of Phillip **Greenslade**, late of Barnstaple, County of Devon Hall), of Barnstaple, County of Devon Hall and Joan **Greenslade**, (widow of said Phillip **Greenslade**), of same to Joseph **Farmer**, merchant, of Birmingham, County of Warwick, £0.25, 200 acres. Signed Phillip **Greenslade** and Joan **Greenslade**. Wit: Will **Newcombe** Jr., Esay **Broadweath**, Benjamin **Baller** Jr. and Lewis **Gregory**.

6 Jun 1724, Joseph **Johnson**, gentleman, of Baltimore Co., Maryland to John **Stokes**, gentleman, of same, £20, 220 acres. Signed Joseph **Johnson**. Wit: John **Roberts** and A. **Frazer**

5 Apr 1724, Thomas & Catharine **Howard**, planter, of Baltimore Co., Maryland to Sylvanus **Pumphry**, planter, of same, £10, 100 acres...patented by Edward **Boarman**, 10 Jan 1705, who willed 4 Feb 1704 to William **Johnson**, son of Catterine **Johnson**...and should said William die before 21 years, (which he did), then land to his mother, Cattherine **Johnson**, now the wife of Thomas **Howard**. Signed Thomas **Howard** and Catterine (x) **Howard**. Wit: Samuel **Young** and Samuel **Young** Jr.

4 Mar 1723, Lewis & Jane **Nowell**, of Baltimore Co., Maryland to Henry **Wetherall**, of same, 7,300 pounds of tobacco, 200 acres...Swan creek. Signed Lewis **Nowell** and Jane **Nowell**. Wit: William **Duson** and Catharine (x) **Sicklemore**.

14, Mar 1723, John & Ann **Chapman**, planter, of Baltimore Co., Maryland to George **Buchanan**, of same, 3,000 pounds of tobacco, 100 acres...part of 400 acres...William **Hicks**, devised to his son James **Hicks**, who sold 22 Dec 1719 to the said John **Chapman**. Signed John (x) **Chapman**. Wit: John **Dorsey** and Edward **Johnston**.

2 Dec 1723, Vaughan & Catherine **Davies**, of New York power of attorney to Moses **Groome** to convey land to John **Dorsey**. Signed Vaughan **Davies** and Catherine **Davies**. Wit: Thomas **Humphrys** and George **Nichols**.

2 Dec 1723, Vaughan & Catherine **Davies**, (said Catherine is the daughter and only heir of Gidson **Shoats**), of New York City, New York to Col. John **Dorsey**, of Baltimore Co., Maryland, £50, 100 acres...head of Gunpowder River and 150 acres. Signed Vaughan **Davies** and Catherine **Davies**. Wit: Thomas **Humphrys**, George **Nichols**, Jacobus **Kip**, John **Cruger**. Signed Moses **Groome**. Wit: Lance **Todd** and Christopher **Randall**.

6 Dec 1723, Katherine **Broadhurst**, aged about 67 years, of New York City, New York, formerly the wife of Reiner **Shoats**, of Schenectady, Albany Co., New York made oath that Gideon **Shoats** was the son of her first husband, said Reiner **Shoats**, who was killed with one of his sons, in 1689 in the French and Indian War. Signed Katherine **Broadhurst**. Wit: Phillip **Cortland**.

6 Dec 1723, William **Apples**, aged about 63 years, of New York City, New York says he knew Gidson **Shoats**, of Maryland and he was born in Albany Co., New York about 1682, son of Reiner **Shoats** and Katherine **Benson**...said Reiner **Shoats** was also born in Albany Co., New York. Signed William **Apples**. Wit: Phillip **Cortland**.

Sep 1724, Anthony **Ashio** records his branding mark.

9 Aug 1724, Thomas **Cord** records his branding mark.

5 Sep 1724, Thomas **Sly** records his branding mark.

29 Jun 1724, Joshua & Mary **Sewell**, planter, of Baltimore Co., Maryland to Thomas **Wainwright**, planter, of same, £7.5, 57 acres. Signed Joshua (x) **Sewell**. Wit: Samuel **Stevens** and Thomas **Smith**.

15 May 1724, Charles & Sidwey **Peirpoint**, planter, of Baltimore Co., Maryland to Thomas **Wainwright**, planter, of same, £25, 73 acres. Signed Charles **Peirpoint**. Wit: Samuel **Young** and Christopher **Randall**.

29 Jun 1724, Joshua & Mary **Sewell**, planter, of Baltimore Co., Maryland to Thomas **Wainwright**, planter, of same, £20, 126 acres. Signed Joshua (x) **Sewell**. Wit: Samuel **Stevens** and Thomas **Smith**.

4 Oct 1724, Robert **Parks**, son of Edmund **Parks**, records his branding mark.

4 Nov 1724, Edward & Jane **Cox** to Ulick **Burk**, £16, 200 acres. Signed Edward **Cox**. Wit: James **Lynch** and D. **Dulany**6 Jul 1724, Adam **Shiply**, planter, of Baltimore Co., Maryland to Lancelot **Todd**, gentleman, of same, £23, 100 acres. Signed Adam (x) **Shiply**. Wit: Elizabeth (x) **Brock** and John **Stephens**.

17 Aug 1724, Philip & Sarah **Sewell**, planter, of Baltimore Co., Maryland To Lance **Todd**, of same, £37.5, 100 acres. Signed Philip (x) **Sewell**. Wit: Christopher **Randall** and Thomas **Hughes**.

15 Nov 1724, William **Brasierlin** records his branding mark.

16 Feb 1724, Patrick **Ruark** records his branding mark.

10 Oct 1724, John **Roberts** records his branding mark.

14 Oct 1724, James **Stanford** records his branding mark.

15 Oct 1724, William **Right** records his branding mark.

5 Jun 1724, Samuel **Stansbury** records his branding mark.

6 Jun 1724, Aquila **Hall** records his branding mark.

7 Jan 1724, John **Gollohan** records his branding mark.

8 Jun 1724, Cornelius **Baulson** records his branding mark.

9 Jan 1724, James **Fugall** records his branding mark.

6 Aug 1724, Joseph **Allen** records his branding mark.

11 Aug 1724, John **Debrular** records his branding mark.

8 Nov 1625, Henry **Ridgley**, planter, of Anne Arundel Co., Maryland to Cornelius **Howard**, of same, a Mulatto girl named Easter, aged three years last day of August 1725...raised till 31 years...to serve Joab **Barley**, planter, of Baltimore Co., Maryland. Signed Henry **Ridgley**. Wit: John **Warfold**.

24 Sep 1723, Richard **Smithers** to his daughter, Blanch **Smithers**, for love and affection, the negro girl Betty. Signed Richard **Smithers**. Wit: Edward **Hall** and Isaack **Butterworth**.

19 Nov 1723, Deposition of John **Bevans**, aged about 83 years, Mark **Lynch**, a merchant, of Baltimore Co., Maryland did own a certain Robuck **Lynch** to be the said Mark **Lynch**'s kinsman. Signed Luke **Raven**.

19 Nov 1723, Deposition of John **Hays**, aged about 60 years, declared that Mark **Lynch**, merchant, of Baltimore Co., Maryland did own and care for a certain Robuck **Lynch**, who was his cousin.

23 Dec 1723, Edward **Murphy**, planter, of Baltimore Co., Maryland to William **Tipton**, of same, 6,000 pounds of tobacco, 114 acres... line of Thomas **Mathews**. Signed Edward (x) **Murphy**. Wit: Luke **Raven** and Elizabeth **Raven**.

17 Feb 1723, Jonathan & Mary **Tipton** Sr., planter, of Baltimore

Co., Maryland to Thomas **Mathews**, planter, of same, 3,500 pounds of tobacco, 100 acres. Signed Jonathan **Tipton**. Wit: Thomas **Tipton** and Richard **Jones**.

1 May 1724, George **Buchanan**, surgeon, of Baltimore Co., Maryland to Benjamin **Jones**, planter, late of Anne Arundel Co., Maryland, now of Baltimore Co., Maryland, £50, 100 acres...part of 400 acres...formerly owned by William **Hicks**, who devised 100 acres to his son James **Hicks**, who sold to John **Chapman**, who sold to George **Buchanan**. Signed George **Buchanan**. Wit: Daniel **Scott** and David **Carlile**. Diagram shows 400 acres divided between Nehem **Hicks**, William **Hicks**, Henry **Hicks** and James **Hicks**.

5 Feb 1719, Jane **Cutchins**, of Baltimore Co., Maryland agrees with John **Chapman**, of same, that Henry **Hicks** and Elizabeth **Hicks**, son and daughter of said Jane **Cutchins** is free of debt. Signed Jane (x) **Cutchen**. Wit: George **Road**.

24 Jan 1724, John **Wisely** records his branding mark.

Jane **Rupell**, now wife of George **Grover**, planter, of Baltimore Co., Maryland power of attorney to Joseph **Bevan**, of Baltimore Co., Maryland. Signed Jane (x) **Grover**. Wit: Luke **Raven** and Daniel **Scott**.

7 Aug 1723, Thomas & Sarah **Richardson**, planter, of Baltimore Co., Maryland to John **Hatch**, planter, of same, 1,500 pounds of tobacco, 75 acres...part of 300 acres...line of James **Greer**. Signed Thomas (x) **Richardson** and Sarah (x) **Richardson**. Wit: John **Roberts** and James **Maxwell**.

13 May 1724, Henry & Mary **Enlowes**, planter, of Baltimore Co., Maryland to Blays **Wright**, gentleman, of same, 3,000 pounds of tobacco, 100 acres...Senego creek. Signed Henry **Enlowes**. Wit: Luke **Raven** and Daniel **Scott**.

19 May 1724, Thomas & Elizabeth **Taylor**, planter, of Baltimore Co., Maryland to Phillip **Smith**, merchant, of London, England, £160, 50 acres... and 100 acres...and 100 acres...and livestock. Signed

Thomas **Taylor**. Wit: John **Beale** and James **Calder**.

3 Jun 1723, James **Durham**, planter, of Baltimore Co., Maryland to Timothy **Kean**, of same, 3,500 pounds of tobacco, 100 acres...patented 2 Nov 1725. Signed James (x) **Durham**. Wit: John **Stokes**.

4 Jun 1724, George **Buchanan**, Surgeon, of Baltimore Co., Maryland to Robert **Robertson**, carpenter, of same, 2,000 pounds of tobacco, 100 acres...Back River. Signed George **Buchanan**. Wit: James **Maxwell** Jr. and Aquila **Paca**.

16 Jan 1724, The ship John & Mary, Fayres **Hall**, master, 180 tons, navigated with 16 men, english built, now lying in Patapsco, will sail with all convenient speed and is now ready to take in tobacco at £7 per ton and liberty of consignment. Any gentleman who is willing to ship, may speak or treat with the said master on board his said ship, at the place aforesaid or on notice given, he will attend any one according to their appointment. Signed Fayre **Hall**.

5 Jun 1724, William **Hopham**,, planter, of Baltimore Co., Maryland to Thomas **Hines** and John **Harryman**,, both planters, of same, 65 acres. Signed William **Hopham**. Wit: Thomas **Stone** and John **Chambers**.

2 Jun 1724, Abraham **Whiteacre**, planter, of Baltimore Co., Maryland to William **Bradford**, schoolmaster, of same, 1,000 pounds of tobacco, 32 acres...head of Bush River...line of John **Maccomus**. Signed Abraham (x) **Whiteacre**.

2 Jun 1724, Abraham **Whiteacre**, planter, of Baltimore Co., Maryland to John **Maccomus**, planter, of same, 1,200 pounds of tobacco, 32 acres. Signed Abraham (x) **Whiteacre**.

6 Jun 1724, Vaughan **Davis** to Dana **Dulany** in his place, agents John **Taylor**, William **Lowe**, Benjamin **Jones** and James **Lowe**. Signed Vanghan **Davis**.

11 Jun 1724, Samuel **Stevens**, planter, of Baltimore Co., Maryland

to Giles **Stevens**, of same, 3,500 pounds of tobacco, 64 acres... Salt Peter creek. Signed Samuel (x) **Stevens**. Wit: George **Grover**, George **Grover** Jr. and Charles (x) **Pines**.

2 Jul 1724, Elizabeth **Jones**, widow, of Baltimore Co., Maryland to Benjamin **Belt**, planter, of Prince Georges Co., Maryland, £90, 300 acres. Signed Elizabeth **Jones**. Wit: Lance **Todd** and Christopher **Randall**.

16 Jul 1724, Richard & Sarah **Gott**, of Baltimore Co., Maryland to Jacob **Holland**, of same, £8, 120 acres. Signed Richard **Gott** and Sarah (x) **Gott**. Wit: Lloyd **Harris** and John **Darrish**.

16 Jul 1724, Edward **Smith**, planter, of Bush River, Baltimore Co., Maryland to Josias **Middlemore** and John **Crockett**, both of same, 10,000 pounds of tobacco, 77 acres...patented 1714 by John **Colliar** who exchanged with said **Smith**. Signed Edward (x) **Smith**. Wit: James **Maxwell**, George (x) **Groves** and David **Hughes**.

5 Jul 1724, John & Margaret **Whipps**, planter, of Baltimore Co., Maryland a mortgage to Phillip **Smith**, merchant, of London, England, £80, 100 acres... part of 200 acres...one negro man called Roger, aged about 35 years and one negro woman, aged about 25 years. Signed John **Whipps**. Wit: Lance **Todd** and Christopher **Randall**.

25 Jul 1724, John & Margaret **Jones**, (said Margaret is the daughter and sole heir of John **Chadwell**, spelled **Shadwell**), planter, of Baltimore Co., Maryland to Daniel **Scott**, (the younger, son and heir of Daniel **Scott**, deceased, late of Baltimore Co., Maryland), of same, 18,000 pounds of tobacco, two tracts...Salt Peter creek. Signed John (x) **Jones** and Margaret (x) **Jones**. Wit: James **Bond**, James **Preston** and Samuel **Hughes**.

29 Jun 1724, Samuel **Hedge**, merchant, of Salem Co., West Jersey power of attorney to Thomas **Sheredine**, gentleman, of Baltimore Co., Maryland, to sell 180 acres to Roger **Mathews**. Signed Samuel **Hedge**. Wit: Jacob **Attwood** and John **Stokes**.

29 Jun 1724, Samuel **Hedge**, merchant, of Salem Co., West Jersey to Roger **Mathews**, gentleman, of Baltimore Co., Maryland, £24, two tracts...100 acres and 80 acres. Signed Samuel **Hedge**. Wit: Edward **Hall**, Jacob **Attwood** and John **Stokes**.

4 Aug 1724, Richard **Gist**, of Baltimore Co., Maryland no longer responsible for the debts of his wife Zippara **Gist**. Signed Richard **Gist**.

7 Aug 1724, James **Crooke**, gentleman, of Baltimore Co., Maryland to George **Chancey**, (son of George **Chancey**), planter, of same, £40, 75 acres. Signed James **Crooke**. Wit: Thomas **Miles** and John **Hayes**.

7 Feb 1723, John **Coleworthy**, merchant, of city of Exon power of attorney to Christopher **Randall**, of Baltimore Co., Maryland. Signed John **Colsworthy**. Wit: William **Stokes**, Phillip **Weard** and Joseph **Gudridge**.

8 Feb 1723, Mary **Wotten**, widow, of Withycomb Rawleigh, in the County of Deavon power of attorney to Christopher & Hannah **Randall**, of Baltimore Co., Maryland. Signed Mary **Wootten**. Wit: Samuel **Todd** and John **Webber**.

7 Aug 1724, Robert **North**, mariner, of London, England to Luke **Stansbury**, of Baltimore Co., Maryland, 100 acres...great falls of Gunpowder River. Signed Robert **North**. Wit: Thomas **Jokey** and Jane **Thomas**.

18 Aug 1724, Mark **Swift**, laborer, of Baltimore Co., Maryland to George **Buchanan**, of same, £30, 300 acres...formerly surveyed for William **York**, late of Baltimore Co., Maryland. Signed Mark (x) **Swift**. Wit: James **Maxwell** and James **Presbury**.

2 Sep 1724, Thomas & Mary **Tolley**, gentleman, of Baltimore Co., Maryland to Rev. William **Tibbs**, Col. John **Dorsey**, William **Hamilton**, Capt. John **Stokes**, Capt. Thomas **Sheredine** and Roger **Mathews**, of same, £50, 100 acres. Signed Thomas **Tolley**. Wit: James **Maxwell** and Daniel **Scott**.

2 Sep 1724, George **Buchanan**, of Baltimore Co., Maryland to Roger **Mathaws**, gentleman, of same £20, 100 acres...part of 300 acres...Cyruss Run. Signed George **Buchanan**. Wit: Aquila **Paca** and Thomas **White**.

3 Sep 1724, Deposition of Charles **Smith** in presence of James **Stoddert**, Daniel **Dulany**, Patrick **Sympson**, Thomas **White**, Edard **Cox** and Col. Thomas **Hatchman**, 26 years ago was servant of Thomas **Richardson**, (brother of Lawrence **Richardson**), who gave him land. Signed Charles (x) **Smith**.

5 Sep 1724, Richard **Smithers**, gentleman, of Baltimore Co., Maryland to his son, John **Smithers**, 270 acres...line of heirs of George **Wells**. Signed Richard **Smithers**. Wit: Bennett **Garrett** and Edward **Hall**.

Sep 1724, William & Martha **Trew**, merchant, of Kent Co., Maryland to Thomas **Hatchman**, innholder, of Baltimore Co., Maryland, £4, line of John **Taylor** Sr. Signed William **Trew** and Martha **Trew**. Wit: William (x) **Boby** and France (x) **Hall**.

18 Aug 1724, Vanghan **Davis**, of Bridgetown, Island of Barbadoes power of attorney to John **Dorsey**, of Baltimore Co., Maryland. Signed Vanghan **Davis**. Wit: George (x) **Groves**, John (x) **Louahawn** Richard **Athorton** and Greenberry **Dorsey**.

9 Oct 1724, Ann **Norwood** and Hannah **Norwood**, (and assignees of John & Elizabeth **Beal**), spinsters, of Anne Arundel Co., Maryland to John **Swineyard**, planter, of Baltimore Co., Maryland, £5, 500 acres...head of Bush River...patented 2 Apr 1706 by Andrew **Wolplay**, of Anne Arundel Co., Maryland, who willed to Andrew **Norwood**, brother of Elizabeth, Ann and Hannah **Norwood**, who sold to said **Swineyard** for £45 and died. Signed Ann **Norwood** and Hannah (x) **Norwood**. Wit: Vackel **Denton** and William **Beckingham**.

9 Oct 1724, Joseph **Howard**, planter, of Anne Arundel Co., Maryland to John **Swineyard**, planter, of Baltimore Co., Maryland, £40, 242 acres...and 200 acres...head of Bush River. Signed Joseph

Howard. Wit: George Ogg Jr., Charles Worthington and Peter Bwarard.

29 Oct 1724, John & Hannah Cromwell, planter, of Baltimore Co., Maryland to John Giles, planter,, of same, £35, 183 acres...Middle Branch. Signed John Cromwell. Wit: Benjamin Howard and Alex Mitchel.

Cadwallider Jones to his son Thomas Jones, livestock. Signed Cadwalladay (x) Jones.

4 Nov 1724, James Tracy, planter, of Baltimore Co., Maryland to George Hitchcock, planter, of same, £30, 100 acres. Signed James Tracy. Wit: William (x) Amos and William (x) Grafton.

16 Apr 1723, Richard & Mary Taylor, of Stafford Co., Virginia power of attorney to his father Richard Taylor Sr., planter, of Baltimore Co., Maryland. Signed Richard Taylor and Mary (x) Taylor. Wit: John Whitehead, James Daddroll, James Tracy, George Hitchcock and John (x) Cross.

1721, Richard & Mary Taylor Jr., planter, of Baltimore Co., Maryland to William Lyale, planter, of same, 2,500 pounds of tobacco, 100 acres. Signed Richard Taylor. Wit: John (x) Cross, Stephen Body and Richard Taylor.

4 Jul 1724, Mathew & Mary Mason, of St. Marys Co., Maryland to Thomas Lee, of Westmoreland Co., Maryland, £80, willed by Robert Mason to his son the said Mathew Mason. Signed Mathew Mason. Wit: Henry Ashton, Daniel Tebbs, Daniel Jennings, James McKenzie, Hugh Collins and Philip Key. Examination of Mary Mason by John Attaway and George Clark.

26 Feb 1724, Josias Middlemore records his branding mark.

6 Feb 1724, Inventory by Thomas Worthington of the estate of Edward Norwood. Signed William Smith, sheriff, Luke Raven and Christopher Randall.

12 Feb 1724, Edward & Ruth **Norwood**, planter of Baltimore Co., Maryland to Thomas **Worthington**, merchant, of Anne Arundel Co., Maryland, for debt, 100 acres. Signed Edward **Norwood**. Wit: Lance **Todd** and Christopher **Randall**.

5 Nov 1724, Joseph & Bridgett **Ward**, innholder, of Baltimore Co., Maryland to Jacob **Roberts**, of same, 2,000 pounds of tobacco, 50 acres...east side of the falls of Gunpowder River. Signed Joseph **Ward**. Wit: Luke **Raven** and Daniel **Scott**.

12 May 1725, Capt. Edward **Hawkin**, of the ship Grove, bound for London, £6 for assigned goods. Signed Rob **Babb**.

8 Jun 1725, William **Hunter**, merchant in London, England well pay £6 per ton for tobacco placed on the ship Oxford. Signed Andrew **Dounk**.

25 May 1726, £7 per ton of tobacco placed on the ship Supply. John **Randall**.

7 Jun 1726, £7 per ton of tobacco placed on the ship Seaflower. Robert **North**.

8 Jun 1726, £7 per ton of tobacco placed on the ship Hanover. Taylor **Hall**.

8 Jun 1726, Capt. William **Tarver** will pay £7 per ton of tobacco placed on the ship Union . Peter **Dunscombe**.

13 Jul 1726, £7 per ton of tobacco placed on the ship Adventure. John **Godver**.

19 Jul 1726, £7 per ton of tobacco placed on the ship Seven. John **Carpenter**.

6 Sep 1726, Phillip **Smith**, merchant of London, England, will pay £7 per ton of tobacco placed on the ship Hart. Browning **Elliott**.

15 Oct 1726, £7 per ton of tobacco placed on the ship Loyall

Markett. John **Moale**.

5 Apr 1724, Capt. Carl **Babb**, of the ship Grove, will pay £6 per ton of tobacco .

Capt. John **Jones**, of the ship Grove, will pay £6 per ton of tobacco for consignment to William **Hank**, merchant of London, England.

Joseph **Adams**, merchant of London, England, will pay £6 per ton of tobacco. Robert **North**.

8 Apr 1725, £6 per ton of tobacco placed on the ship Hart Loyall. Browning **Elliott**.

28 Apr 1725, £6 per ton of tobacco placed on the ship Elizabeth, by Thomas **Bond**, merchant of London, England. John **Randall**.

7 Jun 1726, signed as justices of Baltimore Co., Maryland court: Luke **Raven**, Lance **Todd** and William **Buckingham**.

9 Jun 1726, signed as justices of Baltimore Co., Maryland court: John **Cockey** and Joe **Geoty**

6 Sep 1726, Signed as justices of Baltimore Co., Maryland court: Thomas **Addison** and Philip **Lee**.

7 Feb 1726, Signed as justices of Baltimore Co., Maryland court: James **Maxwell**, Edward **Hall**, Luke **Raven** and William **Cawthren**.

4 Sep 1727, Signed as justices of Baltimore Co., Maryland court: Thomas **Addison**, John **Smith**, Charles (x) **Lummonds**.

7 Jun 1727, Signed as justices of Baltimore Co., Maryland court: Richard **Gist**, Thomas **Tolley**, Will **Buchanan**, Luke **Raven**, Daniel **Scott**, Edward **Hall**, Lloyd **Harris**, sheriff and John **Cockey**

5 Sep 1727, Signed as justices of Baltimore Co., Maryland court: William **Lock** and John **Smith**.

8 Nov 1727, Signed as justices of Baltimore Co., Maryland court: James **Maxwell**, Luke **Raven**, Thomas **Tolley**, Richard **Gist**, John **Stokes**, Thomas **White**, Thomas **Sheredine**, sheriff, Lloyd **Harris**, deputy, John **Roberts**, Lance **Scott**, John **Cockey**, Edward **Hall** and Will **Buchanan**.

7 Nov 1727, Signed as justices of Baltimore Co., Maryland court: Luke **Raven**, Thomas **Tolley**, Richard **Gist**, John **Stokes**, Thomas **White**, deputy, Thomas **Sheredine**, sheriff, William **Brosher**, deputy, Lloyd **Harris**, coroner, John **Roberts**, attorney, Daniel **Scott**, John **Cockey** and Edward **Hall**.

4 Mar 1723, Do declare that we do believe that there is not any transubstantiation in the Sacrament of the Lords Supper, or in the elements of bread and wine at or after the conservation thereof, by any person whatsoever for testimony hereto the days and years hereafter mentioned. Signed 30 Mar 1724: Edmond **Jenings**, William **Tibbs**, John **Dorsey**, William **Hamilton**, Thomas **Tolley**, John **Stokes**, Thomas **White**.

Signed 2 Jun 1724: James **Maxwell**, Luke **Raven**, John **Dorsey**, Lance **Todd**, Daniel **Scott**, William **Smith**. Signed 3 Jun 1724: Richard **Caswell**. Signed 4 Jun 1724: Thomas **Sheredine**. Signed 5 Jun 1724: Edward **Hall**. Signed 7 Aug 1724: John **Cockey**, Thomas **Addison**, James **Stoddert**. Signed 2 Jun 1725: Thomas **Sheredine**. Signed 3 Aug 1725: M. **Macudmara**. Signed 4 Aug 1725: Philip **Jones** Jr. Signed 2 Nov 1725: Joshua **George**. Signed 26 Mar 1726: James **Maxwell**, John **Dorsey**. Signed 8 Apr 1726: Roger **Mathews**, Edward **Hall**.

Chapter 12

Baltimore Co., Maryland
Liber I.S. No. H.
1724-1726

22 Jun 1723, James **Smith**, planter, of Anne Arundel Co., Maryland bound to William **Anderson**, planter, of same, £45, for good deed on 199 acres...Rock Creek. Signed James (x) **Smith**. Wit: William (x) **Jones** and Elizabeth (x) **Carpes**.

1 Dec 1724, William & Mary **Anderson**, planter, of Baltimore Co., Maryland to John **Hammond** Sr., of Anne Arundel Co., Maryland, £30, 199 acres... Rock creek...originally owned by William **Gosnell** in 1684, who sold to Maurice **Baker**, who willed to James **Smith**, who sold to said **Anderson**. Signed William **Anderson**. Wit: John **Beale**, Joshua **George** and Samuel **Young**.

1 Feb 1724, Mathew **Organ**, planter, late of Baltimore Co., Maryland to Joshua **George**, of Annapolis, Maryland, £5, 111 acres...Capt. James **Macloud** deceased, late of Baltimore Co., Maryland, willed 8 Mar 1724 to his father-in-law, said **Organ**...surveyed for Furlough **Michael**. Signed Mathew (x) **Organ**. Wit: John **Williams**, Thomas **Addison** and Ann **Eddison**.

3 Feb 1724, Thomas & Elizabeth **Jack**, planter, of Baltimore Co., Maryland to John **Tailor**, merchant, of London, England, £0.25, 200 acres. Signed Thomas (x) **Jack** and Elizabeth (x) **Jack**. Wit: Samuel **Burgeth** and Joshua **Dorsey**.

21 Jan 1724, James & Rebecca **Powell**, gentleman, of Baltimore Co., Maryland to Lancelott **Todd**, merchant, of same, for relief of said **Todd** of debt...740 acres...and 300 acres... and cattle and slaves in inventory signed by William **Hamilton** and Benjamin **Howard**...said Rebecca **Powell** was in bound 26 Apr 1722 for £6,000 for estate of Richard **Colegate**. Signed James **Powell** and Rebecca (x) **Powell**.

Wit: William **Buckner** and John **Talbot** Jr.

10 Nov 1724, Oliver **Harriott**, John **Legate**, Elizabeth **Whitehead** Sr., Elizabeth **Whitehead** Jr. and Frances **Whitehead**, of Baltimore Co., Maryland to Rev. William **Tibbs**, of same, 500 pounds of tobacco, 100 acres. Signed Oliver (x) **Harriott**, John **Legate**, Elizabeth (x) **Whitehead** Sr. and Frances (x) **Whitehead**. Wit: John **Dorsey**, Luke **Raven**, James **Moore** and William **King**.

10 Nov 1724, William & Susanna **King**, of Baltimore Co., Maryland to Thomas **Sheredine**, of same, £50, 124 acres...head of Back River...corner to James **Todd** and John **Willmott** and 500 acres, adjoining. Signed William **King**. Wit: John **Dorsey** and Luke **Raven**.

8 Feb 1725, George **Grover** Sr., planter, of Baltimore Co., Maryland to his son George **Grover** Jr., planter, of same, for love and affection, 50 acres...patented 1679. Signed George **Grover** Sr. Wit: Luke **Raven** Sr. and Luke (x) **Raven** Jr.

1725, George **Grover** Sr., planter, of Baltimore Co., Maryland to his son George **Grover** Jr., planter, of same, for love and affection, livestock. Signed George **Grover** Sr. Wit: Charles (x) **Pines** and Magdelen (x) **Ralle**.

19 Nov 1724, William & Ann **Dawkins**, (said Ann is one of the daughters and heirs of Richard **Smith**, late of Calvert Co., Maryland), of Calvert Co., Maryland, and James **Dawkins** Sr., (heir apparent of said William & Ann) to Daniel **Dulany**, of Annapolis, Maryland, £150, 2,500 acres and 500 acres adjoining...willed by said Richard **Smith**. Signed William **Dawkins**, Ann **Dawkins** and James **Dawkins**. Wit: John **Mackall** and Robert **Gilley**.

21 Oct 1724, Henry & Mary **Satyr**, planter, of Baltimore Co., Maryland to Benjamin **Knight**, planter, of same, 100 acres...Herring Run. Signed Henry (x) **Satyr**. Wit: Pa **Neale** and George **Browne**.

5 Nov 1724, William **Hollis**, planter, of Baltimore Co., Maryland to his nephew, William **Ozbourn**, (son of William & Avarrilea **Ozbourn**, deceased, of Baltimore Co., Maryland, said Avarrilea was

the sister of said William **Hollis**), and for £14 paid by William **Ozbourn** Sr., 150 acres...east side of Bush River. Signed William **Hollis**.Wit: James **Moore** and Daniel **Scott**.

13 Mar 1724, Luke **Raven** no longer responsible for the debts of his wife, Elizabeth **Raven**, the daughter of Thomas & Mary **Hughes**. Signed Luke **Raven**. Wit: Joseph **Ward**, Edmond **Talbot** and Mary (x) **Wisely**.

23 Feb 1724, William & Mary **Fannell**, of Baltimore Co., Maryland to Charles **Hall**, planter, of same, £10, 93 acres in Anne Arundel Co., Maryland and 100 acres in Baltimore Co., Maryland. Signed William (x) **Fannell** and Mary (x) **Fannell**. Wit: Basill **Poole** and John **Stephens**.

25 Nov 1724, James **Presbury** records for his son, George **Presbury**, his branding mark. Signed James **Presbury**.

20 Apr 1725, John **Belchior** to James **Cow**, (son and heir of John **Cow**), one horse. Signed John (x) **Belchior**.

20 Apr 1725, Richard & Mary **Frizell** to their daughter, Mary **Frizell**, a horse. Signed Mary (x) **Frizell**.

9 Nov 1724, John & Mary **Norris** Sr., planter, of Anne Arundel Co., Maryland to his son, Benjamin **Norris**, of Baltimore Co., Maryland, for love and affection, 100 acres. Signed John (x) **Norris**. Wit: Edward **Norris** and Thomas **Tucker**.

24 Apr 1725, John & Mary **Norris** Sr., planter, of Anne Arundel Co., Maryland to his son, Edward **Norris**, of Baltimore Co., Maryland, for love and affection, 116 acres. Signed John (x) **Norris**. Wit: Benjamin **Norris** and Thomas **Tucker**.

3 Feb 1724, Joshua & Ann **Dorsey** and John & Buner **Dorsey**, both planters, of Elk Ridge, Baltimore Co., Maryland to Caleb **Dorsey**, planter, of Anne Arundel Co., Maryland, £30, 135 acres...patented 21 Feb 1722. Signed Joshua **Dorsey** and John **Dorsey**, (son of Edward **Dorsey**). Wit: Lance **Todd** and Thomas **Worthington**.

16 Feb 1724, George **Freeland**, planter, of Cecil Co., Maryland to Richard **Touchstone**, weaver, of Baltimore Co., Maryland, £10, 50 acres...Deer creek. Signed George (x) **Freeland**. Wit: Daniel **Scott** and Joseph (x) **Johnson**.

16 Feb 1724, George **Freeland**, planter, of Cecil Co., Maryland to Joseph **Johnson**, buyer, of Baltimore Co., Maryland, pounds of tobacco, 100 acres...Deer creek. Signed George (x) **Freeland**. Wit: Daniel **Scott** and Richard (x) **Touchstone**.

11 Mar 1724, James & Jane **Boreing**, planter, of Baltimore Co., Maryland to John **Spicer**, planter, of same, £17.6, 50 acres. Signed James **Boreing**. Wit: John **Dorsey** and James **Powell**.

16 Feb 1724, Richard **Touchstone**, weaver, of Baltimore Co., Maryland to Alexander **Vrghwart**, planter, of same, 3,000 pounds of tobacco, 50 acres...Deer creek. Signed Richard (x) **Touchstone**. Wit: Daniel **Scott** and Joseph (x) **Johnson**.

22 Jan 1722, Thomas **Hastwell**, bricklayer, of London, England to Christopher **Veale**, of same, said **Hastwell**, will be servant of said **Veale**, on a plantation in Maryland. Signed Christopher **Veale**. Wit: Thomas **Toad** and George **Morton**. Said **Hastwell** is 24 years and will serve for 4 years. Signed George **Morton**. Memo: We came to anchor at the capes of Virginia 8 Mar 1723.

3 Mar 1724, Henry **Hicks**, (son of William **Hicks**, deceased, of Baltimore Co., Maryland), of Baltimore Co., Maryland to George **Buchanan**, chyrurgeon, of same, 3,000 pounds of tobacco, 100 acres...part of 400 acres...said William **Hicks** willed to his son. Signed Henry (x) **Hicks**. Wit: Richard **Burrough** and Jethro **Browne**. A drawing shows 100 acres to Nehem **Hicks**, 100 acres to William **Hicks**, 100 acres to Henry **Hicks** and 100 acres to James **Hicks**.

1 Mar 1724, Obediah **Pritchard**, carpenter, of Baltimore Co., Maryland to Charles **Anderson**, carpenter, of same, 6,000 pounds of tobacco, 200 acres...Deer creek. Signed Obediah **Pritchard**. Wit: John **Smithers** and George **Garrettson**.

4 Mar 1724, William & Mary **Hunter**, planter, of Baltimore Co., Maryland to William **Bond**, of same, 3,000 pounds of tobacco, 100 acres... patented 1720. Signed William **Hunter**. Wit: John **Weesly** and Henry **Donahue**.

13 Mar 1724, Edward & Jean **Coe**, planter, of Baltimore Co., Maryland to James **Nicholson**, planter, of Anne Arundel Co., Maryland, £17
100 acres...main falls of Gunpowder River. Signed Edward **Coe**. Wit: John **Dorsey** and Christopher **Randall**.

9 Mar 1725, James **Maxwell** Sr., gentleman, of Baltimore Co., Maryland to St. John's Parish 1,200 pounds of tobacco, 1 acre. Signed James **Maxwell**. Wit: William **Bradford** and Joshua **Merriken**.

31 Oct 1724, Josephus & Zipparah **Murray**, planter, of Baltimore Co., Maryland to Richard **Gist**, merchant, of same, £10, 100 acres. Signed Josephus **Murray**. Wit: John **Giles** and Charles **Ridgley**.

24 Nov 1724, Cadwallader **Jones**, planter, of Baltimore Co., Maryland to Col. William **Holland**, merchant, of Anne Arundel Co., Maryland, 7,000 pounds of tobacco, 50 acres...part of 100 acres ...Deer creek. Signed Cadwallader (x) **Jones**. Wit: Francis **Holland**, Edward **Norwood** and John (x) **Nash** Jr.

1 Apr 1724, Nicholas **Fitzsimons**, planter, of Baltimore Co., Maryland to Richard & Mary **Lenox**, 10,000 pounds of tobacco, two tracts, 200 acres, and 218 acres...patented by said Mary **Lenoe**, maiden name **Richards** and sold by said Richard & Mary to said Nicholas for 6,000 pounds of tobacco. Signed Nicholas **Fitzsimons**. Wit: Thomas **White** and Amos **Woodward**.

1 Apr 1725, Richard & Mary **Lenoe**, planter, of Baltimore Co., Maryland to Thomas **Hatchman**, innholder, of same, 10,000 pounds of tobacco, two tracts, 418 acres. Signed Richard **Lenoe**. Wit: Thomas **White** and Amos **Woodward**.

15 May 1725, John **Hall**, of Baltimore Co., Maryland to Josias

Middlemore and John Hall Jr., gentleman, of same, £481.6, seven negro men: Peter, Morra, Spey, Will, Young, Sambo and Herculoia George and seven negro women: Sarah, Murrea, Judiah, Tesner old, Sarah, Pegg and Easter and seven negro boys: Tonny, Gustus, Jacob, Peter, Eneous, Jeffry and Morey and twelve negro girls: Susana, Dinah, Sarah, Marget, Dole, Jenny, Partheny, Rachele, Hanna, Abigale, Judath and Patient. Signed John Hall. Wit: George Shrustones, Thomas (x) Pyeraft, Robert (x) Nairn and John Crockett

19 Sep 1724, Ephraim & Mary Gover, planter, of Calvert Co., Maryland to William Allnuld, of same, £50, 200 acres. Signed Ephraim Gover. Wit: Samuel Gover and Charles (x) Busey Jr.

11 Feb 1724, Edward Henkin, merchant, of London, England power of attorney to Josias Middlemore, merchant, of Baltimore Co., Maryland. Signed Edward Henkin. Wit: Edward Shewell and Robert Babb.

9 Nov 1724, Amy Fenton, widow, of Baltimore Co., Maryland to Thomas Stewsbury, of same, £5, 100 acres...mouth of Back River. Signed Amy Fenton. Wit: James Crooke, James Berrabant and Elizabeth (x) Bayco.

25 Nov 1724, John & Mary Miles, carpenter, of Baltimore Co., Maryland to Thomas Cullin, shoemaker, of same, 3,000 pounds of tobacco, 100 acres. Signed John Miles. Wit: Thomas Miles and Daniel Scott.

John Jones, of Baltimore Co., Maryland to his brother, William Jones, of same, for love and affection, 50 acres...patented by Emanuel Cely and Edward Dows. Signed John (x) Jones. Wit: Thomas Tolley and Walter (x) James.

9 Dec 1724, William & Judith Houchings, (executors of George Hope Sr., late of Baltimore Co., Maryland), of Baltimore Co., Maryland to Samuel Maxwell, planter, of same, £24, 200 acres ...west side of north branch of Back River. Signed William Houchins and Judith Houchins. Wit: Thomas Sheredine and

William **Buchnet**.

25 Feb 1724, Ephraim **Gover**, of Calvert Co., Maryland to Samuel **Griffith** Jr., of same, £24, 50 acres...part of 250 acres purchased of Laren **Draper**. Signed Ephraim **Gover**. Wit: Samuel **Griffith** Sr., William (x) **Grace** and Mary (x) **Grace**.

25 Feb 1724, Ephraim **Gover**, of Calvert Co., Maryland to Samuel **Griffith** Jr., of same, £50, 104 acres...purchased of Isaack **Simons**. Signed Ephraim **Gover**. Wit: Samuel **Griffith** Sr., William (x) **Grace** and Mary (x) **Grace**.

31 Mar 1724, Archibald **Buchanan** Sr., planter, of Baltimore Co., Maryland to his son Archibald **Buchanan**, for love and affection, the negro girl Jenny. Signed Archibald **Buchanan**. Wit: Archibald **Rollo** and Edward **Ward**.

15 May 1725, Thomas **Hughes**, carpenter, of Baltimore Co., Maryland to Benjamin **Bell**, gentleman, of Prince Georges Co., Maryland, £50 and 633 pounds of tobacco, 50 acres...patented 10 Jul 1724. Signed Thomas **Hughes**. Wit: Samuel **Young** and Edmond **Jennings**.

23 Apr 1725, James & Sarah **Crooke**, gentleman, of Baltimore Co., Maryland to Daniel **Dulany**, of Annapolis, Maryland, £200, 778 acres. Signed James **Crooke**. Wit: John **Dorsey** and Thomas **Dulany**.

12 Mar 1724, William & Elizabeth **Beans**, of Prince Georges Co., Maryland, Alphonso **Cosden** and Mary **Parker**, both of Calvert Co., Maryland to Kensey and Isaac **Johns**, of Calvert Co., Maryland, £117.5, 1000 acres...patented, 10 May 1685 by Christopher **Beans**, who willed 400 acres to his son William **Beans**, 300 acres to his daughter Anne **Beans**, deceased, wife of Alphonso **Cosden**, (had one son, the said Alphonso **Cosden**) and 300 acres to his daughter Mary **Beans**, the widow of John **Parker**. Signed William **Beans**, Alphonso **Cosden** and Mary (x) **Parker**. Wit: John **Smith** and Richard **Smith**, justices of Calvert Co., Maryland.

2 Jun 1725, Joshua & Martha **Wood**, carpenter, of Baltimore Co., Maryland to Richard **Jenkins**, planter, of same, £37, 100 acres...purchased 17 Jul 1722 of Roger **Mathews** and Benjamin **Ozbourn** ...said Joshua also purchased 40 acres from Thomas **Mitchell** 2 Jun 1725. Signed Joshua **Wood**. Wit: William **Bradford** and Nicholas **Day**.

5 Jun 1725, Edward **Hall**, gentleman, of Baltimore Co., Maryland to Josias **Middlemore**, of same, £240, the ten negro slaves: Jack Will, Hagat, George, Morey, Scoggus, Cooke, Marie, Dinah, Little and Sarah. Signed Edward **Hall**. Wit: Obediah **Pritchard** and John **Crockett**.

2 Jun 1724, Thomas & Ann **Mitchell**, planter, of Baltimore Co., Maryland to Joshua **Wood**, carpenter, of same, 1,000 pounds of tobacco, 40 acres...Swan creek. Signed Thomas (x) **Mitchell**. Wit: William **Bradford** and Nicholas **Day**.

9 Nov 1724, John **Jones** will no longer be responsible for the debts of his wife, Johannah **Jones**. Signed John **Jones**. Wit: John **Stephens**.

17 Apr 1725, Amos **Garrett**, merchant, of Anne Arundel Co., Maryland to Valentine **Brown**, planter, of Baltimore Co., Maryland, £80, 200 acres...formerly the land of Thomas **Brown**, father of said Valentine. Signed Amos **Garrett**. Wit: Amos **Woodward** and John **Sheldon**.

26 Mar 1725, Joshua & Martha **Wood**, carpenter, of Baltimore Co., Maryland to Isaac **Wood**, carpenter, of same, 2,000 pounds of tobacco, 90 acres. Signed Joshua **Wood** and Martha (x) **Wood**. Wit: William **Bradford** and Nicholas **Day**.

12 May 1725, Joshua & Martha **Wood**, carpenter, of Baltimore Co., Maryland to Charles **Anderson**, carpenter, of same, 2,700 pounds of tobacco, 100 acres...Swan creek. Signed Joshua **Wood** and Martha (x) **Wood**. Wit: William **Bradford** and Nicholas **Day**.

8 Apr 1725, Joshua & Martha **Wood**, carpenter, of Baltimore Co., Maryland to Obediah **Pritchard**, carpenter, of same, 3,000 pounds

of tobacco, Swan creek. Signed Joshua **Wood** and Martha (x) **Wood**. Wit: William **Bradford** and Nicholas **Day**.

18 May 1725, Joshua & Martha **Wood**, carpenter, of Baltimore Co., Maryland to Thomas **Mitchell**, planter, of same, 1,500 pounds of tobacco, 120 acres...Swan creek. Signed Joshua **Wood** and Martha (x) **Wood**. Wit: William **Bradford** and Nicholas **Day**.

19 May 1725, Samuel **Young**, of Anne Arundel Co., Maryland to his son Joseph **Young**, planter, of Kent Co., Maryland, for love and affection, 400 acres...line of George **Yate**...patented by Thomas **Francis**, deceased, of Anne Arundel Co., Maryland, who willed to his son, Thomas **Francis**, who sold to said Samuel 1 Jan 1696. Signed Samuel **Young**. Wit: Thomas **Addison** and George **Noble**.

4 May, 1725, Richard **Smithers**, gentleman, of Baltimore Co., Maryland to John **Stokes**, of same, £300, 250 acres...Gut creek...formerly owned by George **Wells**, deceased. Signed Richard **Smithers**. Wit: Erick **Erickson** and Tarver **Artis**.

4 May 1725, Richard **Smithers**, gentleman, of Baltimore Co., Maryland to John **Stokes**, of same. Signed Richard **Smithers**. Wit: Erick **Erickson** and Tarver **Artis**.

28 May 1725, Francis **Holland**, gentleman, of Baltimore Co., Maryland to John **Stokes**, gentleman, of same, £200, 210 acres. Signed Francis **Holland**. Wit: Thomas **White** and Richard **Burrough**.

28 May 1725, Francis & Susannah **Holland**, gentleman, of Baltimore Co., Maryland to John **Stokes**, gentleman, of same, £193, 400 acres... 180 acres...originally purchased from Col. Nathaniel **Utie** by Rutten **Garrett**...130 acres purchased from Col. Nathaniel **Utie**, by Edward **Bodell**...90 acres purchased from Col. Nathaniel **Utie**, by Robert **Jones**. Signed Francis **Holland** and Susannah **Holland**. Wit: Thomas **White**, Richard **Burrough**, George **Williams** and Edward **Hall**.

20 Jun 1725, Edward **Choat** no longer responsible for the debts of his wife, Constant **Choat**. Signed Edward **Choat**.

29 Mar 1725, Henry & Mary **Enlowes**, planter, of Queen Annes Co., Maryland to Stephen **Body**, planter, of Baltimore Co., Maryland, 67 acres...part of 100 acres. Signed Henry **Enlowes**. Wit: S. Leger **Codd** and Joseph **Barney**.

20 Jul 1725, Thomas **Broad**, planter, of Baltimore Co., Maryland to William **Rogers**, cordwinder, of same, £6, 50 acres. Signed Thomas **Broad**. Wit: William **King** and Josias **Hendon**.

1 Mar 1725, Robert **Love**, of St. Johns Parish, Baltimore Co., Maryland to Thomas **White**, of Joppa, St. Johns Parish, Baltimore Co., Maryland, £4, 200 acres...head of Gunpowder River...said Robert **Love**, was the grandson and heir of Robert **Love**, and the son of John **Love**, both of Baltimore Co., Maryland. Signed Robert **Love**. Wit: James **Jackson** and Henry (x) **Bulter**.

18 Mar 1724, Thomas **Hughes**, planter, of Baltimore Co., Maryland to his daughter, Mary **Hughes**, spinster, of same, for love and affection, a mulatto girl named Patience, aged 1.5 years...to have until she is 31 years. Signed Thomas **Hughes**. Wit: John **Brooks** and William **Bond**.

25 Mar 1725, Thomas **Griffith**, (son and heir of Thomas **Griffith**), gentleman, of St. Marys Co., Maryland power of attorney to William **Cummings**, of Annapolis, Maryland, to sell two tracts, 500 acres and 150 acres. Signed Thomas **Griffith**. Wit: John **Leigh** and James **Hook**.

7 Nov 1719, Abraham **Taylor**, of Baltimore Co., Maryland to John **Taylor**, planter, of same, 1,000 pounds of tobacco, 100 acres. Signed Abraham (x) **Taylor**. Wit: John **Beasly** and Edward **Edwards**.

4 Aug 1725, Thomas **Gudgeon**, planter, of Baltimore Co., Maryland to Cadwallader **Jones**, planter, of same, 2,000 pounds of tobacco, 100 acres...Deer creek. Signed Thomas (x) **Cutchin**. Wit: Joshua **Merriken** and George **Garretson**.

Jul 1725, Edward & Jane **Cox**, planter, of Baltimore Co., Maryland to William **Reeves**, of same, 3,000 pounds of tobacco, 50 acres...north side of the main falls of Gunpowder River. Signed Edward **Cox**. Wit: John **Moorcock** and Thomas **Ford**.

4 Aug 1725, John & Frances **Muckelduroy**, planter, of Baltimore Co., Maryland to Robert **Clark**, planter, of same, 1,800 pounds of tobacco, 156 acres...Deer creek. Signed John (x) **Muckelduroy**. Wit: Daniel **Scott** and Thomas **Sheredine**.

3 Aug 1725, Richard & Mary **Marchant**, weaver, of Baltimore Co., Maryland to Samuel **Harriman**, planter, of Back River, Baltimore Co., Maryland, 50 acres...Back River...patented 7 Apr 1699. Signed Richard (x) **Marchant** and Mary (x) **Marchant**. Wit: Walter (x) **James** and George (x) **Insull**.

20 Jul 1725, John & Frances **Muckelduroy**, planter, of Baltimore Co., Maryland to Benjamin **Wheeler**, of same, 4,000 pounds of tobacco and six cows and calves, 244 acres...Deer creek... purchased 7 Aug 1722, from Robert **Park**. Signed John (x) **Muckelduroy**. Wit: John **Durbin** and Richard **Burrough**.

20 Jul 1725, Samuel & Mary **Brown**, planter, of Baltimore Co., Maryland to John **Durbin**, gentleman, of same, 200 acres...head of Bush River...except part sold to Charles **Whiteacre**. Signed Samuel **Brown**. Wit: Mark **Whiteakers** and Thomas **Jones**.

20 Jul 1725, Thomas & Ann **Broad**, planter, of Baltimore Co., Maryland to John **Merryman**, planter, of same, £10, 102 acres...Back River. Signed Thomas **Broad**. Wit: William **King** and Josias **Hendon**.

29 Aug 1724, William & Elizabeth **Greenfeld**, of Baltimore Co., Maryland to Patrick **Ruark**, of same, 1,200 pounds of tobacco, 100 acres...Swan creek... patented 10 Dec 1695, by Thomas **Greenfeld**, and willed to his children, Thomas, Mary, Jane, Sara, and said William **Greenfeld** ...with the death of Thomas and Sarah, one half of land, 200 acres became the property of said William **Greenfeld**. Signed William **Greenfield**. Wit: Archibald **Buchanan**, Henry **Millan** and John **Clark**.

28 May 1725, Charles & Elizabeth **Burgess**, doctor, of Prince Georges Co., Maryland to Edward **Hall**, of Baltimore Co., Maryland, £50, 480 acres...line of George **Wells**. Signed Charles **Burgess**. Wit: William **Lotherington** and George **Martin**.

5 Jun 1725, Thomas & Elizabeth **Preston**, planter, of Baltimore Co., Maryland to William **Grafton**, planter, of same, £15. Signed Thomas **Preston**. Wit: Daniel **Scott** and Joseph (x) **Roadus**.

28 May 1725, John **Stokes**, gentleman, of Baltimore Co., Maryland to Francis **Holland**, of same, 200 acres...Swan creek. Signed John **Stokes**. Wit: Thomas **White** and Richard **Burrough**.

10 Aug 1724, Delivered to Josias **Hendon**, the portions due the three daughters of William **Robinson**, Elizabeth, Isabell and Mary. Acknowledge receipt, James & Elizabeth **Isham** and Isabell and Mary will receive when of age.

20 Jul 1725, John **Stokes**, gentleman, of Baltimore Co., Maryland to John **Clark**, gentleman, of same, £150, 400 acres...purchased 28 May 1725, of Francis & Susannah **Holland**, originally purchased by Ruthen **Garrett**, Robert **Jones** and Edward **Boedle** of Col. Nathaniel **Uty**. Signed John **Stokes**. Wit: William **Smith** and Thomas **White**.

1 Jun 1724, William & Elizabeth **Greenfield**, of Baltimore Co., Maryland to Joshua **Wood**, carpenter, of same, 3,000 pounds of tobacco and £30, two tracks, adjoining...Colletts creek... line of George **Goldsmith**. Signed William **Greenfield**. Wit: William **Bradford** and Nicholas **Day**.

19 Jul 1725, Nathan & Cassandra **Rigbie**, of Anne Arundel Co., Maryland to John **Hawkin** Sr., of Baltimore Co., Maryland, £22, 100 acres. Signed Nathan **Rigbie**. Wit: William **Phillips** and Mary **Lewin**.

21 Jul 1724, John **Dorsey**, gentleman, of Baltimore Co., Maryland to Phillip **Norwood**, planter, of same, £35, 148 acres...corner to Thomas **Browne**. Signed John **Dorsey**. Wit: Richard **Day** and

Henry (x) **Hall**.

13 Aug 1725, Joshua **Cromwell**, planter, of Baltimore Co., Maryland to Benjamin **Tasker**, of Annapolis, Maryland, £25.85, 150 acres...Curtis creek. Signed Joshua **Cromwell**. Wit: Thomas **Smith**, John **Brick** and John **Hammond** Jr.

2 Oct 1725, William & Mary **Jones**, gentleman, of St. Marys Co., Maryland and William & Elinor **Langley**, (said Elinor is the daughter of Solomon **Jones**, deceased) to John **Gardner**, gentleman, of Baltimore Co., Maryland, £40, 200 acres...Jones Falls...corner to Thomas **Durbin**. Signed William **Jones**, Mary (x) **Jones**, William **Langley** and Elinor (x) **Langley**. Wit: Thomas **Waughop** and Thomas **Aisquith**, of St. Marys Co., Maryland.

7 Apr 1725, Benjamin **Taylor**, (eldest brother and heir of Joseph **Taylor**, late planter, of Maryland), blacksmith, of Warwick, County of Warwick and William **Taylor**, (also a brother), of Theobales, County of Hartford power of attorney to Thomas **Colmore**, merchant, late of London, England, now of Maryland, to sell the estate of Joseph **Taylor**. Signed Benjamin **Taylor**. Wit: Thomas **Morris** and Francis **Wigley**. Signed William **Taylor**. Wit: John **Ellis** and Patrick **Sympson**.

29 Sep 1725, Thomas **Colmore**, (attorney for Benjamin **Taylor**, blacksmith, of Warwick and William **Taylor**, yeoman, of Theobalds, County of Hartford, both heirs of their brother, Joseph **Taylor**, deceased, late of Prince Georges Co., Maryland), merchant, late of London, England, now of Calvert Co., Maryland to Thomas **Cockey**, gentleman, of Anne Arundel Co., Maryland, £120, 1072 acres...part of 2022 acres. Signed Thomas **Colmore**. Wit: Daniel **Dulany** and Thomas **Worsley**.

25 Aug 1725, Deposition of Peter **Penkston**, about 48 years, says he saw the tree bounding the land of Adam **Shipley**. Signed Christopher **Randall**. Wit: John **Hammond** Sr., John **Howard**, Benjamin **Stevens** and Peter **Porter**.

6 Oct 1725, Thomas **Bailey** no longer responsible for the debts of

his wife Katherine **Bailey**. Signed Thomas **Bailey**.

15 Oct 1725, Dutton **Lane**, of Baltimore Co., Maryland to Richard **Lane**, of same, £50. Signed Dutton **Lane**. Wit: Henry (x) **Satyr** and Samuel **Hooker**.

John **Tilliard**, carpenter, of Kent Co., Maryland to George **Debrular**, planter, of same, 3,000 pounds of tobacco, 80 acres...patented by John **Tilliard**, deceased, grandfather of said John **Tilliard**, who willed to his son, Richard **Tilliard**, who made a division with Charles **Adams**, deceased, of Baltimore Co., Maryland. Signed John (x) **Tilliard**. Wit: William **Duane** and Nicholas **Reale**.

25 Oct 1725, James **Carroll**, gentleman, of Anne Arundel Co., Maryland to John **Giles**, gentleman, of Baltimore Co., Maryland, £5, patented May 1702. Signed James **Carroll**. Wit: John **Lee** and Thomas **Clark**.

29 Oct 1725, Solomon & Mary **Armstrong**, of Baltimore Co., Maryland to John **Powell**, of same, land exchange, 125 acres ...line of Thomas **Newsome**. Signed Solomon (x) **Armstrong**. Wit: James **Maxwell** and John **Dorsey**.

29 Oct 1725, John & Phillis **Powell**, of Baltimore Co., Maryland to Solomon **Armstrong**, of same, land exchange, 150 acres. Signed John **Powell**. Wit: John **Dorsey** and Luke **Raven**.

4 Nov 1725, John & Susannah **Stokes**, gentleman, of Baltimore Co., Maryland to his daughter Frances **Paca**, wife of Aquila **Paca**, for love and affection, 400 acres...patented by John **Mould**. Signed John **Stokes**. Wit: Roger **Mathews**, William **Smith**, Aquila **Hall** and Thomas **White**.

8 Nov 1725, John **Stokes**, gentleman, of Baltimore Co., Maryland to his daughter Frances **Paca**, wife of Aquila **Paca**, for love and affection, six negro and mulatto slavers, Ruler, Phillis, Sappy, Patience, Jenny and Tarver. Signed John **Stokes**. Wit: Richard **Smithers** and Thomas **White**.

1 Oct 1725, John **Peddycoat**, innholder, of Baltimore Co., Maryland to Zebediah **Baker**, of same, £10. Signed John **Peddycoat**. Wit: Hyde **Hexton** and Samuel **Heighe**.

5 Oct 1725, Capt. Thomas **Larkin**, gentleman, of Annapolis, Maryland to Christian **Gist**, gentleman, of same, £50, 2,250 acres. Signed Thomas **Larkin**. Wit: James **Stoddert**.

6 Nov 1725, David & Hannah **Prece**, planter, of Chester Co., Pennsylvania to James **Crouch**, planter, of Anne Arundel Co., Maryland, £18, 200 acres... Curtis creek. Signed David (x) **Prece**. Wit: John **Dorsey** and Edard **Hall**.

15 Nov 1725, Melchizedeck & Sosiah **Murray**, planter, of Baltimore Co., Maryland to Thomas **Hughes**, innholder, of same, £60, land to build a ferry. Signed Melchizedeck **Murray** and Thomas **Hughes**. Wit: James **Moore** and Thomas **Hughes** Jr.

15 Nov 1725, Luke **Raven**, no longer responsible for debts of his wife Elizabeth **Raven**, daughter of Thomas & Mary **Hughes**. Signed Luke **Raven**. Wit: Luke **Stansbury** and Richard **Huett**.

3 Dec 1725, Thomas & Sarah **Mathews**, planter, of Baltimore Co., Maryland to Buchler **Partridge**, merchant, of Bristol, England, £12, 165 acres ...patented 19 Jul 1688, by John **Thomas**. Signed Thomas **Mathews** and Sarah (x) **Mathews**. Wit: Christopher **Randall** and John **Cockey**.

2 Dec 1725, Jonathan & Mary **Tipton**, gentleman, of Baltimore Co., Maryland to Thomas **Cockey**, gentleman, of Anne Arundel Co., Maryland, £70, 600 acres. Signed Jonathan **Tipton**. Wit: Christopher **Randall** and John **Cockey**.

4 Dec 1725, Joshua & Mary **Sewell**, planter, of Baltimore Co., Maryland to Thomas **Cockey**, gentleman, of Anne Arundel Co., Maryland, £80, three tracts, 100 acres, 250 acres and ? Signed Joshua (x) **Sewell**. Wit: Henry **Gibben** and Richard **Thacker**.

4 Dec 1725, Joseph & Ruth **Harp**, planter, of Baltimore Co.,

Maryland to Thomas Cockey, gentleman, of Anne Arundel Co., Maryland, £20, 400 acres. Signed Joseph (x) Harp and Ruth (x) Harp. Wit: Christopher Randall and John Cockey.

4 Dec 1725, William & Wolthy Tucker, planter, of Baltimore Co., Maryland to Thomas Cockey, gentleman, of Anne Arundel Co., Maryland, £35, 150 acres...patented 30 Aug 1725. Signed William (x) Tucker. Wit: Richard Thacker and Henry Gibbs.

18 Feb 1725, John & Precilia Boreing and James & Jane Boreing, both planters, of Baltimore Co., Maryland to William Buckner, gentleman, of same, £101, 50 acres...Back River...also 50 acres... line of John Ardin...also 189 acres, adjoining. Signed John Boreing and James Boreing. Wit: John Moorecock and Roland (x) Thornbury.

29 Dec 1725, Alexander & Christine Adair, chyrurgeon, of Calvert Co., Maryland to Richard Caswell, gentleman, of Baltimore Co., Maryland, £25, 230 acres...mentioned in sale 18 Mar 1699, of Col. Thomas Richardson to Thomas Sterling. Signed Alexander Adair and Christine Adair. Wit: John Smith and William Holland Jr.

8 Feb 1725, Rachel Owings, widow, of Baltimore Co., Maryland to her grand children, Micha Owings, Elijah Owings and Bazaleel Owings, for love and affection, livestock. Signed Rachel (x) Owings. Wit: Anna Gallaways, Joshua Owings and Nathaniel Stinchcomb.

1 Aug 1726, Greenberry Dorsey appointed Ranger of the woods. Signed Nicholas Lowe.

29 Oct 1725, Edward Cox, of Baltimore Co., Maryland to John Holloway, of same, a horse. Signed Edward Cox. wit: John (x) Standford.

2 Mar 1725, George Read, (attorney of Thomas Read and Thomas Ridge, both of Newport, Isle of Wight, England) to John Ewings, gentleman, of Baltimore Co., Maryland. Signed George Read. Wit: James Maxwell and Daniel Scott.

3 Mar 1725, John Hobbs no longer responsible for the debts of his

wife Susana **Hobbs**. Signed John (x) **Hobbs**.

3 Mar 1725, John **Dorsey**, (attorney for Hezekiah & Elizabeth **Clarke**, of Anne Arundel Co., Maryland), gentleman, of Baltimore Co., Maryland to Thomas **Tolley**, gentleman, of Baltimore Co., Maryland, £10, three tracts, 200 acres, 100 acres and 70 acres, all adjoining. Signed John **Dorsey**. Wit: Daniel **Scott** and Edward **Hall**. Signed Thomas **Clarke** and Elizabeth **Clarke**. Wit: Philip **Jones** and Samuel **Smith**.

4 Mar 1725, Robert **Cutchin**, planter, of Baltimore Co., Maryland to James **Maxwell**, gentleman, of same, 424 pounds of tobacco, 20 acres...mouth of Taylors creek. Signed Robert (x) **Cutchin**. Wit: John **Roberts** and Richard **Gist**.

1725, John **Hill**, mariner to James **Maxwell**, gentleman, of Baltimore Co., Maryland, 1,000 pounds of tobacco, 100 acres...mouth of Bush River. Signed John **Roberts**, attorney for John **Hill**. Wit: John **Dorsey** and Richard **Gist**. Signed John (x) **Hill**. Wit: Edward **Hall** and William **Bradford**.

4 Mar 1725, Elizabeth **Jones**, widow, of Baltimore Co., Maryland to her son Nathan **Jones**, of same, for love and affection, chattel goods. Signed Elizabeth **Jones**. Wit: John **Wisely** and William **Brasher**.

5 Apr 1726, Abraham & Dinah **Taylor**, planter, of Baltimore Co., Maryland to James **Maxwell**, gentleman, of same, 4,000 pounds of tobacco, 100 acres...part of 200 acres patented by William **Orchard**. Signed Abraham (x) **Taylor**. Wit: Edward **Hall** and Thomas **White**.

3 Mar 1725, Robert **Love**, planter, of Baltimore Co., Maryland to Charles **Baker** Jr., planter, of same, £4, Gunpowder River. Signed Richard **Love**. Wit: Roger **Mathews**, James **Moore** and Joseph **Merriken**.

29 Apr 1726, Archibald & Jane **Edmonston**, carpenter, of Prince Georges Co., Maryland to Daniel **Scott**, of Baltimore Co., Maryland, 11,000 pounds of tobacco, 400 acres...part of 1,000 acres...Winters Run...patented by Col. Neniand **Beale**, father of said

Jane Edmonston. Signed Archibald Edmonston and Jane Edmonston. Wit: John Magunder and Thomas Clagett Sr.

15 Jul 1726, John Peddycoat, of Baltimore Co., Maryland to William Peddycoat, of same, £20, 100 acres...Middle Run. Signed John Peddycoat Jr. and William (x) Peddycoat. Wit: John Dorsey and John Belt.

25 Jun 1726, John Belt Sr., of Baltimore Co., Maryland to his daughter, Mary Belt, wife of Greenberry Dorsey of same, for love and affection, 112 acres. Signed John Belt. Wit: Richard Pinkstone and John (x) Davis.

5 Oct 1726, Aquila Hall to his son John Hall, the negro boy Robert and the negro girl Dina. Signed Aquila Hall. Wit: John Stokes and William Smith.

4 May 1726, Patrick & Sarah Murphy, planter, of Baltimore Co., Maryland to George Buchanan, gentleman, of same, £60, two tracts adjoining, 250 acres total. Signed Patrick (x) Murphy. Wit: Thomas White and Asell Maxwell.

9 Jun 1725, John & Anne Maccomus, planter, of Baltimore Co., Maryland to William Bradford, planter, of same, for 20 acres given to John Maccomus, son of said John & Mary, 20 acres... head of Bush River. Signed John (x) Maccomus and Ann (x) Maccomus. Wit: John Stokes and Charles Ball.

2 Jun 1726, Edward & Elizabeth Evans, of Baltimore Co., Maryland to Nathaniel Darby, of same, 3,000 pounds of tobacco, 50 acres... patented 10 Feb 1697. Signed Edward (x) Evans and Elizabeth (x) Evans. Wit: Thomas Sheredine and Samuel Merryman.

9 Jun 1726, William & Elizabeth Bradford, of Baltimore Co., Maryland to John Maccomus, of same, for 20 acres, 20 acres...head of Bush River. Signed William Bradford. Wit: John Stokes.

William Wheeler, of Baltimore Co., Maryland to his children, Elizabeth Wheeler and Benjamin Wheeler, the mother of which was

Isabel **Wheeler**, to Elizabeth a negro girl Anne, about 10 years, to be delivered on the day of said Elizabeth's marriage...to son Benjamin, negro boy Peter, about 14 years, to be delivered when said Benjamin is 21 years...appoints his wife's brother, John **Price** the children's guardian. Signed William (x) **Wheeler**. Wit: Thomas (x) **Carr**, Benjamin (x) **Price**, Rachel **Price**, Aquila **Carr** and Francis **Hinck**.

3 Jun 1724, Thomas **Loften**, planter, of Baltimore Co., Maryland to Roland **Shepard**, of same, 2,000 pounds of tobacco, 99 acres. Signed Thomas (x) **Loften**. Wit: William **Bradford** and George **Garrettson**.

8 Jun 1726, John **Stokes**, gentleman, of Baltimore Co., Maryland to John **Clarke**, gentleman, of same, £165, 400 acres...purchased 28 May 1725 from Francis & Susannah **Holland**. Signed John **Stokes**. Wit: Roger **Mathews** and Edward **Hall**.

28 Jun 1726, John **Mellor**, planter, of Baltimore Co., Maryland to Nehemiah **Mellor**, of same, 4,000 pounds of tobacco, 200 acres...Middle Run. Signed John **Mellor**. Wit: Anna **Draitt** and Sarah (x) **Adams**.

25 Jun 1726, Mary **Bosley**, widow, of Baltimore Co., Maryland to Philip **Trapnall** Jr., of same, 1,500 pounds of tobacco, 50 acres...southwest branch of Gunpowder River. Signed Mary (x) **Bosley**. Wit: John **Dorsey** and Edward **Harris**.

2 Jul 1726, Thomas & Damaris **Stockett**, gentleman, of Anne Arundel Co., Maryland to John **Stokes**, gentleman, of Baltimore Co., Maryland, £110, 400 acres...Swan creek...originally sold to Richard **Smithers** in 1703, who assigned his rights to said **Stokes**. Signed Thomas **Stockett**. Wit: Samuel **Chambers** and Zach. **Maccubbin**.

19 Jul 1726, Thomas & Frances **Croker**, planter, of Baltimore Co., Maryland to Hugh **Merriken**, planter, of same, £10, 112.5 acres...mouth of Curtis creek. Signed Thomas (x) **Croker**. Wit: Benjamin **Tasker**.

Aug 1726, James & Elizabeth **Isham**, planter, of Baltimore Co., Maryland to his son-in-law Josias **Hendon** and his son William **Hendon**, for love and affection, 170 acres...north side of the little falls of Gunpowder River. Signed James **Isham**. Wit: John **Crockett** and Buckler **Partridge**.

Aug 1726, Josias & Elizabeth **Hendon**, planter, of Baltimore Co., Maryland to his father-in-law James **Isham**, planter, of same, for love and affection, 100 acres...east side of Gunpowder River. Signed Josias **Hendon**. Wit: Capt. Cogw. Coram **Nobis**, Luke **Raven** and John **Dorsey**.

27 Jan 1724, Thomas **Bond**, merchant, of London, England power of attorney to Edward **Fell**, merchant, of Maryland. Signed Thomas **Bond**. Wit: John **Randall**, James **Wood**, Walter (x) **Jones** and Tabus **Land**.

11 Jun 1726, William **King**, planter, of Back River, Baltimore Co., Maryland to John **England**, gentleman, of Northeast, Cecil Co., Maryland, £15, mineral rights of plantation near the head of Back River. Signed William **King**. Wit: George **Hitchcock**, Edward **Fell** and Nathaniel **Giles**.

3 May 1726, William & Jane **Brasher**, planter, of Baltimore Co., Maryland to Richard **Wells**, planter, of same, 5,000 pounds of tobacco, 56 acres...and 10 acres...patented 10 Oct 1704, by John **Wells**. Signed William **Brasher** and Jane **Brasher**. Wit: Samuel **Howell**, Aquila **Hall** and Joseph **Johnson** Jr.

11 Jun 1726, Luke **Raven** Sr., gentleman, of Baltimore Co., Maryland to his son Abraham **Raven**, of same, for love and affection, 300 acres...Pill Run...patented 24 Apr 1706. Signed Luke **Raven** Sr. Wit: Edward **Hall**, John **Roberts**, James **Moore** and William **Galloway**.

11 Jun 1726, Luke **Raven** Sr., gentleman, of Baltimore Co., Maryland to his son Isaac **Raven**, of same, for love and affection, 350 acres... head of Middle River. Signed Luke **Raven** Sr. Wit: Edward **Hall**, John **Roberts**, James **Moore** and William **Galloway**.

11 Jun 1726, Luke **Raven** Sr., gentleman, of Baltimore Co., Maryland to his eldest son Luke **Raven** Jr., for love and affection, 100 acres and 317 acres, adjoining. Signed Luke **Raven** Sr. Wit: Edward **Hall**, John **Roberts**, James **Moore** and William **Galloway**.

3 Aug 1726, John **Dorsey**, gentleman, of Baltimore Co., Maryland to Daniel **Dulany**, of Annapolis, Maryland, £154, 775 acres...little falls of Gunpowder River...and two other tracts...100 acres...fork of Gunpowder River...150 acres ...sold by Vaughan **Davies** and Catharine, his wife, (daughter of Gideon **Shoats**) to said **Dorsey**. Signed John **Dorsey**. Wit: William **Gordon**, Joseph (x) **Bankson** and John **Crockett**.

3 Aug 1726, Thomas & Ann **Bond**, planter, of Baltimore Co., Maryland to Joseph **Galloway**, planter, of Anne Arundel Co., Maryland, £137, 1580 acres...Winter Run...patented 7 Mar 1725. Signed Thomas **Bond**. Wit: John **Crockett** and William **Bond**.

15 Aug 1726, Joseph **Powell**, of Baltimore Co., Maryland to his brother Richard **Jacks**, son of Thomas & Elizabeth **Jacks** and Barbary **Jacks** daughter of the said Thomas & Elizabeth **Jacks**, for love and affection, 125 acres...south side of South River in Anne Arundel Co., Maryland... patented 1 Apr 1686 by John and James **Powell**, said John **Powell**, of Anne Arundel Co., Maryland, died intestate and John **Powell**, his son an heir, willed (after the decease of his mother, Elizabeth **Powell**) to his brother, the said Joseph **Powell**. Signed Joseph (x) **Powell**. Wit: John **Belt**, Sarah **Belt** and John **Dorsey**.

3 Aug 1726, George & Elinor **Buchanan**, chyrurgeon, of Baltimore Co., Maryland to Benjamin **Jones**, of same, 400 acres...patented by Michael **Judd**... later purchased by William **Hicks**, who willed to his four sons, William, James, Nehemiah and Henry **Hicks**. Signed George **Buchanan**. Wit: Lloyd **Harris** and Joseph **Ward**.

16 Aug 1726, William **King**, of Baltimore Co., Maryland to Thomas **Sheredine**, of same, £24, 187 acres...south side of main run of Back River. Signed William **King**. Wit: Andrew **Hillman**, George **Walker** and John (x) **Morgan**.

23 Aug 1726, George **Yate**, planter, of Baltimore Co., Maryland to Thomas **Lackey**, gentleman, of Anne Arundel Co., Maryland, £35, 144 acres... part of 400 acres. Signed George **Yeote**. Wit: John **Hill**, William **Turnet** and Henry **Gibbes**.

1726, Samuel **Stephens**, planter, of Baltimore Co., Maryland to James **Durham**, of same, £20, 200 acres...north side of Back River. Signed Samuel (x) **Stephens**. Wit: John **Dorsey** and Joshua **Dorsey**.

25 Nov 1726, John **Dorsey**, gentleman, of Baltimore Co., Maryland to John **Hammond**, of Cecil Co., Maryland, £105, 200 acres...also 50 acres...line of William **Wignall**...and 50 acres. Signed John **Dorsey**. Wit: John **Buck** and James **Welch**.

2 Nov 1726, Thomas & Elinor **Hooker**, planter, of Baltimore Co., Maryland to Samuel **Hooker**, of same, £15, 100 acres. Signed Thomas **Hooker**. Wit: Richard **Hooker**, Ulick **Birk** and Edward **Hall**.

1 Nov 1726, John **Cross**, planter, of Baltimore Co., Maryland to James **Moore**, cordwinder, of same, 500 acres...patented 30 Jan 1705 by Hoggs **Norton**. Signed John **Cross**. Wit: Hugh **Johnes** and William **King**.

2 Nov 1726, Lewis & Katharine **Petee** Jr., (said Katherine is a daughter and heir of Mathew **Green**, late of Baltimore Co., Maryland, she is also a grand daughter and grantees of Jane **Boone**, of Baltimore Co., Maryland), planter, of Baltimore Co., Maryland to Thomas **Coale**, planter, of Bush River, of same, their third part of three tracts on Bush River. Signed Lewis (x) **Petee** and Katharine (x) **Petee**. Wit: Daniel **Scott**, Robert **Mucclsvain** and Edward **Hall**.

15 Oct 1726, Henry **Ewings**, planter, of Baltimore Co., Maryland to Christopher **Randall** Sr., of same, £70.05, 150 acres...and 200 acres. Signed Henry **Ewings**. Wit: Benjamin **Tasker** and Robert **Gordon**.

14 Sep 1726, Orlando & Katharine **Griffith**, planter, of Anne Arundel Co., Maryland to Charles **Ridgely**, planter, of Baltimore

Co., Maryland, £40, 200 acres...north side of middle branch of Patuxent River. Signed Orlando **Griffith**. Wit: John **Norwood** and Elias **Smithers**.

2 Nov 1726, Thomas **Coale**, of Baltimore Co., Maryland to Lewis **Patee** Jr., of same, £30, 125 acres...Deer creek. Signed Thomas **Coale**. Wit: Daniel **Scott**, Robert **Makilivain** and Edard **Hall**.

28 Nov 1726, Thomas & Elizabeth **Plummer**, of Prince Georges Co., Maryland to Samuel **Howell**, of Baltimore Co., Maryland, £20, 108 acres... west side of Susquehanna River. Signed Thomas (x) **Plummer** and Elizabeth (x) **Plummer**. Wit: James **Weems** and Benjamin **Lane**.

24 Aug 1726, William **Symson**, planter, of Baltimore Co., Maryland to John **Stokes**, gentleman, of same, 3,000 pounds of tobacco, 100 acres...west side of Susquehanna River. Signed William (x) **Symson**. Wit: Edward **Hall** and Thomas (x) **Hargis**.

8 Sep 1726, Henry & Elinor **Wetherall**, of Baltimore Co., Maryland to David **Carlile**, of same, 4,000 pounds of tobacco, 50 acres...Winters Run. Signed Henry **Wetherall**. Wit: William **Bradford** and Lloyd **Harris**.

13 Dec 1726, John **Ellzey**, of Baltimore Co., Maryland to Joseph **Bosley**, 3,000 pounds of tobacco, 80 acres...west side of the great falls of Gunpowder River. Signed John **Ellzey**. Wit: John **Wood** and Charles (x) **Robeson**.

13 Dec 1726, Joseph **Bosley**, of Baltimore Co., Maryland to Charles **Robeson**, 3,000 pounds of tobacco, 100 acres...north side of Patuxent River. Signed Joseph (x) **Bozley**. Wit: John **Ellzey** and John **Wood**.

6 Dec 1726, Jonathan **Tipton** Sr., Planter, of Baltimore Co., Maryland to Thomas **Tipton**, planter, of same, 600 pounds of tobacco, 40 acres. Signed Jonathan **Tipton** Sr. Wit: Thomas **Sheredine** and John **Cockey**.

7 Dec 1726, Jonathan & Mary **Tipton** Sr., Planter, of Baltimore Co.,

Maryland to John **Smith**, gentleman, of Calvert Co., Maryland, £52.65, 234 acres...where Thomas **Tipton** now lives...line of Richard **Kemp**. Signed Jonathan **Tipton** Sr. Wit: Thomas **Sheredine**, Thomas **Ford** and John **Cockey**.

13 Aug 1726, Ebenezer **Blackstone**, of Kent Co., Maryland to John **Stokes**, of Baltimore Co., Maryland, 5,000 pounds of tobacco, 500 acres... Deer creek. Signed Ebenezer **Blackstone**. Wit: William **Frisby** and John **Smithers**.

26 Oct 1726, John **Taylor**, planter, of Baltimore Co., Maryland to Edward **Day**, of same, 250 acres ...month of Gunpowder River. Signed John **Taylor**. Wit: Joseph **Merriken** and Charles (x) **Smith** Sr.

9 Mar 1726, John & Mary **Roberts**, of Baltimore Co., Maryland to Edmond **Talbott**, of same, 200 acres...part of 400 acres ...Winters Run...line of Henry **Wetherall**. Signed John **Roberts**. Wit: Alexander **Grazer** and Michael **Macnemara**.

9 Mar 1727, Owen & Ann **Sullevent**, of Baltimore Co., Maryland to Thomas **Price**, of same, 3,000 pounds of tobacco, 100 acres...north side of Bush River ...patented 28 Sep 1717. Signed Owen (x) **Sullivan**. Wit: Edward **Hall** and George **Drew**.

2 Nov 1723, In pursuance of an act of parliament made and provided for the transportation of convicted persons and felons out of Great Britain into the king's plantations in America, I do thereby assign unto John **Weasly** one woman servant named Francis **Allen** being a transport within the said statute for the term of seven years the time to commence from the arrival of the ship Alexander, John **King** commander in this providence, it being Sep 5, 1723. Signed John **Moale**. On the back is thus written, I assign the within servant woman to Lloyd **Harris**. Signed John **Weasly**. I assign the within servant to Alexander **Parrish** or his assignee. Signed Lloyd **Harris**.

17 Dec 1726, This is to certify that the bearer, Francis **Allen**, is a free person. Signed Alexander (x) **Parrish**. Wit: Thomas **Elton**.

7 Dec 1726, Samuel & Jane **Hughes**, planter, of Baltimore Co., Maryland to John **Durbin**, planter, of same, 312 acres received by said **Hughes** from said **Durbin**, (land exchange), 200 acres...Deer creek...also 100 acres, adjoining...also 348 acres, adjoining...line of Francis **Hamby**. Signed Samuel **Hughes** and Jane (x) **Hughes**. Wit: John Edward **Hall** and John **Hall**.

4 Oct 1709, Received of Mrs. Elinor **Harbert**, £24.2, for a negro boy, Roben. Signed Charles (x) **Merryman** Sr. Wit: John (x) **Landes** and Richard **Colegate**.

16 Mar 1726, at the request of Ellinor **Harbert**, late guardian of Benjamin **Colegate**, made an inventory of the estate. Signed Thomas **Sheredine**.

7 Feb 1726, Richard **Bennett** power of attorney to Joshua **George**. Signed R. **Bennett**. Wit: Andrew **Maidman** and Charles **Hoodless**.

21 Jan 1726, William & Elizabeth **Reaves**, planter, of Baltimore Co., Maryland to John **Willmott**, planter, of same, 1,000 pounds of tobacco, 100 acres...between Ring Run and Stone Run...line of James **Tood**. Signed William (x) **Reaves**. Wit: Thomas **Eton** and John **Coale** Sr.

13 Dec 1726, Thomas & Elizabeth **Stone**, of Baltimore Co., Maryland to Luke **Stansbury**, of same, £23, 80 acres...mouth of Back River. Signed Thomas **Stone** and Elizabeth (x) **Stone**. Wit: John **Ellzey**, Thomas (x) **Carr** and Charles (x) **Robinson**.

27 Sep 1726, William & Susan **Parrish**, planter, of Baltimore Co., Maryland to John **Norris**, planter, of Anne Arundel Co., Maryland, £30, 150 acres...line of Rich **Levell**. Signed William **Parrish**. Wit: Benjamin **Norris** and Richard **Golt**.

16 Nov 1726, John **Taylor**, planter, of Gunpowder River, Baltimore Co., Maryland to Robert **Love**, planter, of Baltimore Co., Maryland, 3,000 pounds of tobacco, 150 acres...Gunpowder River...patented 27 Jul 1723. Signed Edward **Day**, attorney for John **Taylor**. Wit: James (x) **Low** and John **Deavor**.

27 Oct 1726, John **Taylor**, planter, of Baltimore Co., Maryland to Joshua **Merriken**, boatwright, of same, patented by Author **Taylor**, father of said John. Signed John **Taylor**. Wit: Edward **Day** and Thomas **White**.

19 Sep 1726, William & Honour **Logsden**, planter, of Baltimore Co., Maryland to his daughter Ann **Durbin**, for love and affection, 97.5 acres... north side of Patuxent River. Signed William (x) **Logsden**. Wit: Richard Gist, Josephus **Marray**.

21 Jan 1726, John & Dinah **Cole**, planter, of Baltimore Co., Maryland to John **Gardner**, planter, of Bear Creek, Baltimore Co., Maryland, £80, 200 acres ...north side of Patuxent River...Jones Falls... line of Thomas **Durbin**and 126 acres...patented 4 Dec 1696 by John **Coale**...and 300 acres, patented 20 Feb 1714 by John **Coale**. Signed John **Coale**. Wit: John **Willmott** and Thomas **Elton**.

17 Mar 1721, Ebenezer **Cooke**, (attorney for Henry **Lowe**), gentleman, of Maryland to Thomas **Gittings**, planter, of Baltimore Co., Maryland, £9, 450 acres ...head of Gunpowder River. Wit: Ebenezer **Blackstone**.

13 Sep 1726, Archibald & Jane **Edmundson**, carpenter, of Prince Georges Co., Maryland to Jacob **Bull**, bricklayer, of Baltimore Co., Maryland, 3,000 pounds of tobacco, 100 acres ...head of Bush River. Signed Archibald **Edmundson** and Jane **Edmundson**. Wit: James **Belt** and William **Beck**.

9 Oct 1726, Joseph **Barney**, planter, of Kent Co., Maryland to Leger **Codd**, gentleman, of same, 3,000 pounds of tobacco, 150 acres. Signed Joseph **Barney**.

21 Jan 1726, John **Dorsey**, gentleman, of Baltimore Co., Maryland to Richard **Snowden**, merchant, of Anne Arundel Co., Maryland, £100, falls of Gunpowder River. Signed John **Dorsey**. Wit: John **Crockett** and Aquila **Paca**.

14 Apr 1727, Joshua **Sewell**, planter, of Baltimore Co., Maryland to Col. Thomas **Cockey**, gentleman, of Anne Arundel Co., Maryland,

£45, two tracts of 250 acres. Signed Joshua (x) **Sewell**. Wit: Edward **Mackavoy** and William (x) **Tucker**.

10 Apr 1726, Richard & Hannah **Tracker**, planter, of Baltimore Co., Maryland to Thomas **Cockey**, gentleman, of Anne Arundel Co., Maryland, £85, three tracts, 367 acres, 100 acres and 320 acres. Signed Richard **Tracker** and Hannah (x) **Tracker**. Wit: John **Hill**, Edward **Mackaway** and John (x) **White**.

1726, Stephen **Body**, of Baltimore Co., Maryland to Thomas **Rutter**, of same, 2,000 pounds of tobacco, 100 acres...line of George **Hickson**. Signed Stephen **Body**. Wit: Daniel **Scott** and Henry **Wetherall**. Wife examined, but not named.

8 Mar 1727, William & Mary **Cox**, planter, of Baltimore Co., Maryland to John **Green**, of same, 100,000 pounds of tobacco, 50 acres...north side of the great falls of Gunpowder River. Signed William (x) **Cox** and Mary (x) **Cox**. Wit: Henry (x) **Patyer** and George **Hitchcock**.

7 Mar 1727, Edmund & Mary **Talbot**, planter, of Baltimore Co., Maryland to Nathaniel **Shepard**, of same, two tracts, 100 acres...south side of Bush River and 80 acres...line of James **Isham** and Aquila **Paca**. Signed Edmund **Talbot**. Wit: John **Roberts** and John **Stokes**.

13 Jan 1726, Sarah **Massey**, (executor of the will of her husband, Samuel **Massey**), widow, of Philadelphia, Pennsylvania power of attorney to John **Crockett**, merchant, of Baltimore Co., Maryland. Signed Sarah **Massey**. Wit: Edward **Hall** and Aquila **Hall**.

7 Dec 1726, John & Avarilla **Durbin**, planter, of Baltimore Co., Maryland to Samuel **Hughes**, planter, of same, for 348 acres given said **Durbin** by said **Hughes**, (land exchange), two tracts, 200 acres...head of Bush River and 112 acres...head of Bush River. Signed John **Durbin** and Avarilla (x) **Durbin**. Wit: John **Hall** and Edward **Hall**.

4 Feb 1726, John **Hill**, (son and heir of John **Hill**, planter, late of

Baltimore Co., Maryland), late of Baltimore Co., Maryland to Rees **Hinton**, farmer, of Cecil Co., Maryland, 6,000 pounds of tobacco, 600 acres...Bush River...patented 9 Feb 1664 by Nathaniel **Stiles**, deceased, who willed 19 Sep 1676, that his executor, Henry **Stockett**, of Anne Arundel Co., Maryland and James **Standley**, of Cecil Co., Maryland, sell the land, (for the use expressed of insuring John **Hill** or Francis **Triposses**, his orphans), which was sold to John **Hill**, grandfather to the said John **Hill**. Signed John (x) **Hill**. Wit: Henry **Webb**, Jeb. **Hollingsworth** and Simon (x) **Johnson**.

18 Jun 1726, John **Dorsey**, of Baltimore Co., Maryland to his son Greenberry **Dorsey** and Mary **Belt**, daughter of John **Belt**, for love and affection, one old white servant woman named Mary **Harris**, livestock and chattel goods. Signed John **Dorsey**. Wit: John **Hayes**, Edward **Dorsey** and Thomas (x) **Cross**.

15 Apr 1727, Robert & Dorothy **Cutchin**, planter, of Baltimore Co., Maryland to John **Stokes**, gentleman, of same, 3,000 pounds of tobacco, 40 acres...north side of Gunpowder River. Signed Robert (x) **Cutchin**. Wit: Roger **Mathews** and Thomas **White**.

1726, William **Grafton**, of Baltimore Co., Maryland to John & Susannah **Constant** Sr., planter, of same, gift, 100 acres...patented in 1723...during their natural lives and thereafter to their children, Susannah and John **Constant**. Signed William (x) **Grafton**. Wit: Thomas **Sheredine**.

13 Feb 1726, John **Smithers**, (son of Richard **Smithers**, of Baltimore Co., Maryland), of Kent Co. Maryland to John **Stokes**, gentleman, of Baltimore Co., Maryland, £5, 250 acres...quit claim of land said Richard **Smithers** sold to said **Stokes**, 4 May 1725, which meets and bounds mentioned and comprised in Col. George **Wells**, his devise to his daughter, Susannah Mary. Signed John **Smithers**. Wit: S. Leger **Codd** and John **Casvill**.

13 Feb 1726, John **Smithers**, (eldest son of Blanch **Smithers**, daughter of Col. George **Wells**, deceased, late of Baltimore Co., Maryland and one of the heirs of George **Wells** Jr., likewise deceased, of Baltimore Co., Maryland), of Kent Co., Maryland to

John Stokes, gentleman, of Baltimore Co., Maryland, £150, 1,150 acres...the said George Wells, devised 20 Feb 1695, to his son, the said George Wells Jr., four tracts, 400 acres, 800 acres, 200 acres and 81 acres...the said George Wells Jr. died intestate and also owing an additional 24 acres...one third went to said John Smithers by right of his mother, one of the sisters of George Wells Jr. and one third to Peregrine Frisby, (by his guardian and Uncle, Peregrine Frisby Sr.), in right of his mother Frances Frisby, another of the sisters and heirs of George Wells Jr. and one third to Susannah, the wife of the said John Stokes and sister of George Wells Jr. Signed John Smithers, acting for the others. Wit: Wit: S. Leger Codd and John Casvill.

14 Feb 1725, Thomas Stone, shipwright, of Baltimore Co., Maryland to his son-in-law Richard Sampson, of same, for love and affection, his plantation and livestock. Signed Thomas Stone Wit: Nathaniel Darby and Joseph (x) Crouch.

14 Feb 1725, Thomas Stone, shipwright, of Baltimore Co., Maryland to his son-in-law James Bagford, for love and affection, livestock. Signed Thomas Stone Wit: Nathaniel Darby and Joseph (x) Crouch.

24 Dec 1726, Luke Raven, gentleman, of Baltimore Co., Maryland to his son Luke Raven, of same, 125 acres...north side of Middle River. Signed Luke Raven. Wit: Joseph Thurman and Edward Cooke.

2 Jun 1726, John & Phillis Powell, taylor, of Baltimore Co., Maryland to Peter Whitaker, planter, of same, 1,500 pounds of tobacco, 50 acres. Signed John Powell and Phillis (x) Powell. Wit: Obediah Pritchard and Thomas Knight.

22 Apr 1727, Robert West Sr., planter, of Baltimore Co., Maryland to his son, John West, of same, for love and affection, Deer creek. Signed Robert (x) West. Wit: Anne (x) Simpson and Thomas Knight.

22 Apr 1727, Robert West Sr., planter, of Baltimore Co., Maryland

to his daughter, Sarah Cook, for love and affection, Deer creek. Signed Robert (x) West. Wit: Anne (x) Simpson and Thomas Knight.

22 Apr 1727, Robert West Sr., planter, of Baltimore Co., Maryland to his son Jonathan West, of same, for love and affection, Deer creek. Signed Robert (x) West. Wit: Anne (x) Simpson and Thomas Knight.

27 May 1727, Thomas Colmore, merchant, late of London, England, now of Maryland power of attorney to Lloyd Harris, gentleman, of Baltimore Co., Maryland. Signed Thomas Colmore. Wit: Edmund Ewings.

1 Apr 1727, Thomas Cord, of Baltimore Co., Maryland to, his brother Abraham Cord, of same, bond for £500, Thomas Cord Sr., devised to his two eldest sons, said Thomas and Abraham a tract of land which they divided. Signed Thomas Cord. Wit: William Smith and John Stinchcomb.

5 Jun 1727, Micall & Hannah Rutledge, planter, of Baltimore Co., Maryland to John Harryman, of same, 1,000 pounds of tobacco, 50 acres...north side of Back River. Signed Michall Rutledge and Hannah (x) Rutledge. Wit: Luke Raven Jr., Isaac Raven and Elizabeth Raven.

9 Jan 1726, Samuel Durham, planter, of Baltimore Co., Maryland to Thomas Coale, of Bush River, Baltimore Co., Maryland, 2,500 pounds of tobacco, 50 acres...patented 1681 by John Durham, the elder, who devised to his son Samuel Durham, who devised to his brother John Durham, who devised to his son, the said Samuel Durham. Signed Samuel Durham. Wit: Edmond (x) Hays and Mary (x) Hays. Wife examined, but not named.

4 May 1727, Christopher & Sibrah Gardner, of Baltimore Co., Maryland to John Giles, of same, £50 and 3,000 pounds of tobacco, 400 acres. Signed Christopher Gardner and Sibrah (x) Gardner. Wit: William Denton and Hyde Haxton.

8 Jun 1727, James **Maxwell**, of Baltimore Co., Maryland to James **Preston**, barber, of same, £20, 100 acres...formerly belonging to Jeremiah **Hakes**, deceased, late of Baltimore Co., Maryland. Signed James **Maxwell**. Wit: John **Deaver** and Archibald **Rollo**.

15 Mar 1726, John **Taylor**, planter, of Baltimore Co., Maryland to Thomas **Bond**, merchant, of London, England, 100 acres...line of Elizabeth **Ayers**, daughter of Edward...formerly taken up by Edward **Ayers**, 20 Arp 1668. Signed John (x) **Taylor**. Wit: Joseph **Ward** and Samuel **Burgess**.

7 Jun 1727, Thomas & Ann **Bond**, planter, of Baltimore Co., Maryland to Thomas **Coale**, of Bush River, Baltimore Co., Maryland, £22.5, 225 acres. Signed Thomas **Bond**. Wit: Josias **Middlemore**.

17 Jul 1727, John **Stokes** gives notice that any livestock on his property, should be taken away or he will deal with them. Signed John **Stokes**.

4 May 1727, Christopher & Sibrah **Gardner** to Hyde **Haxton**, £20, 100 acres. Signed Christopher **Gardner** and Sibrah (x) **Gardner**. Wit: William **Denton** and John **Giles**.

22 Jun 1727, Thomas **Stone**, shipwright, of Baltimore Co., Maryland to Richard **Gist**, of same, £5. Signed Thomas **Stone**. Wit: Constant (x) **Sampson** and Thomas **Sheredine**.

30 Sep 1725, Richard **Gist** in his letter to Phillip **Smith**, merchant, of London, England, pay bills of Thomas **Stone**, who sold livestock and chattel goods to raise the money. Signed Thomas **Stone**. Wit: Joseph (x) **Elledy**, Mary (x) **Knight** and Abigail (x) **Diaper**.

22 Jun 1727, Thomas **Stone**, shipwright, of Baltimore Co., Maryland to Richard **Gist**, of same, £42 of debt, quit claims all his chattel goods. Signed Thomas **Stone**. Wit: Constant (x) **Sampson** and Thomas **Sheredine**.

4 Jan 1726, Robert **Cruickshank**, merchant, of London, England

power of attorney to George **Walker**, merchant, of Maryland. Signed Robert **Cruickshank**. Wit: John **Johnson**, John **Dunkin** and John **Exton**, notary of public, London.

Inventory delivered by Elenor **Harbert**, late guardian of Temperance **Colegate**, deceased and Benjamin **Colegate**. Signed John **Stokes**.

7 Feb 1726, John **Stokes**, of Baltimore Co., Maryland to Stephen **Wilkinson**, minister, of St. George's Parrish, Baltimore Co., Maryland, Archibald **Buchanan**, John **Durbin**, Bennett **Garrett**, John **Gallion**, Roger **Mathews**, John **Clarke** and Samuel **Howell**, vestrymen of same Parrish, 30,000 pounds of tobacco, two tracts, 200 acres and 10 acres ...was in the possession of Mark **Richardson**... James & Bithia **Phillips**, gentleman, of Baltimore Co., Maryland, sold 12 Mar 1716 to Francis **Holland**, gentleman, of same, also sold to John **Webster**, who reconveyed back...said **Holland** sold to said **Stokes**. Signed John **Stokes**. Wit: Thomas **Knight** and Nathaniel **Giles**.

8 Jun 1727, Thomas & Tibitha **Sheredine**, gentleman, of Baltimore Co., Maryland to Richard **Hewitt**, innholder, of same, £1.5, lot No. 19 on Church Street. Signed Thomas **Sheredine**. Wit: Will **Buckner** and Thomas **White**.

1 May 1727, John **Belt**, gentleman, of Baltimore Co., Maryland to his son-in-law Greenberry **Dorsey**, son of John & Comfort **Dorsey**, for love and affection, 112 acres. Signed John **Belt**. Wit: Samuel **Heighs** and John **Dorsey**.

Chapter 13

Baltimore Co., Maryland
Liber I.S. No. I.
1727-1729

18 Jul 1727, Chadwalder **Jones**, of Baltimore Co., Maryland to Jacob **Harrington**, carpenter, of same, for love and affection, all of his estate. Signed Chadwalder (x) **Jones**. Wit: Henry **Donahue** and William **Hunter**.

1727, William & Elizabeth **Demott**, planter, of Baltimore Co., Maryland to Nicholas **Day**, of same, 2,500 pounds of tobacco, 150 acres...north side of Gunpowder River. Signed William **Demott**. Wit: John **Puddock** and Daniel **Maccomus**.

30 Sep 1727, Ellinor **Addison**, widow, of Prince Georges Co., Maryland to her brother Richard **Smith**, merchant, of Calvert Co., Maryland, for love and affection, one half of 500 acres... south side of Gunpowder Falls...patented 10 Nov 1695 by Walter **Smith**, devised equally to his two daughters, said Ellinor and Ann **Smith**. Signed Elenor **Addison**. Wit: Mary **Abington** and John **Abington**.

8 Jun 1727, William & Sarah **Loyall**, planter, of Baltimore Co., Maryland to Richard **Huett**, innholder, of same, £22, 100 acres. Signed William (x) **Lyon** and Sarah (x) **Lyall**. Wit: Aquila **Hall**, Lloyd **Harris**, James **Preston**, John **Cromwell** and James **Walker**.

23 Sep 1727, Thomas & Tabitha **Sheredine**, gentleman, of Baltimore Co., Maryland to John **Hallaway**, of same, 5,000 pounds of tobacco, 200 acres... between the Great and Little Falls of Gunpowder River. Signed Thomas **Sheredine**. Wit: Philip **Jones** Jr. and Edward **Stevenson**.

1 Aug 1727, William & Elizabeth **Murphy**, planter, of Baltimore Co., Maryland to George **Buchanan**, of same, £30, 200

acres...patented by Benjamin **Martin**, deceased, late of Baltimore Co., Maryland. Signed William (x) **Murphy**. Wit: Thomas **Sheredine** and John **Cockey**.

17 Oct 1727, Jonathan **Tipton** to his daughter-in-law Hannah **Tipton**, for love and affection, livestock, one servant boy, (not named) and chattel goods. Signed Jonathan **Tipton**. Wit: George **Browne**, Orland **Winstanley** and Thomas **Hooker**.

14 Oct 1727, Richard **King**, of Baltimore Co., Maryland to his daughter Ann **Marsh**, of same, for love and affection, 50 acres...out of 100 acres where said **King** now lives...line of William **Douglas**. Signed Richard (x) **King**. Wit: John **Townsend** and Amy (x) **Townsend**.

7 Oct 1727, Lawrence & Mary **Draper**, of Baltimore Co., Maryland to Garvas **Gilbert**, planter, of same, £50, 70 acres...Swan creek. Signed Lawrence **Draper** and Mary (x) **Draper**. Wit: Thomas **Knight** and John **Boys**.

Thomas **Bayley** and John **Bayley**, of Anne Arundel Co., Maryland, divide land, 353 acres...John **Bayley**, received of George **Burgess** and willed to his two sons, the said Thomas and John **Bayley**. Signed Thomas **Bayley** and John (x) **Bayley**. Wit: John **Bevan** and Elizabeth (x) **Trapnall**.

15 Nov 1727, Mary **Stanford**, wife of James **Stanford**, planter, of Baltimore Co., Maryland in behalf of her son, John **Fuller** to William **Shepard**, cooper, of Baltimore Co., Maryland, said John **Fuller** is apprenticed to William **Shepard** for eight years. Signed Mary (x) **Stanford**, William (x) **Shepard** and John (x) **Fuller**.

27 Jul 1727, Samuel & Sarah **Heighe**, (said Sarah is the widow of John **Israell**, deceased, planter, late of same), planter, of Baltimore Co., Maryland to Charles **Carroll**, chyrurgeon, of Annapolis, Maryland, £13, several tracts, 385 acres...purchased of George **Yate**...185 acres ...purchased of John **Yate**...87 acres...purchased of John **Yate**...100 acres patented by said John **Israell**. Signed Samuel **Heighe** and Sarah (x) **Heighe**. Wit: H. **Hoxton** and Richard

Owings.

4 May 1725, Richard **Smithers**, gentleman, of Baltimore Co., Maryland to John **Stokes**, for his care during the remaining lifetime of said Richard and 2,000 pounds of tobacco per year... his estate. Signed Richard **Smithers**. Wit: Thomas **White**.

17 Jun 1727, James **Maxwell** to Thomas **White**, receipt for his lot No. 5. Signed James **Maxwell**. Wit: Humphry **Stokes** and John **Kemp**.

18 Apr 1710, John **Boreing** records note with probate and judgment. Signed Edward **Stevenson**. Wit: Henry (x) **Shields** and Rowland (x) **Thornbrough**.

7 Sep 1726, John **Boreing** swears that he never received payment from Edward **Stevenson**. Signed Thomas **Addison**.

27 Dec 1726, Michael & Charity **Paequinett**, planter, of Bath Co., North Carolina power of attorney to his cousin, John **Belt**, of Baltimore Co., Maryland. Signed Michael **Paequinett** and Charity **Paqunett**. Wit: Edward **Lutwyeke**, John **Dorsey** and John **Peddycoat**.

15 Dec 1727, Thomas & Eleanor **Cromwell**, planter, of Baltimore Co., Maryland to William **Hammond**, gentleman, of same, £22.5, 305 acres. Signed Thomas **Cromwell**. Wit: John **Cockey** and Richard **Gist**.

27 Dec 1718, James & Martha **Presbury** to William & Mary **Marshall**, for love and affection, 300 acres...west side of Bush River. Signed James **Presbury** and Martha **Presbury**. Wit: Ralph **Dendy** and William (x) **Loney**.

31 Jul 1727, John **Dorsey**, of Baltimore Co., Maryland power of attorney to Josephus **Murry**, gentleman, of same to sell to James **Catcham**, of same. Signed John **Dorsey**. Wit: Joseph **Litchfield** and James **Dorsey**.

31 Jul 1727, John Dorsey, of Baltimore Co., Maryland to James Catcham, of same, 2,400 pounds of tobacco, 50 acres...Garrison Ridge. Signed John Dorsey. Wit: Joseph Litchfield and James Dorsey.

29 Nov 1727, Thomas & Eleanor Cromwell, planter, of Baltimore Co., Maryland to Capt. John Cromwell, gentleman, of Anne Arundel Co., Maryland, £18, 100 acres...now in the possession of Jacob Giles, son of John Giles Sr., deceased, late of Baltimore Co., Maryland. Signed Thomas Cromwell. Wit: John Cockey and Richard Gist.

29 Nov 1727, Thomas & Eleanor Cromwell, planter, of Baltimore Co., Maryland to Henry Wright, planter, of Anne Arundel Co., Maryland, £30, 225 acres. Signed Thomas Cromwell. Wit: John Cockey and Richard Gist.

5 Mar 1727, William & Sarah Byfoot, planter, of Baltimore Co., Maryland to Benjamin Hanson, of same, 200 acres on south side of Bush River, (land exchange), 50 acres...part of 100 acres ...Rumley creek. Signed William (x) Byfoot and Sarah (x) Byfoot. Wit: Roger Mathews and William Foster.

6 Mar 1727, Benjamin & Sarah Hanson, planter, of Baltimore Co., Maryland to William Byfoot, planter, of same, 100 acres...south side of Bush River. Signed Benjamin Hanson. Wit: Roger Mathews and William Foster.

6 Mar 1727, Benjamin & Sarah Hanson, planter, of Baltimore Co., Maryland to William Byfoot, planter, of same, 100 acres...south side of Bush River. Signed Benjamin Hanson. Wit: Roger Mathews and William Foster.

6 Mar 1727, William Hitchcock, planter, of Baltimore Co., Maryland to his daughter, Phillisana and her husband Nehemiah Hicks, of same, for love and affection, 50 acres...north side of the little falls of Gunpowder River... purchased of Alexander Maccamus. Signed William (x) Hitchcock. Wit: Moses Groome and Thomas Coale.

1 Arp 1727, Abraham **Cord**, of Baltimore Co., Maryland is bound to Thomas **Cord**, for £500, Thomas **Cord**, father of said Abraham and Thomas, willed his estate to be divided between his sons. Signed Abraham **Cord**. Wit: Roger **Mathews**, William **Smith** and John **Stinchcomb**.

5 Mar 1727, Edward & Avarila **Day**, planter, of Baltimore Co., Maryland to Nathan **Pumphary**, of Anne Arundel Co., Maryland, £16, 150 acres...north side of the great falls of Gunpowder River. Signed Edward **Day**. Wit: Alick (x) **Macomas** and John **Green**.

12 Feb 1727, John **Belt** Sr., (attorney of Michael & Charity **Paequinett**, planter, of Bath Co., North Carolina), gentleman, of Baltimore Co., Maryland to John **Belt** Jr., gentleman, of Baltimore Co., Maryland, 175 acres...patented 11 Jul 1678 by Richard **Boughton**. Signed John **Belt**. Wit: Thomas **Smith** and Robert **Owings**.

2 Apr 1728, Heathcott **Pickett**, of Baltimore Co., Maryland to Benjamin **Jones**, 3,000 pounds of tobacco, quit claim his interest in two tracts ...50 acres...north side of Gunpowder River ...line of William **Wignall**...6.25 acres... patented 12 Jun 1688...owned by William **Pickett**, who willed to his two sons, the said Heatheott and William **Pickett**, deceased and a daughter, Elizabeth **Pickett**, now the wife of Benjamin **Jones**. Signed Heathcott **Pickett**. Wit: Daniel **Scott** and Edward **Hall**.

9 Nov 1727, Nathan **Rigbie**, planter, Anne Arundel Co., Maryland lease to Richard **Wells**, 50 acres. Signed Nathan **Rigbie**. Wit: Martin **Weld** and Shipwith **Coale**.

1 Jun 1727, Henry **Darnall**, gentleman, of Prince Georges Co., Maryland to John **Diggs**, gentleman, of same, 1500 acres in Charles Co., Maryland, (land exchange), 1500 acres and 1000 acres in Baltimore Co., Maryland. Signed Henry **Darnall**.

12 Dec 1727, John & Elenor **Diggs**, gentleman, of Prince Georges Co., Maryland to John **Hyde**, merchant, of London, England, £300, 1000 acres. Signed John **Diggs**. Wit: Joseph **Belt**, Edward **Sprigg**

and Daniel Carroll.

2 Apr 1728, Thomas White, of Joppa, Baltimore Co., Maryland to Rev. William Cawthren, of Baltimore Co., Maryland, 6,480 pounds of tobacco, patented 1726. Signed Thomas White. Wit: Daniel Scott and Edward Hall.

2 Apr 1728, Thomas & Sarah Cross, of Baltimore Co., Maryland to James Stanford, of same, 1,200 pounds of tobacco, 50 acres...west side of Bush River...patented 1 Aug 1669, by Joseph Hewes. Signed Thomas (x) Cross and Sarah (x) Cross. Wit: Daniel Scott and Edward Hall.

Heathcott Pickett, of Baltimore Co., Maryland to Benjamin Jones, 50 acres...west side of Gunpowder River. Signed Heathcott Pickett. Wit: Daniel Scott and Edward Hall.

6 Mar 1727, Heathcott Pickett, planter, of Baltimore Co., Maryland to William Lowe, carpenter, of same, 2,000 pounds of tobacco, 150 acres. Signed Heathcott Pickett. Wit: Thomas Westevell, Scott and Sicklemore.

11 Dec 1727, John & Silva Dorsey, (said Sarah is the widow of John Heathcoat, of Cecil Co., Maryland, who was the heir of Nathaniel Heathcoat, deceased of Anne Arundel Co., Maryland), carpenter, of Cecil Co., Maryland to William Rumsey and John Baldwin, both gentleman, of Cecil Co., Maryland, £50, 500 acres...between the two main falls of Gunpowder River. Signed John Dorsey and Silva (x) Dorsey. Wit: Thomas Ward and B. Pearce.

30 Nov 1727, Edward & Rachel Parish, of Anne Arundel Co., Maryland to William Parish, £0.25, 80 acres... willed by Edward Parish, deceased of Anne Arundel Co., Maryland to his son, the said Edward Parish...line of John Parrish, brother of said Edward Parish, deceased. Signed Edward Parish. Wit: Robert Tomiblen and James Noden.

18 Mar 1727, John & Philis Powell, staymaker, of Baltimore Co., Maryland to Charles Wittacre, planter, of same, 70 acres, (land

exchange), 75 acres...head of Bush River. Signed John **Powell**. Wit: Blanch (x) **Brown** and Elizabeth (x) **Rolland**.

5 Mar 1727, Samuel & Jane **Hughes**, planter, of Baltimore Co., Maryland to Charles **Wittacres**, planter, of same, 30 acres, (land exchange), 100 acres... head of Bush River. Signed Samuel **Hughes**. Wit: John **Powell** and Philis (x) **Powell**.

5 Mar 1727, Charles & Mary **Wittacre**, planter, of Baltimore Co., Maryland to John **Powell**, staymaker, of same, 75 acres, (land exchange), 70 acres...head of Bush River. Signed Charles (x) **Wittacre** and Mary (x) **Wittacre**. Wit: Samuel **Hughes** and Jane (x) **Hughes**.

1 Nov 1727, Andrew **Wells**, merchant, late of Glasgow, England, now of Maryland power of attorney to John **Giles**, gentleman, of Baltimore Co., Maryland. Signed Andrew **Wells**. Juliana **Coursey**, Mary **Coursey** and William **Cummings**.

2 Apr 1728, Abraham & Dina **Taylor**, planter, of Baltimore Co., Maryland to William **Barney**, planter, of same, 2,100 pounds of tobacco, 100 acres...south side of Bush River. Signed Abraham (x) **Taylor**. Wit: Gilbert **Crockett** and George (x) **Debrular**.

23 May 1728, John & Mary **Tillyard**, carpenter, of Kent Co., Maryland power of attorney to John **Roberts**, gentleman, of Baltimore Co., Maryland. Signed John (x) **Tillyard** and Mary (x) **Tillyard**. Wit: Mary (x) **Roberts**, the elder and Mary **Roberts**.

23 May 1728, John & Mary **Tillyard**, carpenter, of Kent Co., Maryland to John **Debrular**, 1,800 pounds of tobacco, 116 acres...Walton creek... patented 1 Sep 1696, by George **Green**, of Kent Co., Maryland, grandfather of said John **Tillyard**. Signed John (x) **Tillyard**. Wit: John **Roberts**, Mary (x) **Roberts**, the elder and Mary **Roberts**.

20 Apr 1728, Rowland **Shephard** Jr., planter, of Baltimore Co., Maryland to his wife Jane **Shephard**, for love and affection, all his estate. Signed Roland (x) **Shephard**. Wit: Joseph (x) **Pritchard** and Sarah (x) **Hanson**.

18 Mar 1727, John **Copper**, planter, of Baltimore Co., Maryland to John Francis **Holland**, gentleman, of same, £30, 100 acres...Bare creek. Signed John (x) **Copper**. Wit: John **Mannan** and James **Powell**.

6 Jul 1728, Deposition of Joseph **Gorswick**, aged 78 years, that he lived in the house where John **Copper** was born and declared that said **Copper** was 21 years old. Signed Will **Buckner**.

27 Sep 1725, received of John **Smithers** and his son Richard **Smithers**, one third payment for the heirs of George Wells. Marry **Marshall**. Wit: Edward **Hall** and Roger **Mathews**.

Feb 1726, Thomas **Dolman**, mariner, of Bristol states that about five years ago while a mate on the ship Loyal Merchant, of Bristol, he did at Patapsco, Maryland, he sold to Thomas **Sheredine**, merchant, at that place, a cargo of goods for £37.35, which was to be paid for with 7,070 pounds of tobacco...because ship was overloaded he took a bond instead. Signed Thomas **Dolman**. Wit: P. **Day**, mayor of Bristol.

20 Feb 1726, Thomas **Dolman**, mariner, of Bristol, England power of attorney to Buckiler **Patridge**, merchant, of Maryland to collect debt due from Thomas **Sheredine**. Signed Thomas **Dolman**. Wit: John **Hettier**.

6 Jun 1728, Asaell **Maxwell**, gentleman, of Baltimore Co., Maryland to William **Lowe**, planter, of same, £1.35, lot 7 in the town of Joppa. Signed Asaell **Maxwell**. Wit: Thomas **White** Stephen **Wilkinson**.

6 Jun 1728, Asaell **Maxwell**, gentleman, of Baltimore Co., Maryland to Joseph **Calvert**, £2.75, lot 8 in the town of Joppa. Signed Asaell **Maxwell**. Wit: Stephen **Wilkinson** and Benjamin **Tayman**.

6 Jun 1728, William **Lowe**, planter, of Baltimore Co., Maryland to Joseph **Calvert**, merchant, of Joppa, Baltimore Co., Maryland, £1,35, lot in the town of Joppa. Signed William (x) **Lowe**. Wit: Benjamin **Tayman** and Stephen **Wilkinson**.

3 Apr 1728, Henry & Aimey **Perrygoy**, planter, of Baltimore Co., Maryland to Robert **Green**, planter, of same, 4,000 pounds of tobacco, 50 acres. Signed Henry Perrygoy. Wit: Thomas **Sheredine** and John **Boreing**.

15 Feb 1727, Thomas & Susannah **Knight**, schoolmaster, of Baltimore Co., Maryland to Isaac **Butterworth**, yeoman, of Spencer, Baltimore Co., Maryland, £10, 100 acres...Deer Run. Signed Thomas **Knight**. Wit: Edward **Hall**, Flora **Glover** and Isaac **Butterworth** Jr.

6 Jul 1728, Job & Mary **Evans**, planter, of Baltimore Co., Maryland to John **Moale**, merchant, of same, £30, 55 acres. Signed Job **Evans**. Wit: Richard **Gist** and Christopher **Randall** Jr.

10 Jun 1828, Richard & Mary **King**, planter, of Baltimore Co., Maryland to Hyde **Haxton** and Lloyd **Harris**, gentlemen, of same, 3,000 pounds of tobacco, 100 acres. Signed Richard (x) **King**. Wit: William **Hamilton** and W. **Buckner**.

10 Jun 1728, Francis and Edward **Dorsey**, planters, of Baltimore Co., Maryland to Charles **Dorsey**, planter, of same, their interest in... Edward **Dorsey**, deceased, late, of Baltimore Co., Maryland, willed that his three sons equally divide. Signed Francis (x) **Dorsey** and Edward **Dorsey** Jr. Wit: William **Hamilton** and W. **Buckner**.

11 Jul 1828, Thomas & Elee **Durham**, planter, of Baltimore Co., Maryland to Jeremiah **Harring**, of Kent Co., Maryland, 3,000 pounds of tobacco, 35 acres. Signed Thomas (x) **Durham**. Wit: William **Holmes** and Joseph **Ward**.

19 Jul 1728, Moses **Groome**, (one of the heirs of Anne **Fithes**, widow of Edward **Fithes**, late of Baltimore Co., Maryland), of Baltimore Co., Maryland to Thomas **White**, of Joppa, Baltimore Co., Maryland, several tracts...said Edward **Fithes** died intestate and estate went to his brother Charles **Fithes**, now deceased, of England. Signed Moses **Groome**. Wit: Hunor **Stokes** and John **Kemp**.

29 May 1728, Samuel **Hedge**, gentleman, of Salem Co., New Jersey to Lloyd **Harris**, gentleman, of Baltimore Co., Maryland, ££10, 100

acres...line of William **Pouttney**...patented by John **Copus**. Signed Samuel **Hedge**. Wit: John **Roberts** and Elizabeth **Huett**.

10 Jun 1728, Charles **Dorsey**, of Baltimore Co., Maryland to Francis and Edward **Dorsey**, planters, of same, his interest in...Col. Edward **Dorsey**, deceased, late, of Baltimore Co., Maryland, willed that his three sons equally divide. Signed Charles (x) **Dorsey**. Wit: William **Hamilton** and William **Buckner**.

5 Mar 1728, Charles & Mary **Wittaker**, planter, of Baltimore Co., Maryland to Samuel **Hughes**, planter, of same, 100 acres, (land exchange), 30 acres...said 100 acres given said **Hughes** by John **Durbin**. Signed Charles (x) **Whitaker** and Mary (x) **Whitaker**. Wit: Philis (x) **Powell** and John **Powell**.

10 Jun 1728, Francis & Elizabeth **Dorsey** and Edward **Dorsey**, planters, of Baltimore Co., Maryland to Hyde **Haxton**, gentleman, of same, £160, two tracts, 350 acres and 45 acres...north side of Patapsco River. Signed Francis (x) **Dorsey** and Edward **Dorsey**. Wit: William **Hamilton** and William **Buckner**.

6 Aug 1728, Patrick **Lynch**, William **Lynch** and Mary **Lynch**, (heirs of Robert **Lynch**, deceased of Baltimore Co., Maryland), to John **Bevan** Jr., planter, of Baltimore Co., Maryland, 3,000 pounds of tobacco, 100 acres ...Salt Peter creek. Signed Patrick (x) **Lynch**, William (x) **Lynch** and Mary (x) **Lynch**. Wit: David **Carlile** and John (x) **Debrular**.

7 Aug 1728, Thomas & Catharine **Cullen**, of Baltimore Co., Maryland to John **Cooper**, weaver, of same, 2,500 pounds of tobacco, 100 acres...Susquehanna River ...patented 22 Oct 1720 by Thomas **Cullen**. Signed Thomas **Cullin** and Catharine (x) **Cullins**. Wit: Thomas **Miles** and Thomas **Tredway**.

31 May 1728, Samuel **Hedge**, merchant, of Salem Co., West Jersey power of attorney to Thomas **White**, of Baltimore Co., Maryland, to sell 250 acres. Signed Samuel **Hedge**. Wit: Aquila **Hall**, Edward **Hall**, Stephen **Wilkinson**, Francis **Holland** and Abraham **Cord**.

31 May 1728, Samuel **Hedge**, merchant, of Salem Co., West Jersey to Roger **Mathews**, gentleman, of Baltimore Co., Maryland, £15, 554 acres...line of George **Wells**...patented by Thomas **Hedge**. Signed Samuel **Hedge**. Wit: John **Holbrooke** and Fora **Glover**.

3 May 1728, John & Mary **Tillyard**, carpenter, of Kent Co., Maryland power of attorney to John **Roberts**, gentleman, of Baltimore Co., Maryland. Signed John (x) **Tillyard** and Mary (x) **Tillyard**. Wit: Mary (x) **Roberts**, the elder and Mary **Roberts**.

3 May 1728, John & Mary **Tillyard**, carpenter, of Kent Co., Maryland to George **Debrular**, planter, of Baltimore Co., Maryland, 1,000 pounds of tobacco, Wrights creek...dividing line between Richard **Tillyard** and Charles **Adams**, both deceased. Signed John (x) **Tillyard**. Wit: John **Roberts**, Mary (x) **Roberts**, the elder and Mary **Roberts**.

8 Aug 1728, John **Moale**, (attorney for Jonathan **Forward**, merchant, of London, England) to Antill **Deaver**, of Baltimore Co., Maryland, £35, 550 acres owned by Thomas **Grey**, deceased, who sold, 13 May 1707, before returning to London, to John **Goodwin**, merchant, of London, who went broke in 1711 and sold to said **Forward**. Signed John **Moale**. Wit: John **Stokes** and Thomas **White**.

13 Mar 1713, John & Hannah **Dever**, planter, of Baltimore Co., Maryland to Richard **Dever**, planter, of same, £10, 93 acres...head of Bush River. Signed John **Deaver** and Hannah **Deaver**. Wit: James **Richardson** and Moses **Edwards**.

16 Feb 1727, Thomas **Bond**, merchant, of London, England power of attorney to John **Randall**, mariner and master of the ship, Supply, of same. Signed Thomas **Bond**. Wit: John **Hall**, Thomas **Rantrey** and Thomas **Robinson**.

6 Jun 1728, John & Anne **Maccomus**, of Baltimore Co., Maryland to Richard **Rulfe**, of same, £11, 80 acres...patented 10 Nov 1686 by Thomas **Thurston**. Signed John (x) **Maccomus** and Anne (x) **Maccomus**. Wit: Samuel **Marvin**, Moses **Groome** and Timothy (x) **Keen**.

7 Feb 1727, Moses & Alee **Edwards**, planter, of Baltimore Co., Maryland to vestrymen of Saint Pauls Parish, of Baltimore Co., Maryland, 200 pounds of tobacco, 2 acres. Signed Moses **Edwards**. Wit: Charles **Hissey**.

13 Dec 1720, Thomas **Hutchins**, merchant, of London, England will buy tobacco now being load on the ship Loyall, under master Thomas **Langharne**, at anchor in the river of Patapsco. Signed Thomas **Langharne**.

5 Sep 1728, Richard **Gist**, merchant, of Baltimore Co., Maryland to his son Christopher **Gist**, of same, for love and affection, three tracts, 350 acres. Signed Richard **Gist**. Wit: Joseph **Cromwell** and John **Salt**.

12 Jul 1728, Mary **Marshall**, of Baltimore Co., Maryland to Joshua **Wood**, of same, 2,500 pounds of tobacco, 28 acres. Signed Mary **Marshall**. Wit: Edward **Hall** and John **Hall** Jr.

16 Mar 1727, Received to Thomas **Kerr**, one of Jonathan **Hanson**'s securities for part of the estate of John **Colegate**, one of Maj. **Colegate**'s sons, £288.9, one half of the bond jointly with George **Bailey** and Jonathan **Hanson**, who was appointed guardian of John and Thomas **Colegate**, two of the sons of Maj. Richard **Colegate**, deceased. Signed John **Talbott**.

19 May 1727, Christopher **Randall**, (attorney for John **Bond**, mariner, of London, England), planter, of Baltimore Co., Maryland to Job **Evans**, planter, of Baltimore Co., Maryland, £30, 200 acres. Signed Christopher **Randall**, attorney for John **Bond**. Wit: Richard **Gist** and Christopher **Randall** Jr.

5 Jun 1728, James **Armstrong**, planter, of Baltimore Co., Maryland to John **Armstrong**, of same, 3,000 pounds of tobacco, 82.5 acres, one half of 165 acres...line of James **Phillips**. Signed James (x) **Armstrong**. Wit: John **Hall** Jr. and Richard **Gist**.

3 May 1728, John **Hallaway**, planter, of Baltimore Co., Maryland to Shillen **Standifer**, of same, 2,000 pounds of tobacco, 100

acres...great falls of Gunpowder River. Signed John (x) **Hallaway**. Wit: Luke **Stansbury** and William **Hammond**.

9 Sep 1728, Aquila **Paca**, gentleman, of Baltimore Co., Maryland to Rev. William **Cawthren**, of same, lot No. 25 on Court St...originally sold to George **Drew**, who withdrew from the sale. Signed Aquila **Paca**. Wit: John **Stokes** and William **Smith**.

27 Sep 1728, John **Clarke**, gentleman, of Baltimore Co., Maryland to James **Bond**, of same, £25, 350 acres...Deer creek. Signed John **Clarke**. Wit: Edward **Hall** and George **Garretson**.

7 Nov 1728, George **Hitchcock**, planter, of Baltimore Co., Maryland agreement with Joseph **Cump**, that said **Cump** will serve said **Hitchcock** for 12 months. Signed George **Hitchcock** and Joseph (x) **Cump**. Wit: John **Kemp** and John **Moorcock**.

22 Jun 1728, Henry & Mary **Enlowes**, (heir of Hendrick **Enlowse**, late of Baltimore Co., Maryland), cordwinder, of Kent Co., Maryland to Jonas & Frances **Middlemore**, quit claim, £1, 200 acres ...patented 22 Jun 1661 by Hendrick **Enlowse**, who sold to Edward **Boothby**, deceased, of Baltimore Co., Maryland, who willed to his daughter, Frances, the wife of Jonas **Middlemore**, who sold to Archibald **Buchanan**. Signed Henry **Enlowes**. Wit: Thomas **Ringgold** and Fred **Hanson**.

6 Nov 1728, James & Mary **Standford**, planter, of Baltimore Co., Maryland to William **Smith**, of same, 1,800 pounds of tobacco, 50 acres...west side of Bush River...patented by Joseph **Hewe**. Signed James **Standford**. Wit: Richard **Gist** and John **Durbin**.

12 Oct 1728, John **Moale**, (attorney for Jonathan **Forward**, merchant, of London, England) to Richard **Brasker**, a minor under 21 years, of Baltimore Co., Maryland, £35, 225 acres, one half of 550 acres...Thomas **Grey**, who sold before departing for London, to John **Goodwin**, who went broke in 1711 and sold to said **Moale**...William **Brasker**, deceased father of said Richard and husband of Jane **Brasker**, purchased one half. Signed John **Moale**, attorney for Jonathan **Forward**. Wit: Benjamin **Tasker**.

27 Sep 1727, John **Hammond**, gentleman, of Cecil Co., Maryland to Alexander **Maccaules**, of same, £40, 400 acres...line of Robert **West**...west side of Susquehanna River. Signed John **Hammond**. Wit: B. **Hollingsworth** and Thomas **Johnson** Jr.

13 Sep 1728, Nathan & Cassandra **Bigbie**, of Anne Arundel Co., Maryland to Gerard **Hopkins**, of same, £100, 1000 acres, one half of 2,000 acres ...line of Michael **Gibson**...patented 8 Aug 1684, by James & Bathia **Phillips**, who sold one half to Thomas **Tench**, of Anne Arundel Co., Maryland, who willed 9 Mar 1708 to said **Bigbie**. Signed Nathan **Bigbie**. Wit: Hamilton **Hawson**.

1 Nov 1728, Jonathan & Mary **Tipton** Sr., planter, of Baltimore Co., Maryland to John **Smith**, gentleman, of Calvert Co., Maryland, £54, 200 acres...line of Richard **Kemp**. Signed Jonathan **Tipton**. Wit: John **Cockey** and Richard **Gist**.

2 Nov 1728, John & Hannah **Cromwell**, planter, of Anne Arundel Co., Maryland to Thomas **Sheredine**, of Baltimore Co., Maryland, £25, 250 acres. Signed John **Cromwell**. Wit: John **Smith** and William (x) **Slade**.

6 Aug 1728, William **Byfoot**, planter, of Baltimore Co., Maryland to Benjamin **Hanson**, planter, of same, 2,000 pounds of tobacco, 100 acres...Lodwick creek. Signed William (x) **Byfoot**. Wit: Joseph **Calvert** and James **Lee**.

10 Jul 1728, Nicholas & Frances **Haile**, planter, of Baltimore Co., Maryland to Edward **Stevenson**, merchant, of same, 56 acres...south side of Patapsco River. Signed Nicholas (x) **Haile**. Wit: Francis **Hinckley** and Thomas **Tipton**.

1 Aug 1727, George & Alice **Insall**, of Baltimore Co., Maryland to Joseph **Fulkes**, sawyer, of same, 2,300 pounds of tobacco, 100 acres...south side of Back River. Signed George (x) **Insall** and Alice (x) **Insall**. Wit: James **Presbury** and Joseph **Calvert**.

25 Feb 1728, George & Alice **Insall**, of Baltimore Co., Maryland to Thomas **Sheredine**, of same, £16, 100 acres. Signed George (x) **Insall**

and Alice (x) **Insall**. Wit: William **Buckner** and **Walker**.

27 Nov 1728, John **Earp**, of Stafford Co., Virginia and Joseph **Earp**, of Anne Arundel Co., Maryland power of attorney to William **Parrish**, of Baltimore Co., Maryland. Signed John (x) **Earp** and Joseph (x) **Earp**. Wit: Robert (x) **Chapman** and John **Arnal**.

27 Nov 1728, John **Earp**, of Stafford Co., Virginia and Joseph **Earp**, of Anne Arundel Co., Maryland to Charles **Wells**, Baltimore Co., Maryland, 5,000 pounds of tobacco, 100 acres. Signed John (x) **Earp** and Joseph (x) **Earp**. Wit: Robert (x) **Chapman** and John **Arnal**.

27 Nov 1728, John **Earp**, of Stafford Co., Virginia to Charles **Wells**, of Baltimore Co., Maryland, £10, 50 acres. Signed John (x) **Earp**. Wit: Robert (x) **Chapman** and John **Arnal**.

3 Mar 1728, Edmund & Ruth **Howard**, of Baltimore Co., Maryland to Cornelius **Howard**, of same, £7, 100 acres. Signed Edmund **Howard**. Wit: Richard **Gist** and Nathaniel **Gist**.

4 Mar 1728, Robert **West** Sr., of Baltimore Co., Maryland to his son Robert **West** Jr., of same, for love and affection, Spring Run. Signed Robert (x) **West**. Wit: William **Hunter**, Joshua **Wood** and Priscilla (x) **West**.

5 Mar 1720, John & Mary **Debrular**, (said Mary is a daughter and heir of Thomas **Greenfield**, late of St. Georges Parish, Baltimore Co., Maryland), planter, of St. Johns Parish, Baltimore Co., Maryland to Patrick **Ruark**, of St. Georges Parish, Baltimore Co., Maryland, 1,500 pounds of tobacco, 200 acres...patented 10 Dec 1695, by Thomas **Greenfield**. Signed John (x) **Debrular** and Mary (x) **Debrular**.

7 Mar 1728, Jacob & Mary **Robinson**, carpenter, of Baltimore Co., Maryland to John **Ward**, a minor, under 21 years, son of Joseph & Bridgett **Ward**, of Joppa, Baltimore Co., Maryland, 1,300 pounds of tobacco, 50 acres...Gravelly Run. Signed Jacob **Robinson**. Wit: Thomas **Sheredine** and Thomas **White**.

6 Mar 1728,, William & Sarah **Lowe**, of Baltimore Co., Maryland to Thomas **Franklin**, of same, 3,500 pounds of tobacco, 100 acres...between the little and great falls of Gunpowder River. Signed William (x) **Lowe**. Wit: Philip **Jones** Jr. and Edward **Stevenson**.

1728, William **Wheeler**, planter, of Baltimore Co., Maryland to John & Catharine **Headswarth**, of Annapolis, Maryland and George **Blinkinship**, of Annapolis, Maryland, £38, 100 acres. Signed William (x) **Wheeler**. Wit: Wilber **Beckingham** and Lloyd **Harris**.

5 Mar 1728, Nathan **Giles**, planter, of Baltimore Co., Maryland to his children, Elizabeth **Webster**, Mary **Giles**, Nathaniel **Giles**, John **Giles** and his friend Elizabeth **Welch**, of same, for love and affection, all his estate. Signed Nathan **Giles**. Wit: Joseph **Jones** and Isaac **Webster**.

3 Mar 1728, Nathaniel **Giles**, planter, of Baltimore Co., Maryland to his daughter Elizabeth **Webster**, for love and affection, the negro boy Sam. Signed Nathaniel **Giles**. Wit: Elizabeth (x) **Broadway** and Jacob **Giles**.

8 Feb 1728, Isaack **Samson**, of Baltimore Co., Maryland to Luke **Stansbury**, of same, £40, 100 acres...west side of Back River. Signed Isaac **Samson**. Wit: John **Willmott** and James **Moore**.

5 Jun 1728, Thomas & Elizabeth **Gorswick**, (son and heir of Joseph **Gorswick**, late of Baltimore Co., Maryland) to Thomas **Standsbury**, planter, of same, 4,000 pounds of tobacco, 197 acres...line of Robert **Forrest**...west side of the Great Falls of Gunpowder River. Signed Thomas (x) **Gorswick**. Wit: John **Willmott** and James **Moore**.

21 Nov 1727, Henry & Mary **Enloes**, cordwinder, of Kent Co., Maryland to Samuel **Goodwin**, planter, of same, £10, 100 acres...west side of Middle River...patented by Thomas **Long**, who sold to Thomas **Pertt**, who sold to said **Enloes** Signed. Henry **Enloes** and Mary (x) **Enloes**. Wit: Fred **Hanson** and John **Evans**.

1 Apr 1729, Henry **Adams**, (son and heir of William **Adams**, gentleman, of Baltimore Co., Maryland, but formerly of Calvert

Co., Maryland), carpenter, of Baltimore Co., Maryland to Thomas Tolley, gentleman, of Baltimore Co., Maryland, £15, 310 acres...Gunpowder River... purchased by William Adams 7 Jul 1702 from John Richardson. Signed Henry Adams. Wit: Richard Gist.

1729, William & Susan Parrish, planter, of Baltimore Co., Maryland to Stephen Gill, planter, of same, 75 acres...north side of Patapsco River. Signed William Parrish. Wit: William Shiselin and Walker.

7 Apr 1729, Roger Mathews, gentleman, of Baltimore Co., Maryland to Edmond Jennings, of Annapolis, Maryland and Joshua George, of Cecil Co., Maryland, 3,000 pounds of tobacco, 77 perches...line of Thomas Tolley. Signed Roger Mathews. Wit: John Hall Jr.

1 Apr 1729, William & Sarah Lowe, planter, of Baltimore Co., Maryland to Robert Cutchin, planter, of same, 3,500 pounds of tobacco. Signed William (x) Lowe. Wit: John Hall, William Smith and Edward Hall.

2 Apr 1729, John Legall, of Baltimore Co., Maryland to his wife Sarah Legall, for love and affection, all his estate. Signed John Legall. Wit: John Kemp and Thomas White.

1 Feb 1729, John Debrular, of Baltimore Co., Maryland makes his will, his estate to his wife Mary Debrular. Signed John (x) Debrular. Wit: Thomas Cord, John (x) Thomas and Robert (x) Curtis.

4 Oct 1728, Frances Grant, widow and executor of Hugh Grant, late of Baltimore Co., Maryland to Miles Foy, of same, for love and affection, chattel goods. Signed Frances (x) Grant. Wit: John Herbert and Thomas Smith.

7 Mar 1729, Melchisadeck & Sophih Murry, planter, of Anne Arundel Co., Maryland to William Handcock, of same, £8, 100 acres. Signed Melch. Murry. Wit: Richard Gist and Nathaniel Gist.

9 Aug 1729, William Hammond and John Cromwell paid £60.

Signed William **Buckner**. Wit: Samuel **Hammond** and Elizabeth **Raven**.

7 Mar 1727, Thomas & Abigail **Buston**, of Baltimore Co., Maryland to Peter **Carroll**, of same, Winter Run. Signed Thomas **Buston**. Wit: Bennett **Garrett**, William **Brastus** and Thomas **Browne**.

Chapter 14

Baltimore Co., Maryland
Liber I.S. No. K.
1727-1731

James **Moore**, cordwinder, of Baltimore Co., Maryland to John **Willmott**, planter, of same, 150 acres. Signed James **Moore**. Wit: Thomas **Hall** and Luke **Stansbury**.

3 Feb 1727, Codwalder **Jones**, planter, of Baltimore Co., Maryland to Jacob **Harrington**, bill of sale. Signed Codwalder (x) **Jones**. Wit: Richard **Wilson** and Comton **Felp**.

6 Feb 1728, James **Moore**, cordwinder, of Baltimore Co., Maryland to John **Willmott**, planter, of same, 100 acres. Signed James **Moore**. Wit: Thomas **Hall** and Luke **Stansbury**.

6 Mar 1728, Thomas **Franklin**, of Baltimore Co., Maryland to John **Standifer**, of same, 3,000 pounds of tobacco, 120 acres. Signed Thomas **Franklin**. Wit: Edward **Stevenson**.

Mary **Talbot**, (widow of John **Talbot**), of Anne Arundel Co., Maryland to William **Parrish**, 628 acres. Signed Mary **Talbot**.

26 Mar 1729, Stephen & Elizabeth **Gill**, planter, of Baltimore Co., Maryland to William **Parrish**, of same, £3.6, 100 acres. Signed Stephen (x) **Gill**. Wit: Walter **Wyprisalin**.

5 May 1729, Jane **Scott**, widow, of Baltimore Co., Maryland to Avarilla **Scott** and Francis **Hathins**, £15, a negro women called Willara. Signed Jane (x) **Scott**. Wit: Thomas **Dulany**.

5 May 1729, Jane **Scott**, widow, of Baltimore Co., Maryland to Avarilla **Scott** and Francis **Hathins**, £15, negro women Maria. Signed Jane (x) **Scott**. Wit: Thomas **Dulany**.

May 1729, Edward & Susannah **Parris**, of Baltimore Co., Maryland to Thomas **Phelps**, of same, Tamar, age 9 yearss, Moses, age 7 years and Elizabeth **Parris**, age 5 years. Signed Edward (x) **Parris**, Susannah (x) **Parris** and Thomas (x) **Phelps**. Wit: Roger **Mathews** and Samuel **Marvin**.

Jan 1729, John **Borne**, (also called John **Boreing**), of Baltimore Co., Maryland to Edward **Hall**, of same, 400 acres...Swan creek...patented by Lawrence **Draper**, who sold to Henry **Browne**. Signed John **Borne**. Wit: Roger **Mathews**.

William **Byfoot**, of Baltimore Co., Maryland to his son Moses **Byfoot**, of same, for love and affection, livestock. Signed William (x) **Byfoot**. Wit: James **Presbury** and George **Presbury**.

4 Jun 1729, Thomas **Dows**, planter, of Baltimore Co., Maryland to Henry **Wetherall**, of same, 7,800 pounds of tobacco. Signed Thomas **Dows**.

4 Jun 1729, William **Crabtree**, of Baltimore Co., Maryland to his daughter Grace **Hays**, for love and affection. Signed William (x) **Crabtree**. Wit: Thomas **Bond** and Gilbert **Marshall**.

4 Jun 1729, William **Crabtree**, of Baltimore Co., Maryland to his son Thomas **Crabtree**, of same, for love and affection. Signed William (x) **Crabtree**. Wit: John **Kemp**.

5 Jun 1729, Dr. George **Buchanan**, of Baltimore Co., Maryland to William **Hays**, of same, £500, 417 acres. Signed George **Buchanan**. Wit: John **Giles**.

6 Jun 1729, William & Elizabeth **Davis**, planter, of Baltimore Co., Maryland to John **Norrington**, planter, of same, 92 acres, (land exchange), 76 acres. Signed William (x) **Davis**. Wit: William **Bradford** and Elizabeth **Bradford**.

6 Jun 1729, John & Elizabeth **Norrenton**, planter, of Baltimore Co., Maryland to William **Davis**, planter, of same, 76 acres, (land exchange), 92 acres. Signed John (x) **Norrenton**. Wit: William **Bradford** and Elizabeth **Bradford**.

8 Jun 1729, Soloman & Sarah **Wooding**, of Baltimore Co., Maryland to William **Maccomus**, of same, 5,000 pounds of tobacco, 195 acres... Winter Run. Signed Soloman **Wooding** and Sarah (x) **Wooding**. Wit: Thomas **Bond** and Stephen (x) **Gill**.

4 Feb 1728, John **Midford**, power of attorney to William **Hammond**, merchant, of Maryland. Signed John **Milford**. Wit: John **Magier** and Thomas **Hughes** Jr.

1 Jun 1729, Soloman & Sarah **Wooden**, planter, of Baltimore Co., Maryland to Daniel **Maccomus**, of same. Signed Soloman **Wooding** and Sarah (x) **Wooding**. Wit: Thomas **Bond** and Stephen (x) **Gill**.

Thomas **Long**, of Baltimore Co., Maryland to Thomas **Sheredine**, of same. Signed Thomas **Long**. Wit: Charles (x) **Wright** and John (x) **Rogers**.

7 Jul 1729, Solomon **Sparrow**, of Anne Arundel Co., Maryland to Richard **Galloway**, gentleman, of same, 400 acres. Signed Solomon **Sparrow**. Wit: William **Lewis** and Kudson **Lane**.

5 Aug 1729, Joseph **Bosley**, of Baltimore Co., Maryland to William **Mead**, of same. Signed Joseph (x) **Bosley**. Wit: Thomas **Hatchman**.

5 Aug 1729, Joseph **Bosley**, (son of Walter **Bosley**, deceased), of Baltimore Co., Maryland to William **Wood**, of same, 4,000 pounds of tobacco, 100 acres. Signed Joseph (x) **Bosley**. Wit: Thomas **Hatchman** and John **Kemp**.

Aug 1729, Edward **Quincy**, of Baltimore Co., Maryland indentures his daughter Sarah to William **Barrey**, until she is 18. Signed Edward (x) **Quincy**. Wit: Samuel **Ewings** and Abraham (x) **Taylor**.

5 Aug 1728, Thomas & Mary **Harryman**, planter, of Baltimore Co.,

Maryland to Ralph **Broadduck**, planter of same, 50 acres. Signed Thomas **Harryman**. Wit: John **Kemp** and Thomas **Hatchman**.

1723, William **Maine**, planter, of Baltimore Co., Maryland to Edward **Tully**, of same, 1,500 pounds of tobacco, 50 acres. Signed William (x) **Maine**. Wit: Tobias (x) **Stansbury** and Henry **Wetherall**.

6 Aug 1729, John & Ellinor **Tye**, of Baltimore Co., Maryland to Capt. John **Cockey**, gentleman, of same, £20, 100 acres. Signed John (x) **Tye**. Wit: Benjamin **Wheeler** and John **Willmott**.

6 Aug 1729, Anthony **Brayfoot**, planter, of Baltimore Co., Maryland to Capt. John **Cockey**, gentleman, of same, £20, 70 acres. Signed Anthony (x) **Brayfoot**. Wit: Thomas **Sheredine** and John **Willmott**.

16 Aug 1729, Stephen & Elizabeth **Gill**, of Baltimore Co., Maryland to John **Brice**, of same, 3,500 pounds of tobacco, 120 acres...line of Henry **Butler**. Signed Stephen (x) **Gill**. Wit: Thomas **Sheredine** and Lloyd **Harris**.

19 Aug 1729, John **Dew**, William **Hitchmore** and Rachel **Hitchmore**, all of Calvert Co., Maryland to Samuel **Griffeth** Jr., of same, 4,200 pounds of tobacco, 252 acres...Rumley Run. Signed John **Dew**. William **Hitchmore** and Rachel (x) **Hitchmore**. Wit: Gabriel **Parker**, Richard **Lane** and James **Heems**.

23 Aug 1729, Samuel & Mary **Thomas**, planter, of Anne Arundel Co., Maryland to Robert **North**, mariner, of Baltimore Co., Maryland, £150, 300 acres... Bare creek...line of John **Jones**. Signed Samuel **Thomas**. Wit: Samuel **Thomas** Jr. and John **Gilgrest**.

28 Aug 1729, Joseph **Ward**, of Joppa, Baltimore Co., Maryland to Thomas **White**, of Baltimore Co., Maryland, £9.1. Signed Joseph **Ward**. Wit: Stephen **Mason** and Par. **Hall**.

11 Jun 1729, John **England**, of Baltimore Co., Maryland power of attorney to William **Smith**. Signed John **England**. Wit: Joseph

England and Joseph Rollissane.

1729, Robert Love, of Baltimore Co., Maryland to Sutton Suklemore, little falls of Gunpowder River. Signed Robert Love. Wit: Robert Cutchin, Roger Mathews and William (x) Hitchcock.

3 Sep 1729, John Giles, of Baltimore Co., Maryland to William Hamilton, Thomas Todd, Hyde Hexton and William Buckner, of same, a mortgage. Signed John Giles. Wit: William Hammond and Edward Day.

27 Aug 1729, Charles & Susannah Diggs, gentleman, of Prince Georges Co., Maryland, Henry & Elizabeth Darnell, of Anne Arundel Co., Maryland, Francis & Dorothy Hall, gentleman, of Prince Georges Co., Maryland and Edward Neale, (who married Mary, deceased), (all heirs of Nicholas Lowe, of St. Marys Co., Maryland), of Charles Co., Maryland to John Diggs, gentleman, of Prince Georges Co., Maryland, main falls of Gunpowder River. Signed Charles Diggs, Henry Darnell, Francis Hall and Edward Neale. Wit: John Doure and Jore Bell.

3 Sep 1729, Edmond & Mary Hayes, planter, of Baltimore Co., Maryland to Thomas Pyeraft, of same, 7,400 pounds of tobacco, 100 acres...part of 200 acres...head of Bush River. Signed Edmond Hayes and Mary (x) Hayes. Wit: David Mott and Sherwood Loa.

17 Sep 1729, Thomas Truman Greenfield, of St. Marys Co., Maryland to Micajah Greenfield, for love and affection, 100 acres patented 1683, by Thomas Truman, deceased, of Calvert Co., Maryland, willed 1685 to Thomas Truman Greenfield, Elizabeth Truman, (who married Charles Greenfield) and Mary Truman...Thomas Greenfield willed 1715 to Micajah Greenfield, under the guardianship of John Hall. Signed Thomas Greenfield. Wit: Philip Lee and John Smith.

19 Sep 1729, George & Elizabeth Goodwin, taylor, of Baltimore Co., Maryland to Edward Fell, merchant, of same, £14,45, 126 acres...north side of Patapsco River. Signed George Goodwin and Elizabeth (x) Goodwin. Wit: Richard Huett and William Galloway.

23 Sep 1729, Sarah **Massey**, (widow of Samuel **Massey**), of Philadelphia, Pennsylvania power of attorney to John **Crockett**, of Bush River, Baltimore Co., Maryland to deal with Aquila **Paca**. Signed Sarah **Massey**.

6 Oct 1729, Elizabeth **Whiteacre**, of Baltimore Co., Maryland to Francis **Taylor**, of same, 500 acres...Deer creek...purchased of Thomas **Thurston**, by James **Simpson**. Signed Elizabeth (x) **Whiteacre**. Wit: John **White**, John **Deaver** and Edward **Hall**.

29 Oct 1729, Archibald **Buchanan**, of Baltimore Co., Maryland to Mary **Buchanan**, negro woman Sarah and one third of estate. Signed Archibald **Buchanan**. Wit: John **Hallin** and Richard **Burrough**.

3 Nov 1729, Richard & Sarah **Oweings** to his sister Ruth **Norwood**, widow, of Baltimore Co., Maryland, for love and affection, tract of land. Signed Richard **Owings** and Sarah (x) **Owings**. Wit: Susannah (x) **Lewis**, Richard **Acton**, Jane **Owings** and Jane **Acton**.

3 Sep 1729, Sarah **Massey**, (widow of Samuel **Massey**), of Philadelphia, Pennsylvania to Aquila **Paca**, gentleman, of Baltimore Co., Maryland, £100, 600 acres...line of Samuel **Gouldsmith** and John **Hollan** sold by Thomas **Thurston** 13 Dec 1683 to James **Fendall**, of Bright Helm, Sussex Co., England, who also purchased in 1688, 120 acres from Miles **Gibson**, that was patented by James **Phillips**...said James **Fendall**, (then living in Ireland), willed in 1689 to his wife Elizabeth and his child, Elizabeth...the said Elizabeth **Fendall** Sr. willed to her brother Edward **Brocklesby**, and said Edward died before 21 years and property descended to his brother Thomas **Brocklesby**, who sold 3 Oct 1710 to Samuel **Massey**. Signed Sarah **Massey**. Wit: Peter **Galloway**, Samuel **Thomas** Jr., Gerard **Bold** and John **Galloway**.

5 Nov 1729, Ralph & Elizabeth **Broducks**, planter, of Baltimore Co., Maryland to Dorias **Sutton**, widow, of same, 3,300 pounds of tobacco, 50 acres. Signed Ralph **Broducks** and Elizabeth (x) **Broducks**. Wit: John **Stokes** and John **Bare**.

6 Nov 1629, John & Margaret **Jones**, (said Margaret is the daughter

of John **Chadwell** Jr. and heir of John **Chadwell** Sr., deceased, of Baltimore Co., Maryland), planter, of Baltimore Co., Maryland to Blope **Wright**, planter, of same, two tracts. Signed John (x) **Jones** and Margaret (x) **Jones**. Wit: John **Deaver** and Mathew **Weater**.

13 Oct 1727, John **Giles**, gentleman, of Baltimore Co., Maryland to John **England**, of Cecil Co., Maryland, £300 of England and £20 of Maryland, all iron ore on land called Iron Stone. Signed John **Giles**. Wit: Josias **Towgood**, Abie **John** and Jenema **Rummott**.

11 Jun 1729, John **England** acknowledges mining conditions. Signed John **England**. Wit: Joseph **England** and Joseph **Botheram**.

11 Jul 1728, John & Elizabeth **Hales**, weaver, of Kent Co., Maryland to William **Taylor**, of same, 3,000 pounds of tobacco, 37 acres. Signed John (x) **Hales** and Elizabeth (x) **Hales**. Wit: Charles (x) **Robinson** and Charles (x) **Harrman**.

Thomas **Ford** Sr., of Baltimore Co., Maryland to his son Thomas **Ford** Jr., of same. Signed John **Ford** Sr. Wit: Charles (x) **Robinson** and Charles (x) **Harrman**.
John **Stokes**, William **Smith** and Thomas **Sheredine** post a £200 bond for John **Stokes** to continue as clerk of the court. Signed John **Stokes**, William **Smith** and Thomas **Sheredine**. Wit: Thomas **White** and Joshua **George**.

8 Nov 1729 Roger **Mathews**, gentleman, of Baltimore Co., Maryland to William **Smith**, planter, of same, £15, 284 acres. Signed Roger **Mathews**. Wit: H. **Hammond** and John **Kemp**.

20 Nov 1729, John & Hannah **Deaver**, planter, of Baltimore Co., Maryland to Richard **Deaver**, planter, of same, £12, 93 acres...renew deed made in 1713. Signed John **Deaver** and Hannah **Deaver**. Wit: Harris **Dulany** and Stephen **Body**.

26 Jan 1729, Nathaniel **Dougherty**, planter, of Cecil Co., Maryland to Gregory **Farmer** Sr., planter, of Baltimore Co., Maryland, 1,500 pounds of tobacco, 50 acres. Signed Nathaniel **Dougherty**. Wit: Edward **Hall**.

14 Jan 1729, John **Smith**, of Calvert Co., Maryland to his grandson Daniel **Sheredine**, (son of Thomas **Sheredine**), of Baltimore Co., Maryland, for love and affection, the negro boy called Charles, son of the negro Women called Hagar. Signed John **Smith**. Wit: Jane **Smith** and Alexander **Lawson**.

6 Nov 1729, John & Margaret **Jones**, (said Margaret is the daughter of John **Chadwell** and heir of John **Chadwell** Sr., late of Baltimore Co., Maryland), planter, of Baltimore Co., Maryland to Bloyce **Wright**, planter, of same, 45 acres. Signed John (x) **Jones** and Margaret (x) **Jones**. Wit: John **Deaver** and Michael **Webster**.

27 Nov 1729, Nathaniel **Daugherty**, cordwinder, of Cecil Co., Maryland to John **Boloko**, planter, of Baltimore Co., Maryland, 5,500 pounds of tobacco, 100 acres. Signed Nathaniel **Daugherty**. Wit: Thomas (x) **Losten** and Roger **Mathews**.

20 Jan 1729, Christopher & Katharine **Randall** Jr., of Baltimore Co., Maryland to John **Moale**, merchant, of same, £5, 40 acres. Signed Christopher **Randall** Jr. Wit: Richard **Gist** and Nathaniel **Sokes**.

13 Oct 1729 Nathaniel **Bigbie**, gentleman, of Anne Arundel Co., Maryland to Thomas **Jones**, planter, of Baltimore Co., Maryland, £22, 100 acres. Signed Nathaniel **Bigbie**. Wit: Robert **Franklin** and Nathan **Lane**.

2 Sep 1729, Henry **Perrygay**, planter, of Baltimore Co., Maryland to John **Miller**, planter, of same, 2,000 pounds of tobacco, 50 acres... southwest side of Back River. Signed Henry **Perrygay**. Wit: Thomas **Sheredine** and Thomas **Broad**.

2 Sep 1729, Thomas & Ann **Broad**, planter, of Baltimore Co., Maryland to John **Miller**, planter, of same, 2,500 pounds of tobacco, 106 acres...Back River. Signed Thomas **Broad**. Wit: Thomas **Sheredine** and Richard **Colegate**.

20 Dec 1729, John **Cooper**, yeoman, of Baltimore Co., Maryland to Godfrey **Hatfield**, planter, of Cecil Co., Maryland, 50 acres...Susquehanna River. Signed John **Cooper**. Wit: George **Cole**

and Henry **Cole**.

24 Dec 1729, John **Cooper**, yeoman, of Baltimore Co., Maryland to Abraham **Each**, planter, of same, 50 acres...lease for 20 years. Signed John **Cooper**. Wit: George **Cole** and Henry **Cole**.

3 Mar 1729, Michael **Rutledge**, planter, of Baltimore Co., Maryland to John **Weeks**, planter, of same, 1,800 pounds of tobacco, 50 acres. Signed Michael (x) **Rutledge**. Wit: Thomas **Sheredine**, Solomon **Hillen** and Christopher **Duke**.

4 Mar 1729, Gregory **Farmer** Sr., planter, of Baltimore Co., Maryland to his son-in-law Joseph **Wilson**, planter, of same, for love and affection, 84 acres...Deer creek. Signed Gregory **Farmer** Sr. Wit: Robert (x) **West** Sr., Thomas **Knight** and Nicholas (x) **Coffee**.

4 Mar 1729, Ann **Cowdry**, (one of the daughters of Mathew **Green**, deceased, of Baltimore Co., Maryland and one of the grand-daughters of John **Boon**, of Baltimore Co., Maryland) to Thomas **Coale**, of Bush River, Baltimore Co., Maryland. Signed Ann (x) **Cowdry**. Wit: Thomas **Dulany** and Benjamin **Cadle**.

4 Mar 1729, William & Sarah **Denton**, planter, of Baltimore Co., Maryland to William **Burney**, planter, of same, £8, 100 acres. Signed William **Denton** and Sarah (x) **Denton**. Wit: Gilbert **Crockett**, Thomas (x) **Pyeraft** and **Hartley**.

5 Mar 1729, John **Giles**, innholder, of Baltimore Co., Maryland to Daniel **Dulany**, of Annapolis, Anne Arundel Co., Maryland, £200. Signed John **Giles**. Wit: William **Hamilton** and William **Buchanan**.

5 Mar 1729, Thomas & Mary **Harris**], planter, of Baltimore Co., Maryland to John **Gregory**, planter, of same, 1,500 pounds of tobacco, 50 acres. Signed Thomas (x) **Harris**. Wit: Thomas **Sheredine** and William **Buckner**.

6 Mar 1729, William **Nichols** and Edward **Phillpott**, of Baltimore Co., Maryland to John **Hall** Jr., of same, £50, livestock. Signed William (x) **Nichols** and Edward **Phillpott**. Wit: Thomas **White** and

Mellso **Stokes**.

8 Apr 1729, Erick & Mary **Erickson**, (said Mary is the widow of Robert **Smith**), of Baltimore Co., Maryland to Thomas **Coale**, planter, of same, £60, two tracts. Signed Erick **Erickson** and Mary (x) **Erickson**. Wit: Edward **Hall**, Richard **Gist**, John **Nidey** and Edward **Day**.

7 Mar 1730, Edward **Humphrey**, of Baltimore Co., Maryland to Phillip **Smith**, merchant, London, England, £7. Signed Edward (x) **Humphrey**. Wit: William **Crandrol**.

1 Oct 1729, Thomas **Hargist**, carpenter, of Baltimore Co., Maryland agrees with Archibald **Buchanan**, planter, of same, 600 pounds of tobacco...head of Swan creek. Signed Thomas (x) **Hargist** and Archibald **Buchanan**. Wit: John **Burrough**.

9 Dec 1729, John & wife **Roberts**, of Baltimore Co., Maryland to John **Jones**, planter, of same, 2,500 pounds of tobacco, mortgage to Stephen **Body**. Signed John (x) **Roberts**. Wit: Richard **Gist** and James **Jackson**.

13 Dec 1729, Morris **Gorsuch**, planter, of Baltimore Co., Maryland to Edward **Stokes**, planter, of same, £8, 50 acres. Signed Morris **Gorsuch**. Wit: George **Buchanan** and **Tracy**.

20 Feb 1729, William **Gosnell**, of Baltimore Co., Maryland to William **Rowles**, of same, £10, 100 acres. Signed William **Gosnell**. Wit: William **Hammond** and Robert (x) H.

Apr 1730, Thomas & Elizabeth **Yeotes**, weaver, of Baltimore Co., Maryland to Richard **Ruff**, of same, 4,000 pounds of tobacco, 150 acres...head of Bush River. Signed Thomas **Yeotes** and Elizabeth **Yeotes**. Wit: John **Harport** and Joseph (x) **Lockers**.

4 Apr 1730, Adam & Mary **Bushfield**, of Baltimore Co., Maryland to Thomas **Price**, of same, 1,000 pounds of tobacco, west side of Susquehanna River. Signed Adam(x) **Bushfield**. Wit: John **Mathews** and Roger **Mathews**.

6 Apr 1730, George **Read**, of St. Marys Co., Maryland to John **Gardiner**, planter, of Baltimore Co., Maryland, 2,000 pounds of tobacco, purchased of Samuel **Sicklemore**. Signed George **Read**. Wit: Edward **Hall** and Roger **Mathews**.

Apr 1730, Richard **Owings**, planter, of Baltimore Co., Maryland to Ruth **Norwood**, (widow of Edward **Norwood**), of same, two tracts...line of Cole **Taylor**. Signed Richard **Owings**. Wit: John **Owings** and Henry **Owings**.

4 Nov 1730, Richard & Sarah **Owings**, planter, of Baltimore Co., Maryland to John **Owings**, planter, of same, 156 acres. Signed Richard **Owings**. Wit: Henry **Owings** and James **Owings**.

1730, Thomas & Martha **Price**, of Baltimore Co., Maryland to Samuel **Howell**, of same 50 acres. Signed Thomas (x) **Price** and Martha (x) **Price**. Wit: Edward **Hall**, John **Cockey** and William **Smith**.

13 Jun 1729, Samuel **Norwood**, planter, of Baltimore Co., Maryland to William **Peddycoat**, planter, of same, 100 acres...north side of main falls of Patapsco River. Signed Samuel **Norwood**. Wit: Richard **Gist**.

1729, Simon & Mary **Jackson**, of Baltimore Co., Maryland to William **Arnold**, planter, of same, 4,000 pounds of tobacco, 50 acres out of 250 acres. Signed Simon (x) **Jackson**. Wit: Edward **Hall** and Robert **Carvill**.

8 Feb 1729, Benjamin **Jones**, of Baltimore Co., Maryland to William **Copeland**, planter, of Anne Arundel Co., Maryland and John **Copeland** planter, of Baltimore Co., Maryland, £50. Signed Benjamin **Jones**. Wit: Thomas **Wright** and William **Bradford**.

7 Mar 1729, John **Webster**, of Bush River, Baltimore Co., Maryland agrees with Sarah **Giles**, (widow of John **Giles**), of Patapsco River, Baltimore Co., Maryland, said John **Webster** and Sarah **Giles** are to be married. Signed John (x) **Webster** and Sarah (x) **Giles**. Wit: Gilbert **Crockett**.

3 Apr 1730, Thomas & Martha **Price**, of Baltimore Co., Maryland to Adam **Bushfield**, planter, of same. Signed Thomas (x) **Price**. Wit: Roger **Mathews** and John **Mathews**.

7 Apr 1730, Samuel & Mary **Witkins**, planter, of Baltimore Co., Maryland to William **Bond**, of same, £30, 196 acres...Winters Run...patented 6 Jun 1706. Signed Samuel **Witkins**. Wit: Bennett **Garrett** and Samuel **Howell**.

1730, Daniel & Mary **Hughes**, carpenter, of Baltimore Co., Maryland agrees with John **Roberts**, of same, that they release their rights to two lots that John **Roberts**, deceased, gave to his sons John and Stephen **Roberts**...Taylors creek. Signed Daniel **Hughes**, Mary (x) **Hughes** and John **Roberts**. Wit: Jonathan **Hughes** and William **Stokes**.

16 May 1730, Will of Mary **Buchanan**: to son John **Trible** the negro called Sarah; to grand-daughter Sarah **Trible**; to grandson Thomas **Trible**; to grandsons James, Perry and Samuel **Browne**; to daughter Elizabeth **Symons**; to grand-daughter Hannah **Symons**; to daughter Sarah **Roberts**; to grandson Joseph **Roberts**; to daughter Ann **Hawkins**; to son Archibald **Buchanan**. Signed Mary (x) **Buchanan**. Wit: Thomas **Clayton**.

21 May 1730, Christian **Geist**, of Annapolis, Anne Arundel Co., Maryland to Edward **Hall**, gentleman, of Baltimore Co., Maryland, £70, 300 acres. Signed John **Smith** attorney for Christian **Geist**.
28 May 1730, Richard & Sarah **Owings**, planter, of Baltimore Co., Maryland to William **Smith**, of same, £47, 470 acres...falls of Patapsco River. Signed Richard **Owings**. Wit: Thomas **Hammond** and Susannah (x) **Lewis**.

2 Jun 1730, Nathaniel & Mary **Peckett**, planter, of Baltimore Co., Maryland to James **Moore**, cordwinder, of same, £6, part of 500 acres patented 10 Feb 1700. Signed Nathaniel **Peckett** and Mary (x) **Peckett**. Wit: Lloyd **Harris** and Aquila **Massey**.

5 Jun 1730, Thomas **Coale**, planter, of Baltimore Co., Maryland to Erick **Erickson**, carpenter, of same, £50, 50 acres...south side of Bush

River. Signed Thomas **Coale**. Wit: **Crockett** and Richard **Burrough**.

7 Jun 1729, Henry **Wetherall** to his wife Ellinor **Wetherall**, his estate. Signed Henry **Wetherall**. Wit: John **Weasly** and Thomas **Buchanan**.

5 Aug 1729, Jeremiah **Gridley**, (one of the sons of John **Gridley**, deceased, shopkeeper, late of Ware, Hartford Co.), of head of the Bohemia River, Cecil Co., Maryland to Richard **Gridley**, (also a son of said John **Gridley**) of Hartford Co., £4.45, quit claims his interest...John **Gridley** wrote his will 25 Mar 1706 and devised to his wife Mary **Gridley** and sons Jeremiah, Richard, Samuel, Thomas and Michael **Gridley** and to his daughter Martha **Gridley**...Thomas **Gridley**, shopkeeper, (son of John **Gridley**), of parish of St. Marys White Chappel, Middlesex Co. sold 3 Dec 1716 to said Richard **Gridley**. Signed Jeremiah **Gridley**. Wit: Aquila **Paca** and Edward **Hall**.

17 Mar 1729, Rev. Stephen **Wilkinson**, of St. Georges Parish, Baltimore Co., Maryland to Benjamin **Hartly**, weaver, of Cecil Co., Maryland, 210 acres...a rental. Signed Stephen **Wilkinson** and Benjamin **Hartly**. Wit: Seth **Clayton** and Thomas **Clayton**.

6 Apr 1730, Thomas & Mary **Tolley**, gentleman, of Baltimore Co., Maryland to Robert **Devinish**, of Kent Co., Maryland, £50, 100 acres...north side of Bird River. Signed Thomas **Tolley**. Wit: William **Hamilton** and Thomas **Sheredine**.

1 May 1730, Patrick **Ruark**, of Baltimore Co., Maryland to William **Vestal**, carpenter, of Cecil Co., Maryland, £30, 150 acres...Swan creek... patented 10 Dec 1695, by Thomas **Greenfield**. Signed Patrick (x) **Ruark**. Wit: William (x) **Robinson** and William **Reid**.

14 May 1730, William **Hicks**, (eldest son and heir of William **Hicks**, late of Baltimore Co., Maryland), of Kent Co., Delaware to Erick **Erickson**, carpenter, of Baltimore Co., Maryland, £10, 100 acres...part of 400 acres...north side of Gunpowder River...purchased of Michael **Judd**. Signed William **Hicks**. Wit: Richard **James** and John **Johnson**.

10 Jun 1730, Thomas & Elivuas **Hooker**, planter, of Baltimore Co., Maryland to Penelope **Deye**, gentlewoman, of same, £30, 100 acres of 380 acres, 280 acres sold to son Samuel **Hooker**, of Baltimore Co., Maryland. Signed Thomas **Hooker**. Wit: Thomas **Mathews** and William **Harvey**.

24 Sep 1730, Bloys **Wright**, of Baltimore Co., Maryland to his son Thomas **Wright**, of same, for love and affection, livestock. Signed Bloys (x) **Wright**. Wit: Nathaniel (x) **Allen** and Thomas **Hatchman**.

24 Sep 1730, Bloys **Wright**, of Baltimore Co., Maryland to his son William **Wright**, of same, for love and affection, livestock. Signed Bloys (x) **Wright**. Wit: Nathaniel (x) **Allen** and Thomas **Hatchman**.

18 May 1730, Miles **Foye**, of Baltimore Co., Maryland to his wife Frances **Foye**, for love and affection, money due from Richard **Williams**. Signed Miles **Foye**. Wit: Thomas **Crisap** and Hannah (x) **Crisap**.

3 Jun 1730, Thomas & Ruth **Franklin**, of Baltimore Co., Maryland to John **Sunnot**, of same, 3,000 pounds of tobacco, 100 acres...line of **Galloway**. Signed Thomas **Franklin**. Wit: Archibald **Rollo** and Benjamin **Tayman**.

3 Jun 1730, Charles **Smith**, planter, of Baltimore Co., Maryland to Henry **Fitch**, planter, of same, £35, 200 acres...on northeast branch of the Back River. Signed Charles (x) **Smith**. Wit: Martin **Barlett** and John **Harryman**.

3 Aug 1730, John **Duly**, planter, of Baltimore Co., Maryland to Ford **Barnes**, cooper, of same, 1,500 pounds of tobacco, 50 acres. Signed John (x) **Duly**. Wit: Edward **Evans** and Joseph **Willson**.

5 Oct 1730, Archibald & Ann **Buchanan** planter, of Baltimore Co., Maryland to James **Donaldson**, of Annapolis, Anne Arundel Co., Maryland, £225, 386 acres...mouth of Susquehanna River...64 acres... Swan creek...mulatto man Joseph...mulatto boy Jonas about 3 years...one mulatto boy George about 5 years...old negro woman called Jany about 50 years. Signed Archibald **Buchanan**. Wit: Job

Haddersich, William **Cummings** and **Lawson**.

8 Jun 1728, John **Weasly**, of Baltimore Co., Maryland to John **Crockett**, of same, £20, livestock. Signed John **Weasly**. Wit: Henry **Wittmark**, James **Presbury** and John **Bonney**.

Evan **Williams** to Sarah **Massey**, 720 acres... sold to Aquila **Paca**...whereas Samuel **Massey**, deceased, late of Philadelphia, Pennsylvania devised to his widow Sarah **Massey**. Signed Evan **Williams**. Wit: Aquila **Massey**, Richard **Hall** and Joseph **Mounds**.

7 Nov 1730, Lloyd **Harris**, of Baltimore Co., Maryland to William **Rogers**, of same, plantation, negro man Henry, one negro boy Jack, one mulatto girl Ann...to pay bond due William **Hamilton**... bond due Michael **Macnemara** from said **Harris**, William **Hamilton** and Thomas **Sheredine**. Signed Lloyd **Harris**. Wit: Francis **Hickley** and Richard **Johnson**.

17 Feb 1730, Archibald **Buchanan**, planter, of Baltimore Co., Maryland to John **Copson**, of Cecil Co., Maryland, £31.3, one mulatto boy Joseph about 17 years. Signed Archibald **Buchanan**. Wit: John **Stokes** and Thomas **Mason**.

21 Nov 1730, Mary **Enloes**, wife of Henry **Enloes**, gave her permission for husband to sell to Josias & Frances **Middlemore**. Signed William **Frisby** and Fred **Hanson**.

17 Sep 1730, Thomas **Harris**, of Baltimore Co., Maryland to Luke **Stansbury**, £5, livestock. Signed Thomas **Harris**. Wit: William **King** and Thomas **Sheredine**.

3 Sep 1729, John **Magier** to James **Drew**, tobacco for shipment. Signed John **Magier**.

23 Feb 1729, Peter **Bweraid**, innholder, of Annapolis, Anne Arundel Co., Maryland power of attorney to Lloyd **Harris**, of Baltimore Co., Maryland. Signed Peter **Bweraid**. Wit: William **Banfield** and Charles **Hammond**.

3 Aug 1731, John & Dinah **Coale** Sr., planter, of Baltimore Co., Maryland to Charles **Gorsuch** Sr., of same, £70, 100 acres. Signed John **Coale** Sr. Wit: James **Moore** and George **Buchanan**.

12 Nov 1731, Samuel **Young** Sr., of Anne Arundel Co., Maryland to his son Samuel **Young** Jr., of Calvert Co., Maryland, love and affection, 1200 acres...line of Francis **Leafs**. Signed Samuel **Young**. Wit: Thomas **Jobson** and Richard **Young**.

12 Nov 1731, Samuel **Young** Sr., of Anne Arundel Co., Maryland to his son Samuel **Young** Jr., of Calvert Co., Maryland, love and affection, one negro man Richawaxen, one negro man Sampson, one negro Woman Hannah, one negro woman Indeth and one negro female child late born of the aforesaid. Signed Samuel **Young**. Wit: Thomas **Jobson** and Richard **Jobson**.

1 Jun 1732, Robert & Ann **Burgin**, planter, of Baltimore Co., Maryland to Nathaniel **Darby**, of same, £10, 50 acres. Signed Robert (x) **Burgin** and Ann (x) **Burgin**. Wit: Thomas **Sheredine**, John **Rottenbury**, Phillip **Jona** Jr. and **Walker**.

INDEX

Abington
    Mary 342
Abler
    Lucas 78
Ackinson
    Joseph 274
Action
    Richard 50
Acton
    Jane 365
    Richard 365
Adair
    Alexander 325
    Christine 325
Adams
    Ann 124, 138
    Catherine 7
    Charles 149, 181, 193, 204, 243, 323, 352
    David 16
    Henry 357
    Joseph 296, 308
    Mary 30, 34, 171
    Mathew 86, 124, 138
    Richard 7, 28, 30, 34, 67, 78, 80, 81, 96, 100, 121, 135, 170, 171
    Samuel 9, 10, 177
    Sarah 328
    William 56, 189, 357
Addison
    Elenor 342
    Ellinor 342
    John 113
    Thomas 308-310, 318, 344
Adney
y   Moses 50
Aisquith
    Thomas 322
Alexander
    James 279
Alkimore
    John 4
Allely
    Edward 30

Allen
    Francis 333
    George 106
    James 281
    Joseph 300
    Nathaniel 373
    Nicholas 137
    Robert 155, 257
    Thomas 78
    William 216
    Zach. 148
Allens
    Nicholas 126
Allnuld
    William 315
Allome
    Nicholas 140
Alton
    Mary 209
Ambusen
    John 15
Amos
    Thomas 108
    William 243, 252, 306
Anderson
    Ancrew 188
    Andrew 22, 43, 54, 101, 103, 167, 190, 210, 227, 230, 231, 239, 242
    Ann 114
    Charles 313, 317
    Elizabeth 227, 239
    Jane 153
    John 30, 78, 99, 152, 153, 198, 209, 262
    Mary 103, 310
    Monrose 134
    Mounse 120
    Nathaniel 36, 230
    William 262, 310
Andraos
    John 279
Anktill
    Barnaby 55
Apples
    William 298

Archard
  George 153
Archor
  George 152
Arden
  John 39, 40, 62, 279
  Mary 279
  Samuel 213, 217, 224
  Sarah 40, 63
Ardin
  John 15, 16, 26, 325
  Susannah 26
Ardine
  John 5
  Sarah 5
Arenart
  Cornelius 95
Armstrong
  Charles 119
  James 353
  John 46, 88, 147, 197, 199, 234, 295, 353
  Mary 59, 88, 323
  Solomon 59, 323
  William 295
Arnal
  John 356
Arnold
  Robert 79
  Susanna 202
  Susannah 183
  William 370
Arthern
  John 63
  Sarah 63
Arthorne
  John 77
Artis
  Tarver 318
Asham
  George 100
Ashburn
  John 199
Ashes
  John 20
Ashio
  Anthony 298
Ashman
  Constant 165
  Elizabeth 101

George 25-27, 30, 32-35, 37, 39, 45, 105, 153, 155, 156, 170, 171, 181
John 165, 229, 241, 267
Ashmore
  Walter 119
Ashton
  Henry 306
Ashur
  Anthony 270, 271
Askew
  Mary 170
  Richard 33, 170
Askey
  Stephen 5
Atherton
  Richard 284, 286
  Susannah 284
Athinson
  John 110
Athorton
  Richard 305
Athy
  John 184
Atkinson
  Michael 258, 260
Attaway
  John 306
Attwood
  Henry 296
  Jacob 303
Autterim
  John 211
Avack
  Richard 27
Ayers
  Edward 340
  Elizabeth 340
Ayres 41
  Edward 40
  Elizabeth 40
Babb
  Carl 308
  Rob 307
  Robert 315
Babs
  Gwenlean 129
  Richard 129
Backer
  John 286

Baddle
   Margaret 286
   Robert 3

Bagford
   James 338

Baggby
   John 262
   Mary 262

Bailey
   Anne 204
   George 142, 159, 353
   Godfrey 141, 194
   John 143, 264
   Katherine 323
   Thomas 322
   William 204

Bake
   Warren 273

Baker
   Ann 221, 224
   Anne 295
   Charles 189, 197, 209, 211, 224
   Charles Jr. 326
   Elizabeth 155
   Hannah 197
   Isaac 193, 247
   John 118
   Maurice 155, 224, 295, 310
   Mauris 266
   Sarah 266
   Thomas 193
   William 221, 224, 295
   Zebediah 324

Bakston
   Edward 215

Baldbee
   Richard 144

Baldwin
   John 33, 246, 249, 288, 290, 347
   Joseph 131
   Thomas 160, 162, 203

Bale
   Anthony 54, 228, 251, 255, 261
   Authru 232
   Hannah 174-176
   Sarah 91, 92, 205
   Thomas 46-48, 50, 88, 90, 91, 116, 166, 167, 194, 195, 199, 201, 204, 205, 206, 233, 235

Ball
   William 122
   Benjamin 204
   Charles 327
   Hannah 9
   John 197
   Mary 70
   Richard 2, 3, 5, 9, 20, 66, 67, 70, 71, 80, 81, 86, 94, 99, 123, 124, 130, 136, 138, 144
   Thomas 89, 166
   William 2, 60, 62, 66, 80, 81

Ballard
   Charles 261
   Charles Jr. 261

Baller
   Benjamin Jr. 297

Balley
   Watson 181

Ballings
   John 33

Balls
   Christopher 176

Balson
   John 201

Baltimore
   Charles 245
   Margaret 245

Banfield
   William 374

Banheck
   John 120

Banks
   Richard 180

Bankson
   Joseph 330

Bannister
   James 105

Barbar
   George 78

Barber
   William 104

Bare
   John 365

Barker
   Quinton 6
   William 185

Barlett
   Martin 373

Barley
   James 184, 206

Barnes
    Joab 300
    Constant 281
    Ford 373
    Job 284, 293
    Roger 195

Barney
    Francis Sr. 210
    Joseph 319, 335
    William 161, 249, 348

Barns
    James 49, 226, 229
    Keturah 229

Barrell
    John 52

Barres
    John 127

Barrett
    Alice 157, 163
    John 141, 157, 163, 227

Barrey
    William 362

Barry
    John 67

Barton
    Comfort 105
    Lewis 25, 44, 66, 210
    Selah 105
    Thomas 211, 219, 249, 251

Basfrind
    Thomas 199
    William 199

Bastock
    Jane 73
    Thomas 73

Basug
    John 279

Bateston
    John 168

Batridge
    Bueker 275

Bats
    Edward 17

Batson
    Edward 39, 225
    John 201, 252

Battell
    John 262

Batten
    William 2, 25, 71

Battent
    William 65

Batts
    Edna 281

Baules
    Robert 37

Baull
    William 17

Baulson
    Cornelius 300

Baxter
    Edmond 291

Bayard
    Nicholas 94

Bayco
    Elizabeth 315

Bayley
    George 95, 128
    Godfrey 1, 5, 74, 93-95, 126
    John 343
    Thomas 343

Baylis
    Robert 282
    Thomas 282, 283

Baynard
    Peter 165

Bayspole
    John 95

Bazwell
    Thomas 156

Beacher
    Edith 44

Beade
    Eusebins 83

Beadle
    Edward 7, 151

Beal
    Elizabeth 305
    John 305

Beale
    Eusebius 125, 139
    Jane 326
    John 159, 250, 254, 262, 302, 310
    Neniand 326
    Thomas 167

Beans
    Anne 316
    Christopher 316
    Elizabeth 316
    William 316

Beard
    Richard 33

Beasly
    John 319

Beater
  Edmond 157
Beavan
  John 38
Beaver
  Hannah 52
  John 52
Beck
  Edward 31
  William 335
Beckingham
  Wilber 357
  William 305
Bedding
  John 44
Beddoe 113
Bedell
  Edward 8, 10, 18, 20, 22, 23, 26-30, 64, 88, 100, 137
  Martha 100
  Mary 100
Bedle
  Edward 60
Bedwell
  Edward 72
  Roger 85
Beedle
  Edward 104, 132, 146, 196
  Martha 104
  Mary 104
Beel
  Thomas 87
Began
  John 208
  Mary 208
Beiras
  William 135
Belchior
  John 292, 312
  Mary 292
  Ruth 292
Bell
  Benjamin 316
  Easter 274
  John 59
  Jore 364
  Lucy 59
  Richard 70
  Thomas 24, 152
Bellicon
  Michael 69
Belt 330
  Benjamin 303

James 335
John 327, 337, 341, 344, 346
John Jr. 346
John Sr. 346
Joseph 272, 346
Mary 327, 337
Sarah 330
Bembridge
  Christopher 52
Benege
  Joseph 31
Benger
  Debora 30
  Deborah 104
  Deoborah 152
  Katharine 6
  Robert 6, 17, 18, 21, 25, 29, 35, 64, 104, 122, 129, 131, 136, 143, 145, 148, 151, 152, 174, 177, 233
  Robert. 145
  Roger 30
Bening
  John 86
Bennett
  Andrew 140
  Benjamin 6, 61, 172
  Bennett 33
  Elizabeth 11
  John 9, 13, 23, 42, 176, 181, 264
  Mr. 95
  Richard 11, 69, 78, 114, 129, 143, 157, 250, 264, 266, 334
  Richard Jr. 70
  Sarah 33, 172
Benson
  Daniel 287, 288
  Elizabeth 113, 287, 288
  Jane 288
  Katherine 298
  Mary 287, 288
  William 113, 247
Bently
  Stephen 212, 224
Berdle
  Edward 99

Berie
    John 214
Berkeroyl
    Johan Gerard 287
Berrabant
    James 315
Berrger
    Robert 66
Berrimun
    William 276
Berry
    William 7
Beson
    Nicholas 209
Besson
    Petro 276
    Thomas 6
Betty
    Lawrence 94
Bevan
    John 171, 172, 206, 343
    John Jr. 351
    Joseph 301
    Sarah 172
Bevans
    Elizabeth 101
    John 24, 33, 34, 36, 40, 219, 300
    Joshua 285
    Julian 24
    Sarah 33, 34, 40
    Thomas 37, 101, 149
Bevins
    Elizabeth 101
Biddeson
    Thomas 220
Biddinson
    Thomas 268
Biddison
    Thomas 158, 230
Bideson
    Thomas 46
Bigbie
    Cassandra 355
    Nathan 106, 355
    Nathaniel 118, 119, 367
Biggs
    Thomas 65
Billson
    Thomas 151
Bine
    John 202
Birchfield
    Maurice 250
Bird

Biree
    Elizabeth 6, 33, 172
    John 6, 17, 33, 172, 174, 193
    Henry 274
Birk
    Ulick 331
Bist
    William 143
Blackstone
    Ebenezer 31, 86, 123, 137, 244, 245, 253, 333, 335
    Sarah 244, 245, 253
Blackwell
    Thomas 250
Bladen
    Ann 160
    Thomas 160, 292
    William 160, 179, 211, 233
Blake
    John 196
    Joshua 251
Bland
    Richard 18
    Thomas 6, 12, 14, 16
Blanehard
    John 202
Blang
    Abraham 29
Blanks
    Richard 71
Bleaden
    Thomas 113
Bleake
    Edward 98
Blinkinship
    George 357
Block
    Daniel 85
    Henry 205
Blofield
    Beniam 125
    Benjamin 139
Blomfield
    John 130
Bloomfield
    John 16
Blower
    John 96
Blunt
    Robert 151
Boale
    Eocsibius 97

381

Boardly
  Thomas 263
Boaring
  John 64, 219, 220
  Thomas 219, 220
Boarman
  Edward 297
Boarne
  Henry 189
Bobb
  Joseph 214
Boby
  William 305
Boddy
  Stephen 106, 107
Bodell
  Edward 318
Bodles
  Edward 168
Body
  Stephen 306, 319, 336, 366, 369
Boedle
  Edward 321
Boen
  Jonas 66
Bold
  Gerard 365
Boldwin
  John 246
Bollen
  John 131, 145
Bollo
  Archibald 252
Boloko
  John 367
Bolt
  John 12
Bolten
  Elizabeth 11
  William 13
Bommer
  Elizabeth 148
  Henry 148

Bond
  Alice 34, 35
  Ann 261, 285, 330, 340
  Benjamin 268
  Elinor 212, 244, 250
  James 303, 354
  John 90, 106, 224, 240, 245, 251, 268, 353
  Mary 58, 115, 212, 237, 268
  Peter 32, 34, 35, 57, 90, 91, 115, 117, 227, 228, 232, 240, 241, 244, 245, 247, 248, 250, 251, 261
  Peter Sr. 90, 91
  Richard 115, 118
  Susannah 115
  Thomas 90, 107, 108, 163, 164, 239, 246, 251, 253, 255, 257, 261, 278, 285, 288, 289, 308, 329, 330, 340, 352, 361, 362
  William 58, 91, 212, 228, 237, 240, 251, 262, 265, 268, 273, 285, 287, 288, 289, 291, 314, 319, 330, 371
  William Jr. 107
Bonner
  53
  Henry 12, 14, 26
Bonney
  John 374
Bony
  Thomas 242
Bonyer
  Cornelius 142
Booden
  Bridget 163
  John 163
Booker
  Elizabeth 82
  Richard 82

Boon
    Jane 170, 256
    John 170, 182, 368
    Mary 256
Boone
    Jane 47, 52, 331
    John 47, 52, 242, 245
    Robert 164
Booney
    Edmond 126
    Edmund 140
Boothby
    Andrew 30
    Edward 28, 36, 38-40, 43, 45, 100, 101, 148, 161, 173, 183, 200, 253, 354
    Elizabeth 148
    Frances 227, 250, 354
Borch
    John 19
Bordley
    Thomas 163, 191, 264, 266
Boreing
    Ann 29
    Henry 47
    James 29, 113, 116, 228, 265, 313, 325
    Jane 265, 313, 325
    John 5, 19, 21, 23, 27, 29, 50, 52, 61, 162, 164, 169, 176, 177, 205, 214, 228, 258, 325, 344, 350, 361
    Mary 50, 169, 205
    Precelia 164
    Precilia 325
    Thomas 29, 214, 258
    W. 220
Boring
    James 228
    Jane 228
    John 6, 10, 11, 61, 62, 222, 228, 242, 245
    Mary 222, 228
Borne
    Henry 200, 253
    John 361
    William 253
Borsey
    John 226

Bortwick
    Thomas 121
Bosely
    Mary 153
    Walter 153
Bosley
    Joseph 332, 362
    Mary 328
    Walter 101, 362
Bosly
    Walter 223, 237
Bostock
    Thomas 68
Boston
    Samuel 6, 99, 144
Bosworth
    Daniel 262
Both
    Thomas 97
Botheram
    Joseph 366
Botie
    George 120
Boughton
    Richard 346
Bouldin
    William 96, 97
Boulton
    John 94
    William 67, 94
Bowen
    Benjamin 107, 188, 245, 268
    Hester 192
    Honour 155
    John 47, 49, 155, 156, 219, 227, 237, 242, 246, 290
    Jonas 41, 188, 208
    Jonas Sr. 105
    Martha 155, 156, 183, 188, 192
    Mary 227, 246
    Milca 47
    Milcha 49
    Milder 47
    Milken 228
    Milkey 237
    Milkie 219
    Samuel 96
Boyce
    Cornelius 7, 30, 101, 149, 176
    Cornelius Sr. 101
    Roger 116, 221

Boyer
    Lewis 93
    Richard 84
Boyne
    Jonas 60
Boys
    John 343
Bozley
    Joseph 332
Bradford
    Elizabeth 327, 361
    John 68, 69, 97, 98
    Mary 98
    Nicholas 98
    Susanna 98
    Thomas 97, 98
    William 97, 105, 117, 282, 284, 302, 314, 317, 318, 321, 326, 327, 332, 361, 370
Bradley
    Thomas 176
    William 258
Bradly
    R. 229
Bradshaw
    Edward 256
    John 251
Braene
    Samuel 32
Braine
    Benjamin 210
    James 202
Brale
    Cosobius 97
Brand
    Mary 13
    Samuel 13
Brasher
    Jane 329
    William 276, 326, 329
Brasierlin
    William 299
Brasker
    Jane 354
    Richard 354
    William 354
Brassington
    Robert 7
Brastus
    William 359
Brayfoot
    Anthony 363

Brener
    Jacob 287
Brent
    Henry 201
Brerewood
    Thomas Jr. 114
Brian
    John 104
Briarly
    John 118
Brice
    John 49, 207, 222, 229, 265, 363
    Sarah 236, 265
Brick
    John 322
Briggs
    Robert 77
Brighton
    William 204
Brimbridge
    Christopher 27
Brisco
    John 77
Briscoe
    Nicholas 278
Brisk
    John 276
Brispoe
    Anthony 97, 125, 128, 139, 142
Britton
    William 156
Broad
    Ann 320, 367
    Anna 291
    Barbara 227
    Hannah 227
    Jane 227
    Jean 289
    John 289
    Thomas 227, 289, 291, 319, 320, 367
Broadduck
    Ralph 363
Broadhurst
    Katherine 298
Broadway
    Elizabeth 357
Broadweath
    Esay 297
Brocas
    George 97, 125
    William 97

Brock
    Elizabeth 299
Brocklesby
    Edward 260, 365
    Elizabeth 259, 365
    Lovedy 259
    Richard 29, 259
    Thomas 259, 260, 365
Brocks
    John 289
Brocus
    George 139
Broducks
    Elizabeth 365
    Ralph 365
Bromfield
    John 126

Brooke
    Edward 253
Brookhouse
    William 150
Brooks
    John 56, 242, 319
Brosher
    William 309
Broughton
    William 89, 206
Brown
    Absolam 110
    Augustus 241
    Benjamin 264
    Blanch 348
    Elizabeth 241
    Esther 263
    Gabriel 241
    James 260
    John 29, 38, 94, 160, 162, 194, 221, 223, 238, 241
    John Jr. 257
    Joseph 249
    Joshua 160, 162
    Margaret 28, 250
    Mary 187, 265, 320
    Metak 257
    Perregrine 250
    Robert 240, 268
    Samuel 29, 51, 161, 187, 246, 260, 265, 320
    Thomas 28, 32, 156, 160, 194, 221, 232, 241, 317
    Valentine 317
    Valinda 113
    William 231, 263
Browne
    Francis 110
    Gabriel 76
    George 118, 311, 343
    Henry 361
    J. 185, 230
    J. Jr. 118
    James 2, 70, 371
    Jethro 313
    John 53, 187-189, 192, 194, 198, 203, 205
    Jon 70
    Joseph 250
    Perregrine 158
    Perry 371
    Samuel 24, 51, 147, 189, 260, 371

    Thomas 37, 100, 157, 159, 189, 192, 199, 200, 203, 321, 359
    William 148
    Zachariah 53
Browning
    Elizabeth 124, 138
    John 75, 124, 138
    Thomas 68, 124
Bruce
    John 51
Brues
    John 2
Brumfield
    John 68
Bryen
    Lewis 5
Bryne
    Michael 56
Buchanan
    Ann 373
    Archibald 50, 54, 250, 293, 294, 316, 320, 341, 354, 365, 369, 371, 373, 374
    Archibald Sr. 316
    Elenor 110
    Elinor 330

   George 110, 277, 288, 289,
     291, 296, 298,
     301, 302, 304,
     305, 313, 327,
     330, 342, 361,
     369, 375
   James 196
   Mary 50, 365, 371
   Thomas 372
   Will 308
   William 368
Buchnet
   William 316
Buchterlony
   John 161
Buck
   John 58, 261, 289, 331
Buckingham
   John 286
   William 308
Bucknall
   Thomas 223
Bucknalle
   Thomas 89

Bucknell
   John 74
   Thomas 55
Buckner
   W. 350
   Will 341, 349
   William 277, 311, 325, 351,
     356, 359, 364,
     368
Budd
   George 263, 268
   Sarah 268
Bull
   Jacob 159, 262, 335
Bulter
   Henry 319
Burchell
   Thomas 88
Burchfield
   Maurice 250
   Thomas 206, 235
Burge
   William 11, 14
Burgen
   Robert 51, 86
Burges
   William 6
Burgess
   Charles 321

   Elizabeth 321
   George 24, 25, 343
   Samuel 340
   William 9, 41
Burgeth
   Samuel 310
Burgin
   Ann 375
   Robert 151, 375
Burk
   Ulick 299
Burle
   Stephen 214
Burman
   Ann 24
   Anna 173
   Robert 11, 13, 17, 24, 173
Burn
   William 63
Burnell
   Jane 265
Burnet
   Archibald 22
Burney
   Martha 256
   Simon 289
   William 256, 289, 368
Burridge
   John 158, 172
   Robert 158
Burrough
   John 369
   Richard 246, 261, 267, 293,
     313, 318, 320,
     321, 365, 372
Burrows
   Thomas 89
Burton
   Bryan 98
   Joseph 182
   Lewis 231
   Nicholas. 250
   Thomas 48, 210, 236
Busey
   Charles Jr. 315
Bushfield
   Adam 369, 371
   Mary 369
Bushnell
   Thomas 180
Buston
   Abigail 359
   Thomas 359

Busvargus
    James 195
Busvatgus
    James 196
Butler
    Henry 224, 252, 363
Butteram
    Elizabeth 212
    John 212
Butterworth
    Isaac 231, 242, 350
    Isaac Jr. 350
    Isaack 300
    John 237
Buxten
    George 168
Bwarard
    Peter 306
Bweraid
    Peter 374
Byfoot
    Moses 361
    Sarah 345
    William 293, 345, 355, 361
Byrne
    Michael 264, 271
    Sarah 271
Bysse
    William 131, 145
Byworth
    Thomas 127, 142
Cade
    Thomas 29
Cadle
    Benjamin 278, 368
Cagan
    James 106
Caine
    William 19
Calder
    James 302
Cales
    John 103
Calvert
    Joseph 349, 355
    Phillip 79
Camall
    William 282
Cambple
    Elinor 48, 53
    John 45, 48, 53
Camhead
    John 122
Camm
    Thomas 65

Cammaron
    John 158
Cammeron
    John 159
Camp
    Thomas 276
    William 276
Campbell
    Elinor 213
    James 213
    John 213
    Phillis 213
Campble
    Elinor 227
    John 89
Camperson
    Martha 222
Cannon
    Thomas 147, 149, 167, 173
Canon
    John 216
Cantwell
    Edward 67
Capell
    Thomas 199
Capelle
    Thomas 88
Cardings
    Richard 2
Carleton
    Arthur 98
    Thomas 87, 98, 128
Carlile
    David 301, 332, 351
    Robert 109
Carpenter
    Elizabeth 256
    John 91, 114, 307
    Thomas 201, 204, 235
Carpes
    Elizabeth 310
Carr
    Aquila 328
    Benjamin 248
    John 82
    Thomas 328, 334
Carrington
    John 45
    Katherine 45
Carroll
    Charles 52, 112, 150, 194,
                211, 213, 214,
                219, 222, 231,
                243, 267, 343

387

    Daniel 347
    Ellis 158
    Elyo 223
    James 157, 161, 180, 188,
        209, 222, 225,
        241, 323
    John 58, 236
    Peter 234, 252, 359
Carter
    Edward 1, 12, 44, 60, 95,
        132, 141, 146,
        148, 171
    Henry 156
    John 215, 217, 291
    Richard 4
    Thomas 289
Carterall
    John 101
Carvil
    John 222
Carvile
    Avallia 183
    John 183
    Robert 96
Carvill
    Robert 370
    Susannah 281
Cary
    John 158, 172
    R.W. 279
    Walter 83
Casey
    John 297
Caske
    James 54
Casket
    George 11
Caskin
    John 188
Casse
    John 165
Castewin
    Thomas 24
Castor
    Richard 4
Casvill
    John 337, 338
Caswell
    Rachel 114
    Richard 309, 325
Catcham
    James 344
Catcher
    Martha 211
Catchin

    Jane 295
Caubourne
    William 141
Caultenden
    Bevil 258
Cavanagh
    Arthur 239
Cavie
    Henry 98
Cawthren
    William 308, 347, 354
Ceely
    Emanuel 21, 24, 28, 148
    Sarah 21, 28, 148
Cellar
    John 122
Cely
    Emanuel 315
Chad
    Bennett 201
Chadborne
    William 80, 122, 136
Chadwell
    John 148, 180, 185, 233,
        303
    John Jr. 366, 367
    John Sr. 366, 367
    Margaret 303
    Mary 185
Chalkley
    Thomas 48
Chalkly
    Thomas 48
Chamberlain
    James 259
    Mary 244, 259
    Thomas 55, 169, 201, 205,
        210, 226, 243-245,
        259, 267
Chambers
    John 277, 302
    Samuel 179, 195, 208, 328
Chancey
    George 43, 44, 105, 150,
        155, 156, 189,
        206, 304
Chapell
    John 211
    Thomas 205
Chapham
    William 174, 175, 182
Chapman
    Ann 298
    Elizabeth 264
    John 255, 298, 301

Charleton
- Richard 68, 69, 82
- Robert 73, 126, 140, 160, 264, 356
- William 74, 84, 87, 222

Chaw
- Thomas 137

Cheseldyn
- Samuel 210

Chesture
- Kenelm 98

Chew
- John 296

Chiefsell
- Samuel 119, 226

Chilcoat
- Joseph 3

Child
- James 209

Choat
- Frances 72
- Mark 15

Choats
- Constant 318
- Edward 318

Choice
- Christopher 282

Choyce
- William 134

Choyes
- William 120

Chrismas
- Benjamin 9

Christian
- Francis 75, 76

Clackson
- John 52, 88, 150, 208, 243
- Margaret 52, 208

Clagett
- Metak 257
- Robert 257

Clapcotte
- Thomas Sr. 327

Clapham
- Henry 97
- Robert 97

Clare
- Jane 80
- William 70, 80
- William Sr. 81

Clark
- Henry 222

Clark
- Abraham 65, 66, 199
- Elizabeth 163
- George 306

- John 163, 219, 236, 255, 260, 264, 265, 271, 278, 282, 291, 295, 320, 321
- Robert 59, 237, 264, 276, 278, 320
- Silina 59
- Thomas 323
- William 218, 224

Clarke
- Abraham 2, 3
- Ann B. 202
- Elizabeth 326
- Hezekiah 326
- John 157, 224, 247, 249, 253, 328, 341, 354
- John Collett 2
- Mary 195
- Richard 186
- Robert 2, 247
- William 214

Clarkson
- Milca 47
- Robert 47, 176, 177, 219, 228, 243

Clarridge
- Jane 13

Claxton
- Adam 82

Clayton
- Seth 372
- Thomas 371, 372

Clement
- James 118

Clerke
- Jeremy 70

Clocker
- Daniel 16

Coal
- John 255, 291

Coale
- Dinah 375
- Elizabeth 154
- John 197, 289, 335
- John Sr. 334, 375
- Shipwith 346
- Skip 110
- Skipwith 112
- Stephen 106
- Thomas 331, 339, 340, 345, 368, 369, 371
- William 119, 154
- William Jr. 154

Cobb
    James 252
Cock
    Ann 85, 96
    George 259
    John 72, 75-78, 85, 96
Cockey
    John 308, 309, 324, 325,
        332, 333, 343-345,
        355, 363, 370
    Sary 259
    Thomas 322, 324, 325, 335,
        336
Cockin
    John 58
Cocks
    John 73, 74
Cockway
    Joshua 263
    Sarah 281
Cocky
    William 60
Codd
    Leger 335
    S. Leger 319, 337, 338
Coe
    Edward 314
    Jean 314
Coffee
    Nicholas 368
Coffen
    Abraham 85
    Joyce 85
Coffin
    Abraham 70
Coffree
    Anthony 240
Coingham
    George 13
Cole
    Dennis Garret 227
    Dinah 255, 291, 335
    George 158, 210, 367, 368
    Hannah 227
    Henry 368
    Johanna 224
    John 192, 217, 224, 227,
        240, 255, 291,
        335
    Joseph 240, 249
    Robert 94
    Thomas 64, 65, 177, 294
    William 216
    William Jr. 103
Colegate

    Benjamin 334, 341
    John 353
    Rebecca 49

    Richard 47, 49, 51, 52, 55,
        86, 88-91, 102,
        150, 154, 164,
        166, 169, 182,
        184, 185, 190,
        191, 193, 195,
        197, 198, 200,
        203, 204-206, 208,
        212-215, 217, 223,
        225, 228, 236,
        241, 245, 247,
        248, 250, 310,
        334, 353, 367
    Temperance 341
    Thomas 353
Coleman
    Joseph 229
    William 13
Coles
    Leonard 22
Coleworthy
    John 304
Colleld
    John 2
    Samuel 2
Collens
    Richard 74, 122, 136
Coller
    John 157
Colles
    Robert 75
Colleson
    William 89, 204
Collett
    Daniel 292
    Elizabeth 93
    John 3, 4, 6, 31, 60, 66-71,
        73-75, 77, 78, 82,
        84, 87, 93, 95,
        120, 121, 122,
        127, 134-136, 157,
        168, 175, 199,
        200, 245, 291
    John Sr. 121
    Moses 292
    Richard 4, 77, 93, 126, 127,
        141
    Ruth 292
    Sam 68, 72

        Samuel 3, 71-74, 76, 77
        Wand 67
Collevon
        William 48
Colliar
        John 303
        William 40
Collier
        James 7, 12, 15, 17, 18
        John 2, 5, 16, 21, 67, 78,
                83, 84, 121, 256
        Phillip 30
Collins
        Hugh 306
        Richard 77, 83, 85, 128,
                142, 295
        Thomas 252
Collson
        William 206
Collyer
        Edward 24
        James 5
Colmore
        Thomas 322, 339
Colsworthy
        John 304
Colvell
        Thomas 254
Colvill
        Thomas 266
Comeron
        John 245
Commin
        Nicholas 276
Compton
        Joseph 56, 218
        Margaret 56
Conckin
        John 187
Conigan
        George 16
Connaway
        James 42
        Jane 147
        John 261, 295
        Joseph 42, 147, 261, 264
        Rebecca 261
Conner
        Philip 50
Conningam
        George 15
Constable
        Henry 11

Constant
        John 337
        John Sr. 337
        Susannah 337
Contel
        A. 272
Conway
        Joseph 223
Cony
        Alexander 136
        Menander 122
Cook
        Ebenezer 57
        John 88, 129
        John Sr. 88
        Sara 278
        Sarah 339
        William 253
Cooke
        Ebenezer 266, 335
        Edward 338
        James 48
        John 5, 64, 143, 175
        Sarah 175
        Thomas 62, 132, 145, 175
        William 221
Cooper
        John 282, 285, 351, 367,
                368
        Ralph 6
Copeland
        John 370
        William 370
Copia
        Vera 137
Copper
        John 349
Copson
        John 374
Copus
        Ales 151
        John 88, 151, 351
        Thomas 88
Corbass
        Edward 274
        Jane 274
Corbin
        Edward 246
        Jane 246
        Nicholas 62
Cord
        Abarham 346
        Abraham 109, 285, 291,
                339, 351
        Mary 109

  Thomas 46, 88, 99, 110,
    195, 216, 291,
    299, 339, 346,
    358
  Thomas Sr. 339
Cordill
  John 100
Cordon
  John 196
Cork
  John 69
Corkey
  Thomas 180
Cormacon
  Mary 294
  Michael 294
Corne
  Thomas 151
Cornelius
  Elizabeth 44
  Hendrick 44
  Mathias 94
Cornwallis
  Capt. 140
  Penelope 77
  Thomas 77
Corry
  Alexander 85
Cortland
  Phillip 298
Cosden
  Alphonso 316
Coston
  Abraham 1
Cottame
  William 283
Cotter
  John 89, 233
Cotterell
  John 189, 253
Cotton
  William 264
Cottrell
  Thomas 292
Cottum
  William 258
Couborne
  William 127
Couch
  Joseph 295
Coursey
  Henry 173
  Juliana 348
  Mary 348

Cow
  James 312
  John 312
Cowdell
  James 25
Cowdry
  Ann 368
  James 42, 59
Cowley
  Edward 116, 117
  George 93
  James 275
Cowly
  Jone 205
Cox
  Calbert 277
  Christopher 166, 198, 214
  Edward 276, 289, 297, 299,
    305, 319, 325
  Henry 193
  Jacob 259, 274
  Jane 297, 299, 319
  Jean 289
  Mary 198, 214, 336
  William 261, 336
Coyell
  James 75
Coyle
  James 96
Cozens
  James 7
Crabb
  Thomas 239
Crabtree
  Grace 361
  Thomas 361
  William 361
Crandrol
  William 369
Crankcock
  John 124
Crawford
  James 215
Creed
  Bennet 215
Crigtely
  Edward 24
Crisap
  Hannah 373
  Thomas 373
Crocker
  Thomas 191
Crockett 372
  Gilbert 348, 368, 370

Crocus
 John 163, 164, 251, 252,
  255, 257, 261,
  267, 288, 290,
  291, 294, 303,
  315, 317, 329,
  330, 335, 336,
  365, 374
 Frances 220
 Thomas 220
Croff
 Thomas 248
Croker
 Frances 328
 Thomas 328
Cromgs
 John 89
Cromly
 Richard 128
Cromwell
 Charles 190
 Eleanor 344, 345
 Elizabeth 186
 Hannah 114, 306, 355
 John 114, 162, 306, 342,
  345, 355, 358
 Joseph 107, 353
 Joshua 237, 322
 Mary 52, 184
 Richard 29, 30, 44, 91, 100,
  148, 151, 153,
  155, 156, 173,
  176, 177, 181,
  186, 188-191
 Thomas 47, 50, 54, 55, 105,
  150, 153, 165,
  184-186, 227, 242,
  260, 277, 344,
  345
 William 41, 52, 61, 65, 66,
  107, 177, 184,
  237
 Woolgist 107
Crook
 James 198, 206, 211, 212
Crookawe
 William 5
Crooke
 James 47, 53, 90, 167, 187,
  213, 214, 270,
  274, 304, 315,
  316
 Sarah 316
Crooker
 Thomas 184

Crooks
 James 179
Cross
 Elinor 204
 John 204, 223, 224, 306,
  331
 Sarah 347
 Thomas 266, 337, 347
Crouch
 Alexander 284
 James 47, 324
 Joseph 338
 William 47, 49
Crowley
 Daniel 50, 233
 Dennis 50
Crown
 Mary 98
Crowne
 Mary 98
Cruger
 John 298
Cruickshank
 Robert 340
Crump
 Elizabeth 256
 Joseph 108
 Robert 256
Crumwell
 Richard 182
 Thomas 267
Cudgins
 John 206
Cullen
 Catharine 351
 Thomas 351
Cullin
 Thomas 231, 315, 351
Cullins
 Catharine 351
Cummings
 William 253, 273, 319, 348,
  374
Cump
 Joseph 354
Cuning
 Mathew 260
Cunnyworth
 Michael 103
Curtis
 Robert 358
Cutchen
 Jane 301
 Robert 252

393

Cutchim
    John 198
    Robert 149
Cutchin
    Dorothy 194, 337
    John 48
    Robert 48, 166, 192, 194, 231, 293, 326, 337, 358, 364
    Thomas 195, 229, 319
Cutchins
    Jane 301
Daddroll
    James 306
Dalby
    Thomas 24, 29
Daley
    Thomas 147
Dallahide
    Capt. 251
    Francis 40, 44, 46, 52, 53, 89-91, 147, 152, 159, 166, 169, 180, 181, 183, 191, 198, 201, 203-205, 218, 227, 228, 230, 233, 235, 255, 266, 286
    Mary 286
    Providence 40
    Sarah 152, 180, 183, 191, 230
Dallam
    Richard 226
Dallas
    Walter 106
Dallave
    Richard 168
Dalmey
    Alexander 204
Daltan
    William 116, 117
Danby
    Ralph 294
Daniels
    Elizabeth 195
    Thomas 61, 195, 212, 268, 286
Darbin
    Christopher 197, 202
Darby
    Nathaniel 327, 338, 375
Darham
    James 186
Darnale
    Henry 241
Darnall
    Henry 248, 252, 259, 346
    William 98
Darnell
    Elizabeth 364
    Henry 19, 197, 201, 216, 364
    Henry Jr. 197
Darrish
    John 303
Daugherty
    Nathaniel 367
David
    Henry 126
Davids
    Providence 13, 42
    Robert 13
    William 13
Davies
    Catharine 330
    Catherine 298
    VAughan 298, 330
Davis
    Elizabeth 361
    George 5, 208, 211
    J. 261
    John 327
    Joseph 228
    Robert 210
    Vanghan 305
    Vaughan 302
    William 361
Davison
    John 218, 273
Davorin
    Marcus 25
Davy
    Elizabeth 257
Dawes
    Edward 22
Dawkins
    Ann 311
    J. 42
    James Sr. 311
    Simon 7, 64
    William 311
Dawney
    John 290
    Lydia 290
Dawson
    Mary 113

Day
    Avarila 346
    Day 369
    Dinah 267
    Edward 296, 333-335, 346, 364
    Elizabeth 267
    Henry 118
    Michael 275
    Nicholas 35, 43, 101, 161, 251, 252, 267, 281, 317, 318, 321, 342
    P. 349
    Richard 321
    Sarah 251
    Thomas 118
Deacon
    Thomas 71
Deand
    William 21
Dearing
    John 179, 232
Deaver
    Antill 352
    Hannah 352, 366
    John 231, 270, 340, 352, 365-367
    Richard 366
Deavet
    John 237
Deavor
    John 55, 334
    Mary 161
    Richard 161, 295
Debrular
    George 274, 323, 348, 352
    John 300, 348, 351, 356, 358
    Mary 356, 358
Decash
    Mathias 5
Decosta
    Elizabeth 93
    Mathias 93
Deere
    Samuel 56, 162, 261
Degraw
    Sarah 283
Delahay
    Thomas 63
DeLappe
    Abraham 103, 200
    Julian 200

Demmott
    Joseph 244
Demondidier
    Anthony 5, 20, 28, 132, 146, 181, 182
    Elizabeth 182
    Martha 28
    Mary 181
    Ruth 176
Demos
    Andrew 126
    Lewis 108
Demott
    Elizabeth 342
    William 342
Demows
    Lewis 108
Dempill
    John 65
Dendy
    Ralph 344
Dennis
    Danielson 209
    David 179
    James 49, 200, 202
Densey
    Edward 205
Dent
    Thomas 268
    W. 154
Denton
    James 67
    John 68
    Sarah 368
    Vach 254
    Vackel 305
    William 167, 235, 339, 340, 368
Denyard
    Henry 236
    John 236
    Tabitha 236
Deoeghe
    Elizabeth 40
    John 40
Depost
    Martin 215
DeRingh
    Hans 72
Derrumple
    John 238, 239
Descardins
    John 136
Deseardins
    J. 122

Desiardins
    John 82, 124, 138
Desjardines
    John 62
Deson
    Samuel 295
Dester
    George 38
Devall
    Marcus 18
Devans
    John 285
    Martha 285
    Mary 285
Deveghe
    John 41
Dever
    Hannah 352
    John 352
    R. 235
    Richard 352
Deviardins
    John 98
Devie
    Fan 68
Devinish
    Robert 372
Devoss
    Matthias 277
Dew
    John 363
Dewly
    John 215
Deye
    Penelope 373
Deylton
    William 278
Diaper
    Abigail 340
Dibzredmond
    W. 243
Dick
    Henry 235
Dickenson
    John 2, 4, 64, 65
    Sarah 61
    Walter 2, 3, 25, 61, 64, 65, 71, 80
Diggs
    Charles 364
    Elenor 346
    John 346, 364
    Susannah 364
    William 241, 245

Dirkhoad
    Abraham 168
Disiard
    John 205
Ditto
    James 208
Dixon
    Jane 75, 85
    John 67, 71, 75, 79, 93, 94, 122, 136
Dobricker
    John 184
Dobson
    Richard 279
Dockett
    William 169
Dodderidge 193
Dolman
    Thomas 349
Donahue
    Henry 242, 273, 314, 342
Donaldson
    James 373
Doncalf
    Ralph 145
Dondy
    Ralph 160
Donehue
    Henry 255
Dontey
    Josh 223
Dorkey
    Thomas 275
Dorman
    Jane 44, 150
    Robert 105
    Sarah 190
    Selah 44, 150, 214, 236
Dorrumple
    John 55
Dorsey
    Ann 238, 312
    Benjamin 238, 254
    Buner 312
    Caleb 254, 312
    Charles 350, 351
    Comfort 341
    E. 108
    Edward 88, 100, 184-186, 205, 206, 238, 254, 312, 337, 350, 351
    Edward Jr. 350
    Elizabeth 108, 351
    Francis 350, 351

Greenberry 305, 325, 327, 337, 341
James 344, 345
John 49, 59, 206, 216, 232, 233, 245, 248, 250, 251, 253, 265, 275, 280, 281, 286, 288, 289, 297, 298, 304, 305, 309, 311, 312-314, 316, 321, 323, 324, 326-331, 335, 337, 341, 344, 347
John Sr. 225
Joshua 238, 310, 312, 331
Mary 327
Pleasance 264, 279
Pleasence 253
Plesance 262
Richard 108
Samuel 254
Silva 347

Dottrage
  Lettis 157
  William 157

Dougherty
  Nathaniel 269, 366

Douglas
  Mary 272
  William 272, 343

Doundviuar
  Thomas 97

Dounk
  Andrew 307

Doure
  John 364

Douse
  Edward 21
  Elizabeth 21

Dow
  Patrick 175

Dowdall
  John 277, 288

Dowee
  Edward 45

Dowell
  John 246
  Luke 246
  Mary 246
  Philip 246
  Phillip 279

Dowes
  Edward 24, 30
  Unity 30

Downes
  Bridgett 125, 138
  Henry 125, 138
  Jer. 247
  Jere. 230
  Jeremiah 163, 164
  John 213, 243
  Robert 143

Downey
  John 14

Downs
  Bridgett 124, 125
  Francis 21
  Henry 124, 125
  Jere. 240, 257
  Jeremiah 56
  Mary 211

Dows
  Edward 148, 315
  Thomas 361

Doyne
  Elinor 280
  Mary 280
  Robert 280
  Sarah 280
  Wharton 280
  William 280

Draitt
  Anna 328

Drane
  James 221

Draper
  Elizabeth 229, 233
  Laren 316
  Lawrance 16, 56
  Lawrence 163, 200, 224, 229, 233, 251-253, 343, 361
  Mary 252, 253, 343

Draw
  Anthony 28

Dreshill
  Dennis 49

Drew
  Anthony 20, 49, 51, 100, 101, 103-105, 150, 151, 153, 156, 194, 196, 197, 212, 216, 239, 241, 246, 249
  George 333, 354
  James 374
  Margaret 216, 241, 246
  Mary Ann 151

Drisdale
   Ellinor 42
   Robert 42, 168
Drue
   George 283
Drumford
   James 199
Drydon
   James 173
Dryer
   Samuel 35
Dryers
   Samuel 193
Duane
   William 323
Duckfield
   Thomas 158
Dudney
   Darby 160
Duglis
   George 287
Duke
   Christopher 233, 368
   James 193
   John 66
Dukes
   Henry 46, 47
Dulany
   D. 271, 299
   Dana 302
   Daniel 267, 305, 311, 316, 322, 330, 368
   Harris 366
   Thomas 316, 360, 361, 368
Duly
   John 272, 373
Dunard
   Henry 235
Duncan
   Charles 218
   Thomas 162
Dunindge
   Jacob 261

Dunkerton 70
   William 74, 76, 78-80, 82, 84, 122, 126, 127, 136, 141, 143
Dunkeson
   Patrick 43
Dunkin
   Ann 38
   John 38, 341
   Mary 229

   Patrick 210, 211, 229
Dunmitt
   William 235
Dunn
   Robert 139
Dunratso
   Ralph 131
Dunridge
   James 274, 281
Dunscombe
   Peter 307
Dunsey
   William 288
Dunston
   John 61, 62, 173, 174
Durbin
   Ann 335
   Avarilla 336
   Christopher 46, 51, 91, 167
   John 59, 64, 159, 236, 264, 265, 276, 284, 292, 320, 334, 336, 341, 351, 354
   Margaret 167
   Mary 91
   Thomas 27, 35, 43, 51, 61, 63, 101, 167, 177, 263, 322, 335
Durbine
   Thomas 5
Durdin
   James 61
Durge
   Andrew 157
Durham
   Elee 350
   Elizabeth 36
   James 34, 36, 182, 239, 252, 302, 331
   John 28, 36, 63, 102, 150, 339
   Samuel 288, 293, 339
   Sarah 150
   Thomas 350
Duskin
   Daniel 163
   Dennis 163
   Mary 163
Duson
   William 30, 298
Each
   Abraham 368
Eagan
   John 106

Eager
    George 23, 197
    John 258
Eagle
    Robert 179, 232
    Thomas 179
Eaglestone
    John 47, 107, 157, 243, 281
Earle
    M. 182
Earp
    John 356
    Joseph 356
Eaton
    Jer. 120
    Jeremiah 123, 137, 280
    John 134
Ebden
    James 247
    Jane 60
    William 26, 31, 33, 60
Ebdins
    James 158
Ebdon
    Elizabeth 147, 171
    James 251, 289
    William 147, 150, 152, 171, 289
Eddison
    Ann 310
Edmonds
    Thomas 68, 89, 151, 185, 200, 205
Edmondson
    William 103
Edmondston
    Archibald 235, 236, 261
    Jane 235, 261
Edmonston
    Archibald 159, 274, 290, 326
    Jane 159, 274, 290, 326
    John 7
Edmundson
    Archibald 335
    Jane 335
Edmundston
    Archibald 229
    Jane 229
Edwards
    Alee 353
    Edward 319
    John 52, 206

    Moses 34, 37, 48, 86, 88, 156, 169, 184, 197, 224, 233, 234, 239, 352, 353
Egg
    John 197
Eggleston
    John 91, 202
Ekrid
    William 195
Elbert
    Hugh 43
Eldesley
    Henry 77, 84, 123, 125, 137, 139
    Parnell 84, 137
    Pernell 137
Eldesly
    Henry 123, 126, 128, 140, 142
    Parnell 123, 128, 142
Elledy
    Joseph 340
Ellensworth
    Elizabeth 260, 261
    Richard 260, 261, 271
Ellidge
    Elizabeth 106
    Joseph 56, 106
Elling
    Francis 76
Ellingstone
    James 16
Ellingsworth
    Richard 15, 18
Ellinsworth
    Richard 75
Elliott 280
    Browning 307, 308
    Clement 123
    James 158
    John 244, 258, 261, 282
    Vincent 137
Ellis
    Elizabeth 64
    James 9, 14, 28
    John 87, 166, 199, 322
    Mer. 263
    Perter 131

    Peter 5, 10, 13, 61, 64, 122, 129, 132, 136, 143, 145, 146
    William 174, 278

Ellzey
>John 332, 334
Elsey
>John 28, 40
Elton
>Thomas 333, 335
Emerson
>John 154
Eminson
>Jobias 255
>Tobias 46, 55, 159, 272
Emory
>John Sr. 256
England
>John 329, 363, 366
>Joseph 292, 364, 366
English
>Dennis 48
>George 23
>John 48
Enloes
>Abraham 181, 198
>Anthony 287
>Christana 190
>Christian 64
>Elizabeth 181
>Henderick 4
>Hendrick 22, 63, 64, 95, 190
>Henry 64, 296, 357, 374
>Henry Jr. 22
>John 186
>Mary 357, 374
>William 284
Enlowes
>Henry 301, 319, 354
>Mary 301, 319, 354
Enlowse
>Hendrick 354
Enser
>John 284
Ensor
>Elizabeth 232
>John 51, 54, 86, 156, 172, 180, 213, 217, 232
Erickson
>Erick 109, 293, 318, 369, 371, 372
>John 97
>Mary 369
>Matt 40
Eros
>Ralph 186, 188

Espin
>Nolman 216
Espry
>Thomas 60
Etherington
>Thomas 244, 245
Eton
>Thomas 334
Evans
>Edward 327, 373
>Elizabeth 327
>Job 256, 258, 278, 350, 353
>John 357
>Mary 350
>Peter 84
Evens
>Deborah 289
Everest
>Grace 271
>Hannah 9, 174-176, 271
>Thomas 9, 174-176
>William 271
Evert
>Thomas 222
Eves
>George 264
Ewindon
>Tobias 294
Ewings
>Edmund 339
>Elizabeth 52-54, 103, 202
>Henry 331
>John 37, 41-43, 46-48, 50, 52-54, 101, 103, 168, 170, 188, 190, 198, 200, 202, 203, 207, 286, 325
>Richard 290
>Samuel 362
Exton
>John 341
Fairfax
>John 268
>Mary 268
Fairland
>Nicholas 260
Fallock
>Jane 142
>John 142
Fallocke
>John 79
Fannell
>Mary 312
>William 312

Fanton
   Elizabeth 263
Farendell
   Richard 73
Farfar
   Johanna 54
   Johannah 169
   William 54, 169, 227
Farfax
   Johanna 169
   William 169
Farmer
   Edward 152, 153
   Gregory 55, 111, 211, 217, 231, 252, 264, 274
   Gregory Jr. 111
   Gregory Sr. 366, 368
   Joseph 281, 297
   Rachel 111
Feall
   Edward 89
Felker
   Anne 212
Felks
   Ann 90, 264
   Anne 53
   Edward 34, 35
   Elioner 34
Fell
   Edward 329, 364
Felp
   Comton 360
Fendall
   Elizabeth 29, 259, 365
   James 29, 259, 365
   John 29
   Josias 77, 80, 137
   Samuel 29
Fenton
   Amy 315
Feny
   Miles 197
Ferry
   John 32, 36, 37, 43, 154
Fewrt
   Magdalena 165
Fhigg
   Thomas Jr. 201
Filkes
   Edward 12, 39, 150, 187
Filly
   Joseph 44
Finch
   Thomas 10, 103

Fisher
   Francis 68, 69
   John 216
   William 68, 69, 75, 84, 94, 123, 137
Fitch
   Henry 373
Fithes
   Anne 350
   Charles 350
   Edward 350
Fitial
   Martha 225
Fitzherbert
   Harry 11
Fitzsimonds
   Nicholas 147, 261
Fitzsimons 101
   Nicholas 50, 181, 191, 211, 255, 314
Fitzsymons
   Nicholas 169
Fleming
   John 109, 224
Flemming
   John 261
Flower
   John 239
Floyd
   Elinor 44
   Robert 236
Flphingtone
   James 6
Fly
   Matt 278
Foard
   Thomas 86
Folkes
   Anne 204
Follerd
   Robert 260
Fondall
   James 23
Ford
   Elizabeth 262
   James 262, 266, 296
   John 199, 262, 266, 296
   Mary 262
   Thomas 86, 164, 262, 291, 320, 333
   Thomas Jr. 366
   Thomas Sr. 366
Foreman
   William 49

Forfare
  William 152
Forrest
  Robert 357
  William 57
Forster
  Edward 3
  Joseph 3
Forward
  Jonathan 352, 354
Foster
  Edward 47, 52
  Elizabeth 262, 267
  Mary 291
  Thomas 49, 52
  William 345
Fouch
  Hugh 135
Fowle
  William 55, 217, 218
Fowler
  Joshua 159, 264, 274
  Richard 199
  Samuel 215
Foxum
  Richard 67
Foy
  Miles 358
Foye
  Frances 373
  Miles 373
Frances
  Thomas 14
Francis
  Henry 34
  John 151
  Thomas 9, 14, 47, 257, 318
Franklin
  Robert 367
  Ruth 373
  Thomas 113, 357, 360, 373
Franks
  Rob 278
Frazer
  A. 297
  John 163
  Mary 163
Freeborn
  Drisella 56
  Thomas 286
Freeborne
  Elizabeth 56
  Jane 56
  Mary 56
  Richard 56, 282

Thomas 102
Freeland
  George 238, 263, 313
  John 263
  Mary 238, 263
  Stephen 40
Freeman
  Francis 10, 44
  Hendrich 74
  Hendrick 71
  James 195
  Richard 195
Freestone
  Richard 186
Freman
  Francis 27
French
  David 267
  Mary 293
  Michael 291, 293
Frenchlin
  Robert 279
Frenick
  Thomas 32
Frethwell
  Roger 97
Frisbie
  James 86, 120, 123, 124, 126, 127, 134, 137, 138, 140, 141
Frisby
  Frances 338
  James 1
  Peregrine 338
  Peregrine Sr. 338
  Porgrine 108
  Poriquio 109
  William 333, 374
Frisell
  James 154
  Mary 154
  William 229
Frisley
  William 172
Frissell
  Elizabeth 210
  John 210
Fritzsimons
  Nicholas 190
Frizell
  Elizabeth 262
  James 289
  John 262, 276

Frizland
    Mary 312
    Richard 312
    Thomas 276
    William 280
Froion
    George 251
Fryer
    Thomas 205
Frysby
    John 260
Fucatt
    James 70
Fuckett
    Frances 38
    Peter 38
Fuealt
    Francis 29
    Peter 29
Fugall
    Peter 19
Fugett
    James 300
Fugott
    James 18, 189
Fulkes
    James 176
Fuller
    Joseph 355
    Easter 25
    Henry 183
    Hester 31, 42, 206
    Hestor 183
    John 5, 22, 23, 25, 30, 31, 34, 36, 41-43, 57, 170, 183, 185, 189, 198, 206, 211, 239, 282, 343
    Sarah 170, 189, 198
Furley
    John Jr. 295
Fzredman
    Barbary 231
    John 227, 231
Gadd
    William 113
Gadsby
    Joane 186
    John 186
Gaine
    William 15
Gainer
    Catharine 246
Gaire

Gaish
    William 65
    Thomas 280
Gaitrell
    John 150
Gale
    John 268
Galham
    John 200
Galland
    Edward 48, 55
Gallaway
    Margaret 172
    William 171
    William Jr. 203
Gallaways
    Anna 325
Gallen
    Joseph 68
Galleon
    John 252
Gallion
    James 199
    John 255, 257, 341
    Joseph 10, 16, 21, 60, 145, 255, 258
    Sarah 10, 60
Gallon
    John 239
    Joseph 275
Gallopp
    Thomas 152
Galloway 373
    John 119, 365
    Joseph 330
    Margaret 38
    Mary 105
    Peter 365
    Richard 221, 293, 362
    Susannah 105
    William 33, 38, 70, 329, 330, 364
Gamball
    Gidson 28
Gamble
    Gideon 181
    Mary 181
Gamocon
    Michael 100
Gane
    William 63
Gardiner
    John 91, 97, 182, 370
    Robert 127

Gardner
    Alexander 212, 231
    Christopher 157, 243, 339
    John 57, 162, 217, 222,
           271, 275, 322,
           335
    Sibrah 339
Garison
    Elizabeth 56
Garquane
    Robert 27
Garrara
    John 218
Garratt
    Dennis 90
Garretson
    Garret 232, 241
    Garrett 151
    George 319, 354
    Sarah 189
Garrett
    Amos 160, 162, 194, 212,
           215, 216, 219,
           221, 222, 225,
           280, 295, 317
    Barbara 31
    Bennet 59

    Bennett 59, 110, 117, 250,
             260, 270, 276,
             283, 292, 305,
             341, 359, 371
    Dennis 15, 31
    Garrett Fitz 8
    Nathaniel 87
    Richard 52
    Robert 120, 134
    Rutgertson 61, 132, 146
    Rutgorer 137
    Ruthen 60, 246, 321
    Rutten 123, 137, 318
Garrettson
    Elizabeth 196
    Garrett 196
    George 292, 313, 328
Garrish
    Edward 108
Gasaway
    Nicholas 148
Gash
    Thomas 117
Gasquoine
    Robert 37
Gassaway
    Elizabeth 266

Nicholas 6, 9, 32, 51, 63,
          102, 209, 256,
          266
Nicholas Jr. 32
Gastelow
    Thomas 57
Gater
    William 276
Gates
    Robert 19, 30, 79, 83, 128
Gay
    Frances 46, 185
    John 40, 46, 59, 154, 156,
          169, 185, 193,
          209, 213, 222,
          233, 234, 245
Gears
    Daniel 287, 288
    Elizabeth 287, 288
Gee
    Joshua 281
Geffes
    William 42
Geist
    Christian 371
    Richard 91
Gelford
    Dorothy 52
Gell
    John 88
Gendell
    James 8
Geodle
    Zach. 157
George
    Goshua 310
    John 125, 139
    Joshua 273, 285, 309, 334,
           358, 366
Geoty
    Joe 308
Gerin
    Jasper 68
German
    Robert 239
Gersh
    Christopher 25
Geser
    James 153
Gest
    Richard 44
Gester
    Thomas 211

Getts
   William 202
Gibben
   Henry 324
Gibbes
   Henry 331
Gibbins
   John 54
Gibbs
   Henry 325
Gibson
   Ann 65, 130, 132, 176, 178
   Ann. 174
   Elizabeth 151
   Mary 218
   Michael 64, 65, 355
   Miles 6, 8, 10, 13, 18, 20,
      23, 29, 61, 63-65,
      70, 81, 83, 98, 99,
      123, 127, 128,
      131, 132, 137,
      142, 145, 146,
      173, 174, 176,
      177, 178, 189,
      205, 218, 365
   Richard 131

   Robert 29, 86, 170, 183,
      184, 188, 189,
      191, 193, 194,
      198, 202, 205,
      218
   Sarah 205
   Thomas 66, 177
Giddings
   Thomas 285
Gidson
   Robert 202
Gilbert
   Garoas 225
   Garvas 160, 343
   Jervis 232
   John 79, 85, 120, 130, 144
   Michael 105
   Thomas 125, 139
Gilburt
   Garviss 48
Giles
   Elizabeth 357

   Jacob 106, 109-113, 118,
      119, 345, 357
   John 112, 208, 210, 267,
      290, 293, 306,
      314, 323, 339,
      340, 348, 357,
      361, 364, 366,
      368, 370
   John Sr. 345
   Mary 357
   Mathias 161
   Nathan 357
   Nathaniel 58, 112, 113,
      258, 278, 329,
      341, 357
   Sarah 208, 210, 370
Gilgrest
   John 363
Gill
   Elizabeth 214, 360, 363
   Jane 261
   John 217, 232, 251
   Stephen 21, 157, 214, 225,
      237, 358, 360,
      362, 363
Gilley
   Robert 311
Gilson
   Ann 144
Ginery
   Spry Godfrey 256

Gines
   William 123
Gist
   Christian 324
   Christoper 353
   Christopher 38, 176, 177
   Edith 177
   Nathaniel 356, 358
   Richard 38, 53, 57, 91,
      106-110, 115, 117,
      118, 158, 161,
      223, 224, 229,
      237, 242, 268,
      279, 281, 288,
      292, 304, 308,
      314, 326, 335,
      340, 344, 345,
      350, 353-356, 358,
      367, 369, 370
   Zeppariah 279, 281
   Zippara 304
   Zipporah 220, 223, 229

Gittings
   John 94
   Thomas 335
Gives
   William 137
Givin
   Richard 23
Glover
   Flora 350
   Fora 352
Godfrey
   John 127, 142
Godver
   John 307
Goldsmith
   Blanch 95
   George 60, 61, 87, 93, 94, 127, 134, 146, 171, 225, 321
   George Sr. 171
   Martha 168
   Mathew 47, 52
   Samuel 95
Gollohan
   John 300
Golt
   Richard 334
Goodericke
   Henry 66
Goodman
   Edward 61
Goodwin
   Elizabeth 364
   George 364
   John 352, 354
   Samuel 357
Goofe
   Edward 23
Gordon
   James 241
   Robert 114, 241, 273, 331
   William 330
Gormmon
   Michael 52
Gormtoccon
   Michael 101

Gorsuch
   Ann 172
   Charles 4, 13-17, 20, 27, 35, 39, 54, 62, 64, 66, 71, 72, 84, 86, 96, 99, 102, 127, 131, 132, 141, 145, 146, 172, 177, 178, 180, 186, 188, 204, 221, 281
   Charles Sr. 47, 208, 375
   Elizabeth 71, 250, 292
   George 25
   John 54, 55, 57, 236, 241, 250, 292
   Loveless 85, 96, 146
   Morris 369
   Richard 2, 4, 71
   Robert 70, 72, 185
   Sarah 13-15, 20, 27, 62, 64, 66, 99, 177, 178
   Thomas 55, 112
Gorswick
   Elizabeth 357
   Joseph 349, 357
   Thomas 357
Gortswick
   Avarilla 115
   Nicholas 115
Gosnell
   Peter 287
   William 310, 369
Gost
   William 189
Gostwick
   Elizabeth 291
   Joseph 220
   Thomas 291
Gosuell
   Moris 294
Gott
   Elizabeth 253
   Richard 293, 303
   Sarah 293, 303
Gouch
   Mary 276
Gouge
   John 274
Gouldsmith
   Blanch 95
   Elenor 109

George 1, 5, 20-23, 28-30,
    32, 36, 48, 69, 73,
    82, 86, 87, 93,
    121, 122
Gould 136
Martha 20, 30
Mary 30, 73, 74
Mathew 67
Matthew 67
Nathaniel 87
Samuel 8, 73, 74, 87, 95,
    365
Thomas 1, 37
William 73, 74
Govane
    W. 117, 118
Gover
    Elizabeth 262
    Ephraim 238, 315, 316
    Mary 315
    Robert 106
    Samuel 106, 262, 315
Grace
    Isaac 109
    Mary 316
    William 316
Grafton
    William 306, 321, 337
Graims
    Thomas 253
Grant
    Alexander 57
    Frances 358
    Hugh 358
Granvile
    William 274
Grasane
    Robert 57
Grason
    Robert 57
Grasson
    Thomas 6
Graves
    Alexander 183, 232, 233
    John 245
Gray
    George 238, 239
    Jane 223
    Jeff 151
    Jeffery 263
    Jesse 104
    John 86, 172, 223
    Margaret 238, 239
    Thomas 168
Grayer

James 18
Grazer
    Alexander 333
Grear
    Ann 23
    James 23
Green
    Catharine Ann 256
    George 348
    John 336, 346
    Katharine 331
    Martha 256
    Mary 256
    Mathew 91, 200, 214, 221,
        241, 256, 331,
        368
    Mathus 170
    Moses 211
    Robert 224, 245, 350
Greenberry
    Charles 42
    Nicholas 172
Greenbury
    Nicholas 103
Greene
    George 149
    Thomas 77
Greenfeld
    Elizabeth 320
    Jane 320
    Mary 320
    Sara 320
    Sarah 320
    Thomas 320
    William 320
Greenfield
    Charles 364
    Elizabeth 321
    Jane 107, 242
    Mary 107
    Micajah 293, 364
    Sara 108
    Sarah 107
    Thomas 56, 107, 167, 199,
        242, 356, 364,
        372
    Thomas Jr. 108
    Thomas Truman 364
    William 108, 320, 321
Greenily
    James 21
Greening
    Samuel 46, 243
Greenist
    James 191

Greens
  Charles 22
Greenslade
  Joan 297
  Orlando 194
  Phillip 10, 297
Greenwood
  James 28
  Samuel 234
Greer
  Ann Harriot 237
  James 301
  John 237
  Sarah 237
Gregory
  John 68, 368
  Lewis 297
Greniff
  John 289
Grey
  Thomas 352, 354
Gridley
  Jeremiah 372
  John 372
  Martha 372
  Mary 372
  Michael 372
  Richard 372
  Samuel 372
  Thomas 372
Griffeth
  Samuel Jr. 363
Griffin
  John 296
Griffith
  Edward 238, 239, 253
  Katharine 331
  Nathaniel 260
  Orlando 331
  Orlindo 251
  Samuel Jr. 316
  Samuel Sr. 316
  Sarah 276
  Sophia 228
  Thomas 10, 167, 194, 319
Grinning
  Samuel 46
Grinnits
  John 49
  Ruth 49
Grisham
  John 261
  Richard 261
Groce
  Jacob 266

Groom
  Mathew 208
  Moses 90, 204, 232, 264
  Samuel 226
Groome
  Moese 148
  Moses 56, 180, 216, 217,
        245, 298, 345,
        350, 352
Grooming
  Samuel 167
Grooms
  Moses 281
Groonbury
  Nicholas 174
Groone
  Elizabeth 182
Gross
  John 158
Grover
  Ephraim 252
  George 155, 286, 301, 303
  George Jr. 303, 311
  George Sr. 311
  Jane 301
  John 74
  Samuel 252
Groves
  Dorothy 258, 267, 269
  George 303, 305
  John 256
  Sarah 282
  William 258, 267, 269, 282
Grundell
  Chris 119
Grvine
  Even 72
Gudgen
  William 30
Gudgeon
  Thomas 319
Gudgoon
  William 32
Gudridge
  Joseph 304
Guest
  Christopher 29
Guggin
  Jane 295
Guind
  Martin 199
  Thomas 199
Gulland
  Edward 46

Guller
  Stephen 167
Gundey
  Joseph 123
  Richard 121
Gundry
  Benjamin 86
  Gideon 75, 76, 78, 85-87, 128, 135, 142
  Godfrey 225
  Joseph 67, 172
  Mr. 69
Gundy
  Spry Godfrey 47
Gunill
  George 21
Gunnell
  Edward 16, 60
  George 16, 30, 32, 41, 101
Gusyor
  Richard 22
Guy
  Jacob 150
  John 209, 281
Guynous
  John 4
  William 4
Gwin
  Evan 86
  John 86
  Thomas 220
Gwine
  Thomas 224
Gwyn
  John 95
Hack
  Anna 96
  Georg 96
  Peter 96
Hackett
  Theophiluss 11
Hacks
  Jeremiah 270
Hackubin 114
Hadaway
  George 224
  Sarah 224
Haddaway
  George 37
  Rowland 94
  Sarah 37
Haddersich
  Job 374
Hadell

Hagles
  William 78
Haies
  Ed 285
Haile
  John 33
Hails
  Frances 355
  Nicholas 158, 268, 355
Hais
  Nicholas 35
  Olliva 15
Haite
  Abigail 27
  John 19, 27
Hakes
  Nicholas 268
Hale
  Jeremiah 49, 340
Hales
  Diana 275
  Jermy 252
  Mathew 256, 267, 269
  Nicholas 106, 234
Hall
  Elizabeth 366
  John 366
  Alexander 260
  Aquila 255, 265, 300, 323, 327, 329, 336, 342, 351
  Aquilla 277, 292
  Bak. 116, 117
  Blanch 115
  Charles 312
  Darby 192
  Dorothy 364
  Edard 223
  Edward 58, 59, 109, 192, 193, 235, 250, 257-259, 264, 278, 282, 289, 292, 300, 304, 305, 308, 309, 317, 318, 321, 324, 326, 328-334, 336, 346, 347, 349-351, 353, 354, 358, 361, 365, 366, 369-372
  Elizabaeth 216
  Elizabeth 221, 222, 280
  Fayre 302
  Fayres 302
  France 305

Henry 216, 221, 322
Henry Jr. 280
Henry Sr. 280
Johanna 277
John 7, 11, 17-20, 22, 30, 34, 37, 38, 49, 53, 55, 80, 85, 88, 91, 92, 99-105, 151, 152, 155, 157, 158, 161, 165, 166, 168, 172, 180, 181, 185, 188, 192, 195, 196, 198, 199, 202, 215, 216, 218, 225, 227, 228, 239, 240, 251, 255, 258, 264, 265, 280, 282, 283, 314, 327, 334, 336, 352, 358, 364
John Jr. 165, 291, 315, 353, 358, 368
John Sr. 291
Joseph 107
Joshua 115, 117
Martha 100, 104, 239, 251, 255, 258, 265, 283
Nicholas 236
Pak. 106
Par. 363
Park 109
Parker 292
Richard 16, 122, 190, 374
Sarah 34, 181
Taylor 307
Thomas 181, 202, 360
William 242
Zak 115
Hallaway 199
John 342, 353
Hallett
Lancelott 72
Richard 172
Hallin
John 365
Hallis
John 15
William 198
Hallock
Jane 128
John 79, 128

Halmon
G. 84
H. 81, 82, 84
S. 78
W. 67
Halton
John 8
Hamby
Francis 334
Hamilton
Andrew 247, 268
William 214, 232, 240, 242, 244, 248, 277, 304, 309, 310, 350, 351, 364, 368, 372, 374
Hammerton
Joseph 209
Hammon
Job 220
John 220
Hammond
Augustine 129
Benjamin 111, 114, 117, 118
Charity 194
Charles 166, 228, 374
Frances 118
H. 366
John 42, 100, 164, 252, 270, 271, 279, 331, 355
John Jr. 159, 164, 252, 264, 286, 322
John Sr. 310, 322
Lawrance 107
Lawrence 115
Margaret 111, 114, 118
Mary 291, 294
Mordecai 117-119
Philip 228
Rebaca 92
Rebecca 38, 50, 91, 92, 166
Rebeckah 91
Samuel 359
Thomas 38, 50, 88, 91, 92, 100, 159, 166, 180, 184, 186, 205, 217, 223, 232, 291, 294, 371
Thomas John 266

Hamott
   William 114, 115, 286, 344,
      354, 358, 362,
      364, 369
   Oliver 245
Hamsted
   Elizabeth 190
   Nicholas 30, 190
Handcock
   William 358
Handson
   Thomas 184
Hank
   William 308
Hanlitton
   John 296
Hannis
   Elizabeth 162, 247
   Miles 55, 162, 199, 251
   Mills 247
Hanslap
   Henry 9, 14
   Joseph 172
   Richard 28
Hanslay
   Henry 6
Hansley
   Edmond 23, 32, 34, 152, 166
   Edmond Sr. 32
   Edward 172
   Henry 26
   Sarah 32
Hanslop
   Henry 6
Hansly
   Edmond 21
Hanson
   Benjamin 56, 159, 259, 281, 345, 355
   Fred 354, 357, 374
   Frederick 271
   George 271
   Hance 212
   Jacob 242
   John 281
   Jonathan 57, 219, 240, 262, 280, 286, 353
   Sarah 242, 259, 281, 345, 348
   Thomas 86, 202, 242
Hanvor
   Jonathan 48
Harad
   Rapheal 271

Harbert
   Elenor 341
   Elinor 334
   Ellinor 334
Hardiman
   Richard 231
Harecock
   John 295
Hargis
   Thomas 332
Hargist
   Thomas 369
Hark
   George 68
Harman
   Agusteen 5
   Augustine 74, 143, 144
   Godfrey 1, 72, 215
   Mary 2, 143
Harmar
   Godfrey 79-81, 129
   Mary 79-81
Harmer
   Godfrey 80
   Mary 80
Harmon
   Augustine 130
   Godfrey 18
Harp
   Joseph 324
   Ruth 324
Harpam
   William 38
Harport
   John 369
Harrap
   Elizabeth 105
Harried
   Oliver 30
   Unity 30
Harriman
   John 89
   John Sr. 215
   Samuel 320
Harring
   Jeremiah 350
Harrington
   Jacob 342, 360
Harriott
   Oliver 271, 311
   Susannah 271
Harris
   Edward 328

Elizabeth 283
George 126, 128, 140, 142
James 95, 232, 244, 245
John 17

Lloyd 111, 114, 259, 303, 308, 309, 330, 332, 333, 339, 342, 350, 357, 363, 371, 374
Loyd 285
Mary 337, 368
Miles 283
Robert 96
Susannah 15, 16
Thomas 164, 174, 210, 254, 295, 368, 374
Timothy 30
William 14, 261
William Gaskin 287

Harrison
Mary 30, 45
Samuel 211

Harrman
Charles 366

Harryman
Elinor 190
John 90, 155, 190, 198, 250, 302, 339, 373
Mary 362
Thomas 362

Hart
John 209

Hartley 368

Hartly
Benjamin 372

Haru
Dummure 287
Johannes 287

Harvey
William 373

Harwood
Richard 24
Robert 199
Thomas 73, 126

Has
John 28

Haske
Richard 23

Haskins
Richard 49
Thomas 163, 282

Haslewood
Elizabeth 60, 132
Henry 60, 62, 64, 77, 84, 121, 126, 128, 129, 132, 135, 199

Hasp
Robert 23

Hastings
Michael 36, 39, 43
William 218

Hastwell
Thomas 313

Hatch
John 152, 289, 301

Hatchman
Thomas 56, 305, 314, 362, 363, 373

Hatfield
Godfrey 367

Hathaway
John 6, 11, 16, 170, 171
Rowland 66

Hathaways 265

Hatherly
John 111, 261
John Jr. 111

Hathins
Francis 360, 361

Hathway
John 13-15, 17-19, 21, 23, 27, 30, 31, 33, 36, 64

Hattenpenny
Jane 276
Thomas 275

Hatton
Elizabeth 63
John 1, 75
Samuel 63, 98
William 151

Hauly
Honor 294
Jeremiah 294

Hausley
Edmund 104

Hawker
Thomas 77, 137

Hawkin
Edward 307
John Sr. 321

Hawkins
Ann 371
Elizabeth 159

412

John 4, 11, 37, 85, 93, 97,
    107, 111, 126,
    127, 134, 141,
    174
John Jr. 159
Joseph 89, 120, 134, 159, 167
Mathew 89, 166, 167, 291
Rebecca 111, 291
Robert 121, 126, 127, 135,
    141, 192, 239, 276
Sarah 97
Thomas 123
William 100, 224
William Jr. 49

Hawson
    Hamilton 355
Haxton
    Hyde 339, 340, 350, 351
Hayes
    Avarilla 167
    Edmond 364
    Edward 168
    Elizabeth 91, 167
    Jane 167
    Jemima 167
    John 53, 91, 106, 154, 167, 304, 337
    Mary 168, 364
    Thomas 150
Hayles
    Ed 286
    Mary 286
Haynes
    Hez. 241
Hays
    Edmond 290, 339
    Edmund 110, 294
    Grace 361
    John 210, 212, 216, 254, 300
    Mary 339
    Mary Ann 254
    William 361
Hayse
    Jane 156
Hazelwood
    Henry 291
Hazlewood
    Elizabeth 146
    Henry 140, 142, 143, 146
    John 230
Headsworth
    Catharine 357

John 357
Heath
    James 55, 157, 170, 207, 208, 210
    Sarah 43, 102
    Simon 196, 200
    Thomas 26, 28, 31, 42, 43, 84, 97, 102
Heathcoat
    John 347
    Nathaniel 347
    Silva 347
Heathcott
    Joseph 172
Hedge
    Ann 5, 38
    Anna 5
    Bartholomew 32
    Henry 40, 171, 182, 184
    Mary 182
    Samuel 5, 132, 145, 303, 304, 350-352
    Thomas 5-10, 14-19, 21, 27, 29, 31, 32, 34, 35, 37, 38, 40, 41, 44, 45, 60, 62-64, 86, 88-90, 98, 102, 103, 137, 154, 171, 173, 175, 176, 179, 192, 204, 352
Heems
    James 363
Heighe
    Samuel 324, 343
    Sarah 343
Heighs
    Samuel 341
Hempstead
    Nicholas 33, 64
Henchman
    Nathaniel 146
Hendall
    Josias 123
Hendon
    Elizabeth 329
    Josias 319-321, 329
    William 329
Hendrick
    Anthony 96
Hendrickson
    Bartlett 73, 74
    Hendrick 73
    Henry 260
    Juniber 73

Henkin
    Edward 315
Hennis
    Miles 46
Hensey
    James 3
    Paul 3, 14
Hepbourne
    James 122, 123, 137
Hepburn
    Patrick 229
Herbert
    Elinor 232
    Elioner 49
    John 358
    Mary 180
    Nicholas 208
    Sarah 208
    William 180
Herford
    Hannah 115
Herman
    Anna 93
    Augustine 77, 87, 93, 120, 135, 138
    Casparus 93
    Ephram 93
    Francina 93
    Georgius 93
    Judeth 93
    Margaritta 93
Herrington
    Charles 252
    Cornelius 163, 186
    Elizabeth 163
    Rachel 186
Herrman
    Anna Margarita 96
    Augusteen 94
    Augustine 82, 94, 96, 97, 124
    Casparus 96
    Ephraim Georgius 96
    Judith Francina 96
Herryman
    Elinor 190
    John 190
Heshar
    Timothy 29
Hestings
    David 296
Hettier
    John 349
Heues
    Samuel 281

Heves
    John 84
    Joseph 84
Hewe
    Joseph 354
Hewes
    Joseph 347
Hewet
    Elizabeth 222
    Robert 222
Hewit
    Ann 213
    Charles 213
Hewitt
    Richard 341
Hews
    Joseph 102
Hexton
    Hyde 324, 364
Hichman
    Nathaniel 145
Hickley
    Francis 374
Hickman
    William 257
Hicks
    Elizabeth 295, 301
    Hehem 301
    Henry 274, 301, 313, 330
    James 255, 298, 301, 313, 330
    Jane 301
    Jeremiah 270
    Nathaniel 275
    Nehemiah 271, 283, 330, 345
    Phillisanna 345
    William 35, 256, 275, 298, 301, 313, 330, 372
Hickson
    George 336
    Henry 194
Hide
    John 209, 213
Higer
    John 122
Higges
    Christopher 7
Higgins
    John 296
    Stephen 106
Higginson
    John 109

Higgs
    John 136
Hill
    Alexander 110
    Clement 245, 293
    Edward 261
    John 32, 35, 42, 326, 331, 336, 337
    Joseph 51
    Richard 100
    Roger 81
    Thomas 276
    William 32, 35, 45, 59
Hillard
    Daniel 256
    Elizabeth 256
    Henry 256
Hillen
    John 124, 125, 138, 139, 220, 233
    Mary 220
    Nathaniel 139
    Solomon 368
Hilliard
    Henry 160, 223
Hillman
    Andrew 330
Hillyard
    Henry 256
Hinchman
    Nathaniel 131
Hinck
    Francis 328
Hinckley
    Francis 355
Hinds
    Thomas 160
Hine
    Thomas 254
Hines
    Thomas 302
Hinks
    William 100
Hinsey
    Katharine 4
    Paul 25
    Paule 4
Hinson
    Thomas Sr. 67
Hinton
    J. 220, 234, 237, 238, 246, 251
    Rees 337
    S. 162, 219
    Samuel 217, 233, 234, 263

    Simon 252
Hissey
    Charles 353
Hitchcock
    George 223, 306, 329, 336, 354
    Phillisana 345
    Tye 109
    William 251, 271, 273, 345, 364
Hitchcocks
    Mary 54
    William 54
Hitchcork
    William 203
Hitchiner
    Richard 152
Hitching
    Ann 228
Hitchmore
    Rachel 363
    William 363
Hixon
    George 64
Hixson
    George 91
Hldrick
    Peter 82
Hlrick
    Peter 82
Hoare
    Joseph 228
Hobart
    John 285, 289, 296
Hobbs
    John 325
    Susana 326
Hodgson
    John Sr. 123, 137
Hogg
    Ambrose 44
Hokahd
    Anthony 6
Holbrooke
    John 352
Holden
    Roger 81
Holeman 41
Holham
    Mathew 258, 275
Hollan
    John 365
Holland 232
    Abraham 34
    Anthony 14, 154, 253

D. 296
Elizabeth 235, 253
Francis 157, 158, 163, 211,
215, 227, 230,
246, 249, 252,
257, 259, 260,
263-265, 269, 271,
274, 280, 290,
291, 295, 314,
318, 321, 328,
341, 351
George 5, 8, 11, 13, 20, 41,
66
Henry 23
Jacob 303
Jane 186, 281
John Francis 102, 186, 281,
349
Margaret 262, 267
Mary 262, 290
Otho 8, 11-14, 262, 265
Susanna 280
Susannah 227, 246, 249,
280, 318, 321,
328
Thomas 163, 262, 267, 280
Uty 290
William 9, 11, 13, 14, 49,
51, 181, 190, 210,
211, 215, 221,
282, 314
William Jr. 325
Hollandsworth
James 232
Holleger
Mary 70, 77
Phillip 70, 72, 74, 77
Hollingshead
Obediah 204
William 163, 269
Hollingsworth
B. 355
George 105, 204, 208
Henry 279
Jeb. 337
Hollis
Avarrilea 312
Elizabeth 64, 132, 146
Mary 29, 37, 103
William 2, 15, 29, 33, 34,
37, 43, 64, 65, 68,
98, 103, 128, 142,
159, 160, 182,
188, 311

Hollman
Abraham 7, 24, 68, 187,
258
Holloway
John 325
Holly
Anne 206
Holman
William 218
Holmes
Thomas 158, 222
William 350
Holowaye
Samuel 82
Homble
Robert 23
Homewood
Thomas 180
Hoodless
Charles 334
Hook
James 319
Hooke
Edward 213
Jane 213
Hooker
Benjamin 204
Cleao 279
Elenor 164
Elinor 331
Elivuas 373
Elizabeth 268
Ellinor 107
Jane 106
Richard 331
Samuel 106, 107, 164, 268,
323, 331, 373
Sarah 107, 184
Thomas 28, 50, 53, 107, 164, 184, 244, 247, 268,
279, 282, 331, 343, 373
Hooper
Elizabeth 113
George 187
Henry Darnett 183
Isabella 181, 188
Joseph 110, 119
Robert 9
Hope
George 165, 268
George Sr. 315
Hopham
George 152
William 302

416

Hopkins
   Gerard 256, 355
   Gerrard 58, 278
   James 113
   John 155, 158, 184, 234
   Joseph 69, 73, 76, 78, 79, 95, 111, 129, 135, 143
   Phillip 149, 151
Hopkinson
   John 77
Horbert
   Nicholas 170
Hordirty
   George 230
Hore
   William 150
Horkell
   Francis 205
Hornby
   Darby 168
Hornd
   John 95
Horne
   Mary 11, 176
   William 10, 11, 33, 36, 175, 176
Horner
   Nicholas 261
   Richard 113
Horton
   Edward 127, 142
Horway
   Edward 48
Houch
   Hugh 120, 121
Houchings
   Judith 315
   William 315
Houchins
   Judith 315
   William 315
Houldsleek
   Hannah 277
Hoult
   George 227, 228
Housley
   Edmund 171
   Sarah 171
Howard
   Benjamin 164, 251, 254, 261, 264, 272, 306, 310
   Catharine 297
   Charles 262
   Cornelius 49, 114, 300, 356
   Edmond 114
   Edmund 356
   Gedion 272
   Henry 69, 73, 85, 96, 121, 131, 135
   John 12, 164, 191, 192, 197, 237, 242, 251, 254, 289, 322
   Joseph 305
   Katharine 197
   Mary 49, 262
   Ruth 356
   Samuel 266
   Thomas 262, 297
   William 41, 54, 73, 166, 186, 227, 256, 270
Howe
   Thomas 75
Howell
   Elizabeth 77, 87
   Phillip 241
   Samuel 117, 276, 282, 329, 332, 341, 370, 371
   Thomas 1, 5, 70, 77-80, 82, 87, 93-96, 123, 126, 127, 137, 140, 141
Howewood
   John 13
Hoxton
   H. 343
Hrizell
   William 286
Huckingbottom
   Oliver 58
Huddeston
   William 166
Hudson
   Jane 31
   Mathew 17, 24, 31, 39
Huett
   Elizabeth 351
   Richard 324, 342, 364
Huggens
   James 288
   Jane 288
Huggins
   James 287
   Jane 287

Hughes
    Daniel 371
    David 303
    Elizabeth 312, 324
    Jane 159, 274, 334, 348
    Jonathan 371
    Joseph 97
    Mary 312, 319, 324, 371
    Samuel 159, 274, 276, 303, 334, 336, 348, 351
    Thomas 299, 312, 316, 319, 324
    Thomas Jr. 324, 362
    William 284
Hughs
    James 230
    Jane 59, 255
    Samuel 59, 239, 255, 264
    William 117
Humbolt
    D. 139
Humpheryes
    Thomas 66
Humphrey
    Edward 369
Humphreys
    Thomas 95
Humphry
    Mary 9
Humphryes
    Mary 3
Humphrys
    Thomas 298
Hunt
    Charles 209
    Welfran 16
    William 274
Hunter
    Mary 314
    William 283, 307, 314, 342, 356
Hurd
    Mary 260
Hurst
    Abraham 213
    Hannah 193, 201, 213
    John 41, 52, 91, 153, 160, 188, 190, 193, 196, 201, 202, 213, 214, 216, 261
    John Jr. 266
Hust
    John 280

Hutchbule
    Norton 225
Hutcheson
    Ann 280
    Elizabeth 280
    George 280
    John 280
    Mary 280
    Sarah 280
    William 280
Hutchings
    Thomas 218
Hutchins
    Richard 218
    Thomas 91, 180, 217, 218, 238, 252, 353
Hutton
    John 1
Hyde
    John 193, 196, 346
Hynson
    John 173
Hynton
    Charles 232
Hyres
    Edward 68
Inglish
    Dennis 61
    George 23
Ingram
    John 271
Inloes
    Hendrick 5
Insall
    Alice 355
    George 355
Insull
    George 320
Ireland
    John 60, 61, 146
Isaack
    Richard 101
Isham
    Elizabeth 256, 321, 329
    James 208, 211, 239, 248, 256, 261, 275, 279, 282, 321, 329, 336
    Julian 211, 248
Israel
    Barbara 215
    James 286

	John 49, 57, 89, 91, 157, 158, 167, 208, 214, 215, 225, 226, 228, 242, 247, 250, 253, 268, 274, 276, 280, 286, 287, 292, 293	Charles 72, 76, 120, 122, 134, 136, 170
		Elizabeth 154
		J. 260
		James 95, 122
		John 72, 74, 76, 86, 95, 102, 107, 108, 120, 122, 127, 134, 136, 142, 253, 276
Israell		
	John 343	
	Sarah 343	Mary 45, 46, 155
Ives		Richard 154, 372
	George 163	Robert 196
	James 5, 54, 61, 69, 73, 74, 83, 85, 104, 122, 129, 131, 132, 136, 143, 145, 146, 157, 199	Sarah 25, 44
		Thomas 5, 10, 13, 25, 33, 44-46, 62, 63, 66, 155, 177
		Walter 283, 315, 320
	Martha 61, 132, 146	William 48
Ivesa		Janvier
	Tamer 53	Thomas 162
Jack		Jawby
	Elizabeth 310	Henry 194
	Thomas 310	Jeff
Jacks		William 149
	Barbary 330	Jefferson
	Elizabeth 330	John 288
	Richard 330	Jeiding
	Thomas 330	Henry 185
Jackson		Jeildwig
	Edward 46, 61, 64, 279	Henry 185
	Hannah 242	Jenifer
	Henry 153	Jacob 64, 66
	James 124, 209, 319, 369	Jenings
	John 209	Edmond 309
	Junior 278	Jenkins
	Mary 162, 168, 275, 370	Jeremia 213
	Robert 252	Richard 269, 317
	Samuel 99, 162, 166, 167, 206, 247, 264, 275	William 111, 238
		Jennifer
		Jacob 8-10
	Sarah 209	Jennings
	Simeon 37	Daniel 306
	Simon 370	Edmond 316, 358
	Thomas 168	Thomas 113
Jacob		Jeosain
	James 24	James 183
	Nicholas 214, 216, 219, 222	Job
Jacobs		William 18
	John 11	Jobson
		John 264
Jacobson		Richard 375
	Peter 1	Thomas 375
		John
James		Abie 366

419

Johnes
    Hugh 331
Johns
    Elizabeth 16, 22, 103, 191
    Isaac 256, 316
    Kensey 316
    Richard 16, 22, 103, 191
Johnson
    Ann 102, 155, 156, 187
    Anne 102
    Anthony 101, 150, 192, 197, 276
    Capt. 101, 250
    Catharine 276
    Catterine 297
    Christopher 6
    Daniel 56, 194
    Elizabeth 29
    Francis 76
    Hannah 197
    Henry 5, 13, 19, 20, 28, 29, 60, 62, 176
    John 102, 115, 127, 129, 141, 143, 165, 289, 341, 372
    Joseph 29, 47, 48, 190, 223, 260, 297, 313
    Joseph Jr. 58, 329
    Katharine 150
    Richard 374
    Robert 147, 156, 197, 204
    Simon 337
    Stephen 37, 43, 155, 156, 197
    Thomas 29, 112, 263, 278, 292
    Thomas Jr. 355
    William 101, 103, 110, 172, 297
Johnston
    Edward 298
    Thomas 238
Joisers
    Joseph 4
Jokey
    Thomas 304
Jolly
    James 215
    Rachel 215
Jona
    Phillip Jr. 375
Jonas
    Richard Jr. 208
Jones
    Ann 99, 252
    Anna 65
    Avarilla 153
    Banjamin 330
    Benjamin 301, 302, 346, 370
    Bridgett 186
    Cadwalder 186
    Cadwaleder 90
    Cadwalladay 306
    Cadwallader 88, 314, 319
    Cadwalleder 88
    Cadwaller 199
    Cadwallider 272, 306
    Chadwalder 342
    Charles 153, 186
    Codwalder 360
    Daniel 3, 4, 93
    David 11, 17, 19, 64, 65, 99, 174, 177
    David] 85
    Edward 44, 45, 82, 89, 206
    Elinor 322
    Elizabeth 303, 326, 346
    Evan 88, 193
    Griffith 8
    Henry 75, 94, 128, 142, 200, 203, 251
    Hugh 242
    Hugh Sr. 220
    Humphey 243
    Humphrey 6, 14, 27, 33
    Humphry 246
    Johannah 317
    John 108, 226, 253, 303, 308, 315, 317, 363, 365, 367, 369
    Joseph 119, 357
    Joseph Jr. 243
    Margaret 303, 365, 367
    Mary 90, 322
    Miles 203
    Nathan 326
    Peter 74
    Philip 2, 3, 326
    Philip Jr. 114, 115, 309, 342, 357
    Phillip 291
    Phillip Jr. 113, 116-118
    Rendall 20
    Richard 33, 215, 220, 224, 252, 301
    Richard Jr. 215

Robert 5, 7, 32, 60, 98, 99, 132, 147, 151, 318, 321
Samuel 240
Sarah 45
Silvanus 271
Solomon 322
Theophilus 240, 281
Theophius 186
Thomas 7, 37, 41, 121, 130, 135, 144, 186, 238, 306, 320, 367
Walter 329
William 192, 201, 310, 315, 322

Joraell
   John 202

Judd
   Jane 9, 13, 23, 26, 29, 31, 32, 34, 66, 100, 103, 147, 173-175
   Mary 187, 188
   Michael 8, 9, 13, 20, 22, 23, 26, 30-32, 34, 35, 38, 39, 43, 44, 54, 63, 66, 100, 101, 103, 104, 147, 150, 170, 171, 173-175, 184, 185, 197, 199, 330, 372
   Michael Jr. 187, 188

Judkins
   Jane 124, 125, 139
   Obadiah 124, 125, 138, 139

Jues
   James 291

Jurdine
   Edward 203

Kattenbury
   John 286
   Margaret 286

Kean
   Timothy 302

Keane
   Robert 73

Keef
   Thomas 232

Keely
   John 129

Keen
   Timothy 240, 352

Keene
   Richard 145

Keith
   Alexander 54, 247
   Christian 54

Kemble
   Mary 243
   Robert 28
   Rowland 271
   William 243

Kemp
   Henry 87
   John 127, 131, 141, 145, 175, 222, 269, 344, 350, 354, 358, 361, 362, 363, 366
   Richard 50, 222, 269, 333, 355
   Stykell 99

Kempe
   Henry 87

Kendall
   Daniel 193
   Johanna 193

Kenington
   Thomas 42

Kenoden
   John 40

Kensey
   Paul 101, 103

Keon
   Hannah 219

Kerkland
   Richard 204

Kerksey
   Thomas 172

Kerksick
   Sarah 38
   Thomas 38

Kerr
   Thomas 353

Kettely
   William 214

Key
   Philip 306

Kiefe
   Cornelius 212

Kilbourn
   Charles 238

Killburne
   Charles 51
   Richard 37, 39

Kimble
   Rowland 53, 230, 243, 271, 275

Kinchman
    Nathaniel 222
King
    Ann 343
    Henry 103, 183, 221
    John 333
    Mary 350
    Rebecca 165
    Richard 212, 216, 223, 227, 228, 243-245, 255, 258, 264, 266, 267, 343, 350
    Susanna 311
    Thomas 78, 96, 282
    William 311, 319, 320, 329-331, 374
Kingston
    Thomas 218
Kinsey
    Hugh 88
    Orphan 28
    Paul 86, 95
Kinsley
    Elizabeth 22
    Paul 22
Kip
    Jacobus 298
Kitten
    Edward 283
    Mary 283
    Theophelus 149
Kneneington
    Mathew 126
Kneveton
    Mathew 77
Knevington
    Mathew 82
Knight
    Benjamin 311
    John 260
    Mary 340
    Susannah 350
    Thomas 272, 338, 341, 343, 350, 368
Knighton
    Dorothy 211
    John 158
    Thomas 22, 204, 211
Kniveington
    Mathew 140
Knowles
    Henry 49, 169, 204, 208, 212, 213, 216, 217, 241, 250
    Katharine 217
Knowls
    John 169
Koult
    Martin 162
Kyle
    James 14

Lackey
    Thomas 331
Laft
    Catharine 205
Lain
    Presoeice 245
Lamb
    Elizabeth 59
    John 204
Lambreist
    Ballen 42
Lampzey
    Auther 196
    Elizabeth 196
Lancaster
    John 278
Land
    Tabus 329
Landers
    Robert 95
Landes
    John 334
Landy
    John 190
Lane
    Benjamin 332
    Dalton 49
    Darby 262
    Dulton 52, 53, 55, 213, 217, 220, 225, 236, 279
    Dutton 116, 204, 323
    Kudson 362
    Nathan 367
    Pasosha 54, 279
    Richard 323, 363
Langharne
    Thomas 353
Langley
    Elinor 322
    John 19, 23
    Joseph 78
    Robert 18, 98
    William 322
Lanoe
    William 101
Lansby
    Charles 226

Lappert
  Matthys 287
Larkin
  John 10, 76
  Thomas 154, 161, 163, 198,
    261, 267, 324
Lassell
  Jarvis 176
Lavison
  Furgen 75
Law
  James 46
Lawkins
  Henry 175
Lawrance
  Daniel 17
  Elizabeth 7
  Henry 7
Lawrence
  Richard 66
Lawson 374
  Alexander 367
Ldesley
  Henry 72
Leach
  John 230
Leafs
  Francis 14, 20, 39, 375
  Sarah 20
Leake
  Guilihm 124
  Guithen 137, 138
  Gwenlean 144
  Gwillhen 123
  Gwitthin 79, 80
  Richard 67, 72, 75, 76, 79,
    80, 95, 123, 124,
    137, 138, 144
Leakings
  John 186
Leakins
  John 131, 145, 147, 187,
    239
Leaque
  John 109
Leatherwood
  Johannah 253
  Samuel 253
Ledgwick
  Elisha 195
  Joshua 195
Lee
  Elizabeth 36
  Ephraim 7, 8
  Florence 125, 131, 139, 145

  James 106, 163, 355
  John 36, 67, 68, 70, 72, 83,
    94, 125, 131, 139,
    239, 323
  Philip 308, 364
  Richard 130, 144
  Robert 145
  Thomas 306
Legall
  John 358
  Sarah 358
Legate
  John 311
Leggatt
  John 46
Legs
  Benjamin 152
Leigh
  John 319
Lennox
  Mary 169
  Richard 169
Lenoe
  Richard 314
Lenox
  Anne 51
  Biltica 278
  James 110, 118
  John 236
  Mary 118, 265, 314
  Richard 231, 245, 250, 265,
    295, 314
  William 51, 102, 270, 278
  William Jr. 242
Leny
  William 203
Lester
  George 38
  Peter 235
Levell
  Rich 334
  Richard 57
Lewettin
  R. 191
Lewin
  Mary 321
Lewis
  Francis 274
  Giles 281
  Humphrey 204
  James 204
  John 279
  Richard 57, 295
  Susannah 365, 371
  Thomas 121, 135

423

Lickelhart
  William 3, 4, 96, 103, 362
  Peter 287
Lightfoot
  Rebecca 12, 21, 25, 32, 38
  Thomas 8, 12, 14-21, 25,
    38, 47, 63, 92,
    164, 166, 174,
    191
Linby
  Thomas 130
Linch
  William 276
Lincoln
  Jonathan 124, 138
Lindale
  Samuel 278
Linsey
  Thomas 144
Linsfield
  Richard 80, 81
Lintehicum
  Hezekiah 51
Lirk
  Samuel 165
Lister
  John 296
Litchfield
  Joseph 344, 345
Litten
  Thomas 269
Little
  James 283
Littole
  William 294
Litton
  Sarah 247
  Thomas 247, 252
Loa
  Sherwood 364
Lobb
  Joseph 57, 157
Lock
  William 58, 238, 266, 282,
    308
Lockdale
  Robert 185
Locke
  Sarah 296
  William 296
Lockers
  Joseph 369
Lockett
  John 100
  Robert 276, 286

Lockwood
  Robert 6, 22, 40
Loe
  Richard 79
Loften
  Thomas 268, 328
  William 43, 56
Loftin
  Thomas 115
  William 115
Lofting
  William 181
Lofton
  William 102
Logedon
  Thomas 115
Logsden
  Ann 335
  Honour 335
  John 108
  William 335
Loist
  Seidmore 169
London
  John 185, 202
Lone
  Jacob 278
Loney
  Jane 183, 185
  William 160, 183, 185, 205,
    344
Long
  Christina 173
  Jane 10, 36, 66, 131, 176,
    177, 194, 205
  Susannah 47
  Thomas 5, 6, 9, 10, 17, 18,
    27, 47, 52, 62, 66,
    76, 78, 79, 82,
    123, 127-129, 131,
    137, 141-143, 145,
    152, 173, 176,
    177, 180, 190,
    217, 228, 235,
    240, 249, 357,
    362
  William 36, 99, 194, 205
Longland
  Mary 190
  Richard 91, 167, 189, 190
Longsworth
  Peter 115
Lonoe
  William 18

Lorman
  Robert 78
Losten
  Thomas 367
  William 167
Loten
  Jacob 26
Lotherington
  William 321
Loton
  Jacob 228-230, 233, 234, 237, 257
  John 230
  Mary 237
Lotton
  Jacob 171
Louahawn
  John 305
Love
  John 27, 30, 32, 36, 40, 319
  Mary 35
  Rebecca 244
  Richard 326

  Robert 19, 30, 31, 35, 36, 63, 102, 286, 319, 326, 334, 364
  Robert Sr. 32
  Sarah 102
  William 203
Lovelace
  Dudley 97
  Francis 64, 66
  T. 97
Lover
  John 213
Lovett
  Richard 32
Low
  Henry 266
  James 334
  John 279
  William 271
Lowdon
  John 179
Lowe
  Elizabeth 112
  Henry 57, 266, 335
  Jacob 13
  James 302
  John 7, 9, 112, 224
  Nicholas 325, 364
  Rebecca 48
  Sarah 357, 358

  Vincent 16
  William 48, 302, 347, 349, 357, 358
Lowrey
  William 264
Loyall
  Sarah 342
  William 342
Loyd
  Edward 65
  Robert 76
Loydell
  James 228
Luby
  Robert 285
Luck
  Thomas 17
  William 279
Luke
  Samuel 4
Lukes
  John 281
Lumm
  Edward 149
Lummonds
  Charles 308
Lunn
  Edward 23, 26
Lushman
  George 23
Lutman
  William 196
Lutwyeke
  Edward 344
Lux
  John 276
Lyale
  William 306
Lyall
  Sarah 342
  Thomas 150
Lydeing
  Preluda 279
  Richard 279
Lydston
  Nicholas 151
Lyle
  Samuel 271
Lynch
  James 299
  Marcus 9, 15
  Mark 300
  Mary 263, 351
  Patrick 351
  Robert 351

425

>
> Robuck 25, 169, 234, 263,
> 300
> William 351

Lyon
> William 342

Macanaday
> Dorothy 121, 135
> Philip 135
> Phillip 81, 121

Macarty
> Charles 295

Macbride 56
> David 273, 274

Maccamus
> Alexander 345

Maccarmack
> John 108

Maccaules
> Alexander 355

Maccomus
> Alexander 267
> Ann 327
> Anne 327, 352
> Daniel 342, 362
> John 302, 327, 352
> William 251, 362

Maccubbin
> Zach. 328

Macenbin
> Samuel Jr. 114

Machapellin
> Walter 94

Mackall
> John 271, 288, 311

Mackavoy
> Edward 336

Mackaway
> Edward 336

Mackenell
> Jane 74
> Walter 74

Mackenton
> Daniel 91

Mackintosh
> James 266

Mackland
> Hector 105

Macklane
> Hector 45
> John 188

Macklefish
> David 204

Macklefrisk
> David 45

Macloud

> James 310

Macnemara
> Michael 333, 374
> Thomas 250, 253

Macnemaza
> Thomas 204

Macomas
> Alexander 287
> Alick 346
> Elizabeth 287

Maconohu
> Wil. 268

Macudmara
> M. 309

Magander
> Samuel 197

Magier
> John 362, 374

Magiorgen
> James 67

Magreger
> James 73

Magregory
> James 120, 121, 126, 140

Magunder
> John 327

Magwell
> James 30

Mahan
> John 152

Mahand
> Darby 222

Mahane
> John 231

Mahawn
> John 236

Maidman
> Andrew 334

Mailwain
> Robert 294

Maine
> William 363

Makilivain
> Robert 332

Makilwain
> Robert 110

Malden
> William 256, 258

Mannan
> John 349

March
> John 267

Marchant
> Mary 320

Marcy
    Richard 320
    Thomas 135
Margaret
    Anna 287
Mariner
    John 15, 16
Mariton
    John 21
Mark
    John 45, 85
Markensie
    John 203
Markham
    Joanna 165
Marley
    Thomas 121, 125
Marly
    John 87
Marray
    Josephus 335
Marscord
    Jane 126
    John 126
Marsh
    Ann 343
    Robert 98
Marshall
    Ann 295
    Ann Jr. 295
    Charles 296
    Edward 114
    Gilbert 361
    Isaack 101
    Joseph 295
    Marry 349
    Mary 160, 161, 296, 344, 353
    Richard 61, 211
    Thomas 144, 174, 175
    William 160, 161, 264, 269, 295, 344
Marten
    John 280
Martherd
    Jonathan 251
Martin
    Benjamin 57, 272, 343
    Elinor 216
    George 321
    John 11, 16, 47, 49, 154, 216, 254, 261
    Lodowick 101, 161
    Lodwick 99
    Mary 99, 101, 161

Marvin
    Samuel 352, 361
Maryhill
    Thomas 130
Maryman
    Charles 176
Mascord
    Jane 140
    John 82, 83, 140
Mason
    Hendrick 74, 94
    Mary 306
    Mathew 306
    Robert 106, 306
    Stephen 363
    Susannah 106
    Thomas 374
Massey
    Ann 210, 237
    Aquila 371, 374
    John 252, 289
    Jonathan 210, 234, 237, 244, 245
    Ralph 74, 76
    Samuel 259, 260, 336, 365, 374
    Sarah 336, 365, 374
Masters
    John 81, 83, 95, 128, 142
Mathews
    Henry 102, 194, 201, 263
    John 369, 371
    Mary 242
    Robert 38

    Roger 6, 31, 40, 48, 58, 109, 149, 157, 158, 161, 163, 164, 184, 195, 206, 209, 212, 215-217, 221, 225, 226, 231, 235, 243, 250, 252, 253, 255-260, 263, 266, 267, 269-271, 274, 277, 278, 280-282, 289, 292, 294, 303, 304, 309, 317, 323, 326, 328, 337, 341, 345, 346, 349, 352, 358, 361, 364, 366, 367, 369-371

  Roger Jr. 46-48, 51-54, 91, 167, 168, 209, 210
  Sarah 324
  Thomas 128, 129, 143, 277, 300, 301, 324, 373
  William 264, 266
Mathias
  Henrich 130, 144
Mathiason
  Mathias 258
  Oliver 81, 123
  Oulle 75
Matias
  Heugh 287
Matson
  Andrew 257
  Hendrick 81
  John 257, 258
Matthuse
  Roger Jr. 233
Mattson
  Andrew 8, 9, 24, 26, 28, 277
  Jane 24, 28
  Matthias 277
Mauldin
  Francis 256, 258, 278
  James 258, 278
  Sarah 256
  William 256, 258, 278
Mauomus
  John 293
Mawhunne
  John 292
Maxwell
  Alexander 67
  Ann 215
  Asaell 349
  Asell 327
  Caleb 252

  James 31, 34-37, 40, 42, 44, 89, 153, 159, 182, 184, 188, 190, 191, 196, 197, 215, 225, 227, 230, 232, 233, 240, 248, 255, 257, 258, 264, 276, 277, 281, 283, 287, 290, 296, 301, 303, 304, 308, 309, 323, 325, 326, 340, 344
  James Jr. 302
  James Sr. 270, 286, 314
  Philisana 53
  Samuel 57, 110, 114, 115, 315
Mayford
  James 209
Maynard
  Henry 214
Mazzy
  James 204
McCam
  John 99
McCarty
  John 242
McCkark
  John 212
McComas
  Daniel 214
  John 214, 225, 237
  William 225
McKenzie
  James 306
Mckerben
  Gilbert Jr. 109
McLaman
  Samuel 238
Mcnemara
  Thomas 233
McTush
  Daniel 236
  Margaret 236
McWilliams
  John 241, 267
  Rose 267
Mead
  Edward 163, 252, 260, 270
  William 362
Meadows
  James 220

Medford
    John 218
Mellor
    John 328
    Nehemiah 328
Melwell
    Arthur 258
Mely
    Edward 127, 142
Mercer
    John 16, 51
    Thomas 16
Merekin
    Joseph Jr. 221
    Joshua 227
Meriton
    John 25
Meriweather
    Thomas 152
Merlemore
    John 189
Merriken
    Dianah 159
    Dinah 267
    Elizabeth 214
    Hugh 214, 328
    Joseph 281, 326, 333
    Joshua 159, 209, 214, 245, 248, 252, 266-268, 288, 314, 319, 335
Merryman
    Charles 105, 182, 231, 236, 274
    Charles Jr. 217
    Charles Sr. 214, 334
    John 148, 203, 236, 320
    Samuel 157, 221, 236, 327
Methven
    James 150-152, 154
Michael
    Furlough 310
Michaellson
    Clement 85
Michell
    Martha 263
    Thomas 263
Michiel
    John 219
Mickleroy
    Frances 59
    John 59
Middlefield
    Thomas 72, 95, 120, 134
Middlemore
    Frances 279, 354, 374
    Jonas 354
    Josiah 282
    Josias 118, 158, 266, 279, 290, 303, 306, 315, 317, 340, 374
Middleton
    George 159, 160, 243, 244, 248, 250, 259, 267
Midford
    John 281, 362
Miles
    Charles 159, 160
    James 16
    John 47, 55, 159, 201, 215, 217, 231, 239, 247, 269, 276, 283, 315
    John Sr. 88
    Mary 231, 239, 247, 269, 276, 283, 293, 315
    Thomas 159, 164, 247, 292, 304, 315, 351
Millan
    Henry 162, 165, 320
Millen
    Henry 116
Miller
    Andrew 98
    George 235
    John 105, 268, 367
    Richard 189, 203
Milles
    John 252
Millner
    Ann 238
    Isaac 238
Mills
    James 6, 13, 21, 66, 99
    John 252
Milluar
    Ann 285
Minhall
    Richard 117
    Thomas 117
Mitchel
    Alex 306
Mitchell
    Ann 317
    Anne 292
    John 235
    Thomas 242, 292, 317, 318

Moale
    John   114, 294, 308, 333,
            350, 352, 354,
            367
Molton
    Mathew 263
Montgomery
    Hugh 86
Mony
    Mary 212
Moor
    Will 263
    William 279
Moorcock
    John 281, 320, 354
Moore
    Henry 246
    James 268, 294, 311, 312,
        324, 329-331, 357,
        360, 371, 375
    Robert 58
    Thomas 14
Moorecock
    John 325
Moreman
    Charles 176
Morgan
    Abraham 68, 73, 124
    Ann 68, 73, 149
    Bennett 82
    David 149
    Edward 111, 112
    Garvis 172
    Jarius 123
    John 330
    M. 108
    Richard   81, 85, 87, 128,
        142
    Robert 73, 82
    William 126, 140
Moriton
    John 18
Morley
    Thomas 122, 136
Morlimore
    John 194
Morray
    James 186
    Jemima 186
    Josephus 219
    Morgan 251
Morrie
    James 242
Morris
    Edward 26

    Elizabeth 53, 89
    Jacob 51, 293
    John 222
    Richard 271
    Robert 222
    Thomas   20, 47, 53, 55, 58,
        88, 89, 200, 230,
        271, 322
Morrow
    John 211, 248
    Susannah 248
    Walter 100
Morry
    James 186
    Jemima 186
Morton
    George 313
    Mathew 139
Moss
    James 164
    Richard 70
Mothesby
    Charles 115
Mott
    David 364
Mould
    Ann 38
    Barbara 38, 172
    Frances 38
    John   8, 32, 38, 200, 253,
        323
Mouldin
    James 58
    William 58
Moulton
    Mathew 247
Mound
    Jane 8
Mounds
    Joseph 374
Mounson
    Peter 71, 81, 94
Mountane
    Alexander 193
Mountfield
    Ann 104, 105
    John 104
Mounts
    Christopher 277
Mucclsvain
    Robert 331
Muckelduroy
    Frances 320
    John 320

Muckelvery
    Forguler 261
Muelederoy
    Francis 283
    John 283
Mullehall
    Patrick 153
Mumford
    Edward 15, 17, 28, 90
Munday
    Avarilla 153
    John 185
Mundford
    Edward 234
Mungomery
    Robert 263
Muntross
    Thomas 2, 3
Murphy
    Edward 241, 277, 300
    Elizabeth 342
    Jane 241
    Patrick 89, 167, 202, 233, 327
    Sarah 327
    William 342, 343
Murray
    James 104, 111, 153, 154, 157, 159
    Jamina 111
    Jemime 107
    John 152
    Joseph 106
    Joseph Jr. 114
    Josephus 314
    Melchizedeck 324
    Morgan 161
    Sosiah 324
    Thomas 209
    Zipparah 314
Murrough
    Walter 192
Murry
    James 105, 243
    Jemimina 243
    Joseph 344
    Josephus 242
    Melch. 358
    Melchisadeck 358
    Sophih 358
    Zipporah 243
Murther
    Jonathan 241
Mury
    Robert 287

Muscord
    John 83
Nagle
    Nicholas 98
Nairn
    Robert 315
Nambe
    John 277
Nance
    Rowland 174
Nash
    John Jr. 314
    Richard 124, 138
Navarre
    John 51
Neale
    Arthur 162, 261
    Jonathan 126, 140, 148
    Pa 311
Nean
    Elias 165
Negro 315
Negroes:
    Abigail 276, 290
    Abigale 315
    Ann 374
    Anne 328
    Argalus 155
    Berry 266
    Betty 270, 300
    Bock 295
    Bridgett 117
    Bristow 295
    Caesar 106
    Ceasar 204
    Charles 367
    Cooke 317
    Cupid 269
    Dina 327
    Dinah 315, 317
    Dole 315
    Doll 270
    Dolly 269
    Easter 315
    Eneous 315
    George 276, 315, 317
    Gustus 315
    Hagar 367
    Hagat 317
    Hanna 315
    Hannah 270, 375
    Harry 241
    Henry 374
    Herculoia 315
    Hereula 240

Indeth 375
Jack 374
Jack Will 317
Jacob 315
James 156, 295
Jany 373
Jeffry 315
Jenny 315, 316, 323
Joe 270
Jonny 295
Joseph 156
Judath 315
Judiah 315
Ledgen 183
Little 317
Lott 206
Margaret 270
Marget 315
Maria 228, 361
Marie 209, 317
Mary 156, 228
Morey 315, 317
Morra 315
Murrea 315
Nanny 295
Nedd 269
Partheny 315
Patience 323
Patient 315
Pegg 315
Peter 270, 315, 328
Phillis 243, 323
Press 290
Priss 269
Rachele 315
Ramulus 150
Richawaxen 375
Rip 295
Robert 327
Robin 248, 295, 334
Roger 303
Ruler 323
Sam 357
Sambo 243, 315
Sampson 375
Sappy 323
Sarah 290, 315, 317, 365, 371
Scoggus 317
Spey 315
Susana 315
Tarver 323
Tesner 315
Tonny 315
Will 295, 315

Willara 360
Young 315
Sampson 295
Sarah 270
Neife
  Elizabeth 70
  Robert 70
Nelson
  George 248, 252
  Hannah 284
  John 114, 284
Nelthrope
  Benjamin 265
  George 265
Neuman
  Roger 27
Neve
  Elizabeth 81
  Robert 81
Nevell
  Sarah 209
Newcombe
  Will Jr. 297
Newell
  Lewis 248
Newman
  John 243
  Roger 20, 102
Newport
  George 167, 239
Newsham
  Thomas 281
Newsome
  Thomas 160, 323
Newsum
  Thomas 190
Newton
  Robert 203
Nicholetts
  Charles 86, 136
  Justice 136
Nichols 179
  Amos 19, 28
  Charles 122
  George 298
  John 9, 31
  Mary 31
  Sarah 31
  Thomas 31
  William 368
Nicholson
  Elizabeth 108
  James 314
  John 156
  Rebecca 156

Nicole
    William 108, 201, 204
    John 243
Nicolls
    Humphry 76
    Mathias Sr. 97
Nidey
    John 369
Nobis
    Cogw. Coram 329
    Coram 269
    Coran 216
Noble
    Elizabeth 58, 221, 242, 245, 248
    George 318
    William 47, 58, 200, 221, 242, 245, 248, 251
Noden
    James 347
    Samuel 255
    Susannah 255
Noland
    Francis 294
    Mary 291
    Thomas 291
Norinter
    John 166
Norman
    George 39
Norrenton
    Elizabeth 362
    John 362
Norrington
    Elizabeth 234
    John 234, 235, 237, 252, 361
Norris
    Benjamin 283, 312, 334
    Edward 292, 312
    John 163, 244, 249, 287, 312, 334
    John Sr. 312
    Mary 312
    Samuel 260
    Sarah 167, 217
    Thomas 252
    William 51, 90, 167, 216, 217
North
    Robert 113, 117, 296, 297, 304, 307, 308, 363
Northouer

Norton
    Nicholas 7
    Hoggs 331
    John 52, 213, 219, 220
    Peter 187, 189
    Robert 296
Norwood
    Andrew 250, 305
    Ann 305
    Edmond 259
    Edward 57, 275, 306, 314, 370
    Elizabeth 223, 305
    Hannah 305
    John 237, 264, 332
    Phillip 321
    Ruth 307, 365, 370
    Samuel 370
Novil
    Thomas 198
Nowell
    Jane 298
    Lewis 298
Numbers
    Peter 260
Nusum
    Thomas 281
O'Daniell
    Thomas 67
O'Melly
    Briant 67
O'Mely
    Ann 73
Oadsby
    John 22
Odell
    Sarah 159
    Thomas 159
Offley
    Michael 61
Ogg
    Elizabeth 293
    Francis 268
    George 107, 171, 223, 277
    George Jr. 277, 293, 306
    George Sr. 277, 293
    Mary 107
Ogilsby
    George 22
    Johanna 22
Ogilvey
    George 171
    Johannah 171
Ogleby
    George 10

Oglesby
    Johanna 10
    George 30
Oldfield
    George 23, 38
Oldton
    Anna 44
    John 89, 90, 153, 155, 169, 172, 186, 191, 199
    Mary 89, 191
Oless
    Margaret 42, 104
    Margareth 103
    Robert 31, 42, 103, 104, 147
Olivell
    Elizabeth 221
    John 221
Oloss
    Robert 18
Ome
    Ruth 274
Omely
    Briant 68
    Bryan 135
Onion
    Stephen 281
Orchard
    Susannah 68
    William 2, 40, 41, 67-70, 84, 94, 158, 172, 249, 286, 326
Organ
    Mathew 51, 160, 310
Orgen
    James 106
Orrick
    Hannah 164, 272
    John 162
    William 164
Osben
    Rebecca 32
Osborn
    Benjamin 277
    Margaret 18, 153
    William 18, 153, 171
Osborne
    William 18, 23, 25-27, 32, 33, 64, 69, 125, 139, 183
Osbourn
    William 172
Osbourne
    William 67, 68, 70, 72, 74, 98, 99
Osten
    Susanna 20
Ouchterlony
    John 272
Ouckterlony
    Franics 164
Ouldton
    John 185
Oulesse
    Robert 32
Oulton
    John 185
Overard
    Peter 158, 234
Overton
    Jane 36, 131, 145, 185
    Thomas 36, 94, 126, 127, 131, 141, 145, 183, 185, 194
Oweings
    Richard 365
    Sarah 365
Owen
    John 17, 79, 83, 84, 87, 122, 123, 128, 131, 136, 137, 145, 213
    Joseph 14, 154
    Richard 166, 192, 202, 213
    Richard Jr. 212
    Susanna 154
Owens
    John 87
    Rachel 236
    Richard 35, 50, 86, 89, 90, 205, 216, 236
Owing
    Richard 193, 205
Owings
    Bazaleel 325
    Elijah 325
    Henry 370
    James 370
    Jane 365
    John 87, 370
    Joshua 325
    Micha 325
    Rachel 325
    Richard 344, 365, 370, 371
    Robert 346
    Sarah 365, 370, 371
Owton
    John 268

Oyeston
  Henry 105
Ozbourn
  Avarrilea 311
  Benjamin 317
  William 311
  William Sr. 312
Ozbourne
  Benjamin 163, 280, 283
  William 16
Paca
  Aquila 34, 48-51, 53, 54,
    56, 88, 91, 92,
    105-109, 118, 119,
    157, 161, 166,
    169, 182, 183,
    185, 187-189, 193,
    197, 212, 216,
    218, 225, 228-230,
    239, 240, 243,
    266, 268, 293,
    302, 305, 323,
    335, 336, 354,
    365, 372, 374
  Elizabeth 105
  Frances 323
  John 105
  Martha 240
  Susannah 105
Paequinett
  Charity 344, 346
  Michael 344, 346
Pagan
  Peter 238
Paggan
  Peter 187
Painter
  Nicholas 8, 47, 49
Palmer
  Benjamin 288
  Charles 218
  Dan 37
  Daniel 35, 38, 41, 44, 102
  Dorothy 218
  John 218
  W. 69
  William 69, 70, 72, 73, 84,
    98, 120, 123, 125,
    130, 132, 134,
    137, 139, 144-146,
    172, 218
Paniter
  Nicholas 154
Paolgell
  James 297

Paqunett
  Charity 344
Parish
  Edward 248, 347
  Rachel 347
  William 56, 57, 255, 257,
    347
Park
  Robert 320
Parke
  Gibson 56
Parker
  Ann 288
  Gabriel 288, 363
  George 9, 13, 168
  John 116, 316
  Margaret 180
  Mary 316
  Robert 50, 110, 147, 150,
    180, 241, 245
  William 116
Parkes
  George 190
Parks
  Edmond 58
  Edmund 299
  Robert 299
Parnell
  Richard 113
Parris
  Edward 361
  Elizabeth 361
  Moses 361
  Sussannah 361
  Tamar 361
Parrish
  Alexander 333
  Edward 44, 108, 171, 244
  Mary 44, 171
  Susan 334, 358
  William 334, 356, 358, 360
Parrott
  Gabriel 34, 288
Parsons
  John 86
Partridge
  Buchler 324
  Buckler 162, 247, 261, 329
  Richard 118
Passley
  John 158, 161
Pasteur
  Charles 162, 227
Pastgell
  James 296

435

Pate
    William 76, 136
Patee
    Lewis Jr. 332
Pateet
    John 256, 259
Patridge
    Buckiler 349
Pattison
    Anne 172
    Gilbert 172
Pattisson
    Thomas 11
Patyer
    Henry 336
Paul
    James 264
Pauly
    Anthony 14
Pawlett
    Thomas 95
Pawley
    William 183, 195, 196, 199
Pawly
    James 243
Pawlyn
    John 183
Peach
    Robert 10
Peacock
    Jacob 295
Peaece
    Abell 277
Peak
    Jane 149
    Joseph 149
Peake
    Jane 152, 154
    Joseph 152, 154
Peaks
    Joseph 169
Pearce
    B. 233, 287, 347
    Gideon 232, 233
    Isabell 81
    Joseph 135
    William 69, 70, 73, 74, 77,
        81, 121, 122, 135,
        136, 143
Pearis
    William 129
Pearle
    William 178
Pearles
    William 5, 177

Pearse
    Joseph 121
Pearson
    Emma 230
    Emmah 91
    Eve 188, 198, 211
    James 284
    Robert 253, 266
    Sarah 284
    Simon   47, 56, 109, 188,
        198, 202, 206,
        211, 212, 230,
        234, 237, 242,
        263, 284, 288
    Symen 273
    Symon 91
    Thomas 206
Peart
    Elizabeth 177
    Thomas 177
Peasly
    John 11
Pecker
    William 152
Peckett
    Mary 371
    Nathaniel 371
    William 46, 48, 153
Pecok
    Mary 29
Pedderote
    John 115
Peddhole
    John 115
Peddycoat
    John 324, 327, 344
    John Jr. 327
    William 327, 370
Peircey
    Joseph 138
Peirpoint
    Charles 299
    Jabez 247, 261
    Sidwey 299
Peirson
    Simon 152
Pellit
    John 228
Pemple
    Miles 200
Penkston
    Peter 322
Pennington
    Henry 123, 137
    John 287

Peper
    William 288
    John 11
Peregoy
    Edward 244
    Henry 244
Perkett
    William 185, 187, 189, 206
Perkins
    Elisha 282
    John 82
    Margary 282
    Mary 194
    Richard 8, 115, 167, 194, 268
    William 59
Perrie
    William 76
Perrygay
    Henry 367
Perrygoy
    Aimey 350
    Henry 350
Person
    Sarah 59
    Simon 49, 59
Pertt
    Thomas 357
Petee
    Katharine 331
    Lewis Jr. 331
Peters
    Hester 189
    John 189
Peterson
    Andrew 85, 177
    Hance 138
    Hanse 124
Peton
    Hester 185
    John 185
Petter
    John 150
Petterson
    Cornelius 76
Petticourt
    John 264
    Sarah 264
Peverell
    Daniel 65
Peverik
    Daniel 28
Pevesell
    Daniel 32
    Hannah 32

Phelps
    Sarah 32
    Avanto 284
    Sarah 12
    Thomas 12, 140, 272, 284, 361
Philips
    Bathia 182
    James 90, 167, 173, 182, 183
Phillips 51
    Bathia 355
    Bethia 105, 184, 201, 229
    Bethiah 86
    Bithia 180, 341
    Bothia 189
    Edward 131, 145
    George 42
    James 5, 6, 10-13, 18, 19, 21, 23, 24, 26, 28, 30, 32, 41, 43, 47, 48, 50-52, 56, 62, 64, 65, 67, 69, 71, 76, 86, 88, 100-105, 109, 149, 150, 153, 156, 157, 161, 164, 166, 172, 173, 174, 176, 180, 183-185, 187, 189, 190, 195, 196, 198, 199, 201, 202, 210, 216, 218, 227, 229, 230, 234, 239, 246, 249-251, 255, 256, 259, 260, 341, 353, 355, 365
    Joanna 161, 255
    Johanna 249
    Johannah 269
    Paul 209
    Samuel Jr. 42
    Susanna 26, 174
    Susannah 21, 176
    Thomas 126
    William 321
Phillipson
    Thomas 56
Phillis
    James 206
Phillpott
    Edward 368

Phipps
  John 55, 296
Picket
  William 211
Pickett
  Elizabeth 346
  George 242
  Heathcott 346, 347
  William 156, 250, 252, 346
Pierpoint
  Francis 226
  Jabez 51, 227, 232
  John 226
  Sidney 226
Pines
  Charles 28, 236, 303, 311
Pinkstone
  Richard 327
Pinnard
  Ol. 112
Piorey
  Joseph 123
Pitchett
  William 194
Place
  Anna 95
Plater
  George 289
Plowman
  Ann 239
  John 239
Plukenett
  Leo 42
Plullans
  Thomas 287
Plummer
  Elizabeth 201, 332
  Thomas 201, 332
  William 25
Poke
  James 236
Poloke
  John 115
Poole
  Basill 312
  David 63, 267
  John 126, 140
Porrin
  Gilbert 104
Porter
  Lawrance 3
  Peter 214, 268, 322
Posser
  Mathias 33
Poteet

Potest
  James 108
  Francis 20
Pouttney
  William 351
Powell
  204
  Elizabeth 70, 330
  Howard 172
  Howell 2-4, 70-72
  James 310, 313, 330, 349
  John 70, 81, 122, 136, 323,
        330, 338, 347,
        351
  Joseph 330
  Philis 347, 351
  Phillis 323, 338
  Rebecca 310
  Thomas 1-4, 71
Powers
  Godfrey 200
Prebbett
  Charles 199
Prece
  David 324
  Hannah 324
Presburies
  James 211
Presbury
  George 312, 361
  James 160, 212, 215, 217,
        225, 248, 252,
        258, 263, 267,
        270, 272, 283,
        304, 312, 344,
        355, 361, 374
  Jo. 269
  John 160, 249, 275, 276,
       279, 283
  Joseph 56, 57, 248, 261,
         263, 265, 267,
         282
  Martha 160, 344
Preston
  Elizabeth 158, 164, 257,
            321
  James 158, 164, 200, 211,
        219, 247, 255,
        257, 272, 290,
        294, 303, 340,
        342
  James Sr. 242
  John 3
  Mary 45, 147, 188, 193,
       200, 212

438

              Richard 258   John 342
                                            Pultency
                                                        William 88
                                            Pumphary
              Thomas 6, 11, 28, 33, 45,   Nathan 346
                      61, 118, 147, 158,   Pumphery
                      163, 164, 170,   Walter 262
                      172, 174, 175,   William 262
                      188, 193, 200,   Pumphry
                      212, 217, 222,   Sylvanus 297
                      234, 245-247, 249,   Purnall
                      255, 257, 261,   John 21
                      272, 321   Purnell
              Thomas Jr. 214   Richard 49
              Thomas Sr. 164, 219, 234,   Putham
                      249   Peter 282
Preuson   Puttee
              Edmond 225   Peter 118
Prewl   Rebecca 118
              John 274   Pyer
Price   William 94
              Benjamin 328   Pyeraft
              John 328   Thomas 315, 364, 368
              Martha 370, 371   Pyles
              Mordecai 220   Joseph 156
              Rachel 328   Quam
              Thomas 333, 369-371   Robert 235
Pricne   Quay
              Cusar 81   Robert 219
Prior   Quchterlony
              Margaret 86   John 286
              Thomas 86   Quick
Pritchard   Elizabeth 276
              Herbert 279   Quincy
              Joseph 348   Edward 362
              Mary 279   John 277
              Obediah 160, 212, 232,   Sarah 362
                       239, 313, 317,   Quinsys
                       338   John 258
              Richard 201   Quiter
Pritchett   Thomas 42
              William 29   R
Procter   Elizabeth 31
              Robert 5   Paules 31
Proctor   Richard 276
              Robert 39   Rackstan
Prossor   Nicholas 3
              Mathias 9   Ralle
Prue   Magdelen 311
              John 291   Rallings
Pruite   John 247, 258, 267, 269
              Ambrose 153   Ramsey
Pryor   Charles 33, 44, 89, 102,
              Thomas 86, 124   168, 192, 202,
Puddock   232

439

Elizabeth 33, 44, 102, 202,
          232
Grace 217
John 36
Thomas 129, 143, 232, 273
William 14
Ramsley
Charles 33
Randall
Ann 250

Christopher 51, 109, 113, 115, 157,
          158, 161, 243, 245, 250, 251,
          281, 298, 299, 303, 304, 306,
          314, 322, 324, 325, 353
Christopher Jr. 350, 353,
          367
Christopher Sr. 331
Eluis 146
Hannah 223, 232, 240, 281,
          294, 304
John 296, 307, 308, 329,
          352
Katharine 367
Thomas 56, 57, 163, 208,
          214, 223, 232,
          238, 240, 241,
          255, 261
Timothy 146
Randford
Joseph 275
Rantrey
Thomas 352
Ratenbury
John 225
Margaret 225
Rattenberry
John 91
Rattenbury
John 225
Raven
Abraham 329
Elizabeth 300, 312, 324,
          339, 359
Isaac 329, 339
Luke 57-59, 128, 150, 163,
          227, 232, 251,
          268, 270, 272,
          274, 280, 283,
          284, 288, 300,
          301, 306, 308,
          309, 311, 312,
          323, 324, 329,
          338

Luke Jr. 311, 330, 339
Luke Sr. 311, 329, 330
Raven 142, 143
William 228
Rawleigh
Benjamin 221
Rawling
John 40, 252
Rawlings
Dorothy 199
John 20, 170, 197, 199, 203
Read
George 161, 217, 225, 230,
          234, 235, 237-239,
          241, 258, 259,
          264, 285, 286,
          288, 289, 325,
          370
James 149, 197, 217, 219,
          222
Luke 198
Read 244
Thomas 46, 50, 189, 285,
          286, 288, 325
W. 198
Reale
Nicholas 323
Reaston
Edward 275
Johanna 275
Reaves
Elizabeth 334
William 334
Reddick
Thomas 217
Reeve
Katharine 38
Solomon 38
Reeves
Ann 63
Anne 61
Edward 6, 7, 11, 15, 16, 61,
          63, 64, 66, 85, 98,
          136, 170, 174,
          245
Honour 183
William 319
Regnier
Daniel 165
Elizabeth 165
Jacob 165
Reid
Benjamin 79
James 55

440

  John 170
  W. 202
  William 86, 206, 372
Rekedwell
  Roger 96
Renes
  Edward 122
Renshaw
  Thomas 112
Requier
  Jacob 50
Respink
  Roger 30
Reston
  Edward 229
Reves
  William 285
Rewoll
  Thomas 24
Reyland
  John 94
Reynolds
  Ann 257
  Edward 47, 49, 191, 193, 257, 271, 288
  John 13, 42, 68
  Mary 193
  Providence 13, 42
  Thomas 151, 174
Rhodes
  Ann 116
  Anna 225
  Catherine 225
  Frances 225
  Henry 116, 212, 225
Richards
  Edward 69
  Herbert 56, 57
  Mary 314
Richardson
  Ann 101, 107
  Anna 101
  Anne 206
  Daniel 210
  David 208
  Elizabeth 208, 210
  James 55, 234, 236, 238, 265, 352
  John 85, 101, 102, 172, 179, 183-185, 189, 199, 358
  Lawrance 7, 32, 100, 101, 107
  Lawrencce 305
  Lawrence 153, 262
  Mark 7, 9, 20, 26, 28, 40, 86, 103, 108, 150, 151, 153, 185, 187, 189, 195, 201, 219, 229, 341
  Marke 99
  Mary 100, 169, 265
  Nicholas 72
  Rachel 18-20, 35, 173
  Sarah 301
  Susannah 180, 183, 229
  Thomas 7, 10, 14, 15, 17-20, 26, 33, 35-41, 43-45, 100-103, 107, 125, 131, 140, 145, 151, 153, 156, 171, 173, 176, 179-181, 183, 185, 187, 209, 265, 267, 301, 305, 325
  William 58, 191, 221
Riddeson
  Thomas 221
Rider
  Francis 105, 108
  James 105, 108, 284, 285
  Thomas 88, 184
Ridge 50
  John 128, 142
  Thomas 46, 285, 286, 288, 325
Ridgely
  Charles 112, 114, 204, 331
  Henry 14, 268
Ridges
  Thomas 168, 169
Ridgeson
  Thomas 233
Ridgley
  Charles 314
  Henry 266, 300
Ridgly
  Charles 112
  Robert 286
  Sarah 286
Rigbie
  Cassandra 321
  Elizabeth 191
  John 191

Rigby
- Nat. 109
- Nathan 108, 164, 321, 346

Rigdon
- James 205

Right
- George 110, 212

Ringgold
- William 299

Riseton
- Thomas 354

Risteau
- John 281

- Catharine 110, 111
- John 56, 107-111, 240, 259, 264, 270
- Katherine 107

Rivers
- Charles 256

Roach
- Nicholas 283

Road
- George 301
- Thomas 168, 169

Roade
- Thomas 168

Roads
- John 75

Roadus
- Joseph 321

Roberts
- Edward 107, 224, 252
- Elioner 40
- Elizabeth 213, 223
- Hannah 57
- Henry 228
- Jacob 307
- John 40, 46, 47, 50-52, 55, 57, 91, 101, 114, 168, 169, 197, 198, 204, 206, 211-213, 219, 222, 227-230, 234, 235, 240, 245, 247, 249-251, 257, 270, 285, 294, 297, 299, 301, 309, 326, 329, 330, 333, 336, 348, 351, 352, 369, 371
- Johnlam 284
- Joseph 371
- Mary 55, 168, 245, 333, 348, 352
- Sarah 371
- Stephen 371
- Thomas 34, 182, 184, 198, 223, 237, 240
- William 279

Robertson
- Elias 9
- James 215
- Richard 11
- Robert 273, 302

Robeson
- Charles 332
- Richard 20
- Robert 281

Robinson
- Alice 17
- Charles 334, 366
- Elias 26
- Elizabeth 321
- Francis 15, 21, 24-27, 33, 40, 41, 76, 84, 100, 104, 147, 171
- Isabell 321
- Jacob 356
- James 26, 155
- John 3, 15, 20, 29
- Jonas 155
- Mary 321, 356
- Richard 285
- Ruth 213
- Thomas 352
- William 51, 78, 235, 247, 252, 283, 321, 372

Robison
- David 110
- Ellinor 110
- William 84

Rockhold
- Charles 229
- John 36, 173
- Thomas 268

Rockhould
- John 46
- Sarah 268
- Thomas 268

Rockler
- Jacob 254

Rogers
- Edward 173
- Elinor 215, 266
- Elizabeth 266
- John 61, 124, 138, 362

Johon 264
Katharine 202, 266
Mary 266
Michael 192
Nicholas 50, 51, 55, 160, 169, 185, 208, 209, 212, 214-217, 221, 222, 224, 227, 229, 240-245, 247, 250, 255, 260, 262, 266
Robert 202, 216
Sarah 112, 266
Thomas 240
William 112, 266, 283, 319, 374

Rogier
    Nicholas 23, 24, 28, 170
    Nick 20

Rolland
    Elizabeth 348

Rolle
    Archibald 256

Rollenbury
    John 215

Rollissane
    Joseph 364

Rollo
    Archibald 54, 164, 278, 283, 316, 340, 373
    Mary Ann 283
    Rebechah 278

Ronstrod
    Hause 181
    Margaret 181

Rooter
    Thomas 57

Rope
    Samuel 164

Roper
    Mary 132
    Philip 41, 104
    Thomas 49, 85, 96, 132, 146, 226, 263

Rosar
    Nosly 241

Rosbury
    James 168

Rose
    Benjamin 234
    Richard 235

Roston
    Thomas 170

Rottenbury
    John 197, 205, 375

Rousby
    J. 226

Rouse
    John 9

Rouses
    John 10

Rowe
    Edmond 68

Rowland
    John 61

Rowles
    Ann 295
    Jacob 295
    John 256
    William 369

Ruack
    Patrick 108

Ruark
    Patrick 288, 294, 299, 320, 356, 372

Ruck
    John 150

Rudyard
    Richard 232

Ruff
    Richard 260, 369

Rugstone
    Nathaniel 34

Rulfe
    Richard 352

Ruly
    Anthony 16
    Johanna 16

Rumsey
    Thomas 125, 139
    William 347

Rumway
    Elionor 293

Ruos
    John 197

Rupell
    Jane 301

Rupton
    Alice 130
    Nicholas 130

Rurig
    Johan Wilhelm 287

Rushdge
    John 112

Russell
    Charles 80
    Thomas 173, 174, 281
    William 281
Ruston
    John 281
    Nathaniel 151
    Nicholes 151
Rutledge
    Hannah 160, 339
    Micall 339
    Michael 104, 160, 368
    Michall 339
Rutlidge
    Hannah 114
    Michael 114, 232
Rutter
    Garret 100
    Thomas 210, 233, 336
Ruxstone
    Mary 185
    Nathaniel 182, 185
Ruxton
    Alee 144
    Nicholas 51, 62, 72, 144
Ryley
    John 84, 139
    Johon 125
Ryon
    John 264
Sack
    Thomas 15
Sadler
    Joseph 16
Sallaway
    Anthony 86
Salmon
    F. 73, 82
    S. 120, 121
    T. 122-127, 134-136, 138-140, 142
    Thomas 82, 126, 129, 141, 143
Salsbury
    Sarah 126, 140
    William 82, 95, 126, 132, 138, 140, 146
Salt
    John 353
Saltman
    John 18
Sampson
    Constant 340
    Isaac 243
    Richard 25, 338

Samson
    Thomas 7
    Isaac 55, 357
    Isaack 357
    Richard 5, 55
Sanders
    Edward 240
    James 12, 215
    Jane 215
    Joseph 61
    Robert 71, 75, 76, 91, 92, 123, 128, 137, 142
Sandris
    Samuel 206
Sapher
    George 81
Sater
    Henry 161
Satyer
    Henry 161, 164
Satyr
    Henry 157, 311, 323
    Mary 311
Saunders
    James 209
Savage
    Elinor 56, 57
    Hill 56, 57
Saven
    Elizabeth 69
    William 69
Savory
    John 294
Savoy
    Ann 194
    John 194
Saylard
    W. 191
Sazser
    John 186
Schuyler
    Hendrick 274
Scorke
    Mary 162
Scott 347
    Abraham 218
    Avarialla 360, 361
    Christian 179

Daniel 6, 30, 36, 59, 101,
    104, 180, 186,
    194, 203, 229,
    265, 297, 301,
    303, 304, 307-309,
    312, 313, 315,
    320, 321, 325,
    326, 331, 336,
    346, 347
Daniel Jr. 57-59, 203, 209,
    235, 256, 263,
    273, 275, 288-290
Daniel Sr. 58
Edward 32, 34
Elizabeth 58
Gilbert 179
Jane 203, 360, 361
John 70, 78, 83, 84, 96,
    103, 179
Lance 309
Scotty
    Daniel Jr. 202
Scudamore
    Abigail 177
    Thomas 5, 10-12, 16, 17,
        19, 20, 22, 43,
        177
Scutt
    Castran 157
    John 152
    Mary 241
Seafe
    Francis 154
Seal
    Peter 94
Seale
    Jonathan 106
Seatoune
    George 4
Sedente
    Curia 62
Sedwell
    Roger 127
Sedwick
    Elisha 230
Selby
    John 50
Sellington
    John 13
Sendall
    Timothy 70
Sendell
    Daniel 104
Sergant
    Elizabeth 11

Sesle
    John 11
Sevenson
    Morris 209
Severson
    Robert 280
Sewell
    Marrus 1
    Henry 268
    Joshau 335
    Joshua 214, 251, 299, 324
    Mary 251, 299, 324
    Philip 299
    Sarah 299
Shacok
    Roger 68
Shadwell
    John 79, 194, 303
    Margaret 303
    Mary 194
Shaller
    Joshua 138, 139
Shatter
    Joshua 124, 125
Shavers
    Abraham 263
    Susannah 263
Shaw
    Christopher 20, 48
    Elizabeth 20
    John 154, 183
    Robert 188
    Thomas 48
Sheffield
    John 149, 203
Shelbourn
    William 174
Sheldon
    John 317
Shellton
    Thomas 4
Shelton
    Israel 45, 150, 171, 175
    Mary 45
    Thomas 124, 138
Shenitt
    William 168
Shepard
    Nathaniel 336
    Roland 328
    Rowland 294
    William 343
Shephard
    Jane 348

445

Shepherd
    John 280
Sheppard
    Pearsewall 244
Sheredine
    Daniel 367
    Tabitha 342
    Thomas 105-112, 114-118, 160, 164, 251, 254, 258, 269, 271, 275, 284, 303, 304, 309, 311, 315, 320, 327, 330, 332-334, 337, 340, 341-343, 349, 350, 355, 356, 362, 363, 366-368, 372, 374, 375
    Tibitha 341
Shewell
    Edward 315
Shidmore
    Edward 261
Shields
    Henry 344
    John 104, 216
Shilbourne
    William 144
Shipey
    Charles 115
Shipley
    Adam 49, 261, 322
    Edmond 28
    John 113
    Samuel 111
Shiply
    Adam 229, 299
    Adam Sr. 226
    Peter 226, 229
    Richard 226, 229
    Robert 226
    Susannah 226
Shipwith
    Elizabeth 7
    George 7
Shiselin
    William 358
Shoats
    Catharine 330
    Gideon 298, 330
    Gidson 298
    Reiner 298
    Roland 348
    Rowland Jr. 348
Short
    Peregrine 77
Shortes
    Henry 205
Shrustones
    George 315
Shudall
    Ann 72
    John 11
    Warner 70, 72
Shurrell
    Richard 120
Sicklemore 347
    Catharine 298
    Hannah 229, 235
    Jacob 166
    Ruth 231, 234
    Sameul 201
    Samuel 15, 18, 24, 31, 32, 34-36, 39, 41, 47, 48, 52, 90, 91, 99, 153, 156, 161, 167, 170, 179, 181, 185-187, 190-192, 194, 198, 201, 203, 205, 210, 231, 234, 259, 370
    Samuel Jr. 229
    Samuel Sr. 229
    Sarah 35, 41, 48, 49, 99, 187, 191, 192, 201, 210
    Sulton 229
    Sutton 289
    Thomas Wriothesley 229
Sidwell
    Roger 141, 150
Sidwigs
    Mary 246
    Richard 246
Sillman
    John 23
Sillvain
    Daniel 69
Sillvane
    Daniel 73, 74
Siluame
    Dan. 121
    Domic 121
Siluane
    Daniel 135
Silvain
    Daniel 77

Silvaine
    Daniel 81, 82
Silvane
    Daniel 76
Simmond
    Isaac 106
Simmonds
    Charles 237
Simmons
    Abraham 106
    Charles 251, 265
    Elizabeth 106
    Ellinor 106
    George 106
    William 165
Simon
    George 106
Simonds
    Isaac 238
Simons
    Charles 164
    Hannah 164
    Isaack 316
    Nicholas 216
Simpkins
    John 115
Simpson
    Anne 338, 339
    George 260
    James 365
    Mary 279
    Thomas 247, 279
    William 106
Sims
    Richard 7, 64, 190
Sitby
    Edward 202
Skates
    Sarah 222
Skats
    Gideon 89
Skatts
    Gideon 89, 200
Skelton
    Thomas 93
Sketis
    Gideon 197, 198
Skidmore
    Michael 7, 170
Skinner
    John 14, 23
    Robert 78, 85
Skipwith
    Elizabeth 132, 146, 173
    George 132, 146, 173

Slade
    William 191, 355
Sligh
    Thomas 105
Sly
    Thomas 299
Smallwood
    Thomas 40
Smith
    Ann 342
    Barnett 129
    Barnwell 143
    Bridget 246, 249
    Briget 209, 281
    Charles 167, 170, 278, 305, 373
    Charles Sr. 333
    Edward 154, 180, 182, 209, 238, 240, 246, 249, 267, 273, 294, 303
    Elizabeth 62, 150, 174, 180
    Ellinor 342
    Emanuel 181
    Francis 35, 42-44, 104, 182, 192, 194, 195, 200, 205, 206
    George 26, 28, 33, 41, 62, 158, 173, 174, 183, 234, 249
    Hannah 41, 249
    Isabella 35
    James 217, 310
    Jane 367
    Jenkin 20
    John 38, 65, 152, 153, 199, 264, 271, 274, 308, 316, 325, 333, 355, 364, 367, 371
    John Jr. 116
    Joseph 10
    Mary 369
    Nathaniel 5, 15
    Nicholas 42, 222
    Phillip 113, 285, 295, 301, 303, 307, 340, 369
    Phillip Sr. 113
    Richard 240, 250, 311, 316, 342
    Robert 241, 249, 369
    Samuel 44, 105, 109, 212, 231, 235, 238, 240, 326

Thomas 31, 33-38, 40,
          42-44, 46, 59,
          100, 103, 150,
          172, 213, 299,
          322, 346, 358
Walter 342
William 154, 209, 249, 252,
          279, 306, 309,
          321, 323, 327,
          339, 346, 354,
          358, 363, 366,
          370, 371
Smithers
    Blanch 53, 300, 337
    Elias 332
    Frances 8
    George 240, 270
    James 8, 100, 101
    John 270, 276, 284, 290,
          305, 313, 333,
          337, 338, 349
    Mary 270
    Richard 24, 53, 54, 153,
          162, 168, 212,
          227, 240, 247,
          270, 276, 284,
          290, 300, 305,
          318, 323, 328,
          337, 344, 349
Smithson
    Thomas 225, 261
Smitson
    Thomas 274
Smythers
    Richard 46
Snelson
    Abraham 231
Snow
    Jisks Giles 276
Snowden
    Richard 335
Sockwell
    Lancelott 66
Sokes
    Nathaniel 367
Sommerland
    John 223
Song
    Thomas 211
Southbee
    William 124, 130, 138, 139,
          144
Southerlys
    David 95, 96
Sovell

John 41
Sparrow
    Sarah 221, 293
    Solomon 17, 172, 221, 293,
          362
    Sophia 184
    Thomas 88, 184, 199
Sparry
    Will 279
Spicer
    John 249, 313
Spinks
    Enoch 47, 50, 190, 191,
          198, 223
    Enock 211
Sporrl
    Nicholas 197
Spregg
    Thomas Jr. 197
Sprigg
    Edward 346
    Thomas 259, 272
Springer
    Charles 257, 258
Springet
    Harb 228
Spruce
    Oliver 70
Spry
    Oliver 72
Sprye
    Oliver 2, 68, 72, 73
Staley
    Thomas 45, 59, 149
Staly
    Mary 104, 153, 186
    Thomas 40-42, 44, 46,
          102-104, 147, 148,
          153, 180-182, 196
Standford
    Edmond 244
    James 354
    john 184, 221, 325
    Margaret 221
    Mary 354
    Samuel 114
    William 13
Standifer
    Edmond 267
    John 360
    Shillen 353
Standifers
    Shelton 276
Standiver
    Mary 171

448

Standivore
    William 171
    Mary 171
    William 171
Standley
    James 337
Standly
    William 67
Standsbury
    Thomas 357
Stanford
    James 299, 343, 347
    Mary 343
Stanley
    John 186
    William 94
Stanly
    William 122
Stansbury
    Daniel 230
    Jane 105
    Luke 57, 107, 113, 114, 304, 324, 334, 354, 357, 360, 374
    Nathan 209
    Samuel 300
    Thomas 105, 114, 219, 230, 254
    Tobias 363
    Tobias Jr. 114
Stansby
    John 60
Stansley
    Edmond 20
Stapelford
    Raymond 93
Stapleton
    Edward 112
Starnborough
    Tobias 156
Staudifer
    John 222
Stayly
    Thomas 29-31, 170, 171
Steele
    Axell 78
Steels
    John 290
Steinchcomb
    Nathaniel 49
Steirs
    Sarah 186
Stekimonds

Stephens
    Nicholas 273, 274
    Giles 96, 128, 129, 143, 289
    John 299, 312, 317
    Samuel 331
Stephenson
    Elizabeth 227
Sterling
    Peter 128, 129, 142, 143
    Thomas 180, 325
Sternborough
    Sarah 43
    Tobias 42
Sternburgs
    Detmarus 75, 76
Sternsbury
    Tabitha 236
Stevens
    Benjamin 59, 322
    Edward 228
    Giles 46, 129, 143, 149, 152, 303
    Mrs. 285
    Philip 3
    Rebecca 149, 152
    Rebeckah 149
    Samuel 299, 302
    William 89
Stevenson
    Edward 154, 161, 182, 187, 191, 196, 210, 227, 238, 240, 342, 344, 355, 357, 360
    Garn 46
    Mary 210
    Mathias 79
    Philip 4
    Phillip 71, 77
    Richard 4
Stewart
    Thomas 278
Stewsbury
    Thomas 315
Steymont
    Thomas 122
Sticklekamp
    Mense 140
Stiggins
    Mary 283
Stigh
    Thomas 110

Stiklekamp
    Mense 126
Stiles
    Nathaniel 1, 2, 4, 20, 67,
        75, 81, 84, 86, 87,
        93, 121, 129, 135,
        143, 337
Still
    Axell 78
Stills
    Axa 72
    Axell 94
Stinchcomb
    Hannah 224, 265
    John 294, 339, 346
    Nathaniel 52, 88, 184, 217,
        224, 265, 294,
        325
Stobow
    Ebenezer 273
Stockett
    Catherine 75
    Damaris 328
    Damores 168
    Demeris 208, 210
    Francis 1, 8, 75, 87
    Henry 1, 4, 75, 86, 93, 262,
        337
    Katherine 86
    Thomas 1, 2, 4, 5, 14, 19,
        26, 93, 168, 208,
        210, 241
    Thomas Sr. 328
Stoddert
    James 159, 262, 274, 305,
        309, 324
    James Jr. 280
    John 262
Stokes
    Edward 369
    Frances 323
    George 108, 109
    Humphry 344
    Humphry Wells 108, 109
    Hunor 350
    John 53, 94, 108, 157, 163, 209, 211, 212, 214,
216, 221, 224, 227, 229, 230, 233, 234, 237, 239,
241, 245, 247, 248, 253, 255, 268-270, 277, 280,
282, 285, 291, 293-295, 297, 302, 303, 304, 309,
318, 321, 323, 327, 328, 332, 333, 336, 337, 338,
340, 341, 344, 352, 354
    Mary 109, 147
    Mellso 369
    Susannah 108, 157, 291,
        323, 338

    Thomas 179
    Wells 105, 109
    William 304, 371
Stoket
    Thomas 216, 225
Stone
    Christian 86
    Christin 210
    Elizabeth 109, 334
    Thomas 15, 31, 65, 86, 90,
        99, 210, 268, 302,
        334, 338, 340
Stonghton
    William 261
Stoodorouk
    Tobyas 27
Stool
    John 274
Stope
    George 6
Storey
    William 196
Stow
    Charles 278
Strand
    Abraham 74, 124, 139
Strandifor
    Samuel 152
Strawbridge
    Joseph 22, 27, 38, 43, 181
Street
    Francis 161
Strode
    George 45
Stromson
    Mathias 174
Strong
    George 69
Stroud
    John 64
Sturdmant
    William 73, 74
Stutt
    Katherine 213
Sudall
    Warnar 70
Sudler
    Ceciley 39
    Cecilye 39
    Joseph 39
Suklemore
    Sutton 364
Sullevent
    Ann 333
    Owen 333

Sullivan
    Owen 333
Sumley
    Alexander 147
Summer
    Edward 107
    Joseph 120, 134
Sunnot
    John 373
Surty
    Nicholas 224
Sushard
    James 69
    Welhen 69
Suthward
    Welthen 95
Sutton
    Dorias 365
    Thomas 254
Swan
    Edward 50, 189, 190, 221, 225
    Frances 225
Swanson
    Edward 73, 121, 135, 170, 251
    Elizabeth 170
Swanton
    Edward 79
Sweeting
    Edward 248
    Mary 244
Swift
    Elizabeth 200, 203, 206
    Lydia 291
    Mark 149, 152, 154, 155, 190, 200, 203, 206, 304
    Mark Jr. 290
    Mark Sr. 290
Swindall
    Elizabeth 190
Swiney
    James 49
Swineyard
    John 110, 305
Sworensled
    Christain 168
Symond
    Charles 107
Symons
    Elizabeth 371
    Hannah 371
    Joseph 130, 145
Sympson
    Patrick 305, 322
Syms
    Richard 121, 128, 135
Symson
    William 332
Syngs
    Phillip 283
Taikinton
    John 85
Tailor
    John 310
Talbot
    Ann 208
    Catharine 111
    Edmond 150, 159, 312
    Edmund 336
    Edward 184
    John 157, 203, 249, 251, 255-257, 285, 360
    John Jr. 311
    Margaret 111
    Mary 256, 267, 269, 336, 360
    Mr. 259
    William 49, 51, 52, 54, 86, 88, 89, 91, 102, 111, 186, 190, 192, 196, 198-201, 205, 210, 211, 214-217, 220, 223, 224, 240
Talbott
    Edmond 333
    John 353
Taltersby
    Thomas 97
Tapley
    Christopher 63, 76, 99, 170
Tarbo
    John 96
Tarkinton
    John 122, 130, 136, 144
    Prudence 130, 144
Tarrant
    Thomas 274
Tarver
    William 307
Taskenton
    John 130
Tasker
    Anne 292
    Banjamin 113

                    Benjamin   113, 119, 160,
                          271,   292,   322,
                          328, 331, 354
Taskinton
          John 77
Taverman
          John 158
Tay
          James 18
Taylard 69
          William 50, 192
Taylor 132
          Abraham 40, 41, 46, 54, 88,
                    150,   154,   155,
                    157,   182,   187,
                    201,   252,   256,
                    261,   268,   270,
                    288,   290,   319,
                    326, 348, 362
          Abraham Sr. 288
          Ann 32, 179
          Anne 32, 289
          Arthur   8, 18, 23, 24, 33,
                    36, 41, 61, 62, 78,
                    79, 96, 98, 100,
                    101,   153,   158,
                    175
          Author 335
          Benjamin 322
          Cole 370
          Dina 348
          Dinah 270, 326
          Elizabeth 157, 301
          Frances 8
          Francis 62, 365
          George 163
          James 179
          Jane 54, 187, 197, 198
          John   1, 4, 5, 15, 16, 31, 36,
                    37, 41, 69, 75, 78,
                    83, 89, 93, 96,
                    124,   138,   153,
                    185,   187,   190,
                    197,   198,   236,
                    252,   261,   275,
                    278,   302,   319,
                    333, 334, 340
          John Jr. 136
          John Sr. 122, 305
          Joseph 322
          Lawrence 28, 37, 292
          Lawrence 146, 292
          Lettis 157
          Margaret 79
          Martin 147

          Mary 41, 306
          Michael 289
          Richard 32, 179, 228, 232,
                    250, 306
          Richard Jr. 306
          Richard Sr. 306
          Robert   41, 62, 123, 124,
                    138, 175, 249
          Samuel 236
          Susannah 236
          Thomas 5, 6, 9, 11, 14, 49,
                    112,   157,   158,
                    175,   179,   223,
                    238, 239, 301
          William 322, 366
Tayman
          Benjamin 349, 373
Teal
          Edward 265
          Hannah 265
          John 163
Teale
          Ales 151
          Sarah 104, 151
Tebbs
          Daniel 306
Temple
          Miles 87, 189
Tench
          Thomas 172, 182, 355
Tenck
          Thomas 21
Tennerly
          Philip 246
Terry
          John 220
Test
          William 189
Thacker
          Richard 324, 325
Themiser
          James 13
Thiffield
          Henry 149
Thomas 51
          David 97, 161, 246
          Edward 114, 179
          Francis 88
          Henry 108
          James 222
          Jane 56, 182, 191, 194, 195,
                    230, 282, 304

452

John 11, 19, 23, 32, 35-39,
    41, 45, 91,
    100-103, 148, 151,
    152, 176, 180-182,
    186, 191, 194,
    195, 222, 226,
    230, 231, 245,
    247, 248, 275,
    324, 358
Mary 275, 291, 363
Philip 256
Phillip 15, 66
Robert 217
Samuel 130, 144, 363
Samuel Jr. 363, 365
Sarah 247
Solomon 25, 65
Thomas 13, 25, 65, 174
Thompson 282
    Ann 24, 31, 55
    Anne 34
    George 15, 55, 179
    James 5, 7, 8, 31-34, 170,
        171, 174, 175,
        177
    Joshua 157
    Richard 40, 43
Thomson
    Christopher 290
    Henry 234
    James 288
Thornbrough
    Ann 65
    Francis 215
    John 220, 233
    Rowland 62, 63, 65, 66, 99,
        215, 344
Thornbury
    Francis 162
    John 158, 162, 220, 268
    Roland 325
    Rowland 162
Thrift
    Richard 261, 282
Thrist
    Mary 229
Throughton
    Luke 295
Thruston
    Thomas 142
Thurcall
    Jane 18
    Thomas 18
Thurman
    Joseph 338

Thurrell
    Richard 3, 4, 134, 147
Thurston
    Ann 132
    Elizabeth 132, 146, 232
    Thomas 71, 91, 98, 127,
        132, 146, 192,
        193, 201, 203,
        215, 224, 225,
        232, 237, 352,
        365
    Thomas Sr. 201
Thurstone
    Elizabeth 7, 30
    Mary 30
    Thomas 7, 8, 10, 12, 14,
        19, 21, 30, 253
Thussell
    Richard 75
Thuston
    Thomas 75
Thwaite
    Thomas 96
    William 96
Thwarte
    Mary 96
Tibbs
    William 89, 90, 231, 233,
        248, 279, 304,
        309, 311
Tideings
    John 225
    Mary 225
Tidings
    John 168
    Richard 15
Tillard
    John 85, 136, 148, 149
    Mary 149
    Richard 149
    Sarah 83
    Vertice 148, 149
Tilliard
    John 7, 83, 175, 323
    Richard 323
Tilly
    John 184
    Joseph 21, 171
Tillyard
    John 66, 98, 175, 348, 352
    Mary 348, 352
    Richard 155, 184, 352
Timis
    William 22

Tiol
  William 274
Tippen
  Edger 247
Tipper
  Edgar 265
Tipton
  Hannah 343
  John 164
  Jonathan 245, 277, 301, 324, 343, 355
  Jonathan Sr. 300, 332, 355
  Mary 277, 300, 324, 332, 355
  Thomas 164, 301, 332, 355
  William 164, 300
Tish
  Henry 15
Toad
  Andrew 254
  Thoams 313
Toal
  Edward 167
Todd
  Anna 99, 120, 134
  Elenor 117
  Elizabeth 103
  Francis 13
  James 37, 43, 90, 102, 103, 147, 151, 155, 156, 180, 188, 190, 197, 198, 199, 203, 204, 311
  John 71
  Lance 59, 229, 255, 272, 276, 280, 281, 283, 286, 289, 291, 293, 298, 299, 303, 307-309, 312
  Lancelot 12, 254, 266, 268, 299
  Lancelott 165, 287, 310
  Penelope 155, 188
  Robert 71
  Samuel 304
  Sarah 12
  Thomas 24, 43, 71, 74, 75, 80, 85, 106, 107, 111, 113, 117, 147, 154, 277, 364
  Thomas Jr. 43
  William 204, 277

Toe
  Thomas 33
Toes
  James 18
Tole
  William 108
Tollby
  Edward 87
Tolley
  Mary 56, 282, 288, 304, 372
  Thomas 56, 158, 246, 249, 259, 265, 282, 288, 290, 304, 308, 315, 326, 358, 372
Tolly
  Thomas 275, 279
Tomiblen
  Robert 347
Tompson
  William 67
Tone
  Will 85
Tonnard
  Andrew 37
Tood
  James 334
Toogood
  Josias 210
  Mary 210
Torne
  Henry 250
Tornson
  Andrew 234
Torrews
  Robert 238
Torson
  Andrew 139
  Sander 94
Touchstone
  Richard 313
Toulson
  William 70, 87, 125, 139
Towers
  John 20, 73, 121, 135
Towgood
  Josias 168, 215, 366
Towle
  Richard 241, 285
  William 55, 241, 285
Townsend
  Amy 343
  Bernard 282
  John 343

Tracey
  Dinah 162
  Mary 220
  Samuel 83, 87, 121, 122, 125
  Teaque 220
Tracker
  Hannah 336
  Richard 336
Tracy 369
  James 306
  Samuel 121, 135, 140
Trapnall
  Elizabeth 343
  Philip Jr. 328
Treadway
  Richard 107
Tredway
  Thomas 351
Trent
  Nicholas 197
  Richard 238
Treton
  Thomas 5, 93
Trew
  Martha 305
  William 305
Trible
  John 371
  Sarah 371
  Thomas 371
Tricell
  James 42
Tripolis
  Francis 52
  Jane 52
Tripolls
  Francis 48
Triposses
  Francis 337
Trippas
  Ann 78
  Francis 69, 78
Tripper
  Isaac 50
Trisell
  John 57
Tromball
  Robert 23
Trotton
  Luke 259
Troube
  Thomas 98
Trouk
  Thomas 127

Trout
  Thomas 132, 142
Troute
  Thomas 146
Trueman
  Thomas 8
Truman
  Elizabeth 364
  Mary 364
  Thomas 364
Tucker
  Seaborn 226
  Seborn 195
  Thomas 312
  Walter 70, 76, 172
  William 325, 336
  Wolthy 325
Tudman
  William 118
Tudor
  Thomas 278
Tully
  Edward 363
  Mary 282
  Thomas 282
  William 240
Turbesville
  Gilbert 55
Turkorill
  Thomas 80
Turner
  Ben 168
  John 209
Turnet
  William 331
Turney
  Richard 69
Twist
  Elizabeth 188
  Mark 188
Tye
  Charles 74
  Ellinor 363
  John 363
Tyte
  George 61
Underwood
  Mary 28
  Samuel 24, 28, 257
Utie
  Barnard 70, 73, 82, 83, 126, 140
  Barrnitt 291
  Bernard 64

455

Elizabeth 60, 72, 100, 132, 146
George 4, 5, 27, 37, 70, 93, 98, 104, 127, 128, 134, 142, 195, 227, 246, 249
Hannah 195
Mary 37, 70, 100, 104, 195, 227
Nathaniel 60, 70, 72, 99, 100, 104, 123, 129, 132, 137, 143, 146, 151, 196, 246, 318
Susannah 227

Uty
  George 37, 194
  Mary 37
  Nathaniel 321

Valentine
  George 50, 88

Vandeman
  William 78

Vanderwerf
  Richard 242

Vangham
  Bruerton 129

Vanghan
  John 7

Vanheck
  John 86, 123, 124, 126, 134, 136-138, 140, 141
  Sarah 123, 137

Vanheeck
  John 80

Vanheecke
  John 77

Vanheek
  John 81, 84, 86, 87

Vanheeke
  John 77

Vansiveringen
  Joseph 55

Varlett
  Judith 94
  Nicholas 93

Varletts
  Johanna 93

Varrgham
  John 175

Vaughan
  Bruerton 143
  John 28, 149, 170
  Thomas 8

Veal
  Xopher 275

Veale
  Christopher 313

Vernon
  Chr. 103
  Christopher 27

Vesey
  Mary 165

Vestal
  William 372

Vestall
  William 107

Vickery
  John 164, 215

Vickory
  Richard 239

Vines
  William 261

Vining
  Benjamin 285

Virlendoe
  Sarah 280

Voans
  John 54

Voles
  Robert 247

Vrghwart
  Alexander 313

Waberton
  John 121

Wade
  Elizabeth 113
  George 238
  Zachariah 113

Wagener
  Johannes 287
  Maria Rethrina 287

Wagnop
  James 106

Wainewright
  Thomas 279

Wainright
  Thomas 286

Wainswright
  Thomas 169

Wainwright
  Thomas 299

Wakey
  Elizabeth 31
  John 31

Walden
  Lawrence 188

Walker 107, 356, 358, 375

Walkin
    George 57, 280, 293, 330, 341
    James 342
    John 56, 59, 248, 263
    Mary 263
    John 85
Walkley
    Joseph 179
Walley
    Elizabeth 33, 232
    John 33, 35, 232
Wallingford
    Thomas 18, 189
Wallis
    John 54
    Samuel 110, 111
Walls
    George 20
Walmon
    W. 73, 75
Walmor
    H. 71
Walsh
    Richard 12
    William 126
Walstone
    John 19, 20, 22, 26, 29, 129
Walter
    Edward 271
Waltley
    Simon 265
Walton
    John 77
Ward
    Bridgett 307, 356
    Denny 123
    Edward 248, 251, 293, 316
    George 121
    Henry 10, 67-69, 77, 79, 81, 82, 84, 98, 123, 124, 135, 137, 140, 248, 276
    John 356
    Joseph 288, 293, 307, 312, 330, 340, 350, 356, 363
    Mathew 87
    Thomas 130, 144, 347
    William 85
Warfield
    Alexander 262, 267, 268, 289
    Richard 268

Warfold
    John 300
Warman
    Francis 248
    Stephen 195
Warner
    John 118
    Simon 118
Warren
    Thomas 296
    William 119
Warring
    Basil 259
Wasbusy
    William 18
Washington
    Alice 240
    Philip 157, 240, 244
Waterman
    Nicholas 148
Waters
    Francis 11
Waterton
    John 60, 61, 67, 69, 78, 79, 83-85, 87, 96, 121, 124, 126, 128, 132, 135, 138, 140, 142, 146
Wathings
    Francis 29
Watkings
    Thomas 63
Watkins
    Christina 173
    Francis 17, 21, 27, 35, 43, 44, 48, 52, 100, 153, 166, 169, 173, 174, 209, 230
    Nicholas 59
    Samuel 230, 250, 271
Watson
    James 124, 138
    John 143, 218
Watt
    George 64
Watterton
    John 65, 67-69, 72, 74, 78, 79, 83, 94, 98, 173, 176
Watts
    Edward 30

Waughop
   Elinor 29
   George 64
   John 27, 87
   Thomas 322
Wayne
   Thomas 122
Wayts
   Gerrit 3
Weakfield
   Weak 32
Weard
   Phillip 304
Weare
   Phillip 276
Weasly
   John 56, 265, 333, 372, 374
Weater
   Mathew 366
Webb
   Anthony 4
   Edmund 73, 78, 96
   Edward 96
   Henry 337
   William 61
Webber
   John 304
Webster
   Elizabeth 357
   Hannah 166, 230
   Isaac 106, 111-113, 118, 119, 293, 296, 357
   Isac 110
   John 41, 51, 52, 84, 91, 92, 125, 139, 161, 164, 166, 229, 230, 252, 270, 341, 370
   Margaret 110, 118, 119
   Michael 59, 116, 283, 367
Weeks
   John 368
   Thomas 46, 59
Weems
   James 332
Weesly
   John 314
Weildy
   Edward 105
Welch
   Edward 232
   Elizabeth 208, 357
   James 331
   John 208
   Perice 245
   Sarah 208
   William 140, 223
Weld
   Martin 346
Wells
   Andrew 348
   Blanch 37, 156, 337
   Charles 110, 289, 356
   Daniel 179
   Frances 156, 338
   George 6, 8-11, 18, 22, 37, 54, 60-62, 65, 77, 82, 84, 95, 120, 132, 134, 144, 146, 173, 176, 177, 218, 223, 230, 240, 243, 249, 251, 305, 318, 321, 337, 349, 352
   George Jr. 337, 338
   James 41, 140
   John 40, 147, 148, 155, 180, 190, 250, 329
   Joseph 189
   Katharine 189
   Mary 157, 158, 161, 218, 230, 243
   Richard 82, 176, 329, 346
   Richard Sr. 95
   Sophia 82
   Susannah 291, 338
   Susannah Mary 337
Wellsox
   George 5
Welsh
   Daniel 265
   Demarius 210
   Elizabeth 210
   James 210
   John 180, 210
   Mary 210
   Piere 236
   Richard 15
   Sarah 210
   Thomas 162, 264
   William 221
West
   Constant 281
   John 75, 76, 129, 143, 338
   Jonathan 339

Joseph 203
Priscilla 356
Robert 52, 55, 192, 211, 231, 252, 270, 283, 355
Robert Jr. 356
Robert Sr. 281, 338, 339, 356, 368
Sarah 52, 192, 231, 338, 339

Westbury
Elizabeth 198
Em 42

Westbusy
William 19

Westevell
Thomas 347

Wetherall
Elinor 332
Ellinor 372
Henry 56, 59, 157, 246, 270, 275, 281, 286, 289, 294, 298, 332, 333, 336, 361, 363, 372

Weymouth
Thomas 81, 136

Weyts
Gerrit 4

Wharfe
Leavy 170
Leny 63
Levy 99

Whatcombe
Sarah 107

Wheatly
William 145

Wheeler
Ann 17
Benjamin 237, 247, 320, 327, 363
Elizabeth 247, 327
Isabel 328
John 96
Joseph 275
Richard 57
Samuel 17, 96
Thomas 276
William 276, 327, 357

Wheream
William 261

Whipps
John 303

Margaret 303

Whips
John Jr. 88

Whitacres
John 102

Whitaker
Ann 239, 253
Charles 160, 265, 351
John 160, 228, 239, 253, 255
Mark 231, 239
Mary 160, 228, 351
Peter 109, 338

White
Ann 130, 145
Ber. 228, 235
Cornelius 192
Henry 75, 76, 85, 121, 135
James 94
Jerome 69
John 336, 365
Sophia 117
Stephen 130, 145, 214
T. 289, 290, 294, 295
Thomas 57, 59, 105, 117, 305, 309, 314, 318, 319, 321, 323, 326, 327, 335, 337, 341, 344, 347, 349-352, 356, 358, 363, 366, 368
William 110, 195

Whiteacre
Abraham 302
Charles 320
Elizabeth 365

Whiteaker
Mark 282
Marke 55

Whiteakers
Mark 320

Whitehead 42
Charles 153
Elizabeth 149, 231, 248
Elizabeth Jr. 311
Elizabeth Sr. 311
Fra 38
Frances 278, 311
Francis 45, 148, 182, 217, 231, 248, 251
Fredrick 36
H. 217, 220, 269, 271
John 306
Phebe 278

459

   Robert 278
   Thomas 153
Whittacer
   Frances 282
   Peter 282
Whittacre
   Frances 282
   Peter 282
Whitten
   Richard 81
Whitticar
   John 184
Whitton
   Richard 84
Who
   John 170
Wibeard
   William 81
Wigley
   Francis 322
Wignall
   William 81, 169, 331, 346
Wild
   Abraham 79, 85, 120, 121, 130, 134, 135, 144
Wileman
   J. 165
Wilkinson
   Francis 272
   Jane 233
   Stephen 341, 349, 351, 372
   Thamar 274
   William 5, 37, 46, 169, 181, 213, 219, 233
Williams
   A. 144
   Baruch 290
   Benjamin 15, 248
   David 63
   Edward 98, 241, 247
   Evan 374
   George 318
   Hugh 83, 87
   John 151, 310
   Jonas 151
   Jonathan 151
   Joseph 12, 13
   Lodorick 121
   Lodowick 63, 66, 76, 98, 136, 175, 219, 245, 247
   Lodwick 20, 98, 99, 170
   Margaret 213, 248
   Owen 295

   Ralph 74
   Richard 373
   Robert 143
   Rowland 69, 82, 85, 122, 124, 129, 136, 138, 143
   Thomas 13
Williamson
   Thomas 211, 262
   William 199
Willis
   John 74, 81, 129, 143, 260, 282
Willmott
   John 311, 334, 335, 357, 360, 363
   John Jr. 54
Willson
   Andrew 277
   George 130
   Jean 290
   John 22, 40, 275, 282
   John Sr. 25
   Joseph 373
   Josiah 272
   Robert 25, 86
   Thomas 94, 261
   William 282
Wilmot
   Joane 27
   John 223
   John Jr. 213
   John Sr. 242
   Robert 15, 27
Wilmott
   Robert 102
Wilson
   Frances 272
   George 75, 77, 130, 144
   James 180
   Jane 284
   Joseph 368
   Rachel 163
   Richard 360
   Robert 132, 146
   Thomas 272
   William 163
Wimley
   Richard 125
Windley
   Mary 41, 73
   Richard 41, 67, 69, 73
Winegarder
   Samuel 201

Wingfield
  Edward 57
  Richard 296
Winley
  John 23, 26
  Mary 79, 82, 83
  Richard 47, 52, 79, 82-84, 121, 135, 140, 265
Winstanley
  Orland 343
Winterton
  Travis 6
Wisely
  John 301, 326
  Mary 312
Wisher
  William 69
Witaker
  Mark 276
Witheralls
  Henry 56
Witkins
  Mary 371
  Samuel 371
Wittacre
  Charles 347
  Mary 348
Wittaker
  Charles 351
  Mary 351
Wittmark
  Henry 374
Wollis
  John 213
Wolplay
  Andrew 305
Wolsten
  John 166

Wood
  George 291
  Gilbert 206
  Isaac 269, 272, 317
  James 329
  Jane 278, 292
  John 170, 332
  Joshua 110, 269, 272, 279, 280, 317, 318, 321, 353, 356
  Martha 317, 318
  Simon 66
  William 275, 278, 292, 362
Woodbourn
  Thomas 266

Wooden
  Sarah 362
  Soloman 362
Woodfield
  Elizabeth 253
  Thomas 253
Woodford
  Hen 285
Wooding
  Sarah 362
  Soloman 362
Woods
  John 277
Woodward
  Achsah 108
  Amos 314, 317
Woodwine
  John 145
Wooley
  Ann 108
  John 108
Wootten
  Mary 304
Wopend
  Thomas 176
Worsley
  Thomas 322
Worter
  Giles 76
Worthington
  Charles 111, 306
  Hannah 114
  John 164
  Thomas 51, 237, 238, 254, 265, 268, 306, 312
Wotten
  Mary 304
Woulf
  Ludwig 287
Wouslon
  Joseph 151
Wrath
  Elizabeth 123, 137
  James 84, 123, 128, 137, 142
Wrayeth
  James 126, 140
Wright
  Blays 301
  Bleis 274, 277
  Blois 255, 271
  Blope 366
  Bloyce 260, 261, 367

461

     Bloys 373
     Charles 362
     Christian 166
     Gillion 288, 294
     Henry 53, 54, 210, 219,
           228, 243, 345
     John 13, 23
     Richard 141
     Sarah 277
     Solomon Sr. 256
     Thomas 260, 370, 373
     William 30, 45, 77, 152,
          275, 288, 294,
          373
Wriothesley
     Ann 161, 231, 235, 263
     Anne 229
     H. 47, 50, 53-55, 147-149,
         151, 152, 154-157,
         182, 184, 185,
         191, 197, 198,
         202
     Henry 53, 104, 148, 168,
         181, 188, 191,
         198, 206, 235
Wyatt
     Martha 276
Wyberd
     William 77
Wyprisalin
     Walter 360
Xuol
     Joshua 206
Yaig
     Robert 17
Yaks
     George 148
Yate
     Elizabeth 214
     George 6, 9, 27, 28, 63,
         141, 175, 201,
         204, 226, 318,
         331, 343
     John 214, 242, 343
     Mary 6
Yates

     George 11, 12, 14, 37, 75,
         150, 172
     Humphry 285
     Mary 14
     Robert 192, 211
     Thomas 58
Yeate
     Elizabeth 160

     John 160
Yeatman
     Charles 187
Yeo
     Elizabeth 196
     John 7-10, 196
     Joseph 196
Yeostone
     Lawrence 203
Yeote
     George 331
Yeotes
     Elizabeth 369
     Thomas 369
Yoakey
     Michael 193
Yoakley
     Mary 228
     Michael 150, 228
     Stephen 254, 255, 260
     Thomas 150
Yoatly
     John 184
York
     Elizabeth 290
     George 290
     James 290
     John 290
     Oliver 154, 290
     William 154, 290, 304
     William Jr. 290
     William Sr. 290
Yorke
     Elizabeth 74
     George 54, 252
     Mary 30
     William 30, 60, 74, 78, 84
     William Sr. 171
Yorks
     George 200
     William 98
Young
     Clara 116
     George 168
     George Jr. 168
     John 160, 162, 222, 234,
         266
     Joseph 318
     Mary 168
     Michael 190
     Richard 272, 375
     Richard Jr. 162

    Samuel 116, 160, 246, 261,
        266, 279, 295,
        297, 299, 310,
        316, 318
    Samuel Jr. 261, 262, 267,
        295, 297, 375
    Samuel Sr. 375
    William 116, 236
Youngblood
    John Miles 106
    Mary 106
Yuckhamman
    Archibald 47
Zickinhauser
    Johan Mat. 287

Other Heritage Books by the author:

Baltimore County, Maryland Deed Records, Volume 1: 1659–1737

Baltimore County, Maryland Deed Records, Volume 2: 1727–1757

Baltimore County, Maryland Deed Records, Volume 3: 1755–1767

Baltimore County, Maryland Deed Records, Volume 4: 1767–1775

Bergen County, New Jersey Deed Records, 1689–1801

Bucks County, Pennsylvania Deed Records, 1684–1763

Frederick County, Virginia Minutes of Court Records, 1743–1745

Harrison County, West Virginia Deed Records, 1785–1810

Travels of Four Years and a Half in the United States of America During 1798, 1799, 1800, 1801, and 1802

West Jersey, New Jersey Deed Records, 1676–1721

CD: *Deed Records for Baltimore County, Maryland from 1659–1775: Vols. 1–4*

www.ingramcontent.com/pod-product-compliance
Lightning Source LLC
Chambersburg PA
CBHW072128220426
43664CB00013B/2174